U0113310

"一带一路"视域下的
西北史地研究

《天水师范学院60周年校庆文库》编委会｜编

光明日报出版社

图书在版编目（CIP）数据

"一带一路"视域下的西北史地研究 /《天水师范
学院 60 周年校庆文库》编委会编 . -- 北京：光明日报出
版社，2019. 9

ISBN 978 - 7 - 5194 - 5509 - 5

Ⅰ . ①一… Ⅱ . ①天… Ⅲ . ①西北地区—地方史—研
究 Ⅳ . ①K294

中国版本图书馆 CIP 数据核字（2019）第 189452 号

"一带一路"视域下的西北史地研究

"YIDAIYILU" SHIYU XIA DE XIBEI SHIDI YANJIU

编　　者:《天水师范学院 60 周年校庆文库》编委会

责任编辑：郭玫君　　　　　　　　　责任校对：赵鸣鸣

封面设计：中联学林　　　　　　　　责任印制：曹　净

出版发行：光明日报出版社

地　　址：北京市西城区永安路 106 号，100050

电　　话：010 - 63131930（邮购）

传　　真：010 - 67078227，67078255

网　　址：http：//book. gmw. cn

E - mail：guomeijun@ gmw. cn

法律顾问：北京德恒律师事务所龚柳方律师

印　　刷：三河市华东印刷有限公司

装　　订：三河市华东印刷有限公司

本书如有破损、缺页、装订错误，请与本社联系调换，电话：010 - 67019571

开　　本：170mm ×240mm

字　　数：314 千字　　　　　　　　印　　张：17.5

版　　次：2019 年 9 月第 1 版　　　　印　　次：2019 年 9 月第 1 次印刷

书　　号：ISBN 978 - 7 - 5194 - 5509 - 5

定　　价：89. 00 元

《天水师范学院 60 周年校庆文库》
编委会

总　序

　　春秋代序，岁月倥偬，弦歌不断，薪火相传。不知不觉，天水师范学院就走过了它60年风雨发展的道路，迎来了它的甲子华诞。为了庆贺这一重要历史时刻的到来，学校以"守正·奋进"为主题，筹办了缤纷多样的庆祝活动，其中"学术华章"主题活动，就是希冀通过系列科研活动和学术成就的介绍，建构学校作为一个地方高校的公共学术形象，从一个特殊的渠道，对学校进行深层次也更具力度的宣传。

　　《天水师范学院60周年校庆文库》（以下简称《文库》）是"学术华章"主题活动的一个重要构成。《文库》共分9卷，分别为《现代性视域下的中国语言文学研究》《"一带一路"视域下的西北史地研究》《"一带一路"视域下的政治经济研究》《"一带一路"视域下的教师教育研究》《"一带一路"视域下的体育艺术研究》《生态文明视域下的生物学研究》《分子科学视域下的化学前沿问题研究》《现代科学思维视域下的数理问题研究》《新工科视域下的工程基础与应用研究》。每卷收录各自学科领域代表性科研骨干的代表性论文若干，集中体现了师院学术的传承和创新。编撰之目的，不仅在于生动展示每一学科60年来学术发展的历史和教学改革的面向，而且也在于具体梳理每一学科与时俱进的学脉传统和特色优势，从而体现传承学术传统，发扬学术精神，展示学科建设和科学研究的成就，砥砺后学奋进的良苦用心。

　　《文库》所选文章，自然不足以代表学校科研成绩的全部，近千名教职员工，60年孜孜以求，几代师院学人的学术心血，区区九卷书稿300多篇文章，个中内容，岂能一一尽显？但仅就目前所成文稿观视，师院数十年科研的旧貌新颜、变化特色,也大体有了一个较为清晰的眉目。

首先,《文库》真实凸显了几十年天水师范学院学术发展的历史痕迹,为人们全面了解学校的发展提供了一种直观的印象。师院的发展,根基于一些基础老学科的实力,如中文、历史、数学、物理、生物等,所以翻阅《文库》文稿,可以看到这些学科及其专业辉煌的历史成绩。张鸿勋、雒江生、杨儒成、张德华……,一个一个闪光的名字,他们的努力,成就了天水师范学院科研的初始高峰。但是随着时代的发展和社会需求的变化,新的学科和专业不断增生,新的学术成果也便不断涌现,教育、政法、资环等新学院的创建自是不用特别说明,单是工程学科方面出现的信息工程、光电子工程、机械工程、土木工程等新学科日新月异的发展,就足以说明学校从一个单一的传统师范教育为特色的学校向一个兼及师范教育但逐日向高水平应用型大学过渡的生动历史。

其次,《文库》具体显示了不同历史阶段不同师院学人不同的学术追求。张鸿勋、雒江生一代人对于敦煌俗文学、对于《诗经》《尚书》等大学术对象的文献考订和文化阐释,显见了他们扎实的文献、文字和学术史基本功以及贯通古今、熔冶正反的大视野、大胸襟,而雍际春、郭昭第、呼丽萍、刘雁翔、王弋博等中青年学者,则紧扣地方经济社会发展做文章,彰显地域性学术的应用价值,于他人用力薄弱或不及处,或成就了一家之言,或把论文写在陇原大地,结出了累累果实,发挥了地方高校科学研究服务区域经济社会发展的功能。

再次,《文库》直观说明了不同学科特别是不同学人治学的不同特点。张鸿勋、雒江生等前辈学者,其所做的更多是个人学术,其长处是几十年如一日,埋首苦干,皓首穷经,将治学和修身融贯于一体,在学术的拓展之中同时也提升了自己的做人境界。但其不足之处则在于厕身僻地小校之内,单兵作战,若非有超人之志,持之以恒,广为求索,自是难以取得理想之成果。即以张、雒诸师为例,以其用心用力,原本当有远愈于今日之成绩和声名,但其诸多未竟之研究,因一人之逝或衰,往往成为绝学,思之令人不能不扼腕以叹。所幸他们之遗憾,后为国家科研大势和学校科研政策所改变,经雍际春、呼丽萍等人之中介,至如今各学科纷纷之新锐,变单兵作战为团队攻坚,借助于梯队建设之良好机制运行,使一人之学成一众之学,前有所行,后有所随,断不因以人之故废以方向之学。

还有,《文库》形象展示了学校几十年科研变化和发展的趋势。从汉语到外语,变单兵作战为团队攻坚,在不断于学校内部挖掘潜力、建立梯队的同时,学校的一些科研骨干如邢永忠、王弋博、令维军、李艳红、陈于柱等,也融入了更大和更高一级的学科团队,从而不仅使个人的研究因之而不断升级,而且也带动学校的科研和国内甚至国际尖端研究初步接轨,让学校的声誉因之得以不断走向更远也更高更强的区域。

当然,前后贯通,整体比较,缺点和不足也是非常明显的,譬如科研实力的不均衡,个别学科长期的缺乏领军人物和突出的成绩;譬如和老一代学人相比,新一代学人人文情怀的式微等。本《文库》的编撰因此还有另外的一重意旨,那就是立此存照,在纵向和横向的多面比较之中,知古鉴今,知不足而后进,让更多的老师因之获得清晰的方向和内在的力量,通过自己积极而坚实的努力,为学校科研奉献更多的成果,在区域经济和周边社会的发展中提供更多的智慧,赢得更多的话语权和尊重。

六十年风云今复始,千万里长征又一步。谨祈《文库》的编撰和发行,能引起更多人对天水师范学院的关注和推助,让天水师范学院的发展能够不断取得新的辉煌。

是为序。

李正元　安涛

2019 年 8 月 26 日

目　录
CONTENTS

地域文化研究及其时代价值

雍际春[*]

近年来,学术界关于地域文化概念和学科性质的讨论虽然观点很多,但仍有进一步深化探讨的必要。一定地域内历史形成并被人们所感知和认同的各种文化现象就是地域文化,其学科归属大致与历史地理学的分支历史文化地理学基本一致,是介于历史文化地理学与文化学、文化史之间的交叉边缘学科。研究地域文化,必须牢牢把握它的历史性、地域性和文化特色。

改革开放以来,对中国传统文化的研究和历史评价,成为学术界、理论界的热门话题。与"文化热"相伴随,我国区域经济的复苏和发展,又催生了各省各地对本区域历史文化的关注和开发。于是,以"文化热"为基础,以区域经济社会及文化发展为主导的地域文化研究勃然兴起。近年来,地域文化研究高潮迭起,方兴未艾,大有成为"显学"之势,显示出旺盛的生命力,具有广阔的发展前景。这说明地域文化及其研究在我国全面建设小康社会的新时代,对于继承和弘扬优秀传统文化,发展社会主义先进文化,都具有特殊意义和独特价值。

一、关于"地域"和"地域文化"的代表性观点

文化的地域性或地域文化的形成,从文化人类学的观点来看,是由构成文化区的最小单位"文化特色"到文化丛再到文化区域或文化圈而产生的。即在一定时间和空间,与某一种生产行为和生活习俗相联系而产生的文化现象,就成为该地区的文化特色;众多相互关联的文化特色集合为文化丛,文化丛从发源地向外扩散;人们对文化特色的选择与结合显示出不同的地区特征,从而形成特定的文

---

* 作者简介:雍际春,1961 年生,男,甘肃清水人,天水师范学院陇右文化研究中心教授,历史学学士,主要从事中国古代史及文化史研究。

1

化类型和文化区域或文化圈[1]，这个文化区域或文化圈，就是我们所说的地域文化。

目前，学术界关于地域文化的划分一般有三个标准：一是以地理相对方位为标准划分，如东方文化、西方文化、江南文化、岭南文化、西域文化、关东文化等；二是以地理环境特点为标准划分，如长江三角洲文化、黄河文化、运河文化、海岛文化、大陆文化、高原文化、草原文化、绿洲文化等；三是以行政区划或古国疆域为标准划分，如齐文化、鲁文化、秦文化、晋文化、楚文化、巴蜀文化、云贵文化等[2]。

学术界对于地域文化的产生和划分标准虽然观点比较一致和明晰，但对何谓"地域"，何谓"地域文化"却观点互异，说法很多。近年来，一些论及"地域"以及地域文化的论著，对"地域"和地域文化概念的解释也不尽一致，归纳起来主要有以下几种代表性观点。

其一，"地域"即古代沿袭或俗成的历史区域；地域文化又称区域文化。这种观点认为，"地域"概念通常是古代沿袭或俗成的历史区域，它在产生之初当然是精确的，但由于漫长的历史逐渐泯灭了它们的地理学意义，变得疆域模糊，景物易貌，人丁迁移，只剩下大致的所在地区了。如"齐鲁"概指山东，"关东"泛称东北等，在这里"地域"与"地区"的概念是有区别的。认为"地域文化"或称"区域文化"，是一门研究人类文化空间组合的地理人文学科，在某种意义上大同于文化地理学。但在某些方面，地域文化又与文化地理学有着明显的区别。即文化地理学以地理学为中心展开文化探讨，而地域文化则以历史地理为中心进行文化探讨（此种观点由"中国地域文化丛书"的编者提出，辽宁教育出版社出版。邱文山等人所著的《齐文化与先秦地域文化》一书，对地域和地域的解释也持这种观点，该书由齐鲁书社出版）。

其二，地域文化也就是文化区。认为世界上无论何种文化，因其创造者无不生活于具体的地区，这些文化也就莫不带有地域性特点。地域性的含义除了表明它有一块供文化滋生、与众不同的地盘之外，它还表明这块地盘早归某些固定的民族聚居，在那里培植有专门的文化。因常见这样的地域与相应的民族和文化多有共其始终之势，惟其如此，人们也就不能用纯自然的眼光来看待这一已经人文化的地区。因此，地域文化的空间判别，旨在确定某种文化特征或具有某种特殊文化的人在地球表面所占据的空间，即确定文化区[3]。

其三，地域文化是指一定地域内文化现象及其空间组合特征，认为地域文化的发展基础是人类赖以生存的地理环境。在文化的形成及发展中，地理环境通过影响人类活动，而对文化施加影响。不同人群所处的独特地域环境所形成的文化隔离，也有效地保持了不同地域文化的独特发展趋向。尽管由于文化传播工具的进步使不同地域文化的相互影响日益扩大,但漫长的历史所形成的文化隔离仍在不同时代、不同地域发生着不同程度的作用。这种文化发展的空间限制性所形成的文化的地域,成为一种文化强制力量,制约着不同地域的文化性质、类型、水平、方向和速度[4]。

其四,"地域"和地域文化是一个多维概念。首先,地域作为一个区域性的概念,它必须具有相对明确而稳定的空间形态和文化形态;其次,地域又是一个历史的概念,因而涉及时间和传统;再次,地域是一个比较性的概念,因此必定要有某种可资比较的参照物或参照系;最后,地域又是一个立体的概念,自然地理或经济地理之类可能是其最外在最表层的东西,再深一层如风俗习惯、礼仪制度等,而处于核心的、深层(内在)的则是心理、价值观念。因此,在进行地域文化研究时,必须把它看成是一个有机的整体[5]。

其五,"地域"特指文化区域。认为"地域"既不是一个单纯的地理概念,也不是指行政区域的划分,而是特指文化区域,即在一定历史阶段所形成的、相对于其他地区有自己文化传统的文化区域。形成这样的一个文化区域,与历史传统有关,也与其所处的地理自然环境有关[6]。

其六,地域文化也就是特色文化。所谓地域文化,也就是以自然环境和地形地貌为标志所形成的特色文化,这种地域文化十分明显地制约和影响着人们的生活方式和思维习惯[7]。

其七,认为地域文化不是一个简单的地理概念,而是一个文化时空概念,一般是指具有相似文化特征的某个区域及其文化生成的历史空间。因此,地域文化具有文化的普遍性、群体性、继承性和渗透性四个基本特征[8]。

以上代表性观点,从不同角度和侧面,对"地域"和地域文化概念提出了极富价值的界定和解释。各种观点虽有小异,但在主要方面较为接近和一致。综合各种观点,有下列几点值得思考:一是"地域"又可以称为区域,它不是一个单纯的地理概念,而与历史、民族等人文因素密切相关,作为一个空间区域,其范围比较模糊;二是地域文化也就是区域文化或文化区;三是地域及其地域文化既是一个历史概念,又是一个比较性的概念和立体性的概念;四是地域文化与文化地理学既相联系又有区别,地域文化以历史地理为中心进行文化探讨。这些观点和看法,对于我们进一步深入把握和认识"地域"以及地域文化概念将大有助益。但是,我们也应看到,上述观点也存在一些概念的不确定性和界定的局限性,故有必要对"地域"或地域文化概念加以深入探讨。

二、对"地域文化"及其概念的进一步探讨

就一般意义而言,"地域"也就是区域,即按一定标准而确定的地理空间区域。

它是人类生存和文化创造的物质基础与活动舞台。就此而言,地域文化同文化区域有着相同的意义。文化区域简称"文化区",所谓文化区就是指某种文化特征或具有某种文化的人在空间上的分布。文化区一般有三种类型,即形式文化区、功能文化区和乡土文化区。具有一种或多种相互有联系的文化特征所分布的地理范围,就是形式文化区。这是一种以其文化特征的自然分布状态而确定的文化区。功能文化区是以该文化特征受政治上、经济上或社会上的某种功能而影响其空间分布所划分的分布区。乡土文化区又称感性(觉)文化区,这是一种在居民头脑中存在的区域意识,而且这种区域意识的名称和作用亦被他人所接受[9]。在已有的历史文化地理研究中,人们大多采用多种文化特征的形式文化区进行文化区的研究,而乡土文化区即感觉文化区也已被引入文化区的研究(张伟然《湖北历史文化地理研究》首次采用感觉文化区方法进行文化区的划分,该书由湖北教育出版社出版)。

　　既然地域文化也是一种文化的区域分布,那么它与历史上的自然区域、行政区划就必然具有密切的关系。周振鹤先生指出:行政区划是国家行政管理的产物,由法律形式予以确认,有最明确的边界与确定的形状;自然区域是地理学家对自然环境进行的科学性的区划;文化区域则是相对较不确定的概念,一般由文化因素的综合来确定,具有感知的性质。划分三种区域的主导因素各不相同,形成文化区域是社会的力量,划定行政区划是国家的行政权力,而自然地理区域的划分则受自然规律所支配。因此,文化区域与行政区划以及自然地理区域的关系,事实上体现了社会、国家与环境之间的关系[10]。一般而言,自然条件从宏观上制约了文化区的分异,大的山川界线往往形成文化区的边界;行政区则对文化区进行整合,使区内文化现象趋于一致,以形成均质的文化区;而经济方式、交通条件、移民等因素,对文化区的形成都有程度不同的影响[11]。

　　基于以上分析,我们就可以对"地域"以及地域文化给出一个比较确切的解释。首先,我们所说的"地域",是赋予其人文因素和历史文化传统的区域空间。作为地理空间概念,"地域"同"地区""区域"有相同之处,但"地域"更多的是一个历史的和人们心理意识中所认同而约定俗成的空间区域,由于历史沧桑和文化变迁,其边界范围已比较模糊;而"地区"和"区域"则更多地与自然和政区因素相关。其次,我们所要界定的"地域"与"地域文化",实际就是从文化的角度区分地域,又从地域的角度分析文化。因此,分析文化主要是探寻其地域性特点,而区分地域是为了便于揭示此地域与周边地域文化的不同和特色。这是我们认识"地域"及其地域文化的出发点。最后,若借用文化区的划分方法,则地域更适合于用感觉文化区的方法进行划分。

所以,所谓地域文化,就是一定地域内历史形成并被人们所感知和认同的各种文化现象。研究地域文化,旨在探讨其在历史形成过程中的整合演变轨迹及其形态特征,并揭示其空间组合关系和地域特色,从而为区域文化发展和推进社会文明,继承传统文化和建设社会主义先进文化提供服务。

由此可见,要准确理解地域文化这一概念,就必须牢牢把握它的历史性、地域性和文化特色。这是因为作为地域文化的空间范围它不但是一个文化的空间分类概念,而且也是一个历史概念。一定地域的文化特质是历史发展和持续演变的结果,是由当地一代一代民众不断传递、承袭、发展、积累和既创新又积淀的产物。所以,准确把握地域文化的历史性特点,是我们从事地域文化研究的起点。人类的一切活动,包括文化创造,又总是在一定的空间范围进行的,由于各地自然条件、地理环境乃至人文因素的差异,人们在从事采集、耕种、渔猎、游牧、生产、创造等活动中,不同地域的人们自然而然地在居民心理、性格习惯、思维模式、行为方式和语言风俗诸方面逐渐产生差异,从而形成一个个具有区域特色的地域文化,这种差异正是文化的地域性的显现。既然一定的地域及其文化的形成,既是一个历史过程并且约定俗成,又带有深深的地域性烙印,那么此地域内的各种文化现象既是均质的或相近的,也是互有关联、相互影响的,而与其他地域文化之间则是异质而不同的,这就必然使地域文化各具特色和风貌。

三、地域文化的学科性质与内容构成

任何事物的性质都是由其主体或研究对象及其内容所决定的。地域文化研究既以地域为主体,又以文化为对象,因而,论其学科性质,它主要归属于历史地理学的历史文化地理学科。历史文化地理以探讨人类文化的各种现象和事物的空间组合与地域分异的特征、变迁规律,揭示人类文化与地理环境间的关系及相互作用为对象[12]。就研究对象而言,地域文化与历史文化地理基本一致,地域文化也就是历史文化地理学科中的区域历史文化地理。但是,地域文化又具有自己在学科属性上的独立性和特殊性,在地域文化研究中,文化的内在结构、相互关系及其形态特征也同样非常重要,因而,它又与历史文化的地理研究稍有区别,地域文化更准确地说是介于历史文化地理学与文化学、文化史之间的交叉边缘学科。

文化的发展既有时代的变迁,又有地域的差异。一般而言,研究文化的发生、发展、消亡的历史以及研究文化的传承与变异的原因和规律属文化史的范畴,而探索文化的分布与扩散的格局则是文化地理的任务。文化学认为:文化是一个复杂的总体,包括知识、信仰、艺术、道德、法律、风俗以及人类社会里所得到的一切能力与习惯[13]。对文化的各种现象以及各要素的产生、发展、变化和作用影响进

行研究、解释和评判,则是文化学的中心职责。这些学科与地域文化既相联系又相区别,这些学科的发展和研究的深化,都将为地域文化研究奠定基础和创造更为良好的条件,但它们终究不能取代地域文化。所以,可以这样来说,地域文化是一个三维概念,它以时代性或历史性为经,以地域性为纬,又以文化为核心而紧密联为一体。

地域文化的研究对象和内容,主要包括地域内文化的生成、演化和发展的进程及其规律,文化的内在结构、形态特征及其相互关系,地域内文化的分布状态与空间组合特征,地域之间文化的交融、渗透与整合,文化与地域之间的互动关系以及生态剖面,地域文化对中国传统文化发展的意义和作用等。

无论何地,文化的创造无疑是这一地域的居民在适应自然、改造自然、发展生产的过程中文明进化的必然产物。文化一经产生,其诸要素便与当地自然、社会、人文诸条件相互联系、互相影响、共同作用,既保证文化的发展充满活力,又推进文化的变化、发展和创新,了解、探析地域文化生成、演进的过程及其发展演化规律,考察地域文化诸现象与要素之间的内在结构、相互关系和形态特征,揭示其文化特质和个性特色,是我们准确把握和系统研究地域文化的基础与前提。

就一定地域而言,各种文化要素仍然会有差异和分布的非均衡性,因此,对其空间分布格局和组合关系的研究和揭示,将构成文化地域特征的重要内容和主要途径。地域文化的发展并非孤立和封闭的,地域之间文化的传播、交流、融通和整合,是一个不以人的意志为转移的客观存在。在文化发展过程中,文化不仅与自然环境、社会环境发生联系和作用以推进自身的演变,而且文化自身在内部也始终处于相互联系和相互作用之中,文化的这种传播和渗透,必然促进文化的整合与统一。

一定区域文化的内在结构、形态特征、地域特色都与产生和分布这一文化的地理环境密切关联,地理环境不仅对形成一定文化提供空间舞台,而且还赋予其视觉特征和形式体现,而文化又赋予地理环境以人文特性和知识内涵。因此,文化与地理环境实际上是一个信息与能量相互作用的互动体系。从某一时段或某一文化现象、某一文化层面切入,对其互动关系进行探讨,则可通过文化生态的剖面关系,复原文化景观或揭示其内在结构,这是我们研究和掌握地域文化及其特征的重要组成部分。中华文化一体多源,各地域文化是中华文化大系统中的子系统或一部分,探讨地域文化,有助于对中华传统文化某些方面认识的深化,有助于揭示中华文化的内在特征和民族特性,从而也有利于继承优秀传统文化,弘扬民族精神,整体推动对中华传统文化研究的深化。

四、地域文化研究的时代价值

我国地域文化的产生约起自旧石器时代中晚期[14],至新石器时代初即初露端倪,如燕山、阴山一带,黄河流域,长江流域三大地区的文化开始形成自己的特点。再经夏、商两代的发展,到西周的封邦建国,地域文化渐趋成熟。只有当某一区域的文化要素达到成就上的一致性,在此地域上出现文化丛和文化结构时,真正的区域文化才算形成。周代各封国以政治和经济的运作使区域文化由"自然"状态向有目的的主动创造发展,并确立了自己在该文化区域的中心地位[15]。进入春秋战国时期,随着宗法制的崩溃,地域文化格局形成。地理差别,从经济上制约了文化的区域构成;邦国林立,从政治上强化了文化的区域分野;大师并起,从学术上突出了文化的区域特色;而上古时代丰富多彩的民风遗俗的流播传扬,又形成了风格各异的区域文化氛围[16]。其时,以列国分野为主体的各地域文化,为光辉灿烂、绵延博广的中国传统文化的形成做出了重要贡献。

至秦汉大一统王朝一系列文化统一措施的实施,致使各地域文化由异彩并呈而发生剧变,有的地域文化的某些方面上升为主体文化,而另一些地域文化的某些内容则趋于消失或被其他文化所吸纳。但是,各地域长久积淀的风俗习惯、价值观念等深层文化却在物质与制度文化消失之后仍顽强地附丽于其赖以产生的地域之上而传之久远,并在此后地域文化的融通整合中仍然发挥着重要的作用。秦汉以后,伴随着政权更迭、统一与分裂的交替,民族间的战争与交流融合,各地域文化既成为中华文化大系中的子系统,又在文化趋同与趋异的激荡中得到继承、发展、交融、创新和壮大,并为中华文化不断注入养料与活力。中华文化古今一脉绵延至今,为并世罕有,异彩纷呈、充满特色与魅力的地域文化可谓功不可没。

由于我国是一个发展中的大国,中国民族的多元格局和地理环境的差异性,决定了地区之间、民族之间、不同的经济形式和生活模式之间的不平衡,作为这种不平衡性综合反映的文化,也就依然存在着地域特性,而且这种地域性还将长期存在。因此,在新的历史条件下,要继承优秀文化传统,发展社会主义先进文化,弘扬和培育中华民族新精神,研究地域文化,开发地域文化都是至关重要的。

第一,地域文化是社会主义先进文化多样性和时代精神的具体展现。我们建设和发展的社会主义先进文化,是适应时代要求,符合社会主义现代化发展和全面建设小康社会目标的与广大人民日益增长的物质文明相协调的文化。这种文化既是丰富多彩的,也是昂扬向上的。它的丰富多彩,既体现在形式多样和内容丰富上,也体现在不同地域、不同群体的群众因地制宜,采取当地人们喜闻乐见的表现形式和消费行为上。因此,这种引导、鼓励、愉悦人们精神的先进文化,必然是一种一体结构中的多元绽放。而地域文化正是这种先进文化多元绽放和多样化发展的重要载体和具体展现,而且,也是先进文化不断发展、不断创新、不断交融、不断升华和弘扬培育新的民族精神的根基所在和力量源泉。

第二,研究地域文化是继承民族优秀文化的主要内容之一。无论古今中外,世界各国、各民族的文化都有其个性和特殊性。文化的民族性和特殊性包含着人类文化的共同性,文化的共性寓于文化的个性之中。源远流长、博大精深、一体多元而又丰富多彩的中华文化,其显著特点之一就是自战国以来产生了特色鲜明、风格各异、兼容互补、渗透力和生命力极强的既形形色色又持久存在、数量众多的地域文化。无论中华文化的发展与创新,趋同或是趋异还是中华民族精神的形成与锤炼、升华或再造,都与地域文化的兴衰发展、增益转换息息相关、共生共荣。就此而言,重视地域文化,研究地域文化,挖掘各种地域文化的深层内涵和最具价值的内容,实际就是对中华传统文化丰富内涵和中华民族精神内在积淀的一种个性解剖和继承弘扬。因此,中华传统文化的优秀成分和中华民族精神的个性魅力,往往深植于各地域文化之中,各地域文化是中华传统文化和民族精神个性风格与内在价值的直接承担者。所以,研究和探讨中华地域文化的历史变迁和时代发展以及内涵特色,实际就是对中华传统文化和民族精神的直接揭示,也是继承传统文化和弘扬民族精神的主要途径之一。

第三,研究地域文化,是弘扬和培育民族精神的关键环节。民族精神既有承传性,又有时代性;民族精神也需要不断弘扬和培育。弘扬是在继承基础之上的发展,培育也必然是在继承基础上的创新,唯有如此,民族精神才能在弘扬中培育和发展,在培育中不断弘扬和升华,才能永葆青春与活力,发挥民族之魂和文化之核的作用。对于历史悠久、民族众多、文化源远流长、底蕴深厚的中国而言,研究地域文化是揭示传统文化与民族精神内在继承性和时代性规律与轨迹的中介,也是弘扬与培育民族精神的历史素材和现实养料。要继承和弘扬传统民族精神,进而培育、再造、展现和引领时代潮流的民族新精神,地域文化的研究既是切入点,也是出发点。

第四,研究地域文化,是因地制宜,全面建设小康社会和实现中华民族整体复兴的现实需要。我国地域辽阔、民族众多,各地之间地理环境和人文条件差异明显,因而,各地域间在政治、经济、文化和社会生活方面的发展存在着明显的不平衡性。而这种不平衡性又集中反映在综合展现一个地区人们群体素质、价值取向、行为模式与精神境界的文化面貌上。因此,我们要走向现代化、全面建设小康社会,实现中华民族的伟大复兴,就必须从实际出发,因地制宜,采取灵活多样、各有侧重、区分层次和分步实施、全面推进的文化发展战略,不断提高国民素质,以带动各地域间文化与政治、经济的协调发展。地域文化对于促进经济的协调发展和小康社会的全面实现具有双重意义。一方面,立足各地域文化的实际现状和个性特色,扬长避短、大力扶持、重点引导和积极推进地域文化的发展,使其在多样化、多层次发展的基础上既百花齐放又不断融入主流文化当中,从而充分发挥文化的导向、激励和规范功能。另一方面,地域文化也是一种资源,在发展地域文化的同时,挖掘地域文化资源优势,兴办文化产业,打造文化品牌,则是振兴区域经济和促进区域社会发展的有效途径。充分发挥地域文化优势,既可带动和促进区域政治、经济和社会的进步与发展,又会不断塑造和培育新的民族精神。只有这样,我们全面建设小康社会的目标和中华民族的整体复兴才能最终实现。因此,地域文化的存在和延续,一定程度上是区域社会经济与文化发展不平衡的反映,而要缩小和消除发展的不平衡,研究、挖掘和开发地域文化至关重要、不可或缺。

第五,研究地域文化,是实施爱国主义教育的重要一环。爱国主义是中华传统文化和民族精神中一以贯之的优良传统。爱国主义不是一句空洞的口号,是国民情操与具体实践的有机统一。爱国主义必须从爱家乡、爱故土做起,而地域文化是实施爱国主义教育取之不尽的宝藏和财富。地域文化中那些名胜古迹、文化景观、遗址文物、英雄烈士、乡贤学士及其作品与精神产品,都是开展爱国主义教育的绝好素材。研究、挖掘、开发地域文化资源,无疑是深化爱国主义教育,增强民族自豪感、自信心和弘扬培育民族精神的重要一环。

第六,发展地域文化,是社会主义先进文化建设的重要议题。社会主义先进文化既是对时代进步和主流思想的理论概括和理性展现,它引领着大众文化发展的主流方向和精神追求;同时,先进文化又需要包括地域文化在内的各种亚文化的支撑和滋养。所以发展地域文化对社会主义先进文化的具体实践落实和不断创新发展,都具有重要意义,而且,地域文化的发展与研究开发,也是构成社会主义先进文化的重要内容之一。

越是民族的就越具有世界性,研究、开发和发展地域文化,既是继承中华优秀文化传统和弘扬民族精神的重要途径,也是整体推进社会主义文化建设,全面实现小康社会的重要举措。地域文化的研究与开发越是深入,越有助于中华优秀文化传统的继承和社会主义先进文化的发展,也越有利于中华民族精神的弘扬和培育。只有这样,面向 21 世纪的中国文化才能更好地走向世界。

参考文献:

[1]陈建远.社会科学方法辞典[M].沈阳:辽宁人民出版社,1990:409-415.

[2]路柳.关于地域文化研究的几个问题[J].山东社会科学,2004(12).

[3]侯甬坚.区域历史地理的空间发展过程[M].西安:陕西人民教育出版社,1995:238.

[4]程民生.宋代地域文化[M].开封:河南大学出版社,1997:1.

[5]王祥.试论地域、地域文化与文学[J].社会科学辑刊,2004(4).

[6]李伯齐.地域文化与文学小议[J].聊城大学学报,2002(6).

[7]李敬敏.全球一体化中的地域文化与地域文学[J].西南民族学院学报,2002(5).

[8]蒋宝德,李鑫生.中国地域文化[M].济南:山东美术出版社,1997:2.

[9]王恩涌.文化地理学[M].南京:江苏教育出版社,1995:41 - 44.

[10]周振鹤.中国历史上自然区域、行政区划与文化区域相互关系管窥[M]//历史地理:第十九辑.上海:上海人民出版社,2003:1.

[11]张晓虹.文化区域的分异与整合———陕西历史文化地理研究[M].上海:上海书店出版社,2004:375.

[12]雍际春.论历史文化地理学的研究对象、科学内容及其任务[J].中国历史地理论丛,1994(3).

[13]蒋宝德,李鑫生.中国地域文化[M].济南:山东美术出版社,1997:2.

[14]晁福林.天玄地黄[M].成都:巴蜀书社,1989:39.

[15]邱文山.齐文化与先秦地域文化[M].济南:齐鲁书社,2003:2.

[16]冯天瑜.中华文化史[M].上海:上海人民出版社,1990:404.

(本文发表于《宁夏大学学报》2008 年第 4 期)

陇右文化的基本特点及其地域特征

雍际春*

陇右文化是在陇右这一特定地域,由独特的自然条件与人文环境孕育生成和演化发展的一支地域文化。它具有开放性与兼容性、典型的尚武精神与功利色彩、质朴性、保守性四大文化特点;又具有典型的过渡性、多元互补、变异与趋同相一致三大地域特征。陇右文化内涵丰富、特色鲜明,它既是中华文化的重要组成部分,又与其他地域文化同生共荣、汇聚交融,共同滋养和传承了源远流长、博大精深的中华文化。

陇右文化肇端于旧石器时代,萌芽于新石器时代早期,以农耕文明为主的大地湾文化的产生为其萌芽的显著标志。中经大地湾中晚期和马家窑文化,至齐家文化时期,由于气候的变冷,以西戎、氐、羌为主的畜牧文化代之而起。接着,周人兴起陇东,秦人崛起天水,以农牧并举、华戎交汇为特征的秦文化兴盛起来,并奠定了自先秦至隋唐时期陇右地域文化的基本形态和发展格局,也标志着陇右地域文化由此形成。宋代以来,伴随单一农业经济形态的逐步形成,陇右文化由农牧并举而转向农耕文化形态。作为相对完整的地理单元,在陇右这块神奇的土地上孕育生成和发展演化的陇右文化,历经千百年来的流变整合和融通积淀,它既形成了有别于其他地域文化的个性特点,又浸润着深深的地域性烙印,它既是中华文化的一部分或亚系统,又具有鲜明的地域特征,因而,在中华传统文化的形成和中华文化的时空系统中,陇右地域文化都具有重要的地位和影响。

---

* 作者简介:雍际春,1961 年生,男,甘肃清水人,天水师范学院教授,从事中国古代史及文化史研究

一、陇右文化的基本特点

作为地域文化,陇右文化除具有各地域文化共有的普遍性、群体性、传承性和渗透性等共性特征外,它又具有不同于其他地域文化的独特个性。

(一)开放性与兼容性

纵观陇右文化的发展历程,它具有鲜明的开放性和包容性特点。在新石器时代早期,以大地湾文化为代表的陇右远古文化,是发达的定居农业文化。它以其较高的水准和多方面的文明成就而成为中华文明的多源中心之一,中经同中原仰韶文化大致同期的陇右马家窑文化至距今五千年前的大地湾晚期文化,已经蕴含着文明初现的种种信息。这一发达而先进的农业文化,却在距今四千年前因寒冷气候的出现而走向衰落和解体,代之而起的是与夏商时代大致同期的辛店、寺洼文化。辛店、寺洼文化的主人,就是见于先秦文献记载的氐、羌民族,其经济、文化以半游动性质的畜牧经济为主。可见自然地理的过渡性,为陇右地区发展农业和经营畜牧以及半农半牧经济的形成,提供了多种可能性。所以,农业民族、游牧民族都有可能在陇右地区一显身手,构建文化。历史上人口流动和多民族杂居,经济模式的变换与文化的转型,正是地理环境过渡性的一种人文表现,这种自然条件和人文环境,成为陇右文化具备开放和兼容性的地理基础。

陇右地区是丝绸之路要道,域外文明的传入,中华文化的输出,陇右为必经之地。这种地域优势,使陇右地区成为中西文化交流碰撞、融合荟萃的重要舞台和扩散传播的桥梁。中原文化与周边文化,域内文明与域外文明的双向交流互补,既为陇右文化源源不断地注入新鲜血液和异质养料,又在域外文化本土化进程中不断上演着陇右地域文化的重塑与改造。农牧民族的此消彼长,中西文化的传输交流,使陇右地区本土文化的发展,在很长时期具备了开放性、兼容性的特点,具有极强的渗透性和包容性。由此可见,陇右地域文化的开放性特点,使陇右地区的文化生态具有多种选择和多样发展的可能性,一旦具备适宜文化发展的条件,各种形态的文化都有可能在这里生根发芽。这种文化发展的区位优势,使陇右文化曾长期带有多民族色彩和农牧并举的痕迹。

(二)武精神与功利色彩

尚武好勇是我国古代不少地域较为普遍的风尚,然陇右等西北地区则最为典型,所谓"山东出相,山西出将"是也。陇右地区亦农亦牧的自然环境,多民族杂居、民族融合与文化交流的人文环境,加之中原王朝与周边部族在陇右一带的争夺与分立,使陇右民风以好勇尚武著称。例如,先秦时期的西戎、氐、羌等民族,以游牧射猎和强健勇猛见长,秦人入居陇右天水一带后,在长期与西戎的争夺与交流中,炼就了其粗犷悍厉、劲悍质木、果敢勇猛的民族气质。秦人那种轻死重义、奖励耕战的价值追求和不畏艰险、积极向上的进取精神,构成秦文化的一大特色和优势。在秦人早期文学作品《石鼓文》《秦风》中,多以歌颂本民族车马田狩和赳赳武夫的内容为主。秦人凭借这种文化优势一路走向强大,进而一统天下。秦文化所体现的基本特点,也正是陇右地域文化形成之初的原生面貌。

陇右典型的尚武风尚和文化现象,一方面与当地自先秦以来"处势迫近羌胡,民俗修习战备,高上勇力,鞍马骑射"的传统习俗和"天水、陇西山多林木"的环境条件密切相关,故"其风声气俗自古而然,今之歌谣慷慨,风流犹存耳"[1](卷69《赵充国传》)另一方面,这种社会风尚还同秦汉国家政治、军事需要和有关制度大有关系。秦汉时期西北多战事,特别是汉武帝开通西域后,"武帝好四夷之功,而勇锐轻死之士充满朝庭。辟土广地,无不如意"[2](卷20武帝征和四年)。这就为一代又一代名将的涌现和施展才华提供了用武之地。于是天水、陇西、安定、上郡等"六郡良家子选给羽林、期门,以材力为官,名将多出焉"[1](卷20《地理志》)。羽林、期门等皇家卫队的显赫地位和易于升迁的政治优势,无疑对六郡子弟具有极大的吸引力。正是这种社会氛围和陇右适于尚武风尚形成的人文条件,造就了陇右居民的民族性格和精神风貌。魏晋南北朝时期的民族大融合、隋唐时期关陇集团的出现,宋与西夏、吐蕃的争锋交战都一再承袭和强化着这一习俗风尚。例如直到隋唐时期,陇右"其人性犹质木,然尚俭约,习仁义,勤于稼穑,多畜牧,无复冠盗矣"[3](卷29《地理志》)的习俗风尚依然如故。陇右地区尚武风俗的盛行,影响所及,不仅表现在自秦汉以来,涌现出一批以李广、赵充国、段会宗、姜维等为代表的名将武士,而且,深受尚武风俗浸润,就连文臣学士也往往以性格刚直、文风犀利著称,如东汉愤世嫉俗的辞赋家赵壹,十六国时期曲隐为方士而臧否政事招致杀身之祸的王嘉,明代为民请命的胡忻,清代"陇上铁汉"安维峻等,他们一个个正直勇敢、爱憎分明,或犯颜直谏,或为民请命,或勇斗权贵,置个人生死荣辱于度外。他们身上所体现的浩然正气,铮铮铁骨,正是陇右民间长期以来尚武风俗的直接反映。由此可见,尚武风尚成为陇右地域文化中长期传习和内在积淀的一种文化基因。

(三)质朴性

从自然环境和文化生态而言,陇右地区都是典型的环境脆弱地带和敏感地区。长期以来,较为恶劣的自然环境和生存压力,交相作用于生于斯长于斯的陇右人,从而在文化生活与群体观念中形成一种质朴实用的文化特点。

在中华传统文化中,儒学的发展及其价值观念始终是中华文化最具典型意义的标志性特点。自秦汉以来,陇右文化中的儒学成分和礼仪价值体系,也始终是其文化的主体和主要的价值追求。通书诗、习礼仪、耕读传家、诗书及第既是陇右百姓的行为规范和文化追求,也是他们实现抱负,展示才华,报效民族、国家的重要途径。但是,与中原儒家文化的发展相比,陇右儒学更注重简约实用而较少繁文缛节的形式。长期而密切的文化融合与多民族交错杂居,使陇右文化兼具汉文化与少数民族文化之长。陇右高原旷野、荒凉沧桑的环境条件和少数民族弛骋游牧、劲悍质直、率真活泼的人文氛围,共同影响和造就了陇右人质朴无华的文化特点,例如秦腔的高亢嘹亮、直白慷慨,陇右花儿浓郁的乡土气息,兰州的太平鼓和天水一带的旋鼓舞、夹板舞,其舞步动作孔武有力、粗犷威猛、雄浑简约,正是陇右文化中质朴特性在艺术风格和表现形式上的集中展现。在当地生活习俗中,农业耕牧的简单粗放,房屋民居的窑洞板屋、土房热炕,饮食习惯上的多面少菜、粗茶淡饭,服饰上的简约朴素,无不是朴实风尚的直接反映。

(四)保守性

陇右文化的发展,始终与中华文化趋同扩散和趋异转型的交替过程息息相关。唐宋以降,陇右地区由长期的农牧兼营开始向以农为主的经济形态过渡,进入明清时期,大量移民的迁入,人口的增加,植被的破坏和土地的广泛垦殖,使陇右以汉族人口和农耕文化为主的结构形态得以定型。与此同时,宋元以来,伴随国家疆域的拓展,西北边防地带的外移,中原汉文化圈以空前的规模和速度不断扩大,陇右文化则更多地汇入中原文化而趋同发展。于是,陇右文化中原有的文化个性和地域性特征渐趋弱化,而封闭保守的特点则愈益明显。

陇右深居内陆,自然条件差异很大,又相对脆弱,明清以来人口增加、土地垦殖、植被破坏、水土流失、生态恶化、自然灾害频发等人地矛盾及其后果日益暴露。长期的生存压力和严酷的自然条件,使陇右地区成为"陇中苦瘠甲天下"的贫困落后之区。一般而言,艰难困苦的环境条件会激发人们开拓进取和富于冒险的精神,但由于陇右地区生存条件的异常艰辛和多灾多难,当人们探索创新、改变命运的种种努力难以抵挡环境限制或收效甚微时,陇右人在群体心理和文化观念上的封闭保守便不可避免地产生。于是,恋守故土、安贫乐道、随遇而安、靠天吃饭的宿命观念和保守心态,浓厚的家族、小农意识,重农轻商、淡泊内向的价值追求,安于现状、不思进取、淳朴简约的行为习尚,犹如枷锁般根深蒂固、如影随形又无孔不入地作用于陇右人,又从他们的观念和行为中一再表现出来。再加之中国经济、文化重心的东移南迁,中西文化交流通道丝绸之路的衰落,陇右文化走向趋同的同时,又被边缘化,这既加大了它与中原经济、文化发展上的差距,又强化了陇右文化的封闭性。长期以来,陇右经济、文化失去昔日的优势和风采,与中原地区的差距越拉越大,文化上的封闭性和保守性是其关键所在。

封闭性导致保守性,保守性必然导致落后和愚昧。但在陇右地区,文化的开放包容与封闭保守这两种对立排斥的特点却同时并存。这是因为一方面自先秦以来,陇右地区开放与兼容、尚武与功利的文化特点既长久存在又深深积淀于陇右文化的深层,但它又随环境条件的改变而呈弱化趋向;另一方面,伴随上述特点的弱化,陇右文化的封闭性和保守性因素却呈不断强化之势。这两种倾向是既并行存在,又呈此消彼长之势。明清以来乃至今天,陇右文化的发展状况和特征趋向,都与上述特点的相互作用大有关联。

二、陇右文化的地域特征

陇右文化的个性风格和文化特点,深深根植于陇右地区特殊的地理环境和人文氛围之中,从而显示出鲜明的地域特征。

(一)陇右文化具有典型的过渡性特征

陇右文化的过渡性特点,是由陇右地区自然环境和人文条件的过渡性所决定的。

第一,陇右地处三大高原的过渡带。陇右地区位居我国内陆腹心黄土高原的西部,它西接青藏高原,北连内蒙古高原,南邻秦巴山区。这里既是我国地势第一阶梯与第二阶梯交界地带,又是三大高原的结合部。这种独特的地理位置和地貌形态,赋予了陇右地区复杂而独特的自然带类型。

第二,陇右自然带复杂多样,具有过渡性特点。从温度热量分析,本区自南而北或自东南向西北依次为亚热带、暖温带和中温带,以温带气候为主,亚热带仅限于陇南南缘白龙江流域一隅。与热量带相对应,由南而北依次为湿润区、半湿润区、半干旱区和干旱区,其中,以半湿润区和半干旱区为主,湿润区在陇南白龙江流域,干旱区位于兰州市以北黄河沿岸一带。在植被分布上,由南向北依次为暖温带森林、温带草原和荒漠草原,其中以温带森林和草原为主,亦即为森林草原地带。陇右地区自然带类型之多、分布之密、变化之复杂,为其他区域所少见。如果从大的自然带分布而论,陇右地区正是由亚热带向温带、由半湿润区向半干旱区、地带性植被由森林向草原过渡的地带。这种大自然带的过渡性特点表明,这里也是自然环境和生态系统的敏感地带。

自然环境的敏感性和过渡性特征,对陇右地区人文环境的形成和经济社会与文化的发展,都产生了深刻而广泛的影响。

第三,陇右位于我国东西部与南北方的结合部。从人文因素分析,陇右地区正位居我国南方与北方、东部与西部的结合部。长期以来,陕甘两省间的陇山,曾是一条重要的人文地理分界线,中原、关中人士历来以西越陇山为畏途,视陇山之西为异域荒凉之地和游牧射猎之区。这种心情在魏晋以来的诗文词赋如《陇头水》《陇头流水歌辞》《关山吟》等作品中有集中的反映,并广为传诵。陇右南部今武都地区,先秦至秦汉时期曾作为古梁州的辖域而被看作是南方和西南地区的一部分,后来随着行政区划的变动而渐与北方陇右地区融为一体,但这一带地区向为甘川陕三省的毗邻之地和通商要道。这种独特的人文地域关系,使陇右成为我国东方与西方、南部与北部的契合点和结合部。

第四,陇右地区是多民族错居融合的舞台。历史上的陇右先民,除汉族人口以外,先后曾有先秦时期的西戎、氐、羌、周人,西周春秋时期的秦人,汉魏十六国南北朝时期的羌、氐、匈奴、羯,唐宋时期的吐蕃、党项,元代以来的蒙古族、回族、藏族等民族,他们都曾一度或长期活动于陇右地区。特别是先秦、魏晋时期的西戎、氐、羌等民族,曾是陇右地区的主体民族。而在大部分时期,陇右地区一直是汉族与各民族的杂居区。因而长期以来,陇右地区既是农牧经济与农牧文化的交错地带,也是民族文化交流与融合的大舞台。与之相对应,陇右地区在明清以前,又长期是中原王朝与边族政权、统一王朝与分裂政权、汉民族与少数民族对峙争锋的前沿,政治、军事地位尤为重要。这种多民族的交错分布与融合,农牧文化的交流与碰撞,是陇右文化多元并呈的重要文化基础。

第五,陇右地区又是农牧经济和中西文化交流的过渡地带。伴随人口、民族的变迁,陇右经济模式与文化形态也经历了由远古时代的农耕文明到先秦至隋唐时期的农牧并举,再到宋代以来以农为主的过渡和转型。陇右地区又是丝绸之路西出关中的第一站,中原文化的西传,域外文明的输入,陇右乃必经的孔道。在中西文化交流中,陇右既是中原文化西传的中继站,也是域外文明进入中原的预热区和缓冲带,在这种文化的双向交流传输过程中,陇右所处的特殊区位使其既发挥着重要的传导作用,又发挥着关键的化合作用,而且这一过程又给陇右地区本土文化的演化发展注入活力。不难看出,基于自然过渡性特点之上的人文条件,同样具有典型的过渡性色彩。因此,过渡性特点是我们认识和进一步深化陇右文化研究的立足点和切入点。

(二)陇右文化具有多元互补的特征

陇右文化在典型的过渡性特征基础上,又具有多元与互补的地域特征,这集中体现在以下两个方面:

第一,陇右地域的内部分异形成文化的多元格局。在陇右地域内,由于自然、民族的差异,又形成了几个小的区域文化单元,六盘山、陇山南北纵列,将陇右分隔为陇东和陇中两个区域。陇中以南,以西秦岭为界,其南为陇南山区,而陇中西部毗邻青藏高原的甘南洮河流域一带,则是藏族与回族聚居之区。这种自然、人文特点,为陇右地域内文化的多元并存、互补发展提供了基础。陇东南接陕北,北近宁蒙,其文化既具三秦文化之特点,又兼草原文化之风格;陇南山区既有羌藏文化成分,又兼巴蜀文化因子;而甘南一带则为藏汉、回汉与藏回文化的交汇区。左宗棠曾说:甘肃"地当西陲冲要,南北界连藩服、荒服,汉、蒙、回番杂处其间,谣俗异宜,习尚各别,汉敦儒术,回习天方,蒙番崇信佛教,亘古至今,未之有改"[4](卷33《学校志·贡院》)。这正是对民族文化多元化的典型概括。上述三个区域又以陇右腹地陇中地区为核心,构成多元并存、融通互补、趋同一体的陇右地域文化。无论是历史上多民族的交错杂居,还是现代人口与民族的分布格局,陇右地域文化的这一特征始终存在,只是在不同时代其强弱程度稍有差异而已。

第二,经济形态的过渡性赋予陇右文化极强的互补性特征。如前所述,陇右文化在形态特征上的开放性和兼容性,自然、人文因素和人口民族的过渡性,使陇右文化成为中华文化巨系中一个多元并呈、兼容互补的亚系统。历史上陇右地区除汉族文化之外,先后曾是羌戎文化、秦早期文化、氐羌文化和蒙、藏、回民族文化一度兴盛或多元并呈之区,无论是汉族文化还是此消彼长的少数民族文化,由于陇右人口的流动不居和民族势力的伸缩进退,使陇右文化既非纯粹的汉文化,亦非某一少数民族的单一民族文化,而呈现出一种"你中有我,我中有你"的混生形态。这一特点本身既是文化互补的产物,也是文化具有多元优势的直接表现。例如,盛行于陇右洮河流域的山歌"花儿"的产生和流布,就是一个典型例证。据考证,它是明代初期苏皖一带汉族移民最初"定居于洮、岷、河、湟一带所唱的专用花卉作比兴的民歌",经由当地回、汉、藏等各族人民的改造创新而形成的一种以汉语创作并演唱的歌种。"花儿"在陇右地区有河州花儿和洮岷花儿之分,前者以今临夏为中心,最初主要由回族人民所创作和传唱;后者以今临潭、岷县为中心,主要是汉族人民所创作和演唱。花儿流传至今,已成为流行于"贺兰山以南,六盘山以西,岷山以北,日月山以东这一跨甘、宁、青三省区的广阔地带,成为汉、回、土、藏、撒拉、东乡、保安、裕固等八个民族用汉语创作并演唱的一个歌种"[5](P89)。我们从"花儿"的起源、创作、传唱和流行地域可以清楚地看到,它是汉、回、藏等多民族文化交流互补、融通创新的产物,是文化互补性熔炼的民间文学瑰宝,因而,成为陇右各族人民喜闻乐见的艺术形式。类似"花儿"这种经由各族人民传播、交流、移植、融通和推陈出新而催生的种种文化,是陇右文化在多元与互补状态下不断发展和演进的常态形式。

美国学者谢弗曾对唐代凉州(治今甘肃武威市)文化的地域性做过这样的评价:"凉州是一座地地道道的熔炉,正如夏威夷对于二十世纪的美国一样,对于内地的唐人,凉州本身就是外来奇异事物的亲切象征。凉州音乐既融合了胡乐的因素,又保持了中原音乐的本色,但是它不同其中的任何一种,这样就使它听起来既有浓郁的异国情调,又不乏亲切熟识的中原风格。"这段话虽是对唐代凉州音乐中西互补的评论,但以此为比照分析陇右地区历史上文化的多元与互补性特征,其实也很恰切。

(三)陇右文化具有变异与趋同相一致的地域特征

陇右文化在中华民族的历史长河中,具有趋同与变异既相交替又相一致的地域性特征。

首先,文化形态具有变异性。如前所述,陇右地区早在新石器时代就以发达的农耕文明而著称,大地湾文化即其典型代表,因而当地形成了发达的农业文化。及至夏商时代,当地居民以长于游牧的西戎、氐、羌为主,于是畜牧文化代替了农耕文化。西周以来,秦人入居陇右并渐次崛起,他们兼取畜牧与农耕文化之长,又形成了农牧并举、胡汉交融的农牧文化。隋唐以后,伴随畜牧经济的衰退和单一农耕经济的确立,陇右文化逐渐过渡为以农耕为主的文化形态并趋于定型。陇右文化经历上述形态的演变与交替,正是陇右文化富有变异性特征的典型反映。

其次,五方杂处与四方辐辏推动了文化的变异。就历史上的民族分布格局而论,先秦时期的西戎、氐、羌,汉末魏晋时期的氐、羌,唐宋时期的吐蕃、党项,元代以来的蒙古族以及回族等,都曾一度成为陇右地区的主要居民,或与汉族交错分布。因此,这些多以畜牧见长的民族,或以他们民族的文化取代当地文化,或以民族文化与当地文化相融合,这一复杂过程,使陇右地域文化既包含复杂的多民族成分,又使陇右文化更具变异性特征。从陇右区域位置而论,陇右东通关中,南连蜀汉,西接河西、西域和青藏,北达宁夏和塞上,是典型的四方辐辏之区,南方与北方,东部与西域,汉族与少数民族之间的文化,在此碰撞交流,荟萃融通,并赋予陇右文化极强的变异与转型的功能,形成陇右文化的一大地域优势。

再次,陇右文化趋同倾向明显。中华文化圈经历了一个形成、扩展、定型的漫长过程。陇右文化作为中华文化的组成部分和分支,始终与中华文化处于一种同源共生、水乳交融和趋同发展的状态。早自新石器时代陇右文化肇兴之时,它与中原文化就有着一体多元的共生关系,自先秦以降,尽管由于经济形态、民族成分的变迁,陇右地域文化不断地变异和转型,但是,它并没有因为变异转型而离散于中华文化之外。相反,每一次的文化转型与变异,不仅为陇右地域文化和中华文化的发展注入了活力与新鲜血液,促进陇右地域文化与中华文化新的发展与飞跃;而且,它与中华文化的趋同因素也不断增多和累积。如果说长期以来陇右文化与中华文化在变异与趋同相交替的进程中同生共荣,不断壮大的话,那么,宋元以来,随着汉文化圈的扩大和定型,陇右地区则逐步由原来的国防重镇、边防前哨和中原与边族政权接触地带过渡为祖国版图的腹地之后,陇右文化的发展便转而以趋同发展为主要趋向。因此,从陇右文化发展演进的总体态势而论,它具有鲜明的变异与趋同既相交替又相统一的地域性特征。

三、陇右文化在中华文化发展史上的地位和作用

陇右地区是一块文化的沃土,生活在这块神奇土地上的陇右先民所创造的陇右文化,以其历史久远、内涵独特、特色鲜明和影响广泛而在中华文化的形成和发展进程中发挥了重要作用。陇右地区既是中华文化的重要起源地之一,又是中华文化的重要组成部分。陇右文化与其他地域文化同生共荣、汇聚交融,共同滋养和传承了源远流长、博大精深的中华文化。

(一)陇右地区是中华文化的重要起源地之一

包括陇东在内的陇右地区,早自旧石器时代起就有了人类生活的踪迹,也开始了文化的创造活动。位于平凉市东的泾川县大岭上遗址出土的尖状器、刮削器等石器,其器形和加工手段与北京猿人遗址文化相近。位于庆阳市镇原县的姜家湾和寺沟口遗址,有马、牛、鹿等动物骨骼化石和多种石器出土,其时代与"丁村人"遗址的年代相当,距今约20多万年。旧石器时代晚期的文化遗址在陇右已发现有庆阳市环县楼房子、刘家岔、庆阳县巨家塬,镇原县黑土梁,平凉市泾川县白家塬和天水市武山县鸳鸯镇等多处。其中,在白家塬和鸳鸯镇遗址出土的人类头骨化石,分别被命名为"平凉人"和"武山人",前者距今3至4万年,后者距今3.8万年,其体质和特征与现代人接近,属晚期智人阶段,代表着比山顶洞人原始的早期蒙古人种类型。这说明,陇右地区是中华民族远古文化的发祥地之一。

陇右地区新石器时代的文化遗址数量繁多、类型多样、文化发达,构成陇右远古文化的完整序列。陇右新石器时代早期的文化遗存,主要有天水市境内的大地湾遗址、西山坪遗址和师赵村遗址,这些遗址所揭示的文化内涵和文明成就表明,陇右地区的远古文化,与中原裴李岗、磁山文化同时起源,并行发展,又共同催生了仰韶文化。考古研究表明,大地湾遗址有五个文化层,西山坪遗址有两个文化层,师赵村遗址则有七期文化,其中大地湾和师赵村文化延续时间长达三千年以上,而且,上述遗址文化层互有关联,共同构成陇右远古文化的完整序列。兴起于距今8300年前的大地湾一期文化早于中原仰韶文化千年以上,被考古学家命名为大地湾文化,[6]它与西山坪一期文化共同构成陇右地区前仰韶时代后期的第一阶段,西山坪二期和师赵村一期文化与关中北首岭文化颇多相似,构成陇右地区前仰韶时代后期的第二阶段,也促进了中原仰韶文化的兴起。大地湾、师赵村三至四期文化约与中原仰韶文化的早中晚期相当;大地湾五期和师赵村五至七期文化则直接孕育了陇右地区的马家窑和齐家文化。在大地湾一期文化层中,出土了

多种石制生产工具和陶制纺轮坯、骨器、兽骨等,半地穴式房屋,碳化的禾本科黍(糜子)和十字花科的油菜籽,还有手制陶器和红色宽带彩陶,以及十多种彩绘符号。它说明在距今七千年前的大地湾人,已经过上了以农业为主的定居生活,并且掌握了原始的纺织技术并驯养家畜;带有原始性的红色宽带彩陶,正是中国彩陶艺术的先声;而十多种彩绘符号无疑是中国文字的胚胎。这些朱彩符号有的与半坡遗址的刻划符号基本一致,但又早于半坡遗址千年以上。因而,人们认为黄河流域这一时期出现的刻划符号,是由大地湾经北首岭下层发展到半坡时期形成的,在泾渭流域广大地区的民族居民共同使用的属于指事系统的符号。[7] 在大地湾晚期文化层中,聚落规模迅速扩大,达到百万平方米以上,以 F901 和 F405 为代表的大房子的发现及祭祀礼仪活动的出现,被认为是中国最早的城乡分野,是"城市革命的前奏曲"。[8] F901 大房子由主室、东西侧室、后室、门前附属物组成,面积达 420 平方米,它"堪称原始宫殿式建筑"。该房子地面平整光滑,其材料由料礓石和砂石混凝而成,类似于现代的水泥地面,这与古罗马人用火山灰制成的水泥同属世界上最早的混凝土。F411 房屋遗址内距今千年前的大型地画,既是"迄今所知我国最早且保存完整的绘画作品",[9] 又是祖先崇拜、生殖崇拜的反映。所以,人们认为大地湾遗址的考古发掘占有中国最早的旱作农业标本、最早的彩陶、中国文字最早的雏形、最早的宫殿式建筑、最早的"混凝土"地面和最早的绘画等六项中国之最,[10] 这对于揭示黄河流域新石器时代文明的历史进程,乃至中华文明的起源都具有重大意义。以大地湾遗址为代表的陇右地区新石器时代文化,以其内涵丰富、文化发达、文明成就领先而填补了许多中华早期文明起源的空白。由此可见,陇右黄土高原地区是中华大地上人类活动最早的地域之一,"是中华文明的曙光"最初绽放的地区之一。

从新石器时代早期的大地湾文化到后来的马家窑、齐家文化,陇右地区的原始先民取得了多方面的物质和精神文明成就,中华民族许多文化传承的源头都可以追溯到这里。除了距今 8000 年前的大地湾一期文化层中出土有黍和油菜籽标本之外,马家窑文化时期的东乡县林家文化遗址出土有稷、粟和大麻籽标本,[11] 在齐家文化时期的永靖县大河庄也有粟标本的出土。[6] 陇右一隅之地,竟有黍、稷、粟、油菜籽、大麻籽等如此之多的作物品种发现,它充分说明陇右是我国北方旱作农业的重要起源之一。在陇右众多的新石器时代文化遗址中,除了大量石制农业工具出土之外,又有贮藏用具陶瓮、缸、罐和大袋形窖穴的发现,还有武山县观儿下石质杵、锤、研磨器及磨谷器的发现,[12] 表明陇右地区已进入比较发达的锄耕农业阶段。与农业密切相关的纺织业在陇右地区也起源甚早,在天水一带曾发现距今 8000 年前的陶纺轮是全国最早的出土极少的早期纺轮之一。在大地湾晚期遗存中更有成堆纺轮的出土。大何庄34号墓出土的细纹织物被认为是纺织品,而临洮冯家坪陶器刻画有群蚕图,说明陇右早在距今4000年前已经有了养蚕和丝织技术。从大地湾文化起,猪已成为陇右先民最早驯化的家畜,此后,在西坡坬、林家、大何庄等文化遗址中,有大量牛、马、羊、猪、狗、鸡等骨骼出土,可谓"六畜"俱全。这说明陇右地区也是我国畜牧业的重要起源地之一。陇右地区在齐家文化时期已进入青铜时代,而早在距今5000年前的林家遗址就出土了我国单范铸造的青铜刀。[11]青铜时代辛店文化、寺洼文化和沙井文化等多支青铜文化的并存,对中华文明乃至多民族共同体的构成作出了巨大贡献。

我国古史传说时代"三皇"之首的伏羲和女娲,"五帝"之首的黄帝相传诞生于陇右天水一带。这些中华人文初祖的事迹和文化创造活动,实际是上古时代的一定阶段中华先民文明进步和文化创造的集中展现和典型象征。伏羲氏人首蛇身,以龙为图腾,天水一带不仅有许多与伏羲、女娲事迹相关的传说和名胜古迹,而且,出土文物中也有与之相关的文化信息,大地湾人头形器口彩陶瓶,特别是甘谷西坪遗址出土的人面鲵鱼纹彩陶瓶和武山傅家门遗址出土的人面变体鲵鱼纹彩陶瓶,其图案是我国史前考古中最早见到的人首蛇身彩绘图案,被专家们认为是我国最早的龙图。这些文化信息与伏羲传说交相印证陇右地区是我国龙文化的重要起源地。相传西王母诞生于泾川回山,轩辕黄帝曾问道广成子于平凉崆峒山,又曾与中医鼻祖岐伯论医,开启了中华道教文化和医学的先河。附属于这些人文始祖的种种文化信息和文化创造,与陇右地区数量繁多、内涵丰富的新石器时代文化交相辉映,共同构成中华文化的重要源头。

(二)陇右文化是中华文化的重要组成部分

陇右地区不仅是中华文化的重要起源地之一,而且在各历史时期又以文化特色鲜明、内容独特和多元互补而构成中华文化的重要组成部分。进入夏商周时期,陇右地区除了西戎、氐、羌等以畜牧见长的部族之外,陇东地区和天水地区先后成为周人和秦人兴起的根据地。周先祖不窋、鞠陶、公刘在陇东一带"教民稼穑",开启了华夏农耕文化的先河;秦人自商末至春秋以前在天水一带与西戎杂处、畜牧养马、农耕种黍,孕育了农牧并举、华戎交汇的秦文化。周人入主中原,秦人一统天下,对中华民族和文化的发展乃至中国历史发展进程都产生了重大影响。而溯本究源,陇右地区无疑是周秦文化的发祥地。

历史上陇右长期是农牧民族的接触地带,多民族的交错、融合与开发,独特的区域位置和自然条件、人文环境,赋予陇右特殊的政治、经济、文化优势。首先,形成了半农半牧经济区。春秋战国时期,秦霸西戎之后,逐步将陇右地区发展为国家的重要战马基地。自秦汉至唐宋时期,中原王朝广设牧苑,始终以陇右为战马繁殖基地或茶马互市之区,源源不断为中原政权输送战马,发挥着战马产地和国防前哨的双重功能。其次,陇右是民族融合的大舞台。先秦时期西戎、氐、羌与周族、秦人的杂处,秦汉魏晋时期,氐、羌、鲜卑、汉族的交错,唐宋时期吐蕃、党项、汉诸族的交往,元明清以来蒙古、回、藏、汉诸族的共处,谱写了中华民族大家庭共同开发和建设文化家园的华章。一方面,各族间通过友好相处、发展生产、互通贸易、争夺交战等方式,推动区域经济开发和文明的发展。周人兴起,秦人建国,隗嚣割据,三国鏖战,十六国霸主中成汉、前秦、后秦、后凉、西秦、仇池诸政权的建立者悉出陇右或兴起于陇右,薛举自立、吐蕃占据陇右,宋夏、宋金对峙,成吉思汗西征及病逝清水,清代陕甘回民起义,红军长征及陕甘宁边区建立等重大历史事件都主要发生在陇右,或与陇右地区密切相关,并对中国历史的发展及陇右区域文化演替产生了重大影响。另一方面,各民族又通过文化交流、人口迁移流动、互通婚姻而相互融合发展,西戎文化、羌藏文化、西夏文化、蒙回文化与汉文化先后在陇右汇聚、碰撞、交融,一波又一波多民族文化的融通再造,不仅大大扩展和推动了陇右地域文化的发展,而且也源源不断地为中华文化输入新鲜血液和养料,丰富和扩展了中华文化的生态基础。民族融合与文化交融的交互进行,对中华民族及其文化的发展产生了积极作用。再次,陇右是东西文化交流的重要通道。陇右东邻关中,西通西域、青藏,南接蜀汉,北达塞上,又是我国东部与西部、南方与北方的交界地带,既是丝绸之路的必经之地,又是名副其实的五方杂处、四方辐辏之区。历史上除了多民族文化在这里交汇融合之外,中华文化的西传,域外文化的输入,陇右既是化合区,又是中继站,例如陇右大量石窟寺的出现,既是印度佛教文化传入的产物,其中外合璧的艺术风格则是佛教文化东传过程中的中国化和地方化的结晶。这种文化的传输与融通,既拓展了中华文化的领域和内容,又给陇右地域文化带来生机与活力。

陇右半农半牧的经济形态及其多民族同生共荣的多元文化,以及中外文化交流的枢纽地位,既使陇右地域文化异彩纷呈、特色独具,又不断丰富和吸纳新鲜养料,为中华文化注入活力与生机。陇右文化正是在这种双向传输创新中成为中华文化百花园中的一支奇葩。

(三)陇右文化在中华文化发展中具有重要地位和作用

在中华文化的演化发展中,陇右文化作为中华诸多地域文化的一支,发挥了独特而重要的历史作用。

在中华文明开始闪现之时,从陇右独立发展起来的大地湾文化,前开中原仰韶文化之先河,后启陇右马家窑、齐家文化之滥觞,由此开启了陇右与中原文化既和而不同又水乳交融的发展历程。一方面,在经济上,陇右半农半牧经济区作为过渡带,它既是中原农耕区与西北游牧区经济的有益补充,又是两大经济区互通有无、交流联系的天然纽带。汉唐以来,陇右以发达的牧马业而成为中原王朝的战马基地,与之相关的人文环境又塑造了陇右人典型的尚武风尚,六郡良家子、十二郡骑士金戈铁马,驰骋疆场,使陇右名将辈出,星汉灿烂,于是凉州士马称雄天下。另一方面,以农牧并举、华戎交汇为特征的陇右地域文化,在中华文化发展的进程中,既是中西文化传输交流的桥梁和中介,又是国内民族文化交流扩散的化合区和预热区,它既以先进的中原农耕文化为内核而武装自己,并向西北游牧民族乃至域外扩散、辐射中原文化;又兼收并蓄游牧文化乃至域外文化而壮大自身,并为中原文化输入异质养料和新鲜血液,不断为中华文化注入生机与活力。每当国家统一、民族和睦之时,陇右文化既趋同发展,又兼多元汇聚之长而得到长足进步,如以秦汉以来名将群体的形成,隋唐时期的关陇集团的出现为代表,陇右发达的地域文化为秦汉雄风、大唐气象的形成发挥了举足轻重的作用,也开创了地域文化空前繁荣的景象,以致在唐代曾一度有"天下称富庶者无如陇右"之说。而当分裂战乱之际,民族矛盾空前尖锐,中原势力衰退,陇右文化便向趋异演化,其发展水平和影响则随之弱化,而其异质成分和发展潜能又在不断积聚。陇右文化在趋同与趋异相交替的演进中,与中原文化的联系日益紧密。到明清时期,伴随国家统一和中华一体的定型,陇右文化完全汇入中华文化之中,成为中华文化巨系统中一支具有地域特色和鲜明风格的地方文化。

综上所述,陇右文化以其渊源甚早、文明内涵丰富和地域特色鲜明而成为中华文明的起源地之一,对于探讨中华文明起源具有重要意义。在历史上,陇右曾长期是半农半牧经济区,特殊的区域位置和人文格局,使其成为中原王朝的国防前哨与战马基地,又是民族融合的熔炉和中西文化交流的通道。在此背景基础上形成和发展的陇右文化,既多元汇聚、内涵丰富、特色鲜明,又兼容开放、富有生机、充满活力。它既是中华文化的重要组成部分,又在中国历史与文化的发展进程中发挥了独特而重要的作用。在我们实施西部大开发战略,建设小康和构建和谐社会的今天,继承历史遗产,挖掘地域文化资源,在继承优秀民族传统文化的基础上,大力开展地域文化的研究、开发和创新建设,对区域社会经济发展和建设社会主义先进文化,都是至关重要的。

参考文献

[1]班固.汉书[M].北京:中华书局,1978.

[2]司马光.资治通鉴[M].北京:中华书局,1956.

[3]魏征.隋书[M].北京:中华书局,1973.

［4］左宗棠．奏请甘肃分闱疏［M］//甘肃新通志．兰州：兰州古籍书店,1990.

［5］柯杨．诗与歌的狂欢节———"花儿"与"花儿会"之民俗研究［M］．兰州：甘肃人民出版社,2002.

［6］王吉怀．甘肃史前文化及其研究［J］．西北史地,1989,（4）.

［7］郎树德．甘肃秦安大地湾遗址1978年至1982年发掘的主要收获［J］．文物,1983,（11）.

［8］郎树德．大地湾考古与中国文明起源的线索［J］．西北史地,1988,（3）.

［9］张明川．迄今发现的我国最早的绘画［J］．美术,1986,（1）.

［10］冯诚等．甘肃大地湾遗址考古向世人宣告———华夏文明史增加3000年［J］．新华文摘,2003,（1）.

［11］甘肃省博物馆考古工作队．甘肃林家遗址发掘报告［J］．考古学集刊,1984,（4）.

［12］甘肃省博物馆．甘肃兰州西坡坬发掘简报［J］．考古,1960,（9）.

［13］陈炳应．中国蚕桑丝织的起源初探［J］．西北史地,1993,（1）.

（本文发表于《西北师范大学学报》2006年第6期）

论历史文化地理学的研究对象、科学内容及其任务

雍际春[*]

历史文化地理学是历史地理学的分支学科,属于历史人文地理的研究范畴。在我国,由于受苏联地理学术思想"二元论"的消极影响,曾长期否认经济地理学之外人文地理学其他分支学科的合法地位;加之在批判唯心主义"文化史观"的同时,又受到"左"的束缚而存在认识的片面性,致使文化地理学的研究基本处于空白状态。近年来,随着新学科的不断出现和"传统文化热"的兴起,历史文化地理方面的文章和论著也相继问世。但在理论与方法上,以及研究内容的科学性上还存在明显欠缺和不足。为此,本文试就历史文化地理学的研究对象、科学内容和任务等基本理论问题进行初步的探讨,以期抛砖引玉,推动这门学科的建立和发展。

一、历史文化地理学的研究对象

任何一门科学都有它自己的研究对象,"科学研究的区分,就是根据科学对象所具有的特殊矛盾性。因此,对某一现象的领域所特有的某一种矛盾的研究,就构成某一门科学的对象"[1]。历史文化地理学所要研究和解决的主要矛盾就是历史时期文化发展与地理条件之间的关系问题。因此,历史文化地理学就是研究历史时期及其不同发展阶段,人类文化的各种现象和事物的空间组合与地域分异的地理特征及其变迁规律,探讨人类文化与地理环境之间的关系和相互作用,揭示当代文化现象、文化类型、文化景观和文化区域在历史上的地理背景和成因的学科。

历史文化地理学所研究的各种文化现象和事物,主要包括各种文化或各个地区文化的起源、扩散传播的空间分布,以及文化区域的形成、伸缩转换的地理特

* 作者简介:雍际春,1961 年生,男,甘肃清水人,天水师范学院陇右文化研究中心教授,历史学学士,主要从事中国古代史及文化史研究。

征,文化景观的剖面结构和变迁的地理规律等。这种从历史地理角度所进行的文化地理的研究,同其他邻近学科的文化研究有显著的区别。它既不同于从历史发展的时间顺序去探索人类文化现象发生、发展和演变规律的文化史研究,也不同于侧重从社会因素所进行的社会集团和社会类型空间结构与地域分布特征研究的社会地理学(有人称其为社会文化地理学),亦不同于从生态学观点研究人类与地理环境关系的生态地理学。尽管这些学科的研究有助于历史文化地理的学科建设和研究的深入,甚至彼此之间相互交叉渗透又彼此推引,但由于所要解决的主要矛盾和出发点不同,所以它们不能代替或包含历史文化地理的研究。涉及人类历史时期那些诸如从语言的、民俗的、民族的、宗教的、艺术的、聚落的、城市的、政治的、经济的等角度进行的地理学研究,则分别属于历史文化地理研究的侧面。虽然其中一些学科已发展为独立的分支学科,但仍然也是历史文化地理的研究对象。因为文化的形成和展布,既有外在物化形态的存在形式,更有内在精神风格的体现,它是自然因素、社会因素及文化的创造者——人共同构成的复合体。只有将这种文化复合体同文化展布的空间场所联系起来综合考察,才能反映出一定阶段或一定空间的文化全貌。历史文化地理的研究并非只是局限于对某一现象或某一事物的细节描述,它往往更着眼于从"地球表面历经岁月发挥着作用,且在空间上有差异的文化"进行全面宏观的把握。历史文化地理与上述构成其侧面的相邻学科和分支学科,体现着一般与特殊、综合与具体、宏观与微观的辩证关系。当然,从事历史文化地理某一侧面的微观纵深的研究,同样也会取得富有价值的成果。微观与宏观相结合使整体和局部相辅相成又互为促进。唯有从文化的各方面去探讨与地理环境的关系,才能更好地揭示文化在人类历史各发展阶段前后演进累积的地域和时代的地理特征。把文化特性和自然特性摆在时间与空间的立体座标中的宏观综合研究,充分显示了人文科学与自然科学研究汇通互进的发展趋势和科学方向。

历史文化地理学与现代文化地理学在时间界限上前后相继。在理论意义上,现代文化地理的一切研究对象,都属于历史文化地理的研究范围。但历史文化地理毕竟研究的是现代以前历史时期的文化现象和文化环境,因而有其自身的特殊性,也必然存在差异性。现代文化地理虽然包括精神文化的内容,但更侧重于物质文化景观的研究。历史文化地理则由于古代文化事物及景观的变迁和湮没,大多已不易复原,而偏重于对大量保存于文献资料中的精神文化的地理研究。

根据历史文化地理研究对象,要求我们在考察文化对自然环境、人类社会和人类行为诸方面的影响时,必须从文化地理的静态结构和动态结构、区域综合性特征以及生态平衡等层次和原则出发,去研究和解决问题。文化地理的静态研究,可以从文化在一定阶段、一定区域呈现的分布状态和结构层面的地理特点中,反映出一个国家、民族或一个地区文化发展的地理剖面。文化地理的动态结构,则通过文化在某一地域空间的起源、演进,文化扩散辐射和交流融汇的空间指向,以及文化认同和分异的区域轨迹,揭示人类文化历史发展中继承与积累、衰减与增益、趋向与转换的空间差异、地理基础及其影响。文化的区域综合性地理特征,就是在静态和动态的不同历史文化地理层面的分析基础上,又从文化生成的自然环境、社会经济环境和社会制度环境方面进行全方位考察。生成文化的自然环境就是人类通过改造、利用,为其提供文化生活的物质资源和活动场所的地球表层系统,它是构建文化的地理环境;经过人类改造利用的地理环境即"人化的自然",也是文化的一部分。社会经济环境是人类改造自然中以创造物质财富所形成的生产条件,如工具、技术和生产方式等,是人与自然发生直接关系的产物。社会经济环境本身既是广义文化的组成部分,又是狭义文化生长的土壤和物质前提。社会制度环境是人类创造的为其文化活动提供正常运转的组织条件,如社会组织、机构和社会制度等结合而成的体系。它也是广义文化的一部分,又是狭义文化成长的社会组织前提。要把握文化发展的真貌,必须了解该文化得以生长的自然环境和社会条件,并进行全面综合的考察,才有助于透过文化的多棱镜面而抓住其本质特征。文化对生态环境的影响,实际上是地球表层系统中最主要的成分——具有文化属性的人同自然界物质和能量输入与输出的交换关系的平衡调适。人类文化的创造活动,始终是在同地理环境诸要素间物质与能量的代谢、转化和信息交流的过程中进行的。文化既是人与自然矛盾斗争的对立统一物,也是人与自然相互联系的中介;同时,文化的成长和取向,又决定着人地关系的调适状态和发生联系的广泛程度。如何使人类与环境在生态系统中保持一个合理协调的状态,是历史文化地理学包括人文地理学其他分支共同攻克的重大课题,也是历史地理学"有用于世"[2]的生命力所在。

二、历史文化地理学研究的科学内容

历史文化地理学的研究对象所确定的科学研究范围,主要包括历史时期文化的起源地、文化传播和文化区域、文化景观的空间地理分布,以及文化与地理环境、社会环境之间的相互关系等方面。

(一)文化区域的地理差异及其结构特征

一个文化区域的出现、成长和定型以及兴衰转换,往往同文化源地、文化传播密切相关。由于地理条件的差异,人们在适应、认识、改造和利用地理环境过程中所创造的文化,也就自然具有区域空间差异,并以文化的物态形式、精神风貌和行为的、心理的以及意识的层面,体现出不同的结构形态特征。剖析文化源地、文化传播和文化区域的空间差异及其地理特征,是认识文化区域分异和形态特征的根基所在。

(一)文化源地

在人类文明曙光初露之时,原始文化孕育诞生的空间区域就是文化源地。学术界把文字的发明、城市的建立和金属器具的制造看作是一个"原生型"文化形成的标志。它是一种文化的最初面貌和地域特色的典型代表。探索和复原人类文化源地,最能清晰地把握该文化同地理环境直接相关的本来面貌,并循着这一文化伴随社会的前进,不断承袭积累、融汇增益、派生分异和兴衰转换的运动轨迹,揭示和复原出不同发展阶段一个个文化发展的地理剖面。通过对同一地区不同时代或同一时代不同地区在一定社会条件下文化剖面的比较分析,显示出文化剖面所呈现的文化密度、质量、程度和成分的地理差异。由此不仅可以得出该文化发展变迁的规律,而且更能破译文化结构日趋复杂,文化与环境间物质与能量交换随之深广的状态下,两者信息反馈及其变量的调适程度,从而为当前评价和设计合理的区域文化布局及其结构形态提供地理基础的有益参考。

研究和评价文化源地,应该抓住源地的形成与划分、演变过程以及对现代文化的影响。考察文献资料尚处空缺的远古时代文化源地的形成,必须注重物质文化资料的研究。原始居民同一部族或集团的生存区域及活动空间,同一种文字的创造和使用范围,有着内在联系或相同的工具、器具等文物化石的发现范围;还有口碑相传又经后世记载流传下来的神话传说、宗教禁忌、图腾崇拜的传布区域等,都是我们确认文化源地形成和划分源地界限的有力证据。而原始居民的居住形式、房屋建筑、聚落规模和结构以及分布的密度,工具的种类、性能、材料以及农、牧、手工业遗址遗物等,既是我们判定文化源地"原生型"文化的内涵、特征和先进程度的根据,同时也是评价该源地文化地域风格的出发点。因为当原始居民开始了定居生活之后,其文化才有充足的物质创造前提和展布空间,才能使文化创造同地理环境密切结合而表现出地域特点。中华文化多源中心的态势,正是文化发展与地理空间两相结合的反映。有人将中国原始文化的起源划分为"六大区系""七大区域"或"八大区"[3],实际上这些区域相近的良好自然条件,广阔纵深的中原地区与周边区域便利的川原河谷及水流等联系通道,为中华先民们共同浇灌培育本质相同、风格又具区域色彩的中华文化,提供了广阔的空间基础。后来广泛活动于黄河、长江中下游地区的炎黄集团、东夷集团和苗蛮集团密切交往,碰撞融合,共同创造了华夏文化。中原地区作为中国文化的中心源地,从此海纳百川,兼容并包,最后汇为汉文化的汪洋大海,以极强的生命力和感召力,哺育并维系着中华民族大家庭,历经数千年而不衰。虽然自隋唐以降这里失去了经济重心的地位,文化发展也被江南后来居上,但时至今日,文化中心源地那种雄厚的底蕴和精神氛围仍深深积淀于中华民族的心灵深处,影响着国民心态和民族性格。究其原因,根植于文化源地地理基础之上而形成的文化传统无疑是一个重要原因。

2. 文化的传播和扩散

文化借助语言、文字、书籍等载体和物态形式如器具等,便可保留和携带;人类追求多重文化的需求,都使文化的传播和扩散成为可能。文化传播和扩散的方向、路线、影响程度和范围,也最易从地理空间分布中显现出来。

文化源地一经形成,文化的传播和扩散也随之开始。它往往是从源地中心向四外扩散,由近及远、由强至弱直到其波及的边界,并与其他扩展中的文化相互吸收或彼此取代。文化传播和扩散的方式不外乎自然传播和强制传播两种形式,而其途径则各式各样。一是一个国家、民族或地区,由于人口增长等因素需要扩大居住空间而自发进行的开发土地、拓展疆土和移民,随着人们活动区域的扩展,文化也随之扩散到他们足迹所至之地甚至更远。二是某一国家或民族出于政治的、经济的或军事的某种需要而组织的开发国土、扩展疆土和移民。如中国秦汉时代北垦河套、南开五岭和移民实边,强迫少数民族离开原始居地,以及历代在边僻荒芜地区的屯田等。三是国家、民族或集团之间发生的战争或军事征服,战争所及的地区或被征服的国家和民族,不同文化由此得以传播扩散或融合、同化以至相互取代。如中国历史上曾经入主中原的兄弟民族,往往最初在推行其民族文化最后反被汉族文化所同化;而随殖民征服欧洲文化传播到美洲和大洋洲的事例更具典型意义。四是统治阶级出于自身需要而强行移植和引入某一先进文化,如北魏孝文帝实行的汉化政策和日本历史上"大化改新"与"明治维新"。五是伴随地区、国家、民族之间的友好往来、访问留学、商业贸易,宗教信徒的游历传教,人们的探险活动等,各种文化相互传播和扩散,如"丝绸之路"促进了东西方文化的交流传播、玄类取经对中国佛教的发展等。六是由于自然灾害或因战争等引起社会环境突变而出现的民族或人口迁移,如由于气候的周期变冷,促使历史上匈奴、"五胡"、契丹和女真族南下,中原继之战乱而人口大量南迁,既促进了江南汉文化的迅猛发展,也使中原汉文化同兄弟民族文化相互扩散交流。

不论何种形式或途径的文化传播与扩散,无不具有明显的地理指向和空间基础。如印度佛教的东传,受中印之间深江险山的阻隔,东来西去的高德大僧除了偶尔取道海上,大多穿越高原边缘山口,沿新疆及河西走廊较为平坦的漫长旅程完成使命,沿途星星点点遗存至今的大量石窟佛寺景观,仍在昭示着昔日的艰辛与辉煌。值得称道的是甘肃西部河西地区,这里北有大漠,南隔祁连雪峰及青藏高原,使其成为东西狭长的走廊,这种地理基础上发育的绿洲农业经济也呈走廊格局。汉武帝设置河西四郡和张骞凿空西域之后,这里同样成为交通和文化的走廊,在中原王朝经营西域和维系"丝绸之路"畅通与中西文化交流传播中发挥了重要作用,而且在六朝时期这个文化走廊曾一度成为汉文化寄居的中心。再如中国版图的四周相对封闭的地理形势,既孕育了自成体系的中华文化,又极大限制了它扩散的空间,使其主要影响仅限于东亚一方。文化的传播与扩散,是改造和丰富原生文化结构或不同文化结构的重要因素。考察其空间方向,有助于洞悉一种文化或不同文化伸缩进退,交汇融通和增益减损的结构变化及其地理基础。随着现代交通和通信事业的发展,信息时代文化传播扩散的媒介和途径已大异于历史时期,然而,过去影响文化传播的地理因素仍多少在发挥着作用;况且探索其中的规律,不仅有益于历史文化地理自身的研究,而且对传统基础上发展而来的现代文化进行规划布局也具有启示意义。

3. 文化区域

进行文化共性特征和区域分异规律的研究,是历史文化地理的中心任务,而区分文化个性特征是概括和抽象文化共性特征的基础和前提。一定区域盛行一定特征的文化就是一个文化区。文化区一般由其居住形式、语言体系、经济体系、社会组织、宗教信仰和礼仪体系所构成的个性特征而区别于别的文化区。文化区是一个大小相对的空间概念,根据不同的需要可以划分出许多等级和大小不同的空间区域,但共同遵循的划分标准则是文化差异的地理格局。相对独立的地理单元、国界、行政区划线和民族居住范围,往往是文化区域的空间界线;将构成文化的各要素的空间展布复合迭置,同样也会区分出文化区域界线。

对组成区域文化的各要素进行考察,是揭示区域文化特征的主要内容。在阶级社会里,人类的政治性是人类文化发展到一定程度的产物。而政治组织的出现从一开始就与地域联系在一起,其政治界线虽屡有变化,但一经划定,便有相对的稳定性,于是围绕这个地理单元形成共同的心态和乡土观念等文化系统。因而一个政治区同时又是一个文化区。生活习俗或风俗习惯的地域差异是最易被观察感知的文化因素。在造成生活方式或风俗习惯差别的因素中,由自然条件造成的差异最难改变,"相沿成风,相染成俗"正是这个道理。因有相同或类似民俗的群体或集团活动区域,也往往就是一个民俗文化区。语言既是传播文化的工具,也是一定文化的体现。在中国境内仅以汉语文化区为例,就存在七大方言系统[4]。语言的空间差异的产生是否与自然环境有关,目前尚难确知,但自然环境差异加强了这种空间差异则是无疑的,这从方言的空间界线以及各方言区均保留与当地环境有关的大量语汇中得到证明。其他如学术思想、文学艺术、宗教等各文化因素均有明显的地域差异,使区域文化特色多姿多彩。了解文化区域的地理差异,便能小中见大,整体把握其文化特征的共性与个性差异。历史地形成的文化区域空间,至今仍然是人们区分不同人文特征的代名词,如中州、齐鲁、三晋、三秦、巴蜀、荆楚、湘湖、吴越等区域概念,在目前的区域文化布局和规划以及地方文化开发中,同样富有魅力和价值。

(二)历史文化景观

文化的区域特性常常表现为文化景观,在一定区域,除了展现在人们面前的山脉河流或原始森林属于自然景观之外,其他由于人类活动而出现的房屋、道路、交通工具、农田、牧场、工矿和服饰等,这些"附加在自然景观上的人类活动形态"就是文化景观[5]。在历史时期形成的各种文化景观,就是历史文化景观,它是人类文化在自然界的直接投射。因而,研究历史上原始景观向文化景观转化的过程是历史文化地理研究的重要职责。

伴随人类文化创造活动的开始,自然地表便随之不断被打上文化的印记。一个地区文化景观的形成过程中,由于人口和民族的变动迁移,就有各种文化选置复加于景观之上,美国地理学家 D. S. 惠特尔西称此为"相继占用"。对历史上不同阶段文化景观"相继占用"的地理剖面的复原、描述,有助于揭示一定空间文化的特色,进而对相应历史阶段中文化与环境结合的程度、环境对文化的制约以及文化对环境的反作用做出恰当评价,因而受到人们的重视。陈正祥先生曾以中国三千多种地方志资料中有关祭祀蝗虫的八蜡庙、虫王庙,以及祭祀驱蝗英雄的刘猛将军庙等景观分布,成功地进行了中国历史上蝗灾分布的研究[6]。长城和大运河是至今可见的庞大文化景观,前者曾长期是历史上区分游牧与农耕文化的界线;而后者则又是联系中原王朝政治、经济、文化中心的动脉和通道。借助文献记载、考古文物和现存历史文化景观,是我们复原、描述和确认某一历史文化景观特征必不可少的手段。对历史遗留至今的文化景观的研究复原,不论它是历史长河中不断复加选置的产物,还是某一时代单纯景观的保留,确认其时代界限是从事研究的起点,这就如同考古学上文化层的辨认与划定一样重要。否则我们所得到的认识和评价不是缺乏科学根据,就是走向错误。不论进行区域文化景观的综合复原,还是对具有典型意义的个体景观剖面进行分析,对于历史文化地理的景观特征与空间差异研究的深入都是有益的。

任何一种历史文化景观的形成必然有多种因素,在不同历史阶段发挥作用的因素也可能会有增减,但也有其长期发挥作用的基本因素。英国地理学家 J. E. 斯宾塞和 R. J. 霍华兹在《农业起源》中,通过对近代农业文化景观的研究,概括出形成农业文化景观的六个基本要素:一是经济因素,如供求规律和利润;二是对土地的分配与划分的政治因素;三是民族、语言和宗教习俗等的历史因素;四是利用土地的工具与能力的技术因素;五是品种与耕作方法改良的农艺因素;六是对自然环境感应和反映的心理因素[7]。这些揭示近代农业形成的要素和方法,对分析历史文化地理中农业文化景观的形成大致也是适用的,对其他各文化景观的研究同样具有参考和启示价值。

(三)历史文化与环境的关系

历史文化与环境的关系也就是环境在文化发展中所起的作用。这里所讲的环境,包括历史文化发展的社会环境和自然地理环境。列宁指出,"地理环境的特性决定着生产力的发展,而生产力的发展又决定着经济关系的以及随在经济关系后面的所有其他社会关系的发展"[8];恩格斯也曾从另一角度指出,"自然主义的历史观是片面的,它认为只是自然界作用于人,只是自然条件到处在决定人的历史发展,它忘记了人也反作用于自然界,改变自然界,为自己创造新的生存条件"[9]。这些精辟论述是我们正确地在历史文化地理研究中解决人地关系即文化与环境矛盾的钥匙。它告诉我们,进行历史文化地理的研究,既不能把文化的发展同社会的、自然的环境对立起来,也不能忽视它们之间的相互作用。

历史文化与社会环境的关系,实际上就是社会意识与社会存在之间的辩证关系。文化属于上层建筑领域中的意识形态范畴,文化系统中那些物质的和制度组织的部分,既构成高层精神文化发展的社会环境,如经济、政治、人口及相应的社会制度组织形态,同时又属于广义文化的组成部分。社会环境是精神文化发展的重要基础和条件,历史文化地理研究中如果不注重考察构成其基础内容的社会环境条件的因素,就会偏离科学研究的宗旨。作为社会意识形态的文化,又具有对社会环境的反作用,"政治、法律、哲学、宗教、文学、艺术等的发展是以经济发展为基础的。但是,他们又都互相影响并对经济基础发生影响。并不是只有经济状况才是原因,才是积极的,而其余一切都不过是消极的结果"[10]。历史文化对于其基础组成条件的社会环境的反作用,就是文化对经济、社会发展的促进、改造和制约的规定性。

历史时期一定阶段文化的空间状态,实际就是生产力发展水平在地域上的分布。人类的文化创造活动,始终同地理环境表层系统存在着物质和能量的输入与输出、代谢与转化的双向交流关系。人类从中获得文化再造的物质与养料,同时,人类又在文化消费的过程中将废弃物以多种形式输出给环境。地理环境究竟在怎样的深度和广度影响文化的创造,取决于人类历史发展不同阶段的生产力水平。地理环境为文化的发展提供了多种可能性,至于某种可能性以何种形态转变为现实性,则取决于人类的选择。或者说地理环境对于一定的文化发展具有物质的制约力,而创造性的选择功能蕴藏在人类社会的实践和文化创造之中,即人类对自然环境提供的多种可能性有自己主观的能动的选择。这种能动的选择的决定条件,在于人类一定阶段的文化因素,特别是开发利用自然资源的科学水平和技术装备。从这个角度出发,地理环境对文化的创造和发展提供了机遇和阻难,人类的创造性劳动即文化,才是把握这种机遇,排除或克服阻难,把可能性变为现实性的自觉力量。

特别应该注意的是,地理环境表层系统并非一个任意索取、取之不尽的资源王国,它对人类文化消费中的废弃物和能量的净化代谢功能也是有限度的。人类文化创造和环境承载双向交流的平衡状态一旦被打破,环境就会反作用于人类及其文化,危及人类的生存和文化环境的良性循环。历史上由于环境恶化导致文化源地和中心迁移、消失,文化衰落的不少沉痛教训值得记取。我们绝不能以破坏生态平衡为代价来满足人类提高文化水平的需要,否则人类赖以生存的物质基础和文化发展的地理前提,都会走向我们希望的反面。人类作为自然界的一员,只有从科学求实的态度出发,在不断探索、认识并遵循自然界生态的客观规律的基础上,克服文化发展与环境间的矛盾,协调人与环境的相互关系才能不断获得文化发展的物质养料和动力,去创造更为辉煌的文化。

由此可见,人类和地理环境的相互关系,构成了文化的重要部分,而什么样的文化又影响着人们对环境的价值判断。人类改造自然的行动中最重要的支配力量,就是文化价值水准和科技力量。文化发展的水准越高,人类及其文化同自然环境结合交流的程度也就越深广,对自然客观规律的认识和适应改造能力就越强,将环境提供的可能性转化为现实性也随之越益迅速和有效。当文化的创造和发展达到形成人文传统的高度之后,文化便以相当顽强的定式和惯性,深刻久远地影响文化发展的方向,这其中既包括积极的因素,也含有文化的弊端。人是文化的创造者,也是文化弊端的克服者,历史文化地理对文化与环境关系的研究,就是要从文化的历史遗产中总结其成功和科学的经验而发扬光大,找出造成文化弊端的原因而引以为戒,进而指导现在兴利除弊,预测将来文化与环境间的发展趋向,为避免和预防未来文化与环境关系潜在的危机提供参考,使自然景观发展为文化景观的过程更加适合于人类的生存与文化的发展。

三、历史文化地理学的研究任务

我国历史文化地理学主要问题的科学研究,是根据中国特色的社会主义文化建设的需要,在继承发扬优秀文化遗产的基础上,为形成合理的现代文化布局,塑造健康向上的国民心态和民族精神面貌,提高民族素质,解决文化发展与环境关系中出现的新矛盾新问题,创造良好的文化地理环境,以适应社会主义建设日益增长的物质文明与精神文明同步提高的要求而提出的,它的主要任务如下。

第一,在理论上以马列主义、毛泽东思想基本原理为指导,从科学实际出发,以研究中国历史文化地理的实际问题为中心。文化是一种历史现象,既是人类财富,又有阶级属性,一定的文化是一定社会政治经济在观念形态上的反映。我们必须以马列主义的立场、观点和方法为指导,在去伪存真的基础上开展科学的研究工作。只有这样,才能既防止误入"地理环境决定论"的泥沼,也不致偏向"文化史观"的方向;才能在借鉴和引入国外一切先进的科学理论和方法的基础上,结合中国实际,建立起符合中国国情的历史文化地理学的理论和研究方法体系。

第二,研究中国历史文化兴衰变迁的地理特点,为弘扬民族精神,加强国家稳定和维护国家统一服务。文化一经产生,就成为沟通和维系人类心灵的精神力量,积淀并附丽于一个国家、民族社会的心理深层,发挥着超越时空的趋同定工和凝聚力。"中国人""龙的传人",与其是政治、民族的概念,毋宁是文化的认同。在中华民族大家庭的形成,统一国家基础的奠定过程中,文化传统和文化力量无疑发挥了最重要的凝聚作用。探索历史上文化发展演进的地域差异和地理特点,必将为我国地区间、民族间文化的合理布局,人才的合理结构,文化资源的合理配置,形成政治的、经济的和社会的、教育的理想人文地理格局,提高国民素质,振奋民族精神,促进精神文明建设和维护国家稳定和统一发挥积极的作用。

第三,研究中国历史文化形成的整体特征和结构特点的地理基础,为促进社会主义物质文明建设服务。中华文化几千年来扩散交流、融通汇铸的整体特征和结构特点,是历史上综合文化国情的空间反映。物质文化是精神文化发展的基础,精神文化的价值标准又决定着物质文化的趋向。总结中国文化历史上形成的地理特征和特点,有利于认清传统的和现代的文化地理国情,从而为国土开发、经济布局、交通发展和城市建设提供历史文化地理的基础参考,为推动社会主义物质文明、制度文明的进步,使中国经济走向市场经济提供理论依据。

第四,研究中国文化的历史地理特色,为促进中外文化交流和推动人类文明进步服务。博大绵延的中国文化,无论过去和现在,均以其鲜明的个性和地域特色,为人类文明进步做出了举世公认的贡献;同样,中华民族也从一切人类文化的先进成就和精华中,汲取养料,不断丰富和充实着自身。揭示中华文化绵延不衰的地理背景和地域特色,进行中外文化地理因素的比较分析,对世界了解和认识中国,中国走向世界,深化改革开放,密切中外文化和科技的交流引进,可以提供继承传统,扬长避短和融通再造新文化的异质养料;增强和扩大转化地理因素成为文化物质的可能性与现实性,它有助于我国和人类文明的共同进步与友好交往。

第五,研究中国历史文化的民族地理背景和形成特点,为加强民族团结和促进民族文化建设服务。不同的民族在不同的生活环境中,逐渐形成各具风格的生产方式和生活习俗,养育了不同的文化类型;同一民族又因生活的地理环境的空间差异变化,以及文化自然规律的作用,在不同的地域或历史阶段,其文化也呈现各异的形态。"文变染乎世情,兴废系乎时序",正好反映了文化的民族性和时代性。探讨我国各民族和同一民族不同地域文化的地理背景和空间差异,对尊重民族特点,加强民族文化交流,移风易俗,维护民族团结和提高民族文化生活质量是有益的。

第六,研究历史文化景观的地理基础,探求历史上文化与环境相互作用的规律和成败经验教训,为加强文化建设和优化生态环境服务。历史文化景观既是人类与自然相互作用的形态标志,更是物质文化与精神文化复合熔铸的结晶。通过对历史文化景观的复原研究,揭示其地理剖面的内在联系,对开发文化资源,充分发掘历史文化景观的潜力,发挥历史文化资源综合价值及优势,加强历史名城、文化古迹的保护和建设,发展旅游文化,以及总结人类文化与环境协调的成败规律,克服和消除由于环境恶化出现的问题,更好地深化文化与环境的双向交流,创造更为优化合谐的文化生态环境,将发挥巨大作用。

历史文化地理学内容丰富,涉及面极广,同其他许多人文科学相互交叉渗透。只要我们在充分收集原始资料,进行科学论证和复原的基础上,广泛参考和不断吸收相邻学科的成果,我国的历史文化地理研究无论在理论、方法和实践上,均会大有可为并形成自己的特色。资料的空间分析和时代分析是历史文化地理研究的核心和基础。统计的方法、制图的方法、历史考证的方法、民族学的方法和区域比较的方法、考古学的方法将是常用的方法。而人文地理学中已经引用的文化系统工程法、文化部门分析法、动态投入—产出法等计量方法,以及通过电子计算机制出一系列文化景观系数,进行定量分析,都会大大促进研究的科学性,并且拓展和深化研究的领域。随着时代和科学的迅猛发展,新方法和新的研究手段还会不断发现,吸收人类文化一切先进的理论和科学的方法,才能使我国历史文化地理的研究更加有益于社会的需要,才能使其自身的研究水平不断提高。中国是一个具有悠久历史和灿烂文化的国度,连绵不绝的文化传统本身就是一个奇迹,也是有待我们从历史文化地理角度深入研究的重大课题。在我国几千年历史文化生长积累的进程中,留下了丰富的文化典籍,为开展我国历史文化地理研究提供了系统的珍贵资料;再加上考古学所不断揭示的丰富文化层面,大量遗存的各种历史文化景观资源,使得我们拥有并世罕有的优越条件和更为宽广的学术天地。中国历史文化地理这座尚待开发的宝藏,必将通过我们的挖掘研究而结出丰硕的成果!

参考文献

[1]毛泽东.毛泽东选集:第1卷[M].2版.北京:人民出版社,1991:309.

[2]史念海.发挥中国历史地理学有用于世的作用[J].中国历史地理论丛,1992(3).

[3]苏秉琦.关于考古学文化的区系类型间题分[J].文物.1981(5);夏鼎.碳十四测定年代和中国史前考古[J].考古,1977(4);丁季华.中国文明起源单一中心说质疑[J].华东师大学报,1982(4).

[4]周振鹤,游汝杰.方言与中国文化[M].上海:上海人民出版社,1987.

[5]李旭旦.人文地理学概说[M].北京:科学出版社,1985:133.

[6]陈正样.中国文化地理[M].北京:生活·读书·新知三联书店,1983:50.

[7]李旭旦.人文地理学概说[M].北京:科学出版社,1985:135.

[8]列宁.列宁全集:第38卷[M].北京:人民出版社,1990:459.

[9]马克思,恩格斯.马克思恩格斯全集:第20卷[M].北京:人民出版社,1971:574.

[10]马克思,恩格斯.马克思恩格斯全集:第39卷[M].北京:人民出版社,1974:199.

(本文发表于《中国历史地理论丛》1994年第3辑)

秦文化与秦早期文化概念新探

雍际春*

目前学术界对于秦文化的概念和内涵仍有歧义。考察和探索秦文化的起源与形成，必须充分把握其在时间上的漫长性和阶段性，空间上的流动性和扩展性，还有秦文化的创造者"秦人"含义的模糊性与与延展性，以及秦文化来源的多元性与复杂性等特点，并将秦人族源与秦文化起源加以区别。广义的秦文化就是指伴随秦人兴起、建国和统一的过程，而由其创造、发展并不断得到扩充的物质文化与精神文化的总和。秦早期文化是秦人经过漫长的起源而形成自为的民族之后，由其在陇右天水地区创造和发展起来的一种地域文化，亦可称天水秦文化。秦早期文化是秦文化发展史上的最早阶段和源头所在，积淀和蕴藏着秦文化的种种原始基因和本质要素。

所谓秦文化，顾名思义就是伴随秦人的兴起、发展和壮大而产生、发展、传承和流播的文化。秦文化形成于先秦时期。最初，它属于一种地域文化，与之同时的还有齐文化、鲁文化、赵文化等不少列国文化。后来，伴随秦国的崛起和扫灭六国，进而完成统一中国的伟业，秦文化也就由地域文化上升为曾一度统治中国的主流文化和强势文化。正是由于秦人历史和文化的发展与其他六国有所不同，故对经历不同发展阶段的秦文化，盖以"秦文化"命之，就有含混之嫌。于是，人们按秦人兴起、建国和完成统一的不同阶段，而将秦文化称之为前后相继的秦族（人）文化、秦国文化和秦朝文化。对此，学术界的看法尚不一致，也有一些模糊认识，有必要再做新的探讨。

* 作者简介:雍际春,1961年生,男,甘肃清水人,天水师范学院陇右文化研究中心教授,历史学学士,主要从事中国古代史和文化史研究。

一、秦文化概念的提出

对秦文化的研究,始于20世纪30年代。最早是由苏秉琦将其作为一种新的文化类型从周文化和汉文化中分出并加以研究的,[1]但尚未提出"秦文化"这一概念。接着,1946年,陈秀云发表《秦族考》一文,有专节探讨"秦文化之构成"。认为秦文化原是"承袭夏、商、周以来的文化,构成略有地方色彩而富有中原气息的'中国本位文化'[2]。并从音乐、诗歌、文字诸方面论述了秦文化的构成。这就首次提出了"秦文化"概念,但对秦文化这一概念仍未做出明确的解释。明确提出秦文化概念并开展研究,大约是20世纪80年代前后才开始的。由于秦人历史的特殊性,当时学者们对秦文化的探讨大多着眼于族源的讨论,是从论述秦人族属族源而引出秦文化渊源的,故专门探讨秦文化或对秦文化概念加以阐释界定的文章并不多见。林剑鸣《从秦人价值观看秦文化的特点》一文[3]较早对秦文化及其特点进行了探讨。黄留珠《秦文化概说》一文,对秦文化概念进行了诠释。认为:

> 秦文化,具体指秦族(即建国前的秦人)、秦国和秦朝文化。这里,我们所说的"文化",不是单纯考古学的概念,而是把文化看作人类在社会历史发展过程中所创造的物质财富与精神财富的总和。就秦族、秦国文化而言,它们是中国的一种地域文化,其地域范围主要在今甘肃东部至陕西关中地区。就秦朝文化来看,它则远远超出了中国地域文化的范围,是统治整个中国的文化,亦即中国文化。当然,秦族文化、秦国文化与秦朝文化,并非彼此孤立存在,而是密切相关联的,后一种文化皆依次从前一种文化而来,并且明显呈现出了不断扩大的发展趋势。[4]

黄留珠还在《秦文化琐议》《秦文化二元说》《重新认识秦文化》等文章中,对上述基本观点进行了引伸和发挥。

葛剑雄在《移民与秦文化》一文中指出:秦人历史可以追溯至西周以前,秦国初建时仅在名义上拥有"岐以西之地",而到秦始皇统一后,秦朝的疆域已大大超出了六国旧地。"对涉及如此大的时间和空间范围、前后相差又如此悬殊的一种文化,我们泛称之为秦文化固然不错,但在具体研究或论述时却必须区别其不同的时间或空间界限,否则就无法作深入的探求。"基于此,他将人们一般所说的秦文化概括划分为四种含义:秦人文化、秦国文化、秦朝文化和秦地文化。他认为"秦人文化"是以文化的载体为划分标准的,即指秦人所拥有的文化。秦人文化虽曾随着秦人的扩散而扩大,但除了个别特殊情况,其比较稳定的范围基本还是限于秦国比较稳定的疆域之内。"秦国文化"是以文化的地域范围为划分标准的,即指在秦国的疆域内存在过的文化。"秦朝文化"是指在秦朝的疆域内存在过的文化。在秦朝疆域内,不仅关东六国的文化已经都包括在内,就是南越、西南夷的文化也已有相当一部分包括在内了。秦朝的疆域远超夏、商、周三代,所以秦朝文化可以看成为华夏各族和居于秦长城以南的戎、狄、羌、氐、蛮、夷、越等各族文化的总和。虽因秦朝存在时间太短,秦朝文化还只是各种文化的简单聚合,而不是一个融合的整体。但这却为以后逐渐形成的以汉族文化为主体的华夏文化或中国文化奠定了基础,因为秦朝疆域既比西汉初期大得多,也是以后历代中原王朝的疆域中最稳定的部分。"秦地文化"是指在秦地存在的文化。秦地概念有广义和狭义之分,广义所称的秦地即《汉书·地理志》所载的地域,狭义的秦地一般指三辅和天水、陇西、安定、北地、上郡与西河等郡。葛先生进一步指出:

> 以上这四种文化有互相联系、互相重合的方面,如早期的秦国文化与秦人文化基本相同,秦国文化的终结与秦朝文化的开端完全一致,西汉时的秦地文化保存了很多秦人文化、秦国文化的内容,同时也存在着差异,或者是完全不同的的概念,如秦朝文化已经包括各地、各族,远非秦人、秦国故地所能代表。[5]

葛先生对秦文化概念的分层表述和界定,使秦文化讨论中的一些模糊认识和岐义得以廓清,对于深化这一问题的讨论富有启发,也无疑具有建设性指导意义。

王学礼、尚志儒、呼林贵所著《秦物质文化史》一书认为:秦文化"是秦人在特定的历史环境中所产生的共同区域文化"[6]。王学礼、梁云在《秦文化》一书中进一步将秦文化表述为:"指存在于一定时间、分布于一定空间,主要由秦族秦人及相关人群创造和使用的有自身特点的考古学文化遗存。它包括目前发现的遗迹和遗物的总和及其所反映的物质和精神两方面的内容。"[7]这样的表述和界定,主要是基于考古学层面的解释。

关于秦文化概念的讨论,还有不少的学者也提出了自己的见解,其观点大致与上述看法相类,兹不赘述。

二、秦文化概念的界定

以上关于秦文化概念的讨论和观点,对于我们准确把握和科学界定秦文化,是富有启发意义的,也是我们进一步探讨秦文化概念的基础和参照。现有的研究启示我们,考察和探索秦文化,既要有时间观念,又要有空间意识,还要把握"秦人"的本质含义和文化的来源。正是由于秦文化发展在时间上的漫长性和阶段性,空间上的流动性和扩展性,还有秦文化的创造者"秦人"含义的模糊性与延展性,以及秦文化来源的多元性与复杂性,决定了秦文化概念界定的困难和岐义丛生。

从时间尺度来说,自商周之际中潏"在西戎,保西垂"始,至公元前206年秦朝灭亡止,秦人历时约800多年。期间,秦人经历了由边垂小族到非子受封附庸,由西垂大夫到襄公建国,由入主关中到统一中国这样一个发展壮大的曲折过程。如果再追溯其起源,则可由商周之际上推到尧舜禹时代,历时可超过2000年。在这样一个漫长的发展过程中,秦人既经历了几起几落的变故,又完成了由部族到附属方国,由诸侯国到大一统王朝的跃升与发展阶段。伴随这一漫长的过程和不同的发展阶段,秦文化也经历了起源、发展、演变和转型、扩散、衰落的复杂过程与双重变奏。

从地域空间角度分析,自中潏到襄公13代秦人主要以陇右天水一带为根据地,完成了由西垂小族到建立诸侯国的的转折。从秦文公起,秦人东入关中,其疆域由岐丰之地到整个关中,然后再西达陇西,南及巴蜀,最后扫灭六国一统天下。而西周之前,秦人还有一段起自东夷,西迁关中,再迁陇右的族群流动史。随着秦人在空间上的流动不居和疆域的不断扩展,秦文化发展受到了来自地域、民族、经济等多重因素的影响和制约,也赋予秦文化广阔的发展空间和多重的模式选择。

秦人初为嬴姓,周穆王封造父于赵城姓赵氏后,曾"皆蒙赵城,姓赵氏",非子被周孝王封为附庸并在"秦"建立城邑后,遂以"秦"为国号,亦为姓氏。于是,国与姓既并称又合一。就秦人一支而言,无论姓嬴或是姓赵、姓秦,其实是一脉相承而来。我们习惯所称的"秦人",实际就是包含了其前后相继的发展过程在内的整个历史而言,只是其所包含的具体内容则随着秦人的发展壮大而不断扩展,即由单一而至复合,由小而大,由具体而宽泛。具体而论,自夏商至西周时期的"秦人",一般是指族称意义上秦人,亦即后来秦人中的主体和核心部分;自春秋至战国时期的"秦人",一般是指秦国人,即既包括前一时期的秦人,也包含通过征服与拓展疆域而汇入秦国的其他部族,如"周余民"和戎狄等;秦朝时期的"秦人",则是其疆域内所有居民与部族的通称。秦人(族)文化、秦国文化和秦朝文化的概念与称谓即由此而来。也因此,秦文化的来源与内涵也趋于复杂与丰富。

就秦文化的来源而论,与"秦人"概念以及其在时间、空间上的演变相联系,秦文化在族源上既有"东来说"与"西来说"的争论与歧见,又有族群成分的扩展与延伸;在时间上既有自夏商至秦朝的的不同发展阶段,又有从部族文化到地域文化、统治与主流文化的扩展与升华;在空间上既有从东夷到关中再到陇右、关中的流动,又有从陇右到关中再到全国的扩展。这几重因素的交织与互动,决定了秦文化在来源上的多元性和在发展与内涵上的丰富性及复杂性。

我们知道,文化作为人类社会所特有的现象与财富,它的产生与发展,必然是与创造、拥有、发展和消费它的主人不可分离的,也是与其出现、分布、扩展、式微的地域空间息息相关的。人是文化的创造者、拥有者和享用者,人类的生存与发展,无不受制于地理环境和生存空间的影响与制约,文化既不可能独立于人类之外而存在,也不可能脱离于地域空间任意扩散或自由展布。因之,无论整个人类还是一个群体、一个部族、一个集团、一个民族或是一个国家,其生存与发展,总是在一定的地域与空间进行和展开的,附丽于人或人类社会的文化,也必然伴随人类生存地域的分布和扩展而存在与演变。所以,考察、认识和揭示任何一种文化,把握文化的主人及其分布地域,无疑是解决问题的关键和核心所在,而文化来源的多元性,文化发展演变的复杂性,文化分布的扩展与伸缩进退,均由此而派生。我们考察、研究、探索和揭示秦文化,也只有从这两个关键问题入手,其他的问题才有可能随之迎刃而解。

由此可见,要准确把握和科学界定秦文化,必须将时间、空间与其主人有机结合、综合考虑,并区分层次和分类加以解释,即可求得正解。

首先,既然现在人们一般将文化分为不同的形态和层面进行解构和研究,我们考察和揭示秦文化,也应引入这一视角。

其次,我们讨论的是秦文化,那么,秦人(族)应该始终是这一文化的主体或核心拥有者。不论这一文化如何演变、转型或重建,也不论这一文化曾单纯为秦人所拥有,抑或被众多居民和民族所享用,秦人始终是这一文化的控制者和引导者,亦即其主人的地位从未变更。否则,这一文化称之为"秦文化",既无所依归,也毫无意义。

再次,判断和界定秦文化,还要有广义和狭义之别,时间和阶段之分。否则,就会出现葛剑雄先生所指出的人们涉及和讨论的秦文化"往往并不是一回事"的现象发生。

基于此,从广义而言,所谓"秦文化",就是指伴随秦人兴起、建国和统一的过程,而由其创造、发展并不断得到扩充的物质文化与精神文化的总和。这一文化从性质上看,它有一个从由地域文化上升为大一统的国家文化再降为地域文化的演变过程。这一文化从时间上划分,则有秦早期文化、秦国文化、秦朝文化和秦地文化之分。这一文化从空间上分析,又有天水秦文化、秦国文化、秦朝文化和秦地文化之别,其中,除了秦朝文化外,其余三者均属地域文化。

三、秦早期文化及其概念界定

秦早期文化作为秦文化发展的最早阶段和重要组成部分,它既有特定的时间和空间范围,也有特定的主人和具体内涵。我们认识和研究秦文化以及秦早期历史,这都是至关重要的。

从时间上讲,秦早期文化的起源以秦人的出现为依托,而秦人从起源到形成和快速发展,经历了漫长的曲折过程。秦人历史从襄公建国至秦朝灭亡历时564年;若从秦人有确切纪年的历史算起,自秦侯至秦朝灭亡历时约650年;自非子邑秦至秦朝灭亡历时约680年;而秦人世系清楚的历史又可从秦侯上推至商末周初的中潏;如果再追溯秦人的始祖和渊源,则可直追古史传说时代的尧、舜、禹时期。从上述秦人发展的历史阶段而论,秦朝历史最短,仅15年时间,秦国历史约549年时间,而此前漫长的秦人兴起和发展的历史均属早期阶段。秦人历史的早期阶段又可分为两个时期,秦人称"秦"之前为秦人、秦族的起源时期,非子邑秦至襄公建国是秦文化起源的主要时期,也是秦文化主要特质和原初形态的奠基时期。其后,无论是秦文化的发展与演变、转型与整合,都是在这一基础之上而进行的,就此而言,秦早期文化在整个秦文化发展历程中无疑最为重要。

一种文化的出现与延续发展,它既是渐进的,又是前后相继的,因而,它不可能如同历史时期和历史阶段的划分那样整齐划一。也就是说,文化的起源一般要早于它的创造者历史的开端,而文化的转型或过渡则要晚于其创造者进入新的历史阶段的时间。秦人早期历史及其文化的形成正是如此。按历史阶段划分,从非子邑秦至襄公建国(约前890—前771年),这120余年即是秦人历史的早期阶段,但秦人早在商末周初的中潏时已开始了其世系清楚、定居陇右和入乡随俗创造自己民族文化的活动。所以,秦早期文化开端于中潏入西垂。秦建国于襄公八年(前771年),文公四年(前762年)东入关中,迁都于渭之会。接着,宁公都平阳(前714年),德公都雍城(前677年)。秦建国以来的这90余年时间,是秦国历史的草创时期,也是秦人迁都关中立足未稳之际,寻找、选择和开拓生存空间的阶段,直到德公即位定都于雍城后,秦国才真正进入了关中时代。所以,秦早期文化的下限,并不止于襄公建国,而应推至德公之前。于是,秦早期文化历时约近400年。就空间而言,秦早期文化的起源是拌随秦人漫长而曲折的西迁历程和在陇右天水一带崛起建国而展开的。从夏商至西周,秦人大约经历了三次西迁,其活动地域涉及从山东、河南至关中,从关中再到天水,然后定居陇右天水一带。由于这段历史不仅史料记载简略、模糊,而且多有缺失,因此,秦人西迁陇右天水以前的历史及其文化,我们至今还很难做出详尽的梳理和系统的把握。但是,要讨论秦文化特别是秦早期文化,秦人西迁天水以前的历史,仍然是我们探讨和追寻这一问题不可或缺的重要背景和基础。而秦人西迁陇右后,其历史发展和文化创造活动不仅线索清楚,而且秦人也逐步拥有了相对稳定的发展空间和生存地域,于是,秦早期文化在这一地区产生和形成。

探讨秦早期文化的形成,还有两个无法回避的问题需要明确:一是秦人之称"秦"何时开始,二是秦人族源与秦文化起源的相互关系。先说"秦"之来历。《史记·秦本纪》:"孝王曰:昔伯益为舜主畜,畜多息,故有土,赐姓嬴,今其后世亦为朕息马,朕其分土为附庸。邑之秦,使复续嬴氏祀,号曰秦嬴。"此乃秦人称"秦"之始,人们也一般都以此作为"秦"之开端。但就目前所知,早在夏商时期"秦"字即已出现,而且与我们所说的秦人有关。在殷墟甲骨文中就有"秦宗""秦右宗""取(祭)秦""秦"等出现。帝舜曾封伯益为嬴氏,伯益即大费,其初居之地在今山东曲阜和费县为中心的鲁中南一带。其受封之地不止一处,其中,"秦"地就在今河南范县。[8]《春秋》庄公三十一年(前663年)所载"筑台于秦"即其地。《通志·氏族略》:"鲁又有秦氏,居民秦邑,今濮州范县北秦亭是也。"此"秦"地与我们所说的秦人的关系怎样,学界的看法并不一致。一种观点认为范县"秦"地就是秦人祖先所居之地;另一种观点则主张范县"秦"地乃是与秦人同属伯益后裔而非直系的一支居地,虽与秦人以"秦"为氏有一定联系,但并非同支直系的线性关系,故范县之"秦"并非秦之开端。[9]相较而言,后一种观点更具客观性。况且,秦人祖先在居西垂之前,其历史及文化活动既若隐若现、扑朔迷离,又居无定所,经常处于流动不居和迁徙之中,其文化活动充其量仅构成秦早期文化的渊源和背景要素而已。

再说秦人族源和秦文化起源的关系问题。这是一个既相区别又相联系的问题。秦族源是指以秦族、秦国(朝)君主为代表的秦统治民族的族源,它以研究和探索秦人始祖和其族体形成、繁衍、兴衰、世系、迁徙以及与其他民族的关系为主要内容。秦文化的起源则是以秦人的形成为前提,以相对稳定的族群和地域为基础,进而以探讨和研究在秦人历史发展进程中其文化的孕育、文化要素的来源、文化的原初面貌以及基本特点为内容。两者之同在于均以"秦人"为对象,族源旨在探寻"秦人"由何而来?并以揭示其自然属性即血缘为依归,而后者则以"秦人"出现后文化如何产生为目的,主要以探讨其人文特征为宗旨。两者的不同显而易见,就族源而论,尽管在其形成与发展的过程中,也不排除融合、同化其他部族,但其发展主要呈线性状态;从文化起源而言,它既包含伴随秦人的文明进步而孕育、培植的的固有文化,也包括通过吸纳、融合、移植等多种方式进行的文化创造活动。因此,文化的起源是一种多元并呈、多因交织、内外同构的状态。可见,秦人族源与秦文化起源,前者在时间上早于后者,后者以前者为前提。因而,两者探讨的内容不同,性质有别,时序相继,而且,族源仅仅是秦文化起源的背景而非主要内容,即先有秦人然后才有秦文化。所以,秦文化的起源固然与秦人的起源有必然联系,但秦人的起源不能等同于秦文化起源。

为了更清楚地说明秦文化的起源,有必要借鉴考古学上关于考古学文化的定义。"分布于一定区域、存在于一定时间、具有共同特征的人类活动遗存",就是一般所说的考古学文化。[10]而更为详尽的表述是:"代表同一时代、集中于一定地域内的、有一定地方性特征的遗迹和遗物的共同体。这种共同体,应该是属于某一特定的社会集团的。"[11]可见,考古学上的文化概念是从具有共同特征或地方性特征的人类活动遗存这一角度来探讨特定的文化,它以地缘为纽带,并非指某一族体或民族,因而不是普通意义上的文化起源的概念。对此,李伯谦先生在《论文化因素分析方法》一文中有精辟论述。他认为在探明考古学文化及其渊源时,必须把与其有关的众多考古学文化因素进行比较研究,才能得到符合实际的结论。而在现实研究中,人们"往往将考古学文化上的衔接关系误认为是文化传统上的传承关系,把复杂问题简单化了。事实上,一个考古学文化并不一定是由当地早于它的的考古学文化直接衍变而来。在它的形成过程中,可能主要继承当地早于它的考古学文化因素,也可能接受当地和邻近地区早于它的多种考古学文化因素,甚至不排除由其他地区迁移而来"[12]。在秦文化起源的研究中,考古学可谓捷足先登,领风气之先,而且成果斐然,也直接推动和催生了秦文化渊源与秦早期文化的研究。但是,也正是在秦文化渊源的研究中,自然不可避免甚至更多地存在着李先生所指出的现象发生。这正是秦人族源与文化起源研究中的一个盲区和薄弱环节。所以,有的学者在研究文化渊源的过程中,已经认识到一个考古学文化的渊源,同创造、发展该文化的主体的渊源之间不一定有明显的衔接关系,文化渊源与族源是不能混同起来研究的。[13]如尹世平先生就认为周人的族源是源远流长的,但先周文化的渊源相对来说较短。[14]在这一点上,秦早期文化与先周文化的起源是相似的。

由此可见,尽管考古学关于文化的概念并不完全适用于一般文化的概念,但这一概念毕竟揭示了文化起源的一些共同要素,即"分布于一定区域、存在于一定时间",这对我们准确把握秦文化起源大有启迪意义。因此,我们可以将某一文化的起源表述为分布于一定区域、存在于一定时间、由特定的族群或民族所创造、发展,既自我认同而又有别于其他族群或民族的文化。以此而论,秦文化或秦早期文化的起源与形成,无疑是秦人入居陇右天水后,在承袭、保留其起源进程中故有的价值观念和行为习尚的基础上,又不断吸纳融合其他一些文化因素,并在其生存环境的影响和制约下交相互动的产物。

因此,所谓秦早期文化,就是指秦人经过漫长的起源而形成自为的民族之后,由其在陇右天水地区创造和发展起来的一种地域文化。这一文化既以秦族故有的价值观念和行为习尚为基础,又吸纳了商、周文化和西戎文化等多种因素,也深深打上陇右地域环境因素影响的痕迹。因而,它是一种此前并不存在又有别于其他地域和民族的新的地域文化。在时间上它起自秦人入居陇右,下至秦德公元年(前677年)迁都雍城之前;在空间上它主要分布于陇右天水,也包括进入关中的近百年时间;这一文化以秦人为主体,也包括已归附或融入秦人的其他部族与集团,他们共同为秦早期文化的创造者和拥有者。从文化的起源和主要分布地域而论,秦早期文化也可称为天水秦文化。

总之,秦文化起源于秦人西迁陇右之后,自中潏至德公之前为秦早期文化阶段;自德公至秦统一之前为秦国文化时期;完成统一的秦王朝时期为秦朝文化时期。这三个发展阶段的文化,可统称之为秦文化。各阶段秦文化的发展,呈现出一种既前后相继又绵延壮大,既一脉相承又各显风采,既创新升华又不断融汇扩展的绚丽景象,充满着旺盛的生命活力与强劲的同化力。正因为如此,秦文化最终上升为一统中国的主流文化。秦王朝灭亡后,秦文化由主流文化复降为地域性的秦地文化。探寻秦早期文化的起源及其面貌与特点,其意义与价值就在于它是秦文化发展史上的最早阶段和源头所在,积淀和蕴藏着秦文化的种种原始基因和本质要素。科学认识秦文化和深入全面研究秦史,对秦早期文化的探索与研究无疑至关重要。

参考文献

[1]巩启明,呼林贵. 秦文华的考古工作与研究[M]//秦始皇兵马俑博物馆研究室. 秦文化论丛:第一集. 西安:三秦出版社,1993.

[2]陈秀云. 秦族考[J]. 文理学报,1946,1(2).

[3]林剑鸣. 从秦人价值观看秦文化的特点[J]. 历史研究,1987(3).

[4]黄留珠. 秦文化概说[M]//秦始皇兵马俑博物馆研究室. 秦文化史论丛[C]:第五辑,法律出版社,1992.

[5]葛剑雄. 移民与秦文化[M]//秦始皇兵马俑博物馆研究室. 秦文化论丛:第三辑. 西安:西北大学出版社,1994.

[6]王学礼,尚志儒,呼林贵. 秦物质文化史[M]. 西安:三秦出版社,1994.

[7]王学礼,梁云. 秦文化[M]. 北京:文物出版社,2001.

[8]李江浙. 秦人起源范县说[J]. 民族研究,1988(4).

[9]史党社. 秦人早期历史的相关问题[M]//秦始皇兵马俑博物馆《论丛》编委会. 秦文化论丛:第九辑. 西安:西北大学出版社,2002.

［10］张忠培．中国考古学走近历史真实之道［M］．北京:科学出版社,1999.

［11］中国大百科全书·考古卷.

［12］李伯谦．论文化因素分析方法［N］．中国文物报,1988－11－04.

［13］汪勃,尹夏清．关于秦人族源和秦文化渊源的几点认识［M］//秦始皇兵马俑博物馆研究室．秦文化论丛:第三辑．西安:西北大学出版社,1994.

［14］尹世平．关于先周文化的几个问题［R］．周秦学术讨论会打印稿。

（本文发表于《西安财经学院学报》2007 年第 3 期）

成纪县治迁徙讨论

刘雁翔[*]

陇西成纪自秦汉建县以来数度迁徙,最终南迁到秦州,并于明洪武二年(1369年)废止。对于成纪南迁之史实,学界是公认的,道光《秦安县志·建置》即提出"治平成纪""显亲成纪""秦州成纪"的成纪三迁说。现争议不休的是南迁的一些细节问题,如汉成纪何时一度撤销,何时由今甘肃静宁的治平川迁到今甘肃秦安显亲川,何时再由显亲川迁到甘肃今天水的藉河川等,还有一个连带问题——秦州徙治和成纪的关系及南迁实情如何。对于这些问题,学术界笔墨官司不断,但多是糊涂官司,越辨越糊涂。当此之时,对相关资料重新审视,予以廓清,实属必要。因为,成纪是一个历史名县,直接关系着一些重大历史事件和历史名人的定位。

一、道光《秦安县志》成纪三迁说平议

道光《秦安县志》,严长宦修,刘德熙、张思诚纂,成于道光十七年(1837年),道光十八年付梓。本志的主纂者刘德熙为四川长宁(今四川长宁县)人,道光十三年(1833年)进士,是时任秦安县令严长宦的朋友,道光十六年来甘,应严之邀主纂《秦安县志》,此公精于考证,对一些悬而未决的问题"亲履山川,引证经史",成纪三迁说就是实地调查和史料结合的产物。本志《建置》附考说:

> 成纪县治,初在静宁州西北八十里之治平川,继在今秦安县北三十里之显亲川,最后乃入今秦州。核旧州县志俱未详。按:成纪以庖牺氏孕十二岁而生得名,汉即其地建县,《后汉书·隗嚣传》注云"成纪在今陇城县西北"是也。此治平之成纪也。后汉分为显亲侯国,魏晋为县川,由是有显亲之名。

* 作者简介:刘雁翔,1964年生,男,甘肃武山人,天水师范学院历史文化学院教授,历史学学士,主要从事地域文化及中国古代史研究。

元魏时成纪废,显亲亦并安夷。显亲暂复,终废周宇文氏,遂即其故治西北重建成纪。唐开元中,秦州地震,徙治于此,《唐书·地理志》所云"秦州徙治成纪显亲川"是也。此显亲成纪也。继郡县悉废于陷吐蕃八十年中,大中收复,乃即旧雄武城建今秦州治,并成纪徙而倚焉。后天水郡废,兼以成纪名郡,此秦州之成纪也。……夫开元之徙,徙州以寓县;大中之徙,徙县以倚州。州所寓者,周所迁之成纪也,与州治无涉也;县所倚者,唐所建之秦州,时上邽改镇,故徙成纪附州治,非成纪本治也。

对这一大段考证,临洮张维先生是反对的:"志于沿革、古迹考证颇详,然谓汉成纪县在今静宁西北之治平川,后周始迁于显亲川,殊为无据。成纪之县自汉迄周未闻迁移。"[1]张先生是言差矣!虽然,成纪迁徙在《隋书》以前的正史"地理志"中"未闻迁移",即没有明确记述,但迁徙之事实在一些相关之史料中暗含(后文将详证),并非刘德熙妄下结论;且汉成纪之治所在治平川即《水经注》所言之"成纪水"河谷,城址至今犹存,"治平成纪"之说是成立的。当然,刘德熙的考证远非完美,如注汉成纪言"在静宁川西北八十里之治平川"即是大误,因为治平川在今静宁(原静宁州治地)之西南治平乡一带,而非西北。对此,光绪《秦州直隶州新志》卷24《附考》详加辨析,"《秦安县志》据《后汉书》注成纪在陇城县西北、《水经注》'陇水流经瓦亭南'之文,谓成纪初在静宁西北八十里之治平川,继在秦安北三十里之显亲川,最后乃入今秦州,其言甚辨析,然谓汉至后魏之成纪在静宁西北,实臆说也……"

"秦州志"的辨驳是有道理的。然而,对照康熙、乾隆《静宁州志》关于静宁州到治平川的里数,均言"八十里",列举几条资料就能说明这一问题。康熙《静宁州志·形胜》有言:"(州)又南十里至靳家寺,十里至营屯寨地,又二十里至威戎镇……自威戎而西,迤南四十里至治平川,接通渭界。"[2]"十里"加"十里"加"二十里"再加"四十里"正好就是"八十里"。又,乾隆《静宁州志·堡寨》"治平故城"条言:"在州南八十里之治平川。"[3]都可证"八十里"是对的。所以,"西北八十里"实"西南八十里"之误。颇疑失误源自刻者,而校者不审,使"成纪县治初在静宁州西北八十里"成为"臆说",在这一点上刘德熙可能有些冤枉。不过,刘之所谓"元魏时成纪废""大中收复,乃即旧雄武城建今秦州治"等语大有商榷之处。

综而观之,刘之"成纪三迁说"在大方向、大关节上是正确的,其首倡开拓之功不可磨灭。后代学者论及成纪问题,或在细节上有所创见,而谁也不可能无视"三迁说"。当然,"成纪三迁"说在三迁的具体时间确定、地点定位上不周详之处也是显而易见的,上列光绪《秦州直隶州新志·附考》对成纪迁徙有补考,而不周详之处也是显而易见的。这些,下文将进一步讨论。

二、汉成纪县废止之时间及相关问题

《隋书》卷29《地理志》说:

> 成纪,旧废,后周置。有龙马城、仙人峡。

"成纪"指的是汉成纪。"旧废"是说以前撤销了。这都是追述之言,基点是"后周置",言明"成纪"在后(北)周之前废。后周起公元557年,迄581年,存在区区26年,如在本朝用不着"旧"呢"新"呢的,无论是以"旧"指前朝的惯倒,或后周短命的事实,"旧"只能是指后周之前的某朝。

那么,到底成纪"旧废"于那一朝呢?我们用缩小包围圈的办法分层予以框定。可以肯定,成纪在东晋十六国时是存在的,史籍中屡见不鲜。如《晋书》卷125《乞伏乾归载记》有云:"(吕)光又伐之,咸劝其东奔成纪,乾归不从。"事在东晋太元二十年(396年)。乞伏乾归的根据地在苑川即今甘肃榆中境,吕光在河西,吕光东侵,故乾归部属有"东奔成纪"的提议,可见成纪位置还是相当重要的。

东晋十六国而下,便是统一黄河流域的北魏了。由于《魏书·地形志》中不列成纪县,于是古今绝大多数学者认定成纪废于北魏。本文第一部分所引刘德熙考证有"元魏时成纪废"等语,光绪《秦州直隶州新志·附考》亦有"自西汉至唐天宝之成纪县,在此中间虽暂废于后魏,重修于后周……"等语。对类似的主流观点,杨守敬《水经注疏》提出不同看法,在纂疏《水经注·渭水》"瓦亭水又南,经成纪县东"一语时加按语:

> 守敬按:《地形志》不载成纪县,而孝昌中,吕伯度败杜粲于成纪,是孝昌以前,成纪未废,故不称故城。此下成纪故城,明是两城,而《地形志》脱之,所以张瀛遅有《延昌地形志》之作是也。[4]

杨守敬之后,其孝昌之前"成纪未废"的观点并未得到认同,如谭其骧《中国历史地图集》"东晋十六国·南北朝时期"分册即不标成纪县;[5]再如史为乐主编,迄今历史地名类词典中规模最大的《中国历史地名大辞典》"成纪条"亦记"北魏废"。[6]相关的地方志及论文也是众口一词,均言汉成纪"北魏废"。兹不赘述。但,紧抠史事,我们不得不佩服杨先生明察秋毫,其据《魏书》卷59《萧宝夤传》吕伯度败杜粲于成纪的史实,断定"孝昌以前,成纪未废"无疑是正确的。同时,他一

并指出，《水经注》所记"成纪"和"成纪故城"是两码子事，"明是两城"。不过杨先生的高见并未将相关问题说透，如成纪到底废于何时？我们还有必要对吕伯度败杜粲于成纪的史事再行料理一番。北魏孝明帝正光五年（526年），以匈奴人莫折大提、莫折念生父子为首的秦州起义爆发，莫折念生自称天子，置官建号，势力一时席卷关陇。随后，北魏以萧宝夤为大都督入关镇压，和起义军相持于陇山一线。正当战局吃紧之时，起义军内讧，莫折念生部将吕伯度倒戈，在胡琛的支持下，攻击莫折念生，于是就有了一条杨守敬提及的为众人所忽视的、于我们判定汉成纪位置及其废于何时有决定意义的重量级资料。

> 胡琛以伯度为大都督、秦王，资其士马，还征秦州，大败念生将杜粲于成纪，又破其金城王莫折普贤于水洛城，遂至显亲。念生率众，身自拒战，又大奔败。

事在北魏孝明帝孝昌二年（526年），距北魏分裂仅8年。文中的胡琛，乃拥兵割据称王高平的敕勒族酋长。初，吕伯度据显亲反莫折念生，实力不济，便投奔身在高平（今宁夏固原）的胡琛，在其支持下，攻击莫折念生。由所引资料可以看出，其进军线路大致是，由高平西向越陇，再自北而南——先成纪——次水洛城——最后是显亲。通过资料记述的进军线路和次第，至少我们可以得到两个方面的信息。

其一，北魏一朝，汉成纪是存在的。而据《隋书·地理志》"旧废，后周置"的记载可判定，废成纪者肯定是北魏之下、北（后）周之上的过渡王朝西魏了。

其二，由进军线路成纪→水洛城→显新的次第，结合《水注经》可判定此三古城的大致方位。也可判定北魏时的汉成纪依旧在水洛城西北的成纪水（今甘肃静宁李店乡的治平河，又称南河）流域，水洛城之西南则进入今甘肃秦安县境，显亲无疑在今秦安显亲河谷（今名同）。

下面，我们以水洛城为中心对成纪的位置做进一步的讨论。水洛城治所在今甘肃庄浪县县城（水洛镇）。北魏水洛城（亭）原址上，北宋刘沪所筑水洛城址轮廓至今依旧可见。[7] 对照《水经注》，城北即是水洛水（今名水洛河），南则是犊奴水（今名南河），二水在今庄浪县城西南会合，流经石门峡（此段《水经注》称石门水）后汇入今葫芦河。水洛城当上陇孔道番须道要冲，北魏以降，一直是军事重镇。其名称《魏书》凡五见，《周书》凡三见，除吕伯度攻莫折念生经此地之外，北魏孝庄帝永安三年（530年），魏骠骑将军、雍州刺史尔朱天光征讨王庆云、万俟道洛，孝武帝永熙三年（534年）魏夏州刺史宇文泰征讨侯莫陈悦，关键性的战役都发生在水洛城,陷水洛而陇右平。宇文泰的进军路线为:从平凉上陇,首陷水洛城,次陷略阳,最后围侯莫陈悦于上邽,悦被迫自杀,这和吕伯度的进军路线基本相同,都是沿葫芦河(瓦亭水)南下。宋代,水洛城依然是陇右最重要城堡之一,《宋史》凡十七见,《金史》凡六见。宋仁宗庆历三年(1043年)十月至四年三月,北宋名将刘沪在原址上增筑、补葺,成新水洛城,达到了"以通秦(州)、渭(州)之路"的效果,从而形成了东连渭州(今甘肃平凉),南通秦州,北以陇干为屏障的陇右防御体系。行文至此,似脱了题,但下笔千言的目的就是要说明,经关中上陇,凡历瓦亭、鸡头、番须道而南下秦州者,都必须经水洛城,而成纪由水洛城西北治平川南迁显亲川,最后迁至秦州之方向线路正与此同。水洛城位置定死这后,再回过头审视吕伯度还征秦州之时"大败念生将杜粲于成纪,又破其金城王莫折普贤于水洛城,遂至显亲"之史实,则成纪位置必然在水洛城之上或平行,由此可论定《水经注》将汉成纪定位在成纪水流域无可置疑。

理清水洛城和成纪相对位置之后,我们还要讨论一个新问题——成纪水流域的成纪故城和成纪的具体位置。先引一段杨守敬的《水经注疏》:

> 瓦亭水又南经成纪县东,历长离川,谓之长离水。右与成纪水合,水导源西北当亭川,东流出破石峡,津流遂断。故渎东经成纪县故城东(守敬按:此是汉以来成纪县故城,当称故城,而"县"下却只有一"故"字,盖传抄者落"城东"二字。郦氏每叙沿革在故城之下,故知此有"城东"二字,赵以"故"字下属,非也。)帝太,皞庖羲所生之处也。[8]

首言"成纪县",次言"成纪县故城",这中间大有文章。正应了杨守敬先生的天才分析:"是孝昌以前,成纪未废,故不称故城。此与下成纪故城,明是两城……"说白了,北魏之前汉置的成纪县有过迁徙。至于"成纪故城"也就是刘德熙所言"治平成纪",今人以《水经注》相关记载结合20世纪80年代以来静宁治平古城之考古成果——历年出土之板瓦、瓦当等秦汉文物,确认古城即是汉成纪故址,具体地点在"今静宁县城南50公里处的治平乡刘河村南的川河台地上。治平河、深沟河在城东约300米处交汇,两河交汇后,古称成纪水(今称李店河),在仁大毛家坡附近注入葫芦河(古为瓦亭水)"。[9]我们就无须多言了。兹重点寻找北魏尚存的成纪县址。既然《水经注》以"故城"称成纪,则此成纪魏之前或迁或废,或降级不为县治,那么北魏的"今"成纪县治又在何处呢?讨论依然从吕伯度的进军线路说起,吕投奔高平胡琛,再上陇攻击莫折念生,其上陇走的必然是距高平最近的瓦亭道(或称木峡关道)。"此道是两汉、魏、晋、南北朝以及隋唐,由关中通向陇右,仅次于陇关道的重要陇山通道,从古高平(今固原)城起西南行,经木峡关陇山隘口,至西瓦亭,然后沿瓦亭川(今葫芦河)南下秦州。这一古道通过陇山时紧靠战国秦长城,在长城内侧,最迟在战国时已形成。"[10]吕伯度上陇"还征秦州"的目的是最终夺取秦州,所走当然是南下秦州最便捷的路——即沿瓦亭水一路南下,在此过程中首先"大败念生将杜粲于成纪",按着"又破其金城王莫折普贤于水洛城,遂至显亲。"则此"成纪"必然距瓦亭水不远。基于这样一种基本判断,我们就在接近瓦亭水的成纪水流域寻找迁徙后的成纪。成纪水(李店河)入瓦亭水(葫芦河)处即今甘肃静宁仁大乡之陈家南门村,其上游宋以来有治平川之称的川地即汉成纪治地所在,下游则是明清称仁当川今称仁大川的川地。虽然就现有资料我们无法准确定位迁徙后的成纪县址,但可模糊断定迁徙后的成纪就在今静宁县仁大乡所在的仁大乡川地。

汉成纪县为什么要迁徙,想必和陇右政治中心迁移有关。汉武帝元鼎三年(前114年)从陇西郡析置天水郡,其郡治即在平襄(今甘肃通渭县城西),由关中进入陇右之后,沿成纪水西上,通平襄的道路当然就显得十分重要,那么按近平襄的成纪显然就是要冲所在。东汉以后天水郡治移到冀县(今甘肃甘谷县城西),晋初移到上邽(今甘肃天水市区),接近平襄的成纪的位置便没有那重要了。魏晋以下,秦州成了陇右的政治中心,不论是陇关道,还是鸡头道、瓦亭道,其指向都在秦州。举一例,东晋隆安四年(400年)魏常山王遵袭没奕干高平,干弃其众,率数千骑奔秦州,魏师追至瓦亭,不及而还。那么,远离南北向葫芦河(瓦亭水)干流的治平成纪(治平、仁大之间距离约为45千米)其地位下降是必然的,迁徙至成纪水下游仁大川也就顺理成章了。因为,古来南下秦州之路就是沿葫芦河谷南行的。

三、北周成纪置于何地

《旧唐书》卷40《地理志》"成纪"条说:

> 成纪,汉县,属天水郡。旧治小坑川。开元二十二年,移治敬亲川,成纪亦徙新城。天宝元年,州复移治上邽县。

对"旧治小坑川"一语,学术界看法基本一致,认定就是汉成纪的治地。这大有商榷余地,留待后文讨论。继续往下读资料,"开元二十二年,移治敬亲川",这指的是秦州州治因地震由藉河河谷的天水市区迁到了敬亲川,省略的主语是秦州而非成纪。再下面一句话"成纪亦迁新城"就大有玩味之处了。其一,这里的"成纪"无疑就是汉成纪西魏废后、北周复置的成纪;其二,"亦迁新城"表明,不但秦州迁到了敬亲川的新城,而且成纪县也迁到了新城。那么,州城、县城一并迁治的新城在何处呢? 这个,我们能找到答案。据道光《秦安县志·建置》:"显亲川亦云阳兀川(即显新川异名)何氏地掘得石刻,有'成纪'字,是皆足征也。"是说显亲川何氏地掘得有"成纪"字样的石刻。1965 年,秦安叶堡乡杨家沟唐墓发现刻字砖一块,可辨认部分有"□(秦)州成纪县安乐乡安乐里"字样,[11]两者结合足证唐成纪就在今秦安的显亲川。魏晋之显亲川,唐之敬亲川(因避唐中宗李显讳而改),明清之阳兀川,今之显亲川,名异而地同。秦安叶堡乡至今有一名"金城"的行政村(属显亲川),当正是"新城"所在地。地震大灾过后,人们最希望安居乐业,将"新城"所在地命名为金城里,取"固若金汤"之意,自在情理之中。

在将迁到"新城"的成纪定位之后,我们再来找未迁之前的成纪身处何地。贺次君《括地志辑校》有言:

> 成纪,汉县,在秦州成纪县北二里。[12]

就是说在迁至新城的成纪县北有"成纪汉县"或者说新旧成纪县相隔二里。《括地志》,唐太宗子魏王李泰领衔撰,贞观十六年(642 年)表上,南宋时亡佚。我们所引则是今人之辑佚本。或有疑问,你考证的是开元二十二年(734 年)地震之后新城和故城位置,何而能引 93 年前的著作。其实,我们所引所谓《括地志辑校》之言实为《史记正义》作者张守节之言,为《括地志》辑佚者误入者。张守节"正义"以详释地理取胜,而其释地理又多依《括地志》,《括地志》则得"正义"而部分保存,而张守节语和《括地志》语多混同而后人不辨也是常事。中华书局标点本《史记》,成纪凡六见,两条说李广、李蔡乃"陇西成纪人",四条说汉文帝十五年"黄龙见成纪"相关事,其中卷 28《封禅书》事关"成纪"一语下引《史记正义》注"案:成纪,今秦州县也。"卷 109《李将军列传》事关"成纪"一语下引注"成纪,秦州县"。卷 111《卫将军骠骑将军列传》事关"成纪"一语下引注"秦州县也"。四库全书本《史记正义》则于《封禅书》事关"成纪"一语下注"成纪云秦州县也",《李将军列传》事关成纪一语下注:"成纪,秦州县。"今人张衍田之《史记正义佚文辑校》为"正义"辑本集大成者,本书于《孝文本纪》事关"成纪"一语下引"正义"注云:"……成纪,在秦州县,本汉县至今,在州北二里。"[13]又对第一个"在"字加按语云:"在,《封禅书》黄龙见成纪句,《正义》云'成纪,今秦州县也。'当以'今'是。"[14]张衍田的辑本重点参考泷川资言《史记会注考证》和水泽利忠的《史记会注考证校补》,此"成纪"条依据的所谓"南化、幻、谦本"均是泷川、水泽引日本所藏北宋之前《史记》三家注本,基本上保存了包括《史记正义》在内的三家注的真面目。《史记正义》凡引《括地志》都标明"括地志云"字样，不标加"案"字则是张守节自注。《史记正义佚文辑校》引《孝文本纪》的这一条关于"成纪"的注就不标"括地志云"，则是张守节自注无疑。现在，我们再对照《括志志辑校》"成纪，汉县，在今成纪县北二里"语，即可辨其所谓《括地志》文则完全是张守节注文，而《史记正义佚文辑校》所辑之张文则在辗转流传过程中将文字间顺序完全颠乱，几不可读。《括志志辑校》所谓《括地志》文则正是张守节《史记正义》文之正装版，将它们抄在一起就很好甄别。

> 《括地志辑校》：成纪，汉县，在秦州成纪县北二里。
> 《史记正义佚文辑校》：成纪，在秦州县，本汉县至今，在州北二里。

两项比较，第一条13字，第二条16字；第二条比第一条多出"本""州""今"三字，而"本""今"两字外，"州"在第一条中有包含，"本""今"两字放到第一条中相关位置可使语义更妥贴。可见分列两书中的佚文都是张守节的自注文，第二条只是词序错乱而已。两厢合并，拨乱反正，我们可以得到这样一条关于《史记正义》"成纪"注的佚文：

> 成纪，本汉县，在今秦州成纪县北二里。

这就是说在迁至"新城"的今成纪县北二里处有"成纪，本汉县"。

本文第二部分已讨论清楚，按吕伯度的进路线，汉成纪县只能在今甘肃静宁境内古瓦亭水支流成纪水河谷，和今秦安县无涉，秦安虽和静宁相连，而"新城"即金城里成纪之北二里绝不会到成纪水（今李店河）河谷。反过来说"在今秦州成纪县北二里"的"成纪"绝不会是汉成纪县。张守节《史记正义》成于唐开元二十四年，即《旧唐书·地理志》所谓"成纪亦迁新城"两年之后，对他那个时代的"今"成纪县治所理应是清楚的。所以，"在今成纪县北二里"的所谓"成纪，本汉县"当正是北周所置的成纪了。北周至于开元，过去近200年，又成纪本汉置，中经废立，误北周成纪为汉成纪也情有可原。对这个成纪的位置，甘肃联合大学马志荣先生、秦安县志办王文杰先生有详考，王文杰先生还做了实际调查，认定在秦安县安伏乡安伏川，并言有残留城址和"安伏家的一座城，叶家堡的半个盆"等民谣。[15] 不过，马、王二先生以安伏川之成纪为汉成纪，这是大有商榷余地的，原因上文已阐明。我们取马、王先生考定"在今成纪县北二里"的地望"小坑川"即安伏川，而不取其汉成纪在小坑川即安伏川的观点。这是误北周成纪为汉成纪也。安伏川与显亲川相连,为山间盆地,"西靠阳极山,东依锦带山,南接玉钟峡,北带锦带峡,因此,今称安伏盆地。盆地由葫芦河一级阶地构成,阶面海拔 1270 米左右。葫芦河东岸保留有较完整的二级台地"。[16] 盆地伏家洼堡子梁之阳坡古有女娲宫,疑正是《水经注》注瓦亭水支流石岩水时"水出北山,山上有女娲祠"之女娲祠所在。盆地之南的玉钟峡,古称显亲峡,有伏羲女娲成婚和伏羲演画八卦的传说。这些事实又和《隋书·地理志》"成纪,旧废,后周置。有龙马城、仙人峡"隐义相对。仙人峡盖显亲峡,而龙马城则显然是因龙马负图、伏羲则之而画卦之传说而得名。以此可论定,《旧唐书·地理志》言成纪"旧治小坑川"之小坑川正是安伏川亦即安伏盆地,也就是北周成纪之治所。

对这一论题,光绪《秦州直隶州新志》卷 24《附考三》很敏锐地指出:

> 《旧唐书》"志",成纪旧治小坑川,开元移治敬亲川。敬亲即显亲也。小坑川似即后周重立成纪之治所。

本志的主纂者伏羌王权、秦州任其昌为名扬陇右的硕彦鸿儒,精于考证史事,其功力由此可见一斑。世人以光绪《秦州直隶州新志》为良志,良有以也。

本节最后再附几句。唐开元二十二年的大地震,震中在秦州之藉河川,秦州破坏严重,惊动朝廷,《资治通鉴》卷 214,玄宗开元二十二年载:"二月壬寅,秦州地连震,坏公私屋殆尽,吏民压死者四千余人,命左丞相萧嵩赈恤。"秦州于是移治于成纪敬亲川。由《旧唐书·地理志》"成纪亦徙新城"一语知,秦州移治之地和北周成纪所徙之地俱是新城,即今秦安县叶堡乡的金城村。秦州地震,"坏公私屋殆尽",百里之外的安伏川北周成纪也当波及,"亦徙新城"也说明"坏公私屋殆尽",大震过后,余震不断,作为抗震救灾措施,秦州之北迁原本需要,但属临时安置措施,因此,数年之后的天宝元年又迁回了原治地上邽。而北周所置成纪就在新城"定居"了。显然所谓"新城"是地震之后所建,并不是原有的。至"新城"为何要选择《旧唐书·地理志》所言的敬亲川,这是由卜者占祸福、阴阳看风水等因素即现代人所说的"迷信"决定,我们无从知其祥。但要清楚,当时秦州治地在震,成纪之敬亲川必然也在震,破坏程度大概是差不太多。

四、秦州之北迁又南移及成纪之南移

明确见于史册,秦州始置于晋武帝泰始五年(269 年),时州治在冀县(今甘肃天水市甘谷县西),中暂废,惠帝太康七年(286 年)再立秦州,秦州州治、天水郡郡治一并迁移上邽,即今天水市城区。南北朝社会动荡,而秦州治所始终未变,到了

唐代因地震而州治临时北迁。

《旧唐书》卷40《地理志》"秦州中都督府"条说：

> 开元二十二年，缘地震，移治于成纪之敬亲川。天宝元年，改为天水郡，依旧部督府，督天水、陇西、同谷三郡。其年，复还治上邽。乾元元年，复为秦州。

《新唐书》卷40《地理志》"秦州天水郡条"说：

> 中都督府，本治上邽，开元二十二年以地震徙治成纪之敬亲川。天宝元年还治上邽。大中三年复徙治成纪。

说明一下，入隋，州郡县三级制变为州县或郡县二级制，有州的时候没郡，有郡的时候没州，州郡名称时有转换，有时称秦州，有时称天水郡，秦州和天水郡并没有统辖关系。上引《新唐书》秦州和天水郡是并列关系，并非像魏晋南北朝时期一样是秦州领天水郡。在秦州和天水郡之间加一顿号就明确了。中华书局标点本在二者之间不加标点，作"秦州天水郡"状，容易使人犯糊涂。

两唐书上有一点说得很明了，秦州之北迁又南移，全是因地震而致，是年为唐玄宗开元二十二年（733 年）。《旧唐书》卷8《玄宗上》说："（开元二十二年）二月壬寅，秦州地震，廨宇及居人庐舍崩坏殆尽，压死官吏以下四十（千）余人。殷殷有声，仍连震不止。"又，《旧唐书》卷37《五行志》："开元二十二年二月十八日，秦州地震。"又，《新唐书》卷5《玄宗皇帝纪》："二月壬寅，秦州地震，给复压死者一年，三人者三年。"又，《新唐书》卷35《五行志》："开元二十二年二月壬寅，秦州地震，西北隐隐有声，坼而复合，经时不止，坏庐舍殆尽，压死四千余人。"四条资料说的都是一码子事——秦州大地震。据估算震级达 7 级，烈度 9 度。[17]地震破坏力很强，廨宇即官员办公室及居人庐舍即民房"崩坏殆尽"，压死官民 4000 余人。州署官员没有了办公室，于是迁往"成纪之敬亲川"寄治"新城"。寄治是权宜之计，因此，天宝元年（724 年）即在"成纪之敬亲川"寄治 9 年之后又还治原地上邽，想必是上邽之城垣已修复，官舍已建成，故还治。就是说秦州治北迁又南移了，线索是很清楚的。

没想到《新唐书·地理志》在说完"天宝元年还治上邽"之后，又冷不丁地添了一句"大中三年复徙治成纪"，而又不提此次"复徙治成纪"之后何时迁回上邽，《宋史》也没有明确的记载，于是一连串的问题就来了。

秦州于唐代宗宝应二年(763 年)二月陷落吐蕃,而唐宣宗大中三年(849 年)沦陷吐蕃的秦、原、安乐三州及石门、驿藏、木峡、制胜、六盘、石峡、萧关等七关守将归顺唐朝。同年七月,唐凤翔节度使李玭接收秦州。唐升秦州防御使为秦、成两州经略天雄军使。等待了 87 年之久,陇右重镇秦州光复,而为何要在收复的当年将州治要从当"关陇之会、介雍梁之间"的藉河谷地地迁到相对次要的敬亲川呢?要知道,有唐一代,长安西去,经陇坻(又称坂),取道秦州、渭州、临州、兰州、凉州而通西域之道是东西交通的主干道,唐玄奘西行取经、高适游幕河西、岑参赴安西、杜甫之流寓秦州均经此道。秦州等陇右诸州收复后,宣宗颁《收复河湟制》有云:"秦州至陇州以来道路,要置堡栅,与秦州应接,委李玭与刘皋即便度闻奏。商旅往来,与贩货物,任择利润,一切听从,关镇不得邀诘。其官健父兄子弟通传家信,关司并不得邀诘阻滞。"严耕望先生对此的评论是:"置堡栅与秦州接应亦委凤翔节度,并明述官商交通情形。亦正见凤翔至秦州为大道也。"[18]宣宗的诏令是对新复沦陷区人民的惠政,特地强调收复秦州的凤翔节度使李玭等人便宜行事,在要害之处置堡珊以保证秦州至陇州即陇坻道的畅通,政府没有任何必要将丝绸之路重镇秦州的治所迁往他所。否则,如何保证途经秦州的关陇大道畅通。《新唐书》"大中三年复徙成纪"的说法是有必要怀疑的。此一颇显唐突之语,疑其上下均有脱文。

然而,正是有了《新唐书》的这一说法,谭其骧先生主编《中国历史地图集》"隋唐五代时期"分册统统将唐开元之后、北宋之前的秦州标在"成纪之敬亲川"。[19]而学术界也是众口一辞,认定北宋之前包括五代十国在内,秦州治所一直在开元二十二年成纪亦迁新城的"成纪之敬亲川"的金城里,即秦安县叶堡乡金城村。事实胜于雄辩!我们有资料证明,秦州在宋之前治在今秦安县境的看法是大错特错的。我们的资料就是晚唐诗人许棠的诗作。许棠(822 年—?),字文化,宣州泾县(今安徽泾县)人。咸通十二年(871 年)进士。历泾县尉、虔州从事、江宁丞等。有诗名,为"咸通十哲"之一。今《全唐诗》卷 597、598 收其诗两卷计 154 首。由其诗我们得知许棠曾于中进士之后的某年奉命来秦州,一路上都有诗作,如《陇州旅中书事寄李中丞》《过分水岭》《陇上书事》《塞下二首》《题秦州城》《陇嚣宫晚望》《成纪书事二道》《边城晚望》等。[20]从诗题即可看出许裳是由陇州过分水岭(即陇坂)到达秦州的,走的就是唐代直至宋繁盛不衰的陇坻道。兹录几首:

过分水岭

陇山高与鸟行齐,瞰险盘空甚蹑梯。

云势崩腾时向背,水声鸣咽若东西。
风兼雨气吹人面,石带冰凌碍马蹄。
此去秦州别无路,隔岸穷谷却难迷。

题秦州城

圣泽滋遐徼,河隄四向通。
大荒收虏帐,遗土复秦风。
乱烧迷归路,遥山似梦中。
此时怀感切,极目思无穷。

成纪书事二首

东吴远别客西秦,怀旧伤时暗洒巾。
满野多成无主冢,防边半是异乡人。
山河再阔千余里,城市曾经一百春。
闲与将军议戎事,伊兰犹未绝胡尘。

蹉跎远入犬羊中,荏苒将成白首翁。
三楚田园归未得,五原歧路去无穷。
天垂大野雕盘草,月落孤城角啸风。
难问开元向前事,依稀犹认隗嚣宫。

隗嚣宫晚望

西顾伊兰近,方惊滞极边。
水随空谷转,山向夕阳偏。
碛鸟多依地,胡云不满天。
秋风动衰草,只觉犬羊膻。

打住吧! 结结实实当文抄公的目的有五:其一,想说明许棠来秦州的路线就是陇州—分水岭—秦州;其二,想说明此线路就是丝绸之路东段的南路,其至晚唐依旧繁盛,而此路是沿渭水而上的,必经渭河南岸支流藉水谷地秦州;其三,想说明《成纪书事二首》的"伊兰犹未绝胡尘",《隗嚣宫晚望》的"西顾伊兰近"之"伊兰"即伊州(今新疆哈密)兰州(今甘肃兰州)正是秦州西向直通西域之丝路重镇,也可证秦州的位置原地未动;其四,让大家感受一下杜甫《秦州杂诗》"莽莽万重山,孤城山谷间"的秦州城在"山河再阔千余里,城市曾经一百春",即吐蕃统治八十余年光复之后的边塞氛围;其五,最终想说明,诗中的秦州、成纪、隗嚣宫本在一

地,根本不存在《新唐书》秦州"大中三年复徙治成纪"之事。现在再看《成纪书事二首》之二的最后两句:

> 难问开元向前事,依稀犹认隗嚣宫。

隗嚣宫乃西汉末年成纪人隗嚣所建之宫室,遗址在今甘肃天水市区的北山,北山至今有皇城堡、皇城村。隗嚣败后,宫室所在改建为崇宁寺,杜甫《秦州杂诗》"秦州城北寺,传是隗嚣宫"正是其地。隗嚣宫位置是定死的,不在秦安敬亲川之成纪,而在秦州之成纪。许棠在成纪"依稀犹认隗嚣宫"只能说明晚唐之时,不但秦州治所在"天宝元年还治上邽"之后原地未动,而且敬亲川之成纪也于某时迁到了秦州治所。

那么,成纪是何时由葫芦河(古瓦亭水)水流域的今秦安叶堡乡金城里南迁的呢?《元和郡县志》秦州之"成纪县"条说:

> 成纪县 中。东南至州一百里。本汉旧县,属天水。伏羲氏母曰华胥,履大人迹,生伏羲于成纪,即此丘也。周成纪县,属略阳郡。隋开皇三年罢郡,县属秦州。皇朝因之。
>
> 瓦亭川水,东去县一十五里。

似可证唐宪宗元和年间(806—821年)成纪在瓦亭水流域东南至州一百里的今秦安境敬亲川。其实,此时的秦州或成纪都是吐蕃辖区,元和志是在追述皇朝之盛,并不是在写元和时的实情。元和后的长庆二年(822年)大理寺卿刘元鼎出使吐蕃,归来后,成《使吐蕃经见纪略》,有言:

> 元鼎踰成纪、武川,抵河、广武梁,故时城郭未隳,兰州地皆秔稻,桃李榆柳岑蔚,户皆唐人,见使者麾盖,夹观。至龙支城,耋老千人,拜且泣,问天子安否,言倾从军没于此,今子孙未忍忘唐服,朝廷尚念之乎,兵何日来。言已,皆鸣咽。[21]

广武梁即今兰州市西固区之河口,武川历来没有确论,注者多谓"不详"。其实,此武川即《水经注》渭水段之"武城川"或"武阳川"之简称,如"街泉亭"简称"街亭""秦州城"简称"秦城"之类。武阳川是今甘肃武山洛门镇和武山县城之间的川道,自古是古驿道所在,是由秦州经渭州,去临州、兰州的必经之道。武城川即今武山县的山丹川,经此可通岷州等地。相较而言,武阳川是正道,而武城川是岔道,故刘元鼎所历之武川当正是武阳川。武川、广武梁、兰州位置确定,则可断定刘元鼎出使吐蕃之路必是陇坻道,所经之成纪和秦州为同一治地。依此,在长庆二年之前成纪治所就在今天水市城区,所谓秦州成纪。至于什么时候南迁的,资料缺乏,不好判断。这里,我们大胆地设想一下。唐代宗宝应二年河西、陇右完全沦陷吐蕃,其后的某一年吐蕃废秦州治所上邽为镇,于是迁成纪入郭作为秦州的首县。《太平寰宇记》"秦州条"有言:"元(原)领县五,今六,并四寨。成纪、陇城……上邽废为镇,伏羌为寨。"或据此将上邽废为镇的时间定在宪宗大中三年收复秦州之时,这是缺少依据的。本书"秦州条"还有一句莫名其妙的话"成纪原在旧州南一百里",估计"南"乃"北"之讹,应是"成纪原在旧州北一百里"才符合实情。

做了上述论证之后,我们再补充几条五代十国时候的资料以为旁证。五代王仁裕,乃关陇著名文人,先后在前蜀、后唐等朝廷任职,先后任前蜀秦州节度判官9年、后唐秦州节度判官3年,入仕之前长期在秦州生活,对秦陇掌故非常熟悉。其笔记体著作《王氏见闻录》《玉堂闲话》多记秦州故事,从字里行间都可以看出来——五代时的秦州就在魏晋时的原址即今天水市城区,而非秦安"成纪之敬亲川"。试举几例。

(1)《太平广记》卷134《玉堂闲话》"刘自然"条说:

> 唐天祐中,秦州有刘自然者,主管义军案,因连帅李继崇点乡兵捍蜀。成纪县百姓黄知感者,妻有美发,自然欲之,谓知感曰:"能致妻发,即免是行。"知感之妻曰:"我以弱质托于君,发有再生,人死永诀矣。君若南征不返,我有美发何为焉!"言讫,揽发剪之。知感深怀痛愍,既迫于差点,遂献于刘。

简单分析,主管义军案的刘自然是官,其办公地点是秦州的衙门里头,而能闻成纪县百姓黄知感的妻子有美发,最起码秦州和成纪在一地,黄知感能和刘自然对话并献美发于刘自然,说明黄知感就是城民。综合可得,秦州时治成纪县。

(2)《太平广记》卷140引《玉堂闲话》"秦城芭蕉"条说:

> 天水之地,迩于边陲,土寒,不产芭蕉。戎帅使人于兴元求之,植二本于亭台间……秦人不识,远近士女来看者,填咽衢路……盖剑外节气,先布于秦城。

盖知秦州城即秦州可简称秦城，五代之时秦州又可俗称为天水，而魏晋以来天水之名可是从未迁移的。

（3）《竹庄诗话》卷21引《玉堂闲话》"隗嚣宫"说：

> 秦州城北绝顶之上有隗嚣宫，宫颇宏敞壮丽，今为寿山寺。寺有三门，门限琢青石为之，莹彻如琉璃色。余尝待月纳凉，夕处朝游，不离于是。[22]

隗嚣官的位置本节引许棠诗时已说清楚就在今天水市城区北山，遗址尚存，时有建筑构件出土。王仁裕"余尝待月纳凉，夕处朝游，不离于是"，谁还能将秦州治臆断在今秦安"成纪之敬亲川"！秦州定，则和秦州同处一城的成纪五代时就在今天水市城区无疑。又，《玉堂闲话》"道流"条提及"秦州西升观"，所谓"西升观"即纪念传说老子出关西游、成仙飞升而为之，地在今天水秦州区西南，明清名太霄观，其地有升仙台之谓，世传老子于此升仙，乾隆《直隶秦州新志·山川》有载，亦可为一证。又，《玉堂闲话》"老蛛"条有"秦岳之麓有岱岳观，楼殿咸古制，年代寝远"。语，"秦岳之麓"即"秦州城山麓"，岱岳观即泰山庙。秦州古有泰山庙即东岳庙，乾隆《直隶秦州新志》言："东岳庙，在城北凤山之首，山下有行宫。又一在北五十里凤凰山。"今存，就在今天水城之北山麓，也可为一证。

（4）《太平广记》卷241引《王氏见闻录》"王承休"条记载一则和秦州、成纪有关，荒唐且很有娱乐性的故事。说蜀后主王衍宠臣宦官王承休觊觎秦州节度使官位，便揣摩好色之徒王衍心事："愿与陛下于秦州采掇美丽。且说秦州之风土，多出国色，仍请幸天水。"这话说到了王衍的心坎上，王承休如愿以偿被任命为秦州节度使。于是检选美女，教以歌舞伎乐，并图画倩影以急递方式传至蜀都。王衍看到美女艳画，心花怒放，选定十月三日幸秦州。时当后唐庄宗同光三年，前蜀乾德七年，即925年。成行之日，前秦州节度判官蒲禹卿叩马泣血极谏，意在阻止，有言"……臣窃闻陛下欲出成都，往巡边垒。且天水地远，峻恶难行，险栈敧云，危峰插汉……陇水声悲，胡笛韵咽。营中止带甲之士，城上宿枕戈之人……麦积崖无可瞻恋，米谷峡何亚连知……"后主竟不从之，按原计划北巡秦州，一路上君臣唱和，好不快活。时为中书舍人的王仁裕有诗曰："前程问成纪，此去尚三千。"王衍自制诗有云："想到隗宫寻胜处，正应莺语暮春天。"行至利州（今四川广元市境），后唐大军已入蜀境，王衍狼狈逃至成都，不久便成了阶下囚。王承休弃秦州奔回成都，求降不得被杀。简言之，蜀主王衍向往秦州采掇美丽，于是有秦州之行。蒲禹卿谏言中的"麦积崖"即麦积山石窟和米谷峡（"米"疑"来"之讹，秦州城下的藉以河又有"来谷河"之称）及王衍诗中的"隗宫"即隗嚣宫乃秦州之地名或景色,麦积山石窟就在今天水市东南 45 千米处,可证秦州在天水市城区无疑。王仁裕诗以目的地为"成纪",可证成纪即秦州治所无疑。顺便摆一条考古性质证据。王承休有妻严氏妖艳绝伦,王衍与之私通,王承休大富大贵,和严氏有相当关系。王承休赴秦州刺史任,严氏随行,因此《资治通鉴》卷 273 后唐庄宗同光三年条提到王衍执意北巡秦州时言:"王承休妻严氏美,蜀主私焉,故锐意欲行。"一心想到遥远的秦州看望老情人。巧得很!1941 年王衍老情人严氏妆镜即现世天水。陇上著名学者天水冯国瑞先生作《前蜀严氏妆镜歌》咏之,诗有云:"……千年古镜出天水,青铜剥落余脂香……山城何处行宫是,法物还凭野史传。秦州谣散芭蕉谢,一例妖红湿杜鹃。"[23]冯先生并有词《眉妩·题天水所获前蜀严氏妆镜,同成都刘子健作》,天水诗人汪青(剑平)先生亦有《前蜀严氏妆镜歌序》记其始末。这一条考古性证据即能确证五代时之秦州治所就在今天水市城区。王衍净臣蒲禹卿极谏,意欲阻止王衍秦州游乐,故刻意将秦州描绘成蛮荒之地,和穷乡僻壤等同。实际上秦州为交通要冲,殷阜之区,山川风物秀丽,有陇上江南之称,自古就是出美女的地方,谚有云,"秦安的褐子,清水的麻,天水出白娃娃""武山的大米,兰州的瓜,天水出的白娃娃""武山的大米,清水的麻,天水出的白娃娃"。"白娃娃"肌色上好之美女之谓也。这可作为五代时之秦治所就在今天水城区的民俗证据,王承休所言"且说秦州风土,多出国色"是有根据的。

有晚唐许棠的诗及相关资料为主证,我们可确认,根本不存在《新唐书·地理志》秦州"大中三年复徙治成纪"的故实,秦州于天宝元年还治上邽之后有唐一代就再没迁徙过。有王仁裕的文及相关资料为旁证,我们可确认,五代十国之时秦州治所依旧未动,其和唐天宝后南移附郭的成纪县同在今天水市城区。或误认为吐蕃占领陇右之后大肆毁坏城池,以牧易农,实际上吐蕃在陇右推行吐蕃化政策是实,军政首领由吐蕃人担任且名称有变化,但州县还是存在的,如《太平广记》引《玉堂闲话》"石从义"条有"秦州都押衙石从义家,有犬生数子。"都押衙即是吐蕃职官。估计《新唐书·地理志》"大中三中复徙治成纪"上下脱文,本要说的是成纪徙秦州,结果成了秦州徙成纪。道光《秦安县志·建置》即认为大中收复,徙成纪倚州。其实,我们已通过刘元鼎出使吐蕃事证在大中收复之前就徙成纪州了。要之,这和上邽废为镇徙清水县(今清水县上邽乡)有关,置此不论。

五、小结

综上,成纪自汉建县,前后四迁至今甘肃天水市城区,进程为:今静宁治平川迁至仁大川是第一迁,俱在成纪水河谷,时在东汉以后;西魏废成纪县;北周在今秦安之安伏川重置成纪,此是第二迁;唐开元二十二年因大地震成纪再迁显亲川之金城里,即今秦安县叶堡乡金城村,此是第三迁;天宝之后的某年盖吐蕃统治之时再南迁至今天水市城区,为秦州治,此是第四迁。第四迁之后,相对稳定,宋元因之。明洪武二年(1369 年),省成纪入州。《明史·地理志》秦州条说:"秦州,元属巩昌总帅府。洪武二年属府,省州治成纪县入州。"成纪县废,衙门改制为城隍庙,祀汉刘邦将军纪信,至今巍然坐落在天水市区。乾隆《直隶秦州新志·山川》说"成纪废县,州治西五十步,即今城隍庙处。"者是。

至于秦州治,唐开元二十二年缘地震北迁成纪显亲川金城里新城,成纪县同时南迁至新城,即今秦安叶堡乡金城村,9 年之后的天宝元年迁回原治地上邽即今天水市城区,从此固定未动。民国二年(1913 年),推行省县二级制,撤秦州设天水县。因秦州治所晋之后长期在今天水市区,人们往往依旧雅称天水为秦州,今天水市人民政府所在地名秦州区,以"秦州"命名的商铺、宾馆、饭店等更是随处可见。

有关成纪南迁,秦州北迁的文章也颇有一些,本文为了能尽量简短一些,未列其观点,有些你说你的,我说我的的味道。但我觉得,我们有充足的证据证明唐代天宝元年秦州迁回原治之后原地未动,成纪最起码在晚唐之前已迁到秦州城之后,再就没必要征引那些将成纪迁秦州时间定在北宋,而考定是太平兴国年间抑或元丰年间之类的文章了,也没必要证引将秦州迁回原治地定在北宋初的文章了。没有必要将误入歧途的文章批上一通再摆自己的观点,毕竟建设要比破坏好。

参考文献

[1]张维. 陇右方志录[M]. 北京:大北印书局,1934:56.

[2]黄廷钰,魏柏树,康熙. 静宁州志[M]. 兰州:兰州大学出版社,1996:17 - 18,20.

[3]王烜续,魏柏树,乾隆. 静宁州志[M]. 兰州:兰州大学出版社,1996:365.

[4]杨守敬. 水经注疏:中[M]. 南京:江苏古籍出版社,1989:1482.

[5]谭其骧. 中国历史地理图集(第五册)"东晋十六国·南北朝时期"[M]. 北京:中国地图出版社,1982.

[6]史为乐. 中国历史地名大辞典:上[M]. 北京:中国社会科学出版社,2005:961.

[7]陈守忠. 宋史论略[M]. 兰州:甘肃文化出版社,2001:109.

[8]杨守敬. 水经注疏:中[M]. 南京:江苏古籍出版社,1989:1483.

[9]杨铎弼. 成纪故城[M]//魏柏树. 根在成纪. 兰州:甘肃人民美术出版社,2004:13.

[10]祝世林. 陇山重要古道综述[M]//平凉古代史考述,平凉:内部铅印本,1997:329.

[11]西北师范大学古籍整理研究所. 甘肃古迹名胜词典[M]. 兰州:甘肃教育出版社,1992:150 - 151.

[12]贺次君辑校.括地志辑校[M].北京:中华书局,1980:220.

[13][14]张衍田辑校.史记正义佚文辑校[M].北京:北京大学出版社,1983:43.

[15]马志荣.成纪县·古成纪·伏羲小考[J].甘肃联合大学学报,2006(4);王文杰.汉成纪县治考[J].甘肃联合大学学报,2008(3).

[16]秦安县志编纂委员会.秦安县志:上[M].兰州:甘肃人民出版社,2001:109.

[17]天水地区地震办公室.天水地震史料汇编[M].,天水:内部铅印本,1982:42.

[18]严耕望.唐代交通图考(二)[M].中央研究院历史语言研究所专刊之八十三,1985:360.

[19]谭其骧.中国历史地理图集:第六册[M].北京:中国地图出版社,1982.

[20]陈贻焮,等.增订注释全唐诗[M].北京:文化艺术出版社,2001:379-402.

[21]刘元鼎.使吐蕃经见纪略[M]//董诰,等.全唐文:第716卷.北京:中华书局,1983:7360.

[22]蒲向明.玉堂闲话评注[M].北京:中国社会出版社,2007:331.

[23]冯国瑞.绛华楼诗集[M].天水:内部铅印本,2000:142.

(本文发表于《敦煌学辑刊》2009年第3期)

杜甫秦州诗题咏的丝绸之路说解

刘雁翔[*]

据《元和郡县志》，唐代的秦州辖上邽、伏羌、陇城、清水、成纪五县，州治上邽。[1]和现行政区划对照，其辖区大致和今甘肃天水市相当，为有唐一代陇右大都会，人口稠密，经济发达。史念海先生《唐代通西域道路的渊源及其途中的都会》对此有透彻的论述：

> 经过大震关至鄯州的通西域道路上的都会，要数秦州和凤翔府，这一州一府分列陇山东西，都相当繁荣，都各有其独特之处。
>
> 秦州于天宝年间有户两万四千余，不仅超过了凉州，更远非鄯州可比，应该是陇右道中的第一大州。[2]

说到底，秦州的"大"、秦州的"相当繁荣"都是由交通位置即其在丝绸之路上的位置决定的。唐肃宗乾元二年（759年）秋天，杜甫辞去华州司功参军之职，西行逾陇，流寓秦州。吟咏所及，登临抒怀、咏物思人之外，尚多有描绘山川地貌、民情风俗的诗句，如刘克庄《后村诗话》称颂《秦州杂诗二十首》言："山川城郭之异，土地风气所宜，开卷一览，尽在是矣。"[3]催生秦州成为大都市的丝绸之路当然更是他题咏的对象。严耕望《唐代交通图考》第二卷《河陇碛西区》说："杜翁秦州诸诗屡次涉及使驿，盖秦州为西北通安西、北庭，西通河、鄯，西南通岷、洮、松之总枢纽，故使臣驿骑繁忙也。"[4]而历代注家对杜诗涉及的驿使和丝绸之路（驿道）的注解，或专注训诂，无关痛痒；或引经据典，离题万里。所以非常有必要予以廓清，以还原杜诗题咏的"深意"，以充分理解杜诗的"诗史"韵味，以领略丝绸之路的风情。

---

* 作者简介：刘雁翔，1964年生，男，甘肃武山人，天水师范学院历史文化学院教授，历史学学士，主要从事地域文化和中国古代史研究。

一、"驿道出流沙"和"万里流沙道"

杜甫《秦州杂诗》之三有句："州图领同谷,驿道出流沙。"秦州诗《东楼》有句："万里流沙道,西行过此门。"所谓"驿道出流沙"即驿道通于流沙,和"万里流沙道"一样都是指由长安东来,越陇山,过秦州,再通往西域的丝绸之路。

北宋杜诗注,如《王状元集百家注编年杜陵诗史》、郭知达《九家集注杜诗》等以"流沙,地名"或"西域地名"注之,[5]黄希、黄鹤《黄氏补千家集注杜工部诗史》注为"流沙,即书所谓西被于流沙也"。[6]蔡梦弼《杜工部草堂诗笺》注为"后汉志,居延泽,古流沙,献帝立为西海郡"。[7]以流沙为地名或西域地名在大方向上没错,但到底是何地名,不清楚。说明"王状元"注、郭知达注对"流沙"所指终究不清楚。《尚书·禹贡》有句:"东渐于海,西被流沙,朔、南暨声教,讫于四海。"此即黄氏注所言"流沙,即书所谓西被于流沙也"的依据,实际上《尚书》是言九州西部的疆域覆盖流沙荒漠之地,属于模糊语。《尚书·禹贡》又有句"导弱水,至于合黎,余波入于流沙"。这样古人就有了一种固定认识——弱水所入之地唤作流沙无疑,于是《汉书·地理志》张掖郡条有言"居延,居延泽在东北,古文以为流沙"。此即蔡梦弼注"后汉志,居延泽,古流沙,献帝立为西海郡"的依据。其逻辑是既然弱水余波入于流沙,而居延泽正是弱水注入泽,必是流沙无疑。实际上弱水"余波入于流沙"是说弱水没于荒漠之中,和杜诗的"流沙"是无任何关联的。到了明代,钱兼益独辟蹊径,以史证诗,其《钱注杜诗》引《唐六典》为"驿道出流沙"注,曰:"六典,陇右道东接秦州,西逾流沙。注曰,流沙在沙州北,连延数千里。"[8]此后清代的杜诗注随声附和,尽皆援引之,而个别字词省略,如朱鹤龄《杜工部诗集辑注》注为:"唐六典,陇右道东接秦州,西逾流沙。流沙在沙州北,连延数千里。"[9]推其源,钱注语出《唐六典·尚书户部》,[10]钱兼益援引不错,不过,应作"六曰陇右道……东接秦州,西逾流沙。"才算忠实原文。朱鹤龄注将《唐六典》的自注混同于原文就不太地道了。

今人作注,以为旧注事出史籍,因循转引。其实,"东接秦州,西逾流沙"是描述陇右道幅员辽阔而言的,并非专指交通。《唐六典》的自注"流沙在沙州北,连延数千里"道出了实情,可惜未有人追根问底,弄明白"在沙州北,连延数千里"的流沙到底是何地。按诗意,"驿道出流沙"意在极言沟通西域驿道之漫长,是说驿道都通往流沙、经过流沙了。至于"万里流沙道",宋以来旧注多以为乃通吐蕃之道或吐蕃所居之地,不确!当然此道经由临州(今甘肃临洮)或兰州(今甘肃兰州)可达吐蕃据有的河湟地区,但这是岔道,诗意旨在歌咏连通西域的丝绸之路主干道。杜甫《高都护骢马行》有句:"功成惠养随所致,飘飘远自流沙至。"[11]是言安西都护高仙芝威震西域,功成名就,朝廷招致还长安修养。而高"飘飘远自流沙至"所行正是"万里流沙道",只不过是由西向东罢了。总之,"驿道出流沙""万里流沙道"是同一条道——过秦州、通往西域的丝绸之路的大道。这从另外一些咏及西域的唐诗中也可以清楚地看出来。如:来济《出玉关》之"今日流沙外,垂涕念生还"、刘言史《病僧二首》之"竺国乡程算不回,病中衣锡遍浮埃。如今汉地诸经本,自过流沙远背来"、高适《送裴别将之安西》之"地出流沙外,天长甲子西"、处默《送僧游西域》之"一盂兼一锡,只此度流沙"、周存《西戎献马》之"影别流沙路,嘶流上苑风";再如杜甫《送从弟亚赴安西判官》之"坐看清流沙,所以子奉使"、《八哀诗·赠司空王公思礼》之"服事哥舒翰,意无流沙碛"等。可见无论是西域求法的僧人,还是西域任职的官吏或由西域而来的贡物都是要经流沙道来往。至于《东楼》所咏"万里流沙道"何而"西行过此门",《杜诗详注》言:"(东)楼当驿道,故征西者皆过此门。"[12]其说甚是。秦州城处藉河河谷,川道狭窄,受这种特殊地形的影响,秦州城从来都是呈东西长扁的矩形状,而贯穿全城的主街也就正对东西城门,直到清朝还是这种格局。所以,西行之人当然是要东门进而西门出了。

在论定了杜诗"驿道"和"流沙道"就是汉代以来连同中土和西域的丝绸之路主干道之后,接下来我们在依据相关资料对长安至安西间的重要城市和名关险隘做一列举:长安→凤翔(今陕西凤翔)→陇州(今陕西陇县)→陇山→大震关→秦州→渭州(今甘肃陇西)→高城岭→临州(今甘肃临洮)→兰州→金城关→凉州(今甘肃武威)→甘州(今甘肃张掖)→肃州(今甘肃酒泉)→瓜州(今甘肃瓜州)→沙州(今甘肃敦煌)→玉门关→莫贺延碛→伊州(今新疆哈密)→大患鬼魅碛→西州(今新疆吐鲁番)→交河(吐鲁番西,一度为安西都护府所在地,由交河向北可达北庭都护府所在地庭州)→铁门关(新疆库尔勒)→龟兹(新疆库车县,唐北庭都护府所在地)。如严耕望先生言:"此驿道由安西都护府东经凉州,至长安,虽甘州以西多行沙碛,乏水草,多风险,然行旅不绝,商业交通甚盛,不但为唐室控制西域中亚之大孔道,亦为国际贸易、文化交流之大动脉。"[13]唐玄奘西行求法,岑参西行安西都护府供职走的就是此道。兹摘录《大慈恩寺三藏法师传》片段以领略杜诗所咏"万里流沙道"的悠长与艰险,并判定"流沙"确指之地。

贞观三年秋八月……时年二十六也。时有秦州僧孝达在京学涅槃经,功毕还乡,遂与俱去。至秦州,停一宿,逢兰州伴,又随去至兰州。一宿,遇凉州人送官马归,又随去至彼。停月余日……凉州为河西都会,襟带西蕃,葱右诸国,商侣往来,无有停绝……时李大亮为凉州都督,既奉严敕,防禁特切……乃昼伏夜行遂至瓜州……法师因访西路。或有报云:从此北行五十余里有瓠芦河,下广上狭,洄波甚急,深不可渡。上置玉门关,路必由之,即西境之襟喉也。关外西北又有五烽,候望者居之,各相去百里,中无水草。五烽之外即莫贺延碛,伊吾国境。闻之愁愦,所乘之马又死不知计出,沉默经月余……自是孑然孤游沙漠矣,唯望骨聚马粪等渐进……从是已去,即莫贺延碛,长八百余里,古曰沙河,上无飞鸟,下无走兽,复无水草。……自念我先发愿,若不至天竺,终不东归一步,今何故来?宁可就西而死,岂归东而生。于是旋辔,专念观音,西北而进。是时四顾茫然,人鸟俱绝。夜则妖魑举火,烂若繁星;昼则惊风拥沙,散如时雨。虽遇如是,心无所惧,但苦水尽,渴不能前。是时四夜五日无一滴沾喉,口腹干燋,几将殒绝,不复能进,遂卧沙中默念观音,虽困不舍。……至第五夜半忽有凉风触身,冷快如沐寒水。遂得目明,马亦能起。体既苏息,得少睡眠。即于睡中梦一大神长数丈,执戟麾曰:"何不强行,而更卧也。"法师惊寤进发,行可十里,马忽异路,制之不回。经数里,忽见青草数亩,下马恣食。去草十步欲回转,又到一池,水甘澄镜澈,下而就饮,身命重全,人马俱得苏息……即就草池一日停息,后日盛水,取草进发,更经两日,方出流沙到伊吾矣。[14]

由此可知玄奘离京西行,有秦州僧人孝达陪伴,且在丝绸之路重镇秦州住过一宿。由此也可知,杜诗"驿道出流沙"和"万里流沙道"所咏的"流沙"正是玉门关和伊吾即伊州之间的大沙碛莫贺延碛即今之哈顺戈壁。是为"西域"的起点,又是大沙碛,正好可代表通西域道路之艰险,于是唐代诗文涉及西域道路,动辄有"流沙"字样。天宝十三载(754年),岑参赴北庭都护府度莫贺延碛,对此流沙道有切身体会,其《日没贺延碛作》云:"沙上见日出,沙上见日没。悔向万里来,功名是何物。"[15]

二、"从天此路回"

《秦州杂诗》之八有句:"闻道寻源使,从天此路回。牵牛去几许,宛马至今来。"诗句所咏依旧是秦州驿道即过往秦州的丝绸之路,不言秦州而秦州自在诗内。下面我们依次对此四句诗做一说解,以探究"从天此路回"之"路"所指者何。

先说寻源使。张骞第一次出使西域,备极艰辛,北道出使,南道而回,两遭匈奴扣留,13年后方才还朝(公元前139—前126年)。虽因大夏安于现状未完成"断匈奴右臂"的使命,但带回诸多有关西域的信息,大大扩展了汉王朝的地理视野。其最引人注目的是认定和田河上游是黄河之源,如《史记·大宛列传》言:"于阗之西,则水皆西流,注西海;其东水东流,注盐泽。盐泽潜行地下,其南则河源出焉。多玉石,河注中国。"这是轰动一时的大新闻,后人便将出使西域的使者称寻源使。对于这件事情的原委,陈桥驿先生《水经注记载的异地同名》有详尽解说:

> 昆仑山从一座神话中的山岳成为一座实有的山岳,为时在公元一二六年以后的汉武帝时代。根据《大宛列传》所记:"汉使穷河源,河源出于阗,其山多玉石,采来,天子案古图书,名河所出山曰昆仑山云。"这里所说的汉使是张骞,天子当然指汉武帝。这里所谓河源,实际上就是现在塔里木河支流之一和田河的上源。至于这个错误是由张骞造成的,抑或当时当地确有这样的传说,那就不得而知。但总是张骞把这个错误传出来的。而汉武帝对照古图书,就这样把今和田河源所出的山岳名为昆仑山。至于当时所案的是些什么图书,司马迁是了解事情始末的。他说:"今自张骞使大夏之后也,穷河源,恶睹本纪所谓昆仑山者乎? 故言九州山川,《尚书》近之矣,至《禹本纪》《山海经》所有怪物余不敢言之也。"……这实际上就是清末李慈铭所说的:"自《山海经》有河出昆仑一语,于是张骞凿空而汉武求之于阗葱岭矣。"[16]

"从天此路回"之"天"可以理解为天上,也可理解为天际或天涯。在古人的观念中,河源是通天的,具体的说就是连通天河的,至少唐代以前有一种观念是这样。李白《将进酒》有云:"君不见黄河之水天上来,奔流到海不复回。"刘禹锡《浪陶沙》云:"九曲黄河万里沙,浪陶风簸自天涯。如今直上银河去,同到牵牛织女家。"是说九曲黄河自天而来,如逆流而上,就能通达天河,拜访善良勤劳的牵牛织女一家。既然认定河源通天,那么寻源之人一定到了天上,自然从天而来的。总之,"闻道寻源使,从天此路回"两句是说:听说想当年出使西域的使者完成寻源使命之后,从遥远的天际回来就是经过此路再到长安的。

再说"牵牛去几许,宛马至今来"句。诸解沿用宋人旧说,公认"牵牛"典出西晋张华《博物志》所载乘槎泛海上天的传说故事。《博物志》早佚,于这段故事,诸注家所引字句亦不尽相同,这里采用《全唐诗典故词典》转引如下:"旧说天河与海通,近世有人居海上者,年年八月有浮槎去来,不失期。人有奇志,立飞阁于查上,多赍粮,乘槎而去。十余日中,犹观星月日辰,自后茫茫忽忽,亦不觉昼夜。去十余日,奄至一处,有城郭,屋舍甚严。遥望宫中多织妇,见一丈夫牵牛渚次饮之,乃惊问曰：'何由至此？'此人具说来意，并问此是何处。答曰：'君还至蜀郡访严君平则知之。'竟不上岸，因还如期。后至蜀，问君平曰：'某年月日，有客星犯牵牛宿。'计年月，正是此人到天河时也。"[17]固然，这则离奇的故事中有"牵牛"字样，但直接借此以释"牵牛去几许"未免牵强。杜甫将"牵牛"和"宛马"对举，和张骞挂上钩，完全是因为此故事在流传过成中，那个原本无名无姓的乘槎探险者不知不觉被换成了张骞，无名英雄成了有名英雄。据学者研究，今人可见张骞乘槎寻河源的故事最早的版本源自南朝萧梁之宗懔《荆楚岁时记》。[18]同时代的诗人庾肩吾、庾信父子也有相关的诗作。庾肩吾《奉使江州舟中七夕诗》有云："九江逢七夕，初弦值早秋。天河来映水，织女欲攀舟。汉使俱为客，星槎共逐流。莫言相送浦，不及穿针楼。"[19]庾信《七夕》有云："牵牛遥映水，织女正登车。星桥通汉使，机石逐仙槎。隔河相望近，经秋离别赊。愁将今夕恨，复着明年花。"[20]诗中有"牵牛""织女"，也有"汉使"即寻源使，也就是张骞。可证在南朝萧梁之前，张骞乘槎寻访河源直达天河、与牵牛（牛郎）织女会面故事已完全形成。既如此，"牵牛去几许，宛马至今来"就好理解了。原来"寻源使""从天""牵牛""宛马"所言皆是一人一事，即张骞通西域、寻河源。诗人的逻辑是，秦州驿道连通张骞出使的西域，而远在西域河源连通天河，则很自然就由寻源使而联想到天，由天联想天河，而天河又联想到牵牛织女之故事。至于"牵牛去几许？"的设问，句型和《古诗十九首·迢迢牵牛星》"河汉清且浅，相去复几许"相类，是说家住天河的牵牛抬头即见，但时间上、空间上都距我们非常遥远；按字面理解，是说牵牛到底距我们有多远啊。而"宛马至今来"是说异域的佳品如西域大宛国的良马"宛马"等物依然源源不断地通过"此路"（秦州驿道）输入中土。汉武帝太初四年（公元前107年）得大宛国汗血马，武帝名之曰天马，作《天马歌》有云："天马徕，从西极，涉流沙，九夷服。"[21]"涉流沙"正是过秦州的"万里流沙道"。如果得其意而忘其形，则知诗人所要表达的意思是，牵牛距我们是那么遥远，梦幻飘渺，亦即张骞的寻源伟业已成为历史，而当世芸芸众生依旧受用西域涌来的奇珍异品。昔人已去，功业长存。

　　关于河源自何，既是地理问题，也是中华文化史的大课题，在此有必要稍微探究一下。《尚书·禹贡》称"导河积石，至于龙门"，是说黄河流经积石，河源并不具体。接下来就有了《山海经》的河出昆仑说，"又北三百二十里，曰敦薨之山……敦薨之水出焉，而西流注于泑泽。出于昆仑之东北隅，实惟河原"。其实"敦薨"就是"薨敦"指的还是"昆仑"，而昆仑也就是"混沌"。[22]由此可见河源昆仑之"昆仑"其隐喻意就是不清不楚、糊里糊涂，《山海经》等典籍的河源之地昆仑山是在《禹贡》"导河积石"基础上幻想的结果。张骞出使西域，带来了河源新说，汉武帝钦定他认为的河源之地和田河所出之山为昆仑山。到了东汉,《汉书·西域传》又在张骞倡导的河源之外,加上葱岭(帕米尔高原)河源。"西域……东则接汉,厄以玉门、阳关,西则限以葱岭。其南山,东出金城,与汉南山属焉。其河有两源:一出葱岭出,一出于阗。于阗在南山下,其河北流,与葱岭河合,东注蒲昌海。蒲昌海,一名盐泽者也,去玉门、阳关三百余里,广袤三四百里。其水亭居,冬夏不增减,皆以为潜行地下,南出于积石,为中国河云。"认为昆仑、葱岭二源合一,向东流注蒲昌海(罗布泊),而后南向潜流由积石山重新冒出。黄河伏流重源说确立,也为大家接受,如地理学名著《水经注》就因袭这一观点。[23]隋唐时期,中央王朝实力强劲,实际控制地域扩展。隋大业五年(609 年),隋炀帝亲征吐谷浑,所置新郡之一名河源郡(今青海兴海东南),表明当时已基本确认河源之地在今青海境内。唐贞观九年(635 年),太宗以李靖为西海道行军总管分道征讨吐谷浑,其中侯君集、李道宗一路"历破逻真谷,逾汉哭山,经途二千余里,行空虚之地。盛夏降霜,山多积雪,转战过星宿川,至于柏海,频与虏遇,皆大克获。北望积石山,观河源之所出焉"。[24]贞观十五年(641 年),文成公主入藏,吐蕃赞普松赞干布"率其部兵次柏海,亲迎于河源"。[25]星宿川即星宿海,地在今青海曲麻莱县麻多乡境内;柏海即今青海扎陵湖。上引两条资料足以说明唐人官方意识已抛弃了河源西域的伏流重源说,认定今青海星宿川为河源之地。长庆元年(821 年),大理寺卿刘元鼎出使吐蕃,有《使吐蕃经见纪略》,[26]以亲历见闻描述了河源山川风土,最终形成唐人的河源星宿川说。可以判定,在杜甫生活的盛唐时代,知识界、至少博雅君子理应知晓河源西域的伏流重源说乃是谬说,而以民间传奇故事形式流传的张骞乘槎寻河源说仍然有相当的市场,且比正宗的河源星宿川说更为人们喜闻乐见。敦煌莫高窟第 323 窟(初唐)即有张骞出使西域壁画,敦煌写本 P.3910《新合孝经皇帝感辞》插有一段咏张骞寻河源、遇西王母、间牛郎织女的辞曲;另,S.5547《前汉刘家太子传》也插有一段张骞奉使寻河源、西王母赠支儿石的故事;另,敦煌写本《古贤集》亦有歌咏张骞寻河的诗句,有云:"张骞奉使寻河路,王母乘龙戴宝华。叹念阎浮汉武帝,赍粮奉命度流沙。谁见牵牛别织女,唯闻海客镇乘槎。"[27]敦煌一隅尚且如此,可以想见张骞乘槎寻河源故事在唐代流传的广远。以诗证诗,《全唐诗》收有咏及张骞的诗作多首,其中就有张骞乘槎寻河源典故,如胡曾《咏史诗·黄河》之"博望沉埋不复旋,黄河依旧水茫然。沿流欲共牛郎语,只得灵槎送上天"、薛能《黄河》之"人间无博望,谁复到穷源"、廖融《梦仙谣》之"星稀犹倚虹桥立,拟就张骞搭汉槎"、唐彦谦《蒲津河亭》之"烟横博望乘槎水,日上文王避雨陵"、钱珝《江行无题一百首》之"难逢星汉使,乌鹊日乘槎"、韦庄《夏口行寄婺州诸弟》之"谁道我随张博望,悠悠空外泛仙槎"等。杜甫对张骞凿空西域、一使寻源的功业推崇备至,诗中多次为其大唱赞歌。如《寄岳州贾司马六丈、巴州严八使君两阁老五十韵》之"讨胡愁李广,奉使待张骞"、《赠王二十四侍御契四十韵》之"伏柱闻周史,乘槎有汉臣"、《秋日夔府咏怀奉寄郑监李宾客一百韵》之"途中非阮籍,查上似张骞"、《有感五首》之"乘槎断消息,无处觅张骞"、《秋兴八首》之"听猿实下三声泪,奉使虚随八月槎"等。杜甫乃"读书破万卷"的大师级诗人,对河源问题他没有就实而就虚,不采用河源星宿川正说,言之凿凿以张骞为乘槎寻河的主角,完全是诗情需要,诗作感染力需要。任何时候传说都要比史实更加生动。在诗人看来推高英雄人物并神化之是必须的。似乎只有神化张骞才能彻底突出其功业。宋元以降,人们对河源的认识进一步明确,明洪武十五年(1382年),宗泐和尚奉使西藏,途径河源地区,有《望河源》诗曰:"汉使穷河源,要领殊未得。遂令西戎子,千古笑中国。"[28]耻笑归耻笑,而张骞乘槎的故事依旧频频出现在各式各样的艺术形式之中,诗文戏曲之外尚用于瓷器、玉器、金银器等的装饰纹样,至而地名、人名也用此典故。张骞乘槎,一则雅俗共赏、耐人玩味的仙话。张骞寻河源、乘槎上天,会见西王母、牛郎织女一干仙人的故事情趣盎然,"闻道寻源使,从天此路回。牵牛去几许,宛马至今来"的诗句自然也是情趣盎然了。

三、"弱水应无地,阳关已近天"

除以上直接吟咏驿道的诗作之外,杜甫秦州诗还有一首间接咏驿道的诗作——《送人从军》:"弱水应无地,阳关已近天。今君渡沙碛,累月断人烟。好武宁论命,封侯不计年。马寒防失道,雪没锦鞍鞯。"诗题为"送人",但笔墨更多的是落在了从军道路之艰难上,而从军之路正好就是过往秦州的丝绸之路。杜甫流寓秦州的乾元二年(759年)正当吐蕃气焰嚣张之时,唐廷为应对危难局面,临时征兵发往西北要塞以加强防务,于是就有了"送人从军"的一幕。此诗有句涉及"路",此路又和我们说解过的"驿道出流沙""万里流沙道""从天此路回"的"路"有所不同,歌咏的对象当是出阳关西域境内的丝绸之路南道。试做说解。

关于"弱水应无地,阳关已近天"。弱水,《尚书·禹贡》有载,也是《禹贡》中唯一西流之水。据顾颉刚、刘起釪《尚书校释译论》:"综诸家考述,大抵获知弱水发源于今甘肃山丹县焉支山西麓,穷石之东,西北流至张掖,合来自祁连山之羌谷水后,亦称张掖河。继向西北流,经今高台县,过合黎山西南,亦称合黎水。经合黎峡口折而向北流,经酒泉东的金塔县东北,过巴丹吉林沙漠西部,即所谓'入于流沙',最后东北入于居延海。"[29]

　　无地，《杜诗镜铨》："应无地，谓当地尽处。"[30]即地之尽头。岑参《过碛》有云："为言地尽天还尽，行到安西更向西。"可佐证。《后汉书·西域传》大秦国条："或云其国西有弱水、流沙，近西王母所居处，几于日所入也。《汉书》云'从条支西行二百余日，近日所入'，则与今书异矣。"弱水在大秦西（古罗马国）当是谬说，但将"日所入"和弱水联系起来，也可说明弱水就在天边地尽头。在交通不发达的古代，中土之人看来，有流沙、弱水的西域当然是远在天边地尽头。阳关，"关名。在唐寿昌城西十里（一云六里）。东北距沙州城一百三十里。西汉武帝时置，为都尉治所，当敦煌通西域南路之要隘。晋及后魏置阳关县，北周废，唐置戍。今属敦煌县南湖乡古董滩。P. 5034 记其遗址东南二十步，南北二十七步，今已无存。因在玉关之南，号曰阳关（P. 5034）。S. 5448《敦煌录》认为即故玉门关，又云其关后移州东。"[31]《元和郡县志》说："阳关，在（沙州寿昌）县西六里，以居玉门关之南故曰阳关。本汉置也，谓之南道，西趋鄯善、莎车。"[32]近天，接近天边。又，岑参有诗"走马西来欲到天"。"已近天"和前一句"应无地"互为表里，同义，可解为"天边地尽头"，极言所戍之地之遥远，犹如"天涯海角"。

　　关于"今君渡沙碛，累月断人烟。好武宁论命，封侯不计年"。碛，沙漠砾漠之合称。《说文》："碛，水渚中有石者。"即浅水中的沙石。由此，沙碛本身就有流沙之意。唐代，由敦煌通往西域的道路，多经玉门关、阳关西行，而不论是西出玉门关，或是西出阳关，首先遇到的问题就是"渡沙碛"。而西出阳关之路是遵循汉代通西域的南道而行，可达石城（汉楼兰）于阗等地。度南道"沙碛"的情况可通过一些西游高僧的传记见其梗概。《高僧法显传》说："法显等五人随使出发，复与宝云等别敦煌。太守李浩供给度沙河。沙河中多有恶鬼热风，遇则皆死，无一全者。上无飞鸟，下无走兽。遍望极目，欲求度外，则莫知所以。唯以死人枯骨为标帜耳。行十七日计千五百里，得至鄯善国。"[33]《高僧传》卷三《译经》："（释智猛）出阳关，西入流沙。凌危履险，有过前传。遂历鄯善、龟兹、于阗诸国，备瞻风化。"[34]显然，此二高僧所走的正是西出阳关的丝绸之路南道，唐代依旧使用，所谓"流沙"正是"今君度沙碛"的"沙碛"。对此沙碛，《周书·异域》在记述鄯善国时捎带着有一段更详尽的描述："鄯善，古楼兰国也。东去长安五千里。所治城方一里。地多沙卤，少水草。北即白龙堆路。魏太武时，为沮渠安周所攻，其王西奔且末。西北有流沙数百里，夏日有热风，为行旅之患。风之欲至，唯老驼知之，即鸣而聚立，埋其口鼻于沙中。人每以为候，亦即将毡拥蔽鼻口。其风迅驶，斯须过尽。若不防者，必至危毙。""累月断人烟"有夸张的成分，但也是"沙碛"难度的真实反映。"封侯"句用班超投笔从戎、立功西域典故，还是和"路"有瓜葛。《后汉书·班超传》"（班超）投笔叹曰：'大丈夫当立功异域,以取封侯'"。

关于"马寒防失道,雪没锦鞍鞯"。西出阳关之道多险隘,春秋二季雪深,道路常常不通。诗之末尾两句说的就是这种情形。援引《沙洲地志》可证:"一道南路,从镇东去沙州一千五百里,其路由古阳关向沙州,多缘险隘,泉八所,皆有草。道险,不得夜行。春秋二时雪涤,道闭不通。"[35]引文中的"镇"指石城镇,为汉代楼兰国,隋置鄯善镇,唐高宗上元二年(675 年)置石城镇。资料所言是石城东入阳关之路,正乃"西出阳关无故人"的丝绸之路南路,只是叙述的基点不同罢了。将"阳关已近天"和"雪没锦鞍鞯"联系起来看,"读书破万卷"的诗人通晓西域地理,是实写从军之人"渡沙碛"之难。在秦州虽是秋天,而在西域,当"胡天八月即飞雪"之时,所以有"马寒防失道,雪没锦鞍鞯"的叮嘱。鞯,马鞍垫子。鞍鞯一词,重心在鞍上,指的还是马鞍子。甘肃天水方言的"笔砚"指的其实是笔,并非笔和砚,理一也。

杜甫的秦州诗不但咏及丝绸之路,同时咏及驿使的繁忙、咏及丝绸之路风情物产……在诗圣笔下丝绸之路多姿多彩,令人神往。如咏驿使者有句"城上胡笳奏,山边汉节归""稠迭多幽事,喧呼阅使星""羌童看渭水,使客向河源""传声看驿使,送节向河源"等;咏烽火者有句"警急烽常报,传闻檄屡飞""夕烽来不近,每日报平安……照秦通警急,过陇自艰难""烟火军中幕,牛羊岭上村""候火云峰峻,悬军幕井干""羌女轻烽燧,胡儿掣骆驼"等;咏丝路风情者有:"降卤兼千帐,居人有万家。马骄朱汗落,羌舞白题斜""羌女轻烽燧,胡儿掣骆驼""羌妇语还笑,胡儿行且歌""胡笳楼上发,一雁入高空"等;咏及丝路风物者有:"一县葡萄熟,秋山苜蓿多""南使宜天马,由来万匹强""塞柳行疏翠,山梨结小红"等。高尔泰《寻找家园·敦煌莫高窟》在追记丝路重镇敦煌的繁荣时说:"想当年异国商贾云集,周边羌胡来归,毡庐千帐,土屋万家,鸣驼骄马,绿酒红裙,繁荣真如一梦。"[36]由杜诗来看,以此比拟陇右的另一丝路重镇秦州也是恰如其分。天水市区南山石马坪遗存粟特人墓地,出土石棺床两具都可证唐代的秦州陇右国际性的大都会。

参考文献

[1]李吉甫. 元和郡县志[M]. 北京:中华书局,2005:980.

[2]史念海. 唐代通西域道路的渊源及其途中的都会[M]//唐代历史地理研究. 北京:中国社会科学出版社,1998:365 – 367.

[3]刘克庄. 后村诗话[M]//古典文学资料汇编·杜甫卷:上编. 北京:中华书局,2001:854.

[4]严耕望.唐代交通图考[M].上海:上海古籍出版社,2007:366.

[5]王状元百家注编年杜陵诗史:第9卷[M].扬州:广陵古籍刻印社,1981;郭知达.九家集注杜诗[M]//四库全书:第1068册.上海:上海古籍出版社,1987:359.

[6]黄希,黄鹤.黄氏补千家集注杜工部诗史[M]//四库全书:第1069册.上海:上海古籍出版社,1987:388.

[7]蔡梦弼.杜工部草堂诗笺[M]//丛书集成初编.北京:中华书局,1983:523-524.

[8]钱兼益.钱注杜诗[M].上海:上海古籍出版社,2009:342.

[9]朱鹤龄.杜工部诗集辑注[M].保定:河北大学出版社,2009年,216.

[10]李林甫.唐六典:卷3.尚书户部[M].北京:中华书局,1992:68.

[11]彭定求,等.全唐诗[M].北京:中华书局,1960.

[12]仇兆鳌.杜诗详注:第二册[M].北京:中华书局,1979:601.

[13]严耕望.唐代交通图考[M].上海:上海古籍出版社,2007:494-495.

[14]大慈恩寺三藏法师传[M]//杜斗城.陇右高僧录.兰州:兰州大学出版社,1993:265-271.

[15]陈铁民,侯忠义.岑参集校注[M].上海:上海古籍出版社,1979年,141.

[16]陈桥驿.水经注研究[M].天津:天津古籍出版社,1985:349.

[17]范之麟.全唐诗典故辞典[M].武汉:湖北辞书出版社,2001:592.

[18]郑阿财.敦煌文献中《张骞乘槎》故事之探讨[J].法商学报,1986(21);陶喻之.张骞乘槎故事源流考[J].民间文学论坛,1989(2);邓绍基.典实和传说:古代文学作品中的张骞[J].阴山学刊,1995(1).

[19]钦立.先秦汉魏晋南北朝诗:下[M].北京:中华书局,1998:1995.

[20]吴兆宜,等.玉台新咏笺注[M].北京:中华书局,1985:350.

[21]班固.汉书:卷22礼乐志[M].北京:中华书局,1962.

[22]叶舒宪,萧兵,郑在舒.山海经的文化寻踪[M].武汉:湖北人民出版社,892-904.

[23]陈桥驿.《水经注》记载的黄河[M]//郦学新论——水经注研究之三.太原:山西人民出版社,1992:189-190.

[24]刘昫,等.旧唐书:卷73侯君集传[M].北京:中华书局,1975.

[25]刘昫,等.旧唐书:卷207吐蕃上[M].北京:中华书局,1975.

[26]刘元鼎.使吐蕃经见纪略[M].//董诰,等.全唐文:卷716.北京:中华书局,1983:7360-7361.

[27]郑阿财.敦煌文献中《张骞乘槎》故事之探讨[J].法商学报,1986(21).

[28]胡阿祥,彭安玉.中国地理大发现[M].山东画报出版社,2004:121.

[29]顾颉刚,刘起釪.尚书校释译论[M].北京:中华书局,2005:741.

[30]杨伦.杜诗镜铨[M].上海:上海古籍出版社,1980:266.

[31]李正宇.敦煌大辞典[M].上海辞书出版社,1998:339.

[32]李吉甫.元和郡县志[M].北京:中华书局,2005:1027.

［33］杜斗城．陇右高僧录［M］．兰州:兰州大学出版社,1993:206.

［34］杜斗城．陇右高僧录［M］．兰州:兰州大学出版社,1993:220.

［35］郑炳林．敦煌地理文书汇辑校注［M］．兰州:甘肃教育出版社,1989:48.

［36］高尔泰．寻找家园［M］．广州:花城出版社,2004:180.

（本文发表于《敦煌学辑刊》2007 年第 3 期）

王仁裕《玉堂闲话·麦积山》注解

刘雁翔[*]

　　王仁裕，字德辇，生于晚唐僖宗广明元年（880 年），卒于后周世宗景德三年（956 年），享年 77 岁。《旧五代史》《新五代史》笼统地说他是"天水人也"，按"周故少师王公神道碑"和"王公墓志铭并序"，[①]准确的里籍应是秦州长道县汉阳里（今甘肃礼县石桥乡）人。此公先后在李茂贞岐及前蜀、后唐、后晋、后汉、后周等朝廷任职，做过秦州节度判官、翰林学士、谏议大夫、户部尚书、兵部尚书、太子少保等官，堪称宦海中的"游泳健将"。不过，无论如何他没有同时代的另一个做官高手——自号"长乐老"的冯道那样讨人厌恶，因为就本质而言，他还是一个厚道的文人。除了忙于做官之外，他还忙于写作，留有诗文数百卷。"著述之多，流传之广，近代以来，乐天而已。"乱世文章不值钱，写得多，留下来的并不多，现在能看得到的也就是：《全唐诗》卷 736 存诗一卷计 15 首，《开元天宝遗事》4 卷；另有《玉堂闲话》《王氏见闻录》的部分佚文散见于《太平广记》等古籍，计二百多条。我们要注解的出自《玉堂闲话》的"麦积山"即有幸借《太平广记》得以流传。文如是：

　　麦积山者，北跨清渭，南渐两当。五百里冈峦，麦积处其半。崛起一石块，高百万寻，望之团团，如民间积麦之状，故有此名。其青云之半，峭壁之间，镌石成佛，万龛千室。虽自人力，疑其鬼功。隋文帝分葬神尼舍利函于东阁之下。石室之中，有庾信铭记，刊于岩中。古记云："六国共修"。自平地积薪，至于岩巅，从上镌凿其龛室佛像。功毕，旋旋拆薪而下，然后梯空架险而上。其上有散花楼、七佛阁、金蹄银角犊儿。由西阁悬梯而上，其间千房万

---

* 作者简介：刘雁翔，1964 年生，男，甘肃武山人，天水师范学院历史文化学院教授，历史学学士，主要从事地域文化和中国古代史研究。

① 　周故少师王公神道碑：现置甘肃省礼县石桥乡斩龙村王仁裕墓前。碑带碑首通高 305 厘米，宽 114 厘米。1993 年被甘肃省人民的政府公布为省级文物保护单位。王公墓志铭：1983 年 5 月王仁裕墓地出土。边长 93 厘米。现存礼县博物馆。

屋。缘空躡虚,登之者不敢回顾。将及绝顶,有万菩萨堂,凿石而成,广若今之大殿。其雕梁画栱,绣栋云楣,并就石而成,万躯菩萨,列于一堂。自此室之上,更有一龛,谓之天堂。空中倚一独梯,攀缘而上。至此,则万中无一人敢登者。于此下顾,其群山皆如培塿。王仁裕时独能登之,仍题诗于天堂西壁上,曰:"躡尽悬空万仞梯,等闲身共白云齐。檐前下视群山小,堂上平分落日低。绝顶路危人少到,古岩松健鹤频栖。天边为要留名姓,拂石殷勤手自题。"时前唐末辛未年,登此留题,于今三十九载矣。①

这一段作者亲历、记述见闻的笔记体文字,生机勃勃,出神入化,以华美的笔调记录了麦积山石窟五代之前的诸多故实,成为认知麦积山石窟遥想当年辉煌的重要坐标,所以历来受到研究者的重视,在论述麦积山石窟历史和艺术的著述中无一例外都加以引用。杜甫《江南逢李龟年》诗云:"岐王宅里寻常见,崔九堂前几度闻。正是江南好风景,落花时节又逢君。"以此比拟学术界对《玉堂闲话·麦积山》的熟谙程度,非常恰切。但正应了一句成语所言,熟视无睹。用则用矣,引则引矣,但就现行的论著和资料看,对其中的一些内容多有误解,导致在判断隋舍利塔何在、刻庾信铭的七佛阁何在、天堂之洞何在等一些重大问题时出现偏差;再者,这段文字还有"错简"现象,也需要澄清。故本人不藏拙陋,以按层次条列,先注释、后解说的办法,对这一段文字重新料理之。

一、麦积山者,北跨清渭,[1]**南渐两当。**[2]**五百里冈峦,**[3]**麦积处其半。**

【注释】[1]跨:越也。清渭:即渭水。位于今麦积山之北 10 千米处。渭水的清浊与否完全是由上游植被的优劣决定的。隋唐时陇右大量牧马,森林草原保护较好,故渭水清澈可爱。杜甫《秦州杂诗》之二:"清渭无情极,愁时独向东。"之"清渭"就是纪实之词。秦陇一带森林大量砍伐是在北宋之后,②对此《宋史》和《续资治通鉴长编》多有记载。所以,五代之时王仁裕所见之渭水也应是清澈的,"清渭"理当是纪实之词。[2]渐:连结。两当:两当县,北魏置,治所在今甘肃两当县东三十五里杨家店。据《元和郡县志》,两当县"因县界两当水为名。或云,县西界有两山相当因取为名"。而据《方舆胜览》:"两当县东抵京师,西抵益州皆三

---

① 太平广记:卷 397 麦积山[M]. 北京:中华书局,1995:3181. 文原以"。"断点,为方便阅读,此改用标点符号重标,而断点一依原文。

② 北宋太祖建隆二年(961 年),秦州知州高防在秦州设采造务,采伐巨木。他的继任者温仲舒等积极响应,无休无止;加之开国功臣赵普等也参与其中,私下贩运,使秦州一带渭河两岸的原始森林在叮叮当当的斧声中化为乌有。

十六程,故曰两当。"西魏为两当郡治。隋属河池郡,唐属凤州。今之两当县县名仍旧,属甘肃省陇南市。[3]冈峦:指麦积山周围连绵起伏的山峦。

【解说】"五百里冈峦,麦积处其半。"所指绝非现在石窟所在的孤峰麦积山,和"北跨清渭,南渐两当"一语综合起来考虑,"麦积山"可能本来就有广义和狭义之分。狭义的麦积山即是麦积山石窟所在的山崖,而广义的麦积山当泛指今麦积山东南方圆数百里内峰嶂纵横、林海茫茫的一片地域。有趣的是,这一区域正好和今甘肃省小陇山林业实验局所辖小陇山林区范围相当。"小陇山林区"恰巧是"南渐两当"括有今陇南市的礼县、两当、徽县,"北跨清渭"包有关山林区,总面积达 1245 万亩。当然王仁裕是文学家,行文难免有虚夸的成分。考察有关麦积山文献资料,五代之前,石窟所在麦积山每每以"麦积崖"称之,举资料如下:

1. 北魏正始三年(506 年),秦州屠各胡王法智、秦州主薄吕苟儿(一说秦州民)造反攻逼郡县,"(李)焕仍令(石)长乐等由麦积崖赴援,属都督元丽至,遂共平之"。

2. 北魏正光五年(524 年),莫折大提、莫折念生父子据秦州发动起义,李苗上书言:"……今宜勒大将,深沟高垒,坚守勿战。别命偏师精兵数千,出麦积崖以袭其后,则汧之下,群妖自散。"

3. 北魏永熙三年(534 年),秦州刺史侯莫陈悦杀害行台贺拔岳,想起用原贺的部属周惠达,"惠达辞以疾,不见许,乃循入汉阳之麦积崖"。

4. 西魏大统六年(540 年),从子秦州刺史武都王戊在秦州修行的文帝皇后乙弗氏成为宫廷斗争的牺牲品,被敕令自尽,"凿麦积崖为龛而葬"。

5. 北周天和年间(566—572 年),陇右大都李允信为王父造七佛龛,文学家庾信作《秦州天水郡麦积崖佛龛铭》有云:"麦积崖者,乃陇坻之名山,河西之灵岳。"

6. 唐释道世《法苑珠林》有言:"秦州麦积崖佛殿下舍利,山神藏之。此寺周穆王所造,名曰灵安寺。"

为何从魏至唐称"麦积崖"而不称"麦积山",以理推之,麦积崖本是石窟即山寺的专称,而麦积山则是今麦积山周围群山的泛称。至王仁裕撰文的五代之后才"崖""山"合一了。①再举资料数条如下:

1. 第 5 号崖阁北宋石刻题记云:"熙宁八年三月二十四日,试校书郎赵瞻,自

---

① 925 年,蜀后主王衍计划欲北游秦州,前秦州节度使蒲禹卿竭力劝阻,表中有"……麦积崖无可瞻恋"等语,见《太平广记》卷 241《王承休》。可看出五代之时"麦积山"和"麦积崖"还是混用的。

秦州陇城寨薄权陇城县尉,来观麦积山石佛阁,因书。"又有元丰四年(1081年)陕西转运副使蒋之奇石刻题记云:"蒋之奇登麦积山,观悬崖置屋之处,知杜诗为不诬矣。"

2. 第4号崖阁南宋绍兴二十七年(1157年)石刻题记云:"麦积山胜迹,始建于(姚)秦,成于元魏。"

3.《方舆胜览》卷69"天水军"设"麦积山"条目,并释"瑞应院"说:"瑞应院,在麦积山,后秦姚兴凿山而修……"

4. 南宋嘉定十五年(1222年)所刻《四川置制使司给田公据》碑有云:"据天水麦积山瑞应寺住持赐紫明觉大师重遇状……"

5. 明崇祯十五年(1642年),立《麦积山常住地粮》碑。

6. 清乾隆二十九年(1764年),立《麦积山瑞应寺常住香火田地四至碑记》碑。由这些题记或碑碣可清楚地看出,自宋以后,已没有了广义的麦积山。究其原因,概麦积山周围在北宋之后垦辟日繁,麦积山周围以前没有名字的山峰或地方都拥有了名字,泛称也就没有了必要,麦积山瑞应寺就成了石窟的通行称谓。在中国古代往往有名山泛指的现象,如渭水的发源地,《禹贡》名山鸟鼠山即是,本来是一座山,但很长一段时间内,渭水和洮水之间由一列山脉组成的分水岭(高城岭)都称鸟鼠山,而现在鸟鼠山又缩变成了一座山,地在渭源西的禹河源。为提高知名度、发展经济计,甘肃省天水市将北道区改称麦积区,同时又有麦积山风景名胜区、麦积乡、麦积山植物园等冠以"麦积"的单位,这其实这又是"麦积"在新时代的泛称,目的就是要借麦积山之名而扬名。至于麦积山为何被用为泛称,其根源应该说和麦积山一带的地貌也有相当的关系,天水冯国瑞先生《天水麦积石窟介绍》一文有云:"麦积一词的来源,是因为秦岭正干森林区,起了许多突出的山峰,远远地看,像是农家丰收以后,在广场上堆起的麦积子一样。这些麦积子,不止一个,高低大小,有种种形态,可能是劳动人民给它起了麦积、豆积等名称,象征农民期望劳动成果的思想。"正因为"麦积"状的山不止一个,也就有了泛称的基础。不过,"山不在高,有仙则灵",不论秦岭一带有多少像"麦积子"的山,而有壮观石窟的"麦积子"只有一个——那就是今之麦积山。"麦积"之专称泛称均由是起。

二、崛起一石块,[1]高百万寻[2],望之团团[3],如民间积麦之状[4],故有此名。
【注释】[1]崛:《说文》:"山短高也。"这是用为高起、突起之意。一石块:意指山为一整石构成。据现代科学实测,麦积山山体由第三纪砂砾岩构成,在喜马拉雅运动中,地壳抬升,径流下切,风化剥蚀,形成奇特形貌。基岩裸露,呈现红色,夹有薄层砂岩及含泥砾岩,大体为水平层。[2]寻:长度单位,八尺为寻。"百万寻"乃文字家极度夸张之词,和李白的"白发三千丈"相类,没必要较真。据实测,麦积山海拔 1671.4 米,山高 142 米。[3]团团:圆圆貌。天水方言,圆圆个的。[4]积麦之状:就是麦垛子。在古代天水、陇面一带。有碾(打)冬场的习惯,夏季麦子收上场之后,反复晒干,然后圆形为基,搭成上大下小的垛子,状类天坛的祈年殿。等冬季农闲之后,再摊在场上打碾。这种习惯的形成,一是脱粒工具落后,工作不能急就;一是天水一带气候湿润(也是主因),夏季多暴雨,一旦塌场(即打碾被雨淋)损失惨重。石窟所在的山体天然造化,的确很像麦垛子,以"麦积"比拟,惟妙惟肖,其发明权,大抵属于经常参加生产劳动的农民。

【解说】"麦积"一词最早见于麦积山第 115 窟墨书张元伯开窟造像发愿文,"……麦积 □□□□□□ 蓄为菩萨造石窟一躯……"时在北魏孝武帝景明三年(502 年),此后在"北魏法生造像碑"及《魏书》《周书》等正史中屡见(见上文引),均以"麦积崖"称之。可以肯定,至迟在北魏之时,山即有"麦积"之名。不过,以理推之,其得名时间不限于北魏。小麦古称"来",是外来品种,商周时引入,秦汉以降北方种植日益广泛。天水陇南一带的河谷地带至迟在三国之时即大面积种植小麦。雍州刺史张既"从征张鲁,别从散关入讨叛氐,收其麦以给军食";魏明帝太和五年(231 年),诸葛亮二出祁山攻魏,"乃自帅众将芟上邽之麦"可证。种麦食麦为寻常之事,以麦喻物也就自在情理之中。以是观之,麦积山应在后秦开凿石窟之前即有"麦积"之名。

三、其青云之半[1],峭壁之间,镌石成佛,万龛千室。虽自人力,疑其鬼功。[2]

【注释】[1]青云:《史记》卷 79《范睢列传》:"须贾顿首言死罪,曰'贾不意君能自致于青云之上,贾……不敢复与天下事'。"之后多以青云喻高位,也有用以形容山峰高峻的,李白《梦游天姥吟留别》言梦登天姥"脚著谢公屐,身登青云梯"即是。这里"青云之半"是说青云在山之半,极言洞窟之高险。[2]鬼功:有些版本为"神功"。反正都是鬼斧神工之意。如清毕沅《麦积山》:"知是鬼神功,精微列丝缕。"清任其昌《登牛儿堂》:"得毋鬼神至,斤斧挥大匠。"表达的都是同一种感受——麦积奇观。

【解说】这是作者从山下仰观麦积山的直观感受。王仁裕之后,南宋《方舆胜览》卷 69"天水军"之"寺院"条有云:"瑞应院,在麦积山,后秦姚兴凿山而修,千崖万象,转为崖阁,乃秦川胜境。"和王文可相互参看。

四、隋文帝[1]分葬神尼舍利[2]函[3]于东阁[4]之下。

【注释】[1]隋文帝:名坚,隋朝开国皇帝,在位 24 年,年号为开皇计 20 年、仁寿记4年。[2]分葬:隋文帝是一名虔诚的佛教信徒,登位之后即大兴佛教,仁寿元年(601年)六月十三日,下诏遣高僧三十人分道携舍利分送指定各州,指令按官府设计图样起塔,并限时十月十五日午时同下入铜函石函。秦州静念寺,即麦积山佛寺有幸被朝廷列入起塔之所,于是得分舍利而葬之,"秦州静念寺立塔,定基已,瑞云再复,雪下草木开花。入函光照声赞。"神尼舍利:注意! 这是并列关系,不是神尼的舍利。传杨坚在登基之前,有神尼智仙者预言他终将成就帝业,在周武帝毁佛之后重兴佛法。即位之后,文帝"每以神尼为言云:我兴由佛,故于天下舍利塔内,各作神尼之像焉。"以是观之,文帝时供奉舍利一定要连带着供奉神尼像。[3]函:盛舍利的匣子。①[4]閤:通"阁""东閤"指东面崖阁,也就是我们现在说的东崖。

【解说】这句话说得很清楚,隋仁寿元年分葬于麦积山的舍利函是在"东閤"之下。但这一说法一直未受到重视,因为大家一致认定今麦积山巅的砖塔即隋塔之所在,而舍利自然是被葬在山巅了。冯国瑞《麦积山石窟志》"古塔"条说:"塔在麦积山巅,相传为阿育王八万四千宝塔之一。虽不可信,而据石刻,隋文皇仁寿元年再修岩窟,敕葬舍利,建此宝塔,赐静念寺。"(《法苑珠林》卷五十三:秦州静念寺立塔,定基已,瑞云再覆,雪下草木开华。入函光照声赞。又志灵瑞云:重得舍利,函变玛瑙。)则此塔最迟当为隋造。又,张锦绣《麦积山石窟志》山顶砖塔条说:"矗立于麦积山顶之上,周围林木簇拥,为隋文帝仁寿元年(601年)敕建的佛舍利塔。历经重修,现存砖塔为清乾隆八年(1743年)由圆慧和尚等重建。"是为继承了冯的看法,补充了一条"现状"资料。而冯所依据的"而据石刻"指的是《秦州雄武军陇城县第六保瑞应寺再葬舍利记》碑,此碑原嵌于牛儿堂崖间,左端残缺,现存麦积山文物库房,北宋靖康元年立。主要记载一些和塔及舍利有关的掌故,兹录和我们论题相关的部如分下:"……又至隋文帝仁寿元年,再□(开)龛窟,敕葬舍利,建此宝塔,赐净念寺。至大中二年,有先师迥觉大师,寻旧基圣迹,构精蓝。至乾德四年,一百二十年。及赐灵芝一十一本。其年二月,遍山花卉盛开。继至皇祐三年,一百二十八年。又元符元年讼火毁坏寺宇,于建中靖国元年,寺主僧智詗等再建宝塔。又崇宁□年,□顶产灵芝三十八本,丞□□(昨)同申州帅,坐

---

① 据王邵.舍利感应记.舍利出京之时"乃取金瓶、瑠璃瓶各三十,以瑠璃瓶盛金瓶,置舍利于其内。"在舍利送达指定的三十州之后,敕"三十州同刻十月十五日正午入于铜函石函,一时起塔。"就是说出京之时舍利以瑠璃瓶外、金瓶其内的形式盛装,到达目的地之后再转以铜函或石函盛装置舍利塔中。而各州的"感应"情形涉及舍利函的均言"石函"。又据《广弘明集》卷17《隋国立舍利塔诏》:"诸州僧民普为舍利设斋,限十月十五日午时同下入石函"。盖各州的舍利函都是石制的。

□山图进产芝,蒙恩改瑞应寺,免,奖谕。又至靖康元年,管勾僧……彻□台四周地面……请众僧及……。"细品这段材料,只能证明隋仁寿元年在麦积山寺院建塔,并不能证明隋塔就建在山顶。相反,从"至大中二年,有先师迴觉大师,寻旧基圣迹,构精蓝"一语,适可证明隋塔就在山下,因为如塔在山顶,以麦积孤峰而论,山巅范围相当狭小,塔基是一目了然的,完全没必要费力花功夫"寻旧迹圣迹"。再者,"又元符元年讼火毁坏寺宇"一语亦可证明隋塔就在山下,因为如其高高在山顶之上,"讼火毁坏"山下寺院就不会殃及大中二年在隋塔基上重建的新塔。也可能是为了避免再遭火灾,寺主僧智諴在建中靖国元年再建宝塔时将塔址选在了山顶。《四川制置使司给田公据》碑有言:"大隋赐净念寺,大唐敕应乾寺,圣朝大观元年于绝顶阿育王塔傍产芝草三十八本……"记事和上引"再葬舍利碑"年份有差异,而事系同一事,"绝顶"二字可证建中靖国元年之后所造宋塔的确是在山顶,"阿育王塔"是沿用旧称。至此,再引一隋一唐两段资料求证隋塔之所在。隋王劭《舍利感应记》说:"秦州于静念寺起塔。先是,寺僧梦群仙降集,以赤绳量地,铁橛钉记之,及定塔基,正当其所。再有瑞云来覆舍利。是时,十月雪下,而近寺草木悉皆开花。舍利将入函,神光远照,空内又有赞叹之声。"[1]"群仙降集""赤绳量地""铁橛钉记"这些词语已让人感觉到这是在山下的地上,而不是在山顶的石上。另外,从这段资料还可以看出,"静念寺"的名称在起塔之前就有,并非葬舍利时才赐给的。宋碑"建此宝塔,赐净念寺"的说法不确。又《法苑珠林》卷38《敬塔部》说:"今有名塔,如常所闻。无名藏者,随处亦有。如河西甘州郭中寺塔,下有大佛舍利。及河州灵岩寺佛殿下亦有舍利。秦州麦积崖佛殿下舍利,山神藏之。此寺周穆所造,名灵安寺。经四十年当有人出焉。"明言佛舍利就在麦积山下寺院的殿下。既然佛舍利在山脚下某处,即么藏舍利的塔必然在山下。至于隋塔建在何处,清任其昌《麦积山记》说"寺东稍平衍,出门即塔院"不知是否。总之,王仁裕"隋文帝分葬神尼舍利函于东阁之下"的说法虽有些含糊,但大方向是正确的。

接下来,还有一件和佛舍利有关的事情需要辨明。天水市南郭寺有一隋塔,世传为舍利塔。1920年大地震,塔致残,后被陇南镇守使孔繁锦指令拆除,而地宫尚存。据隋《庆舍利感应表》,隋文帝仁寿二年,正月二十三日,再次诏命天下五十三州建立佛舍利塔。在指定的五十三州中有秦州。因为上年麦积山静念寺已起

---

① 王邵的《舍利感应记》,《广弘明集》和《法苑珠林》俱录,而于"感应"部分《广弘明集》要详于《法苑珠林》,兹据前者摘引。见. 广弘明集:卷17 佛德编·舍利感应记[M]. 上海:上海古籍出版社,1991:221. 且作者名字也不一致,《广弘明集》作"王劭",而《法苑珠林》作"王邵",盖"劭""邵"相通之故。

塔,没有必要再建,所以南郭寺塔必是仁寿二年秦州再起的舍利塔无疑。因此"感应表"所列秦州"重得舍利,函变玛瑙"是指秦州南郭寺舍利塔而言的,和麦积山无涉。前引冯国瑞先生《麦积山石窟志》"古塔"将此条引为麦积山静念寺灵瑞,不确。

五、石室之中[1],有庾信铭记[2],刊于岩中。[3]

【注释】[1]石室:石窟。[2]庾信铭记:指庾信所撰《秦州天水郡麦积山佛龛铭并序》。[3]刊于岩中:刻在石室的岩壁上,即摩崖石刻。

【解说】庾信(513—581年)是南北朝时期的大文豪,本在梁为官,后出使西魏时羁留长安,仕西魏、北周,在隋文帝篡周的当年卒。此公是著作高手,又身居显位,故"群公碑志,多所请托"。李允信在陇右大都督任内为王父(即祖父)造七佛龛,请庾信作铭,于是就有了千古传颂的《秦州天水郡麦积山佛龛铭并序》。这篇名人作的名文在王仁裕之后便在麦积山消失了,其失于何时,由何而失,成为一桩公案,引来诸多议论和推测。嘉靖三十九年(1560年),分巡陇右道金事冯惟讷游麦积山,对庾铭不知去向很是遗憾,《游麦积山》诗四首之中三首论及庾铭,有云:"千载庾开府,传闻此勒铭。"明嘉靖四十三年(1564年),改任河南布政司参议的冯惟讷和他的继任者分巡陇右道金事甘茹领衔重刻庾信铭记,名《重刻麦积山崖佛龛铭序》碑,冯作跋曰:"兹山名胜,独冠陇右。其开轫之始,不可考。而志籍所存,惟子山是铭古。观其图写山形,摽扬法界,事综理该,辞义典则,而碑版不传,遗文湮灭,乃命工伐石,刊置山隅,将以之同好,俾使后来者有所考焉。"称庾信铭记是"碑版",乃推测之言。清乾隆时,秦州知州王宽游麦积山,有诗云:"路盘七佛洞,龛蚀六朝碑。"之后的清光绪七年(1881年),秦州进士任其昌游麦积山,作《游麦积山记》,其中有云:"……再西,则又渐下,为洞尚十余。前明中,木栈为野火所烧,榱椽间存,人迹绝不能至。闻僧徒有痴者曾入之,云内多石碑,惜不能名其字。吾意庾子山《佛龛铭》真迹当在其内。"任其昌所言当是俗称"万佛洞""万菩萨堂"的133窟,时梯断栈毁,无法登临,只好心向往之。光绪十五年,任其昌和伏羌王权合纂的《秦州直隶州新志》成,卷24石刻中列"麦积崖佛龛铭",曰:"相传旧碑存山顶洞中,今不能至。寺中碑则嘉靖甲子陇右道冯惟讷所镌。"进一步认定,庾碑在"山顶洞中",且以"旧碑"称之。颇疑此老未读过王仁裕《麦积山》文。还要纠正一条,刻碑之时冯的官衔是河南政司右参议,陇右道是冯此前担任过的官职,碑文上本有"原"字。冯国瑞《麦积山石窟》推断说:"庾信《佛龛铭》如在东阁之下、石室之中,今则峭壁千仞,七阁龛下层,石室连到,可望而不可攀矣。如在七佛阁上层之散花楼中,则楼已早毁。据《太平广记》所载,在东阁下石室中者可确,架梯攀登,俟诸异日。"明确庾铭在东崖之某处。而他又在 1951 年发表的长文《天水麦积山窟介绍》中说:"七佛阁就是现在的上佛阁,尚完好,部分壁画也存在,阁独没有庾信作的石刻。后由明人补刻,在石窟下面的瑞应寺内。传说西阁石窟内石刻甚多,因栈道塌毁,庾铭或者在那里。"由于上七佛阁不见庾铭,便接受庾铭在西阁的传言,和以前看法相矛盾。

1953 年 7 月,中央文化部社会文化事业管理局组组麦积山勘察团对麦积山石窟进行了长达一个月的全方位考察,与此同时,为便于考察,当地政府抽调人力架通西阁栈道,包括 133 窟在内的主要洞窟均能通达,但还是不见庾信铭的踪影。最后,在吴作人先生执笔的《麦积山勘察团工作报告》是这样作结论的:"北周大都督李允信为王父(祖父)造七佛龛,是在庾信写的'秦州天水郡麦积崖佛龛铭并序'里所记。这篇铭记是刻在七佛龛的壁上,五代时还存在(见前注)。后来明朝冯惟讷寻不着原刻,就据原文重刻一石碑,现在这块碑存瑞应寺,已断裂。铭文辞藻很华丽,但不能说明好几个'七佛阁'中那一个是李允信造的。"

在诸多诗人扼腕叹息之后,在任其昌、冯国瑞等先生满怀希望推断之后,在传言的洞窟中仍未发现庾铭之后,作出这样的结论,是很有分寸的,也是严格尊重史实的。因为追索庾铭最基本的一点是要将庾铭和"铭"之对象七佛阁结合起来,再有一点就是要和引文中提到的"见前注"即王仁裕《玉堂闲话·麦积山》有关记载结合起来。现在让我们回过神来再看王文。"石室之中,有庾信铭记,刊于岩中。"首先,"铭记"是在石室即洞窟之中;其次,刊于岩中可证"铭记"是壁刻即摩崖而不是碑刻。在此基础上,还应弄清王仁裕登山的线路。细审王文,至迟麦积山在五代时已形成东崖西崖两部分,文中"东閣""西閣"之称可证,颇疑自五代之后都保持这种格局,东西两崖栈道自成系统,本来就是不相通的。游览路线是先东阁而后西阁。明乎此,一些问题就会迎刃而解。王仁裕在记了东阁之下寺院的佛舍利之后,紧接着笔锋一转记庾信铭记,可断定:其一庾信铭在东崖,和西崖无关,先前庾铭在"西崖碑洞"之类的揣猜本来就是站在不住脚的;其二庾铭是王仁裕登东崖之后记录的所感兴趣的第一景物,其必在东崖的低层或中层,绝非最高层。这样又牵扯出一个大悬案,庾铭的对象七佛阁何在,而找准了七佛阁就找到了庾铭的准确地点。因为,作为七佛阁的铭记,庾铭肯定在七佛阁的石窟中。

麦积山的七佛阁一共有三组,即上七佛阁,中七佛阁、下七佛阁。乾隆《直隶秦州新志》卷 2《山川》之"麦积山"条所谓:"岩间有上七佛、中七佛、下七佛,皆凿岩而立。"自冯国瑞先生《麦积山石窟志》出,一种先入为主的理念深入人心,即李允信为王父所建的洞窟就是处东崖最高层的上七佛阁。尽管如前所引,《麦积山勘察团报工作报告》用"铭文辞藻很华丽,但不能说明好几个七佛阁中那一个是李允信造的"作结论。但大家好像置若罔闻,一些论著及介绍麦积山的旅游册子都很坚定地沿袭冯说。时至今日,导游们依然在上七佛阁(004窟)天天向游客们讲述李允信、庾信铭……。从心理因素考虑,人们似乎不愿意让麦积山最雄伟的洞窟没有主人,没有故事。然而,一个不允回避的事实是,王仁裕先述庾铭,而后用"其上有散花楼七佛阁、金蹄牛角犊儿"再记其所见,可确证庾铭石室"其上"的上七佛阁绝非李允信所造,也绝非庾铭所在。顺治《秦州志》卷3《地理志》为我们展示了一条东崖的旅游线路:"□(远)门而循东麓至瑞应寺,至山寺,又至下七佛堂,级而上至中七佛堂,又至罗汉堂,又级至上七佛堂,傍有石牛、石金刚,工皆奇巧。"和王仁裕所述完全一致,所不同者只不过更加明确一些罢了。其中所言的"傍有石牛、石金刚"正是王仁裕所记的"金蹄牛角的犊儿",亦即俗称"牛儿堂"的005窟。从拾级而上自下七佛堂(阁)、中七佛(阁)、上七佛堂(阁)的登高顺序也可傍证,有庾铭的七佛堂(阁)只能是中七佛阁、下七佛阁中的某一个,而非上七佛阁。据《麦积山勘察团工作日记》七月三十日条:"……中七佛阁之下,有佛三窟,俗称下七佛阁,佛像重装时代愈近,且曾有人居住,已被炊烟熏毁。其下(指中七佛阁下)三窟不当称七佛阁,惟三窟合计也有七佛,故有此俗称。"因此,下七佛阁即030号窟应排除。符合条件的就只剩下中七佛阁即009窟了。王仁裕看到庾信铭记刊于岩中的当正是此窟。

　　另:金维诺先生从人物政治背景、财力和地位、上七佛阁彩绘一直延续到隋、初唐才完成等事实论证了上七佛阁不会是李允信所建。接着,又从艺术考古的角度论证中七佛阁有典型的北周风格,当正是李允信所建的七佛阁,并断定"五代所见《秦州天水郡麦积崖佛龛铭》或其遗迹,在今后的整修过程中,仍有再发现的可能"。金先生的论说很有见地。我们期待着中七佛阁经后代不断涂绘的岩壁上,会在某一次整修时,庾信铭能露出那张千百年来让历代文人牵肠挂肚的"脸庞"。

　　六、古记[1]**云:"六国共修"**[2]。
　　【注释】[1]古记:古地记,图经之类的地方志。言"古地记",则起码是唐代以前的地记。唐代以前和天水有关的地记,有迹可寻的只有南朝宋郭仲产所著的《秦州记》和唐魏太山的《秦州记》,但此二书留下的散见于各书的一鳞半爪的遗文中没有关于麦积山的记载。所以"古记"所指者何书就不能而知了。钱谦益《钱注杜诗》在注杜甫游历麦积山的《山寺》诗时,引北宋《天水图经》云:"麦积山瑞应寺上,山形如积麦,佛龛刳石,阁道萦旋,上下千余丈。"所谓"古记云",就是此类记载。[2]六国共修:六朝共修。对此,《麦积山勘察团工作报告》的解释是:"所谓六国,我们假如从唐向上追溯,历隋、北周、西魏、北魏以及后秦(384—417年),恰好是六代。"此言甚是,因为麦积山石窟的开创年代学术界比较一致的看法是后秦,碑刻记载也多是如此,正好可从王仁裕之前的唐逆推至于后秦。

【解说】对麦积山的创建历史,南宋《四川制置使司给田公据》碑有这样的提法:"始自东晋起迹,敕赐无忧寺,□□□给田供赡。次七国重修,敕赐石岩寺。"至于"七国"何指,有学者认为是前赵、后赵、前秦、后秦、西秦、前凉、北凉七国;也有学者认为是前秦、后秦、西秦、北凉、北魏、西魏、北周七国,意见颇为不一。不过,现行"给田公据碑"中的"七国",在冯国瑞先生的《麦积山石窟志》录文中本来就是"六国"。如冯之录文正确,则以上"七国"的列举本身就是错的。不过,王仁裕所言的"六国共修"和给田公据碑所言的"七(六)国重修",叙述的角度是不一样的。前者是说经"六国共修"始成他所见的景况,意在追溯麦积山石窟的发展史;后者是说"东晋起迹"之后,经过"七国重修",意在说明麦积山石窟建于何时,所以王文的"六国"和碑文的"七国"(六国)字面相仿,但所指本来就不是一码事,《麦积山勘察团工作报告》的解释是非常在理的。

七、自平地积薪而上,[1]至于岩巅,从上镌凿其龛室佛像。[2]功毕,旋旋拆薪而下,[3]然后梯空架险而上[4]。

【注释】[1]薪:粗大的柴火,这里泛指各种木材。[2]镌:琢凿。[3]旋旋:天水方言将逐渐干什么,或一边干什么,同时再干相关的事称"旋",收割小麦就有"旋黄旋割"的说法。这里的"旋旋"就是天水一带的方言,指从上镌凿龛室、佛像,成一层,则拆薪一层,如是一层一层地凿,一层一层地拆。[4]梯和架:名词动用。梯,阁道间的悬梯;架,水平方向铺设的栈道,麦积山西崖栈道,自古有"十二联架"之称。

【解说】是为介绍建修石窟的方法。当是作者笔录的民间传说。至今,天水一带依然有"砍尽南山柴,修起麦积崖"的农谚,可见这一传说流传广远。本文第一部分已论麦积山在唐代以前称"麦积崖",以此为据,可断定这一传说在唐代以前即盛行。无独有偶,麦积山西北,与之相距一百多千米的甘肃武山拉稍寺也有类似的传说,言"拉稍"二字就是因为拉树稍累积造窟而得名。此类传说,看似很在理,实际经不起推敲。因为石窟非一时一人所建,正如王文所言"六国共修"。自然也不可能毕其功于一役,何而能是用积薪之法自上而下整齐划一地修建呢?就石窟考古而论,现发现的建造时代最早的北魏洞窟,高低位置都有,并非统一位于最高层,也可证积薪之说不可取。庾信《秦州天水郡麦积崖佛铭并序》有云:"大都督李允信者,籍以宿植,深悟法门。乃于壁之南,梯云凿道,奉为王父造七佛龛。"盖古代造窟采用的就是"梯云凿道"即悬空架梯、石壁凿道办法。因为这办法省力、省费、省时间。传言的"积薪"之法,只能是听起来颇有浪漫色彩,而实施起来没有可能的笨办法。想必,建造麦积石窟需大量木料以造栈道崖阁,于是有了"砍尽南山柴,修起麦积窟"的谚语,进而由谚语演绎成了积薪建窟的传说。

八、其上有散花楼七佛阁、金蹄银角犊儿[1]。

【注释】[1]金蹄银角犊儿:麦积山石窟005窟,俗称牛儿堂,廊正壁中间龛外左侧存天王立像一尊,脚踏卧牛,此卧牛正是所谓"金蹄银角的犊儿"。按佛教术语"天王"应称伊舍那天,为十二天之一、十方护法神之一、八方天之一,其形象之一种本来就是或坐或立于牛背上的。由于牛善良勤劳的品行历来为劳动者喜爱,于是麦积山周围十里八乡的农民便以牛为话题流传许多的传说,多表达希望丰收之意,并亲切地称为"金蹄银角的牛娃"。每年四月八日麦积山香会,除在七佛阁化纸而外,一定要摸一下犊儿,以祈求丰收、安康。其以"金蹄银角"命名,大抵最初妆成之时,犊儿之蹄和角是贴金贴银的吧!可惜不知何时牛角已毁,前蹄并亡。

【解说】这里又扯出一桩公案。散花楼和七佛阁并列叙述,到底是同一窟,还是不同的两个窟呢?对此,学术界大多数人认定是同一窟,即散花楼是上七佛阁的俗称。麦积山勘察团编制的《麦积山石窟内容总录》及现行有关麦积山石窟的资料,均是如此。而金维诺先生提出异议,认为"五代《玉堂闲话》将散花楼和七佛阁并称,显然不是指同一个建筑,如果散花楼就是上七佛阁,七佛龛应是专指另一个刊有庾信铭记的李充(允)信所建的七佛阁。"在这里,金先生有一点疏忽,因为《玉堂闲话》在叙述完刻有庾信铭记的石窟之后,言"其上有散花楼、七佛阁,"则二者虽是并列,但位置都肯定在刻有庾信铭记的石窟之上,文中的七佛阁只能是上七佛阁(004窟)。至于上七佛阁和散花楼的关系,理应从散花楼的得名说起。上七佛阁之龛外上方正壁第1号至第7号龛上各有北周所绘飞天一组,其中第2组、第6组壁画都是飞天散花图,其余伎乐飞天周围也是天花漫布,阁名"散花",当由是而起。也如金先生所言:"在龛帐的上部为七铺伎乐散花飞天,每铺四个天人,有的奏乐,有的散花。天人脸面手足均为薄肉浮塑,衣饰则彩绘。塑绘巧妙地结合在一起,使天人更加矫健活泼。伎乐翱翔于天际,鲜花随乐音而翻舞,成为这一宏伟壮丽佛窟中最吸引人的画面,七佛阁之所以被称为散花楼,也是出于对这些壁画的高度赞美。"很显然散花楼名由的飞天壁画乃七佛阁的有机组成部分,以散花楼代指七佛阁也是情理中事。从"七佛阁之所以被称为散花楼……"一语也看出金先生也承认这一点。

虽然《玉堂闲话》将散花楼和七佛阁平列,但如我们不要在其间硬塞一个顿号,保持"散花楼七佛阁"式样,问题不就解决了吗?另外,七佛阁崖壁残存的单檐庑殿屋顶上部遗留有成排的方形,孔显然原是插木的榫眼,是否和七佛阁有关联呢? 或即就是七佛阁附属的木构建筑部分,突出崖外,高悬半天,加之七佛阁壁间有散花飞天,其以散花楼代称也未可知。散花楼七佛阁并列盖因此之故也。

九、由西阁悬梯而上,其间千房万屋[1],缘空蹑虚,[2]登之者不敢回顾。将及绝顶,有万菩萨堂,凿石而成,广若今之大殿,其雕梁画栱,绣栋云楣,并就石而成。万躯菩萨,列于一堂。

【注释】[1]千房万屋:王仁裕之前,杜甫《山寺》诗有云:"悬崖置屋牢。"[2]蹑:踩踏。

【解说】这段记述明白如话,无须多作注解。栈道之险、佛窟之多历历在目。重点描绘的万菩萨堂就是133窟,今人称万佛洞,这已被石窟考古所证明,毫无争议。此窟为北魏所创,尽管洞窟壁上的千佛影塑大多已剥落,但窟内大小造像(包括造像碑)加起来有4953尊之多,以万菩萨堂称之,良非虚言。我们要特别注意的是王仁裕已经从东阁即东崖原路返回下山了,而后再绕道西边,由西阁即西崖悬梯而上了,并到了万佛洞。

十、自此室之上,更有一龛,谓之"天堂"。空中倚一独梯,攀缘而上,至此,则万中无一人敢登者。于此下顾,则群山皆如培楼[1]。王仁裕时独能登之[2],仍题诗于天堂西壁上[3],曰:"蹑尽悬空万仞梯,等闲身共白云齐。檐前下视群山小,堂上平分落日低。[4]绝顶路危人少到,古岩松健鹤频栖。[5]天边为要留名姓,拂石殷勤手自题。"

【注释】[1]培:埋藏地中曰培,培楼即矮楼。[2]仍:疑应是"乃"字之讹。[3]王仁裕时独能登之:王仁裕的《玉堂闲话》已佚,"麦积山"一条赖《太平广记》得以保存。但这本是王仁裕自撰之文,以"王仁裕………"第三人称记事,颇不合常理,疑这一句话是《太平广记》的编者加的按语。《太平广记》成于太平兴国三年(978年),主编就是王仁裕的得意门生李昉,对老师的事迹是非常清楚的,顺手加一二按语再简单不过了。[4]平分:堂高日低,只能照到堂之一半,堂上于是一半阴一半阳。[5]鹤频栖:鹤是瑞禽,鹤栖于岩松,松鹤延年,既是祥瑞,也是写实。直到清代还能看到这种现象,毕沅《麦积山》诗有云:"丁丁不见人,烟树响樵斧。惊起鹤一双,远落夕阳浦。"

【解说】此述登天堂窟的独特感受和题壁留诗的经过。那么,王仁裕登临的天堂洞到底对应现在的哪一窟呢? 这更是一桩大公案。不过,这一桩公案有些一言堂的味道。自《麦积山勘察团工作报告》做出"再往上走,到了栈道的顶点,就是第一三五号窟,这是西崖能通到的最高处,人们叫它做'天堂洞'"的结论,135窟即天堂洞就成了终极结论,此后的论著都沿袭这种观点,如阎文儒先生的《麦积山石窟的历史、分期及其题材》、李月伯等编制的《麦积山石窟的主要洞窟内容总录》、何静珍的《麦积山石窟大事记》、蒋毅民等的《天水麦积山·图版说明》、黄文昆等的《天水麦积山大事年表》注、张锦绣的《麦积山石窟志》等。果真就没有值得怀疑的地方吗?

我的回答是:否!让我们先从何谓天堂谈起。天堂在佛教经典中和地狱相对,指天上宫殿,洞窟名为天堂,估计和散花楼一样是善男信女的俗称,说明一个问题,此洞在麦积山诸窟中,位置最高,距绝顶最近,由下仰望距天最近。高高在上,独一无二。那么,135窟是麦积山诸窟中最高的吗?否!事实上,135窟和136窟处在同一水平线上,二窟之上还有150、151两个残窟,残窟之上还有累累橛眼,以135窟为天堂洞,无乃太低乎?再者,《麦积山勘察团工作报告》"这是西崖能通到的最高处"只是当时所见的情况,其实,135窟之上当时不能通,不见得过去就不能通,当时没有建筑,不见得历史上就没有建筑。局限于"这是西崖能通到的最高处"来定位天堂洞,在原则上是错误的。最终要找准天堂洞,还得跟着王仁裕的登山线路走,跟着他的笔锋走。王从万菩萨堂(133窟)逛出来之后,言"自此室之上,更有一龛,谓之天堂"。依此,天堂肯定在万菩萨堂之上无疑。可以想见,当时万菩萨堂之上还有别的洞窟,只是非作者"天边为要留姓名"的目的地而被略去。并非万菩萨堂上马上就是天堂,"空中独倚一梯,攀缘而上。至此,则万中无一人敢登者"。对临空所倚之梯的高度,诗中言"蹑尽悬空万仞梯",尽管这是夸张的描述,但绝不会是三五米吧。而133窟水平方向和135窟的垂直距离也就是几米,何须用"万仞梯"呢?再者,空中所倚的一梯,也不见得一出万菩萨堂就倚在那里,应该是连上一台或数台之后,危梯才倚通达天堂之路。天堂"万中无一人敢登"当然也有虚夸和自鸣得意的成分,不过,王仁裕的青少年时代是伴随"以狗马弹射为乐"度过的,是"王大胆",他冒险而登的地方,至少不会人人都能够健步而攀。事实上,被勘察团指定的天堂洞(135窟)中,光王仁裕之后的题记就有20多条,历代都有,数量在所有洞窟题记中名列前茅,下限一直延续到明崇祯三年,而登临者中没有留下题记或根本就不会涂鸦者肯定还大有人在。足见攀登此窟是寻常之事,并非难于上青天,也可反证135窟根本就和天堂洞不沾边。探讨天堂所在,还得更上一层或几层楼。在勘察团之前,冯国瑞先生对天堂洞有过推测,他从天堂洞肯定在所有石窟最高处的基点出发,认为七佛阁之上的正面最高处"有横雕的平凹痕迹一道。其西端凹中有字,似梵文,其下有原来栈道插大梁的孔痕,可能是《太平广记》所说的天堂"。将天堂定位在东崖的最高处,原则上是对的,而方向上是错的。原因很简单,王仁裕从东崖达散花楼七佛阁之后,先下来,再从西崖攀升到了天堂,而非达散花楼七佛阁继续上升。现在,我们以西崖天堂洞所在为所有石窟最高处做为基点寻找天堂洞。前文已言,135 窟之上连结东崖栈道端上有150、151 两个残窟,是当年勘察团因栈道未通而没有登临者,而天堂应该是唯一的,不会是平列的此二窟其中的某一窟。二窟之上便是稠密有序的橛眼,大致有30 多个,显然是昔日建筑的痕迹,在西崖现存的这一组橛眼群之上或左右再没有其他橛眼痕迹,故有独一处的性质,符合作为天堂的条件。大抵正是我们向往的"天堂"所在。王仁裕在天堂题诗时有"檐前下视群山小,堂上平分落日低"的说法,从"檐前""堂上"等词可以看出这是一处特殊的崖阁,小半建筑应是凿崖而建,大半建筑是突出崖面的木构形式,有类河北涉县的娲皇宫。可惜在王仁裕之后不知什么时候毁了,只留下成组的橛眼昭示着昔日的辉煌。真正的天堂毁了之后,在群众的传言中天堂的位置就人为下降了,勘察团的结论应该是受了传言影响吧!

十一、时前唐末辛未年,[1]**登此留题,于今三十九载矣。**[2]

【注释】[1]前唐辛未年:辛未年即公元 911 年,时唐朝已灭亡 6 年,在中原是朱温的天下,为梁朝乾化元年,这里仍旧用"前唐"称之,一是当时的秦州尚为凤翔李茂贞岐所有,并未归梁;二是出于对故国的怀念。[2]于今三十九载矣。从 911年下推 39 年,当是 949 年,也就是后汉乾祐二年。时王仁裕 70 岁,在后汉朝廷任翰林学士承旨、户部尚书。追忆当年 32 岁时涉险登绝顶的英姿,由然而生感慨之情。

【解说】在了断了一连串"公案"之后,末了讨论一个无足轻重的问题,王仁裕为何一定要犯痴"天边为要留姓名,拂石殷勤手自题"的登此留题呢? 这和他人生道路很有关系。此公自幼丧父,是有名的"混混""既乏师友之规,但以畋游为事"。据说某一晚梦见以西江水浣洗肠胃,并吞食有文字的碎石,于是心智顿开。25 岁始发愤攻读,数年后便洗心革面成为秦陇间著名的文人,终被秦州长官李继崇辟为从事。这对他一个孤儿来说,是人生的大转折,也是大喜事,应该有纪念的举动。估计他登麦积山和入仕是同一年。天边留名,预示着一种远大的政治报负。唐人中进士有雁塔题名的雅俗,王仁裕登高题名也是附丽风雅的雅事。

最后,应该指出,《麦积山》文有"错简"现象。写文章得有逻辑和层次,本文先从山脚视角描述麦积之雄伟,得名之缘由,栈道之壮观等事,而后写东崖登山所见,而后写西崖登山所见,最后点明时间作结尾,思路是很清晰的。但现在通行的《麦积山》文在状麦积总貌的第三段之下、述洞窟建造方法的第六段之上突然插入

"隋文帝分葬神尼舍利函于东阁之下""石室之中,有庾信铭记,刊于岩中"第四、第五两句,殊不合理,无法解释第六句"古记云六国共修"的对象是何物。本是说石窟是"六国"共修,如按现有的排法就成了庾信铭记为"六国共修"了。这是常人都可避免的错误,而况王仁裕那样的文章高手呢? 必是那个马大哈在抄文章之时抄错了行,便使后人过了一个长达千年的愚人节。正确的排法应是:一、二、三、六、七、四、五、八、九、十、十一。按这样的顺序阅读,那就顺畅多了。为直观起见,兹将本文按我们论定的本来面目重新标点、分段,并再抄一遍:

麦积山者,北跨清渭,南渐两当。五百里冈峦,麦积处其半。崛起一石块,高百万寻,望之团团,如民间积麦之状,故有此名。其青云之半,峭壁之间,镌石成佛,万龛千室。虽自人力,疑其鬼功。古《记》云:"六国共修"。自平地积薪,至于岩巅,从上镌其龛室、佛像。功毕,旋旋折薪而下,然后梯空架险而上。

隋文帝分葬神尼舍利函于东阁之下。石室之中,有庾信铭记,刊于岩中。其上有散花楼七佛阁、金蹄银角犊儿。

由西阁悬梯而上,其间千房万屋。缘空蹑虚,登之者不敢回顾。将及绝顶,有万菩萨堂,凿石而成,广若今之大殿。其雕梁画栱,绣栋云楣,并就石而成。万躯菩萨,列于一堂。自此室之上,更有一龛,谓之"天堂"。空中倚一独梯,攀缘而上。至此,则万中无一人敢登者。于此下顾,其群山如培楼。(王仁裕时独能登之)。乃题诗于天堂西壁上,曰:"蹑尽悬空万仞梯,等闲身共白云齐。檐前下视群山小,堂上平分落日低。绝顶路危人少到,古岩松健鹤频栖。天边为要留名姓,拂石殷勤手自题。"

时前唐辛未年,登此留题,于今三十九载矣。

对这篇文字,冯国瑞先生有一段精彩的评论:"读此奇文记载,真令人心神震眩,初疑非人境。及亲履其间,虽有残毁,而泰半皆森然在目,骇如幻境梦影,响壁叫绝。"既如此,我们何妨多读几遍,或许还可从中捣腾出更多的"宝"来。

参考文献

[1]礼县金石集锦[M].礼县:内部铅印本,2000.

[2]魏收.魏书:卷36 李顺传[M].北京:中华书局,1974.

[3]魏收.魏书:卷71 李苗传[M].北京:中华书局,1974.

[4]令狐德,等.周书:卷22 周惠达传[M].北京:中华书局,1971.

[5]李延寿.北史:卷13 后妃上[M].北京:中华书局,1974.

[6]庾信撰,倪璠注.庾子山集注:中[M].北京:中华书局,1980.

[7]释道世.法苑珠林[M].北京:中华书局,2003.

[8]麦积山石窟艺术研究所.中国石窟·天水麦积山[M].北京:文物出版社,1998.

[9]张锦绣.麦积山石窟志[M].兰州:甘肃人民出版社,2002:169.

[10]黄文昆,何静珍.麦积山大事记[M]//麦积山石窟艺术研究所.中国石窟·天水麦积山.北京:文物出版社,1998.

[11]冯国瑞.天水麦积山石窟介绍[J].文物参考资料.1951(10"西北专号")。

[12]张锦绣.麦积山石窟志[M].兰州:甘肃人民出版社,2002.

[13]陈寿.三国志:卷15 张既传[M].北京:中华书局,1959.

[14]冯国瑞.麦积山石窟志[M].天水:内部铅印本,1989.

[15]董玉祥.梵宫艺苑:甘肃石窟寺[M].兰州:甘肃人民出版社,1999.

[16]胡承祖.雕塑之宫:麦积山石窟艺术[M].兰州:甘肃人民出版社,2000.

[17]刘纬毅.汉唐方志辑佚[M].北京:北京图书馆出版社,1997.

[18]钱谦益.钱注杜诗[M].上海:上海古籍出版社,1979.

[19]阎文儒.麦积山石窟的历史、分期及其题材[M]//阎文儒.积积山石窟.兰州:甘肃出版社,1984.

[20]中国美术全集编委会.中国美术全集·麦积山石窟雕塑[M].北京:人民美术出版社,1988.

[21]弘学.佛教图说[M].成都:巴蜀书社,2001.

[22]麦积山勘察团.麦积山石窟内容总录[J].文物参考资料,1954(2).

(本文发表于《敦煌学辑刊》2006 年第 2 期)

杜甫《山寺》诗与唐代的麦积山石窟

刘雁翔[*]

现存杜甫诗集中以《山寺》为题的诗作有两首,一作于秦州(今甘肃天水),一作于梓州(今四川三台县),我们要讨论的对象是唐肃宗乾元二年(759年)杜甫流寓秦州时游历麦积山石窟所作的《山寺》。内容如下:

> 野寺残僧少,山园细路高。
>
> 麝香眠石竹,鹦鹉啄金桃。
>
> 乱水穿人过,悬崖置屋牢。
>
> 上方重阁晚,百里见纤毫。

唐代国力强盛,佛教也比较兴盛,按理,麦积山之唐代遗迹自当不少,而事实上因受地震等因素的影响,麦积山现存209个洞窟无一是唐代洞窟。唐代遗迹只是在前代洞窟中保留少量雕塑和壁画。唐代的题记也只有6则,且都是标明时间的游人刻划,类"到此一游"。而就图书文献言之,《山寺》一诗而外再无片言只语。所以,意想研究唐代麦积山石窟景况,深入揭示《山寺》所蕴涵的相关信息无疑是必要的,也是必须的。兴赏本诗,乍一看,分明如画;细一抠,雾中看花。诸如"野寺残僧少"的宗教背景是什么?"麝香"是鸟是兽?"金桃"为何种水果?"悬崖置屋"和"上方重阁"所指者何物?等等。此类问题困扰了历代的读杜、注杜之人。北宋以降,注杜诗者从来都有"千家注""百家注"之类的说法,而这些"千家""百家"之注,具体反映在《山寺》一诗上,相因者多,求实者少,其结果是注释越多越混乱。因此,意想全面揭示《山寺》所蕴涵的相关信息,梳理历代与之相关的"杜注"也是必要的。

---

[*] 作者简介:刘雁翔,1964年生,男,甘肃武山人,天水师范学院,历史文化学院教授,历史学学士,主要从事地域文化和中国古代史研究。

一、《山寺》定位

按通行的新旧杜诗注本,一致认定"山寺"即是今甘肃天水市的第一名胜——麦积山石窟。而1980年代始,随着杜诗研究的不断深入,一些学者对"山寺"即"麦积山"的传统观点提出质疑。[1]其核心证据是——认为清代注家不断称引的"旧注"辗转征引,来历不明,本非确论,终无信征。《山寺》所咏即麦积山石窟,这是我们"揭示"的前提,如《山寺》定位不稳,则论证根基全无,一切都成无本之木。故而,对"旧注"以《山寺》为麦积山的来由追根溯源,辩明真相,貌似累赘,无疑还是必要的。

杜甫一生时运不济,颠沛流离,历尽人间苦难。而其身后,诗文依旧时运不济,亡逸散失,不成全编。现存杜集最早者为北宋王洙搜罗初编、王琪重编刊刻的《杜工部集》20卷。是为以后各种杜集的祖本。宋代,杜诗学大兴,杜甫诗圣地位确立,注杜、解杜之作蜂拥而出。明确提出《山寺》所指者何的是《王状元集百家注编年杜陵诗史》,诗集在注"悬崖置屋牢"时引苏注曰:"苏曰,姚崇梵僧居麦积山下,以岩造成屋,今日自为石岩寺。"点出"山寺"所述就是赫赫有名的麦积山。此书成于南宋孝宗时。其中"苏曰"是言引北宋大文学家苏轼之说。诚然,所谓"苏曰"前人已辨明纯系假托,诗集标名的"王状元"即"王十朋"也系假托,均是当时书商迎合大众心理、借助名人以逐利之行为所致。不过,本诗集是现存最早的集注本,"其中保留了许多宋人古注,虽杂伪注,大部分典故注释还是可靠的。"[2]当然,将"山寺"和"麦积山"划等号的"苏曰"就是"宋人古注"之一。抛开苏轼的因素,我们可以这样理解,因有现在已不得见的某种依据,北宋文人在注《山寺》伊始,即将其定位在麦积山,《王状元集百家注编年杜陵诗史》所遵循就是北宋文人的注释。"苏曰"是假冒苏轼大名,而以"山寺"为"麦积山"的"苏曰"所反映却是宋代注家一种普遍认识。之后,有佚名编《分门集注杜工部集》、黄希黄鹤父子的《黄氏补千家集注杜工部诗史》,完全继承"苏曰,姚崇梵僧居麦积山下,以岩造成屋,今自为石岩寺"[3]一语,进一步证明宋代的注家——包括识见高远的黄希、黄鹤父子对"山寺"即是"麦积山"的看法是认可的。

到了南宋另一个注杜大家蔡梦弼的《杜工部草堂诗笺》,则开宗明义,在《山寺》诗题下注云:"《天水图经》,陇城邑南唐杜工部故居、工部之侄佐草堂,在东柯谷南,麦积山瑞应寺上。山形如积麦,佛龛刭石,阁道回旋,上下千余尺。盖麦积山之野色也。鹦鹉,陇外所产。山下水可涉。"[4]又在"野寺残僧少"句下注"寺谓瑞应寺也"。[5]蔡梦弼的这条注释,在进一步认定"山寺"即"麦积山"的同时,引出一则"图经"即地方志资料,以史料证诗,使诗题所指完全突现了出来。此前,成书于南宋绍兴四至十七年间(1134—1147年)的《杜诗赵次公先后解》在注《秦州杂诗》之十三时引《天水图经》曰:"《天水图经》载,秦州陇城县有杜工部故居,及工部佺佐草堂,在东柯谷之南,麦积山瑞应寺上。"[6]个别文字和蔡注所引不同,一个"及"更加显明地指明——瑞应寺有杜甫及佺佐草堂在焉。《天水图经》早佚。成书于赵注之后、蔡注之前尤袤(1127—1194年)《遂初堂书目》录《秦州图经》《秦州志》,无《天水图经》之目。而"秦州""天水"经常混同使用,颇疑《天水图经》和《秦州图经》是同一书之异名。既然,成于南宋初年的赵注已引到《天水图经》,则"图经"定然出于北宋。

按方志之体例可判断,定然是"图经"记载麦积山时将山和杜甫《山寺》诗直接勾连在了一起,于是才有赵次公、蔡梦弼的引证。注中提到的陇城县系五代后唐长兴三年(932年)复置的陇城县,其治地在今天水市麦积区马跑泉镇西,北宋时辖麦积山,今麦积山尚存北宋靖康元年(1126年)所立《秦州雄武军陇城县第六保瑞应寺再葬佛舍利记》碑可证,南宋时归金。所谓"陇城邑南唐杜工部故居、工部之佺佐草堂,在东柯谷南,麦积山瑞应寺上"一语则表明杜甫叔佺和麦积山瑞应寺的关系。杜佐在东柯谷有居所,有杜诗可证;杜甫在东柯谷有草堂,有方志可证。但在麦积山有草堂,本条资料之外,不见其他史载。不过,也间接表明,流寓秦州之时,一段时间依佺佐而居的杜甫和麦积山是有关系的。退一步讲,从北宋开始,宋人认定杜甫和麦积山是有关系的。为明乎此,这里引明分巡陇右道金事冯惟讷嘉靖三十九年(1560年)游历麦积山诗以作旁证,其诗题曰:"晓发麦积,寻崇果寺旧址,旁有杜公废祠,四山迥合,风气致佳,命僧添田复之。赋此记事。"崇果寺旧址现已难觅,不过,由诗题可判定,山寺旁的杜公废祠绝对和东柯的杜甫草堂是两码事。"晓发"而"越岭"可判定此寺就在麦积山附近。诗有云:"故苑余云气,风寒蔓草深。龙盘标四险,虎啸护双林。映日开微霭,披荆越细岑。今朝草堂地,还与赞公寻。"[7]其"映日开微霭"所言正是太阳初照之景观,结合"晓发麦积"也可判定由麦积到崇果寺是不会太远的。繁盛之时的麦积山瑞应寺是由附近多个寺院组成的大型禅院,石窟附近的香积山、豆积山等都是寺院的组成部分,崇果寺自当也在其中。身为明代名诗人,冯惟讷看到自己寻访的杜公祠成废祠,出于对杜甫的崇敬,行使行政权威,"命僧添田复之"。这些故实都可判定赵次公、蔡梦弼引"图经"所言"杜工部故居及工部之佺佐草堂,在东柯谷南,麦积山瑞应寺上"的说法是有充分凭证的。因为,如前所言,麦积山附近的寺院也属于瑞应寺单元。

赵注和蔡注为"山寺"定位确立了主基调,后来的注杜者纷纷然承接,或全文照搬,或不标赵、蔡名而摘要转引,可能是出于自身理解不同,抑或版本不同,所引内容有个别字句不甚相同,为比照研究方便,兹录数则。元刘辰翁(会孟)评点、高崇兰(楚芳)编辑的《集千家注批点杜工部诗集》有云:

> 梦弼曰:按《天水图经》,陇城县东柯谷之南麦积山有瑞应寺,山形如积麦,佛龛刳石,阁道萦旋,上下千余尺,山下水纵横可涉。[8]

又,钱谦益《钱注杜诗》引云:

> 《天水图经》,陇城邑南,唐杜工部故居。侄佐草堂在东柯谷南麦积山瑞应寺上。山形如积麦,佛龛刳石。阁道萦旋,上下千余丈。[9]

又,仇兆鳌《杜诗详注》引云:

> 《图经》,阁道萦旋,上下千余丈者,即"山园细路高"。其下水纵横可涉者,即"乱水通人过也"。[10]

又,清杨伦《杜诗镜铨》引云:

> 《天水图经》:麦积山有瑞应寺,山形如积麦。佛龛刳石,阁道萦旋,上下千余丈,山下水纵横可涉。[11]

于以上引文,兹不辨其是非。但显而易见,时有偏离初注的现象。如要求其原始,还应以赵次公、蔡梦弼所引《天水图经》为准。

读完了诗注和诗注引用的方志,让我们将目光转向一统志性质的地理总志《方舆胜览》。本志成于南宋理宗嘉熙三年(1239 年),时间较蔡梦弼《杜工部草堂诗笺》略后,作者是理学家朱熹的受业弟子祝穆。志书卷69"天水军"下两条目直接和《山寺》相关。"山川"之"麦积山"言:

> 在天水县东百里,状如麦积,为秦地林泉之冠。上有姚秦所建寺。杜甫秦州《山寺》诗"麝香眠石竹,鹦鹉啄金桃"即此。山之北曰雕巢谷,又有隗嚣避暑宫,对面瀑布泻出苍崖之间,亦胜景也。又有魏乙弗后墓。李师中诗曰:"路入青松翠霭间,斜阳倒影下溪湾。此中猿鹤休相顾,谢傅东归自有山。[12]"

"寺院"之"瑞应院"言：

> 在麦积山。后秦姚兴凿山而修，千崖万象，转崖为阁，乃秦州胜境。又有隋时塔。杜甫诗："乱石通人过，悬崖置屋牢。"五代五仁裕诗："蹑尽悬崖万仞梯，等闲身与白云齐。檐前下顾群峰小，掌上平分落日低。"[13]

"麦积山""瑞应院"在记述时分而别之，其实是一码事。麦积山说的就是麦积山石窟，而石窟寺是开凿在岩壁上的寺院，石窟寺和瑞应院（寺）合起来就是山寺。作为一方自然人文状况实录的地方志为"山寺"两设条目，两引杜甫《山寺》，研究者总不能视而不见将其强行撕开吧！

《四库提要》对《方舆胜览》有一个评价：

> 书中体例，大抵于建置沿革、疆域道里、田赋户口、关塞险要他志乘所详者皆在所略，惟于名胜古迹多所胪列，而诗赋序记所载独备，盖为登临题咏而设，不为考证为设，名为地记，实则类书也。

或以此作为依据，证《方舆胜览》失志乘古法，"麦积山""瑞应院"所云乃缘诗异说。其实，对四库馆臣的偏颇之议，著名历史地理学家谭其骧先生有一段精彩的驳议：

> 一部书只要内容记载的是地理，就是地记，没有理由说哪几项阙略了就不能算地记。各种地志各有所详所略，并不一样。《提要》所谓他志乘所详的那几项，其实他志乘并不一样都详。《元丰九域志》的建置沿革很简。《舆地广记》根本不载疆域、道里、户口。至于关塞险要，则唐、宋地志都不详。怎么能说阙略了这几项就不算地记？更没有理由说多载了名胜古迹、诗赋序记，就不是地记，是类书。名胜古迹本是地志应有的内容，诗赋序记只要与一地风土有关，当然可以收入地记，怎么能说多了就算类书不算地记？

很清楚，《方舆胜览》并未因《四库提要》的失实评价而价值降低，更不能以《提要》评价为据而否定《胜览》所列"麦积山""瑞应院"的史料价值。正是由于本志"惟于名胜多所胪列，而诗赋序记所载独备"使我们时至今日还有幸能看到宋人关于麦积山石窟的梗概记述。由《胜览》作者视穆自序知，其"酷好编辑郡志"，至于不能自已,"所至辄借图经"。《胜览》就是在这样大样积存以图经为主的各种资料的基础上完成的。我们有理由相信,《胜览》有关"麦积山""瑞应院"的记述是由来有自的。举一例,本志"麦积山"所引李师中的诗就刊刻在麦积山石窟第168号崖阁,至今清晰可见,系熙宁三年(1070年)李师中与吕大忠等人同游麦积山时所作。是为麦积山最早有记年的名人题诗刻词。[14]

千百年来,麦积山和诗圣名诗相映成趣,相得益彰,不知勾起过多少人的美好向往。麦积山现存明嘉靖四十三年(1564年)所立"甘菇诗碑"有云:"地因庾碣重,寺以杜诗雄。"高瞻远瞩,将杜甫《山寺》和庾信的《秦州天水郡麦积崖佛龛铭并序》等量齐观,并道出"庾碣""杜诗"对麦积山石窟的重要意义。

行文至此,我们再换个思路探讨这一问题。

乾元二年(759年),杜甫流寓秦州作过一首名为《山寺》的诗作该是没问题的。唐代秦州有史可考的佛寺有崇宁寺(在天水市秦州区北山皇城)、永宁寺(在天水市秦州区东五里铺)、南郭寺(在天水市秦州区南慧音山)、大云寺(在天水市秦州区关子镇)、太平寺(在天水市麦积区甘泉镇)、应乾寺(宋称瑞应寺,即今麦积山石窟)、灵应寺(在天水市麦积区仙人崖)等。[15]这几座寺院中,永宁寺、大云寺、太平寺建于平地闹市区,"山寺"可能完全可以排除。南郭寺、崇宁寺在南北两山浅山头,勉强可以称作山寺,但此两寺从来就不是石窟寺,显然没有"山园细路高""悬崖置屋牢"的任何迹象,完全可以排除。所以,能称作"山寺"的寺院只有麦积山的应乾寺和仙人山的灵应寺了。灵应寺当在今仙人崖玉皇峰南麓,绝壁崖面有高大的悬塑和摩崖小龛遗迹,据考始建于北魏。[16]乾隆《直隶秦州新志》卷2《建置》所载"千佛洞,东南百里万仞悬崖之上,洞内有泉,不溢不竭,水最清冽,盛署生寒"正是此寺,"灵应"二字概因"不溢不竭"的神泉而得。由"千佛洞"之名也可知这是一处以悬塑千佛为基本特征的石窟寺,就现在残存景象观察,连栈道都没有,更无论"悬崖置屋牢"了。因此,灵应寺也可排除。能满足"山寺"条件的就只有麦积山的应乾寺了。

或以为《山寺》不言庾信铭,王仁裕《王堂闲话·麦积山》不提"山寺",故而怀疑《山寺》和麦积山的关系。实则诗人就是诗人,我们没必要规定他写什么或不写什么?《全唐诗》有关寺院的诗多的是,全都是诗人托物寄情之作,如以国画作喻,属"写意画"之流,寺院基本上是诗人抒发情怀的凭借物,谁也不能指望通过某一首诗得到方志记物的效果。程千帆先生《杜诗镜铨批抄》对《山寺》的评价公允公正,值得记取。

　　今麦积石窟已大显于世,惜其时公不以椽笔写之。大约为诗亦看机缘,看兴会，不能如《儒林外史》丁言志所言"我不信，那里有这些大名士聚会竟不做诗的也"。[17]

最后，再提供一条古人带有考古性质的证据。今麦积山第 5 号崖阁中龛、龛口左侧下部留有北宋陕西转运副使蒋之奇元丰四年（1081 年）行书题记一条，云："蒋之奇登麦积山，观悬崖置屋之处，知杜诗为不诬矣。元丰四年三月二十六日。"[18]

一句话，各种迹象表明，北宋人始注杜诗之时即根据他们掌握的资料，将"山寺"定格在了麦积山。注释传承有序，有根有据，以"莫须有"的心态捧打"山寺"和"麦积山"这一对联姻千百年的"鸳鸯"，实在是大可不必！

二、"野寺残僧少"的社会背景

麦积山石窟始凿于东晋十六国时期的后秦，中经西魏、北魏、北周、隋等朝，佛教持续兴盛，虽有周武灭佛之举，就石窟考古情况来看影响不大。至于寺僧人数因资料所限，无法准确判断。兹举一传一碑两条资料，或可见其端倪。朝梁慧皎《高僧传》卷 11《玄高传》有云：

> ……高策杖西秦，隐居麦积山，山学百余人，崇其义训，禀其禅道。时有长安沙门释昙弘，秦地高僧，隐在此山与高相会，以同业友善。[19]

仅此一端可见麦积山的寺僧数量是惊人的。又，南宋嘉定十五年（1222 年）所立《四川制置使给田公据》碑有云：

> 昨缘开禧兵火之后，于嘉定元年，有忠义首领□□□□李实、强德、张钧等前□□寺搔扰钱物，不满私意，便行扰劫，本寺钟锅两件，计铁壹万柒百斤及将本寺布种。二年，地利部领凶徒各持刃器，强收了当，使本寺僧行数无食，游散四方。

宋代本佛教的衰退期，而锅钟两件即有 10700 斤，足见寺僧人数也是可观的，由此可想见佛教兴盛之时，僧寺人数当是颇不少。而《山寺》之首句何而开门见山点明"野寺残僧少"呢？

对此疑问，学界多将原因归结到唐玄宗开元二十二年（734 年）的大地震。的确，这是一次罕见的大地震，秦州城城垣官署俱毁，压死吏民 4000 余人，官署也因此而迁至成纪之敬亲川(今甘肃省安之叶堡川)。据估算震级达7级,烈度9度。[20]这次地震对麦积山石窟造成的结果也是灾难性的,窟群中间部分及东崖上部大面积塌毁,从此窟遂成为东西二部。[21]不过,杜甫游历麦积山是在地震过后26年的唐肃宗乾元二年(759年),单纯的地震影响不至于还是严重异常吧?将杜甫《山寺》从整体上理解为"可证麦积山在开元地震大崩塌之后和尚外流、寺院荒芜,山前乱石嶙峋,周围野兽出没,一片荒凉冷落而又恬静优美的自然风光"[22]是不尽合理的。实际情形是玄宗朝的宗教政策导致了麦积山的佛教由盛转衰,大地震使之雪上加霜。

初唐,佛教承接隋朝以来的发展势头,非常繁荣,至武则天执政时进入狂热发展期,多达数十万的滥僧充斥于世,造寺开窟运动热火朝天,也由此构成严重的社会问题。唐玄宗登基之后,接受宰相姚崇建议,着手整顿佛教。从开元二年(714年)起,先后颁布《禁创建寺观诏》《禁百官与僧道往还制》《禁坊市铸佛写经诏》《令道士女冠僧尼拜父母敕》等诏令。勒令伪滥僧还俗,严格限制僧尼人数;禁止创建寺院,控制维修旧寺;禁止坊巷之内,开铺写经,公然铸佛;整顿佛寺,约束僧尼……如此等等,使佛教的发展受到前所未有的扼制。[23]麦积山"野寺残僧少"的状况很大程度上就是玄宗朝抑佛政策的直接反映。地震等自然因素是起作用的,但相对于朝廷的禁佛令即政治原因所起作用当是次要的。准确地说,是玄宗朝抑佛政策的主因和地震双重因素导致了"野寺残僧少"的局面。杜甫秦州诗涉及麦积山应乾寺及太平寺、崇宁寺等几座寺院。咏太平寺时,有云:"招提凭高冈,疏散连草莽。"咏崇宁寺所在的隗嚣宫时有云:"苔藓山门古,丹青野店空。"足见在玄宗朝秦州佛寺有整体败落的趋势。玄宗之后,遭"安史之乱"重创的唐朝已是繁盛不再,造大佛、开大窟之风也只能是渐行渐远了,葺废寺之财力越来越少了,麦积山石窟便"无可奈何花落去"了。

强调一下,麦积山佛教之衰败主要是从"残僧少"三字体现出来的,"野寺"只是"在野之寺"的意思,并无衰败的含义。上古时代就将城中居人称国人,将郊外居人称野人。"野寺"说的是寺院所在远离闹市,僻静安闲,跟大多数人理解的"衰败"是沾不上边的。唐诗中咏及寺院,"野寺"是常用之词。如岑参《题三会寺苍颉造字台》之"野寺荒占晚,寒天古木悲",白居易《题报恩寺》之"野寺出入境,秋景属闲人"。杜甫本人咏寺尤其喜用"野寺"一词,如:《谒郑文公上寺》有云:"野寺隐乔木,山僧高居下。"《奉陪郑附马韦曲二首》有云:"野寺垂杨里,春畦乱水间。"《游修觉寺》有云:"野寺江天豁,山扉花竹幽。"梓州所作《山寺》有云:"野寺根石壁,诸龛遍崔巍。""野寺"之"野"表达是寺的处所环境,也是一种诗所需要的境界。

三、"麝香眠石竹, 鹦鹉啄金桃"

本来是描写山寺的诗, 中间插了这么鲜艳的惬意的一联, 于平凡中见神奇, 这正是杜甫的过人之处, 联想到他的"暗水流花径, 春星带草堂""细雨鱼儿出, 微风燕子斜"等联句, 就知道, 在杜甫那里, 神来之笔原本很是寻常。针对此二语, 浦起龙《读杜心解》评论: "山野荒墟中, 废寺如画。"是得其真昧者。而历代注家纠缠不清的是"麝香""鹦鹉"两种动物, 和"石竹""金桃"两种植物, 重三踏四转引, 始终道不清, 说不明。现在, 我们以杜甫好友岑参的诗做参照试解之。

岑参《题金城临河驿》云: "古戍依重险, 高楼见五凉。山根盘驿道, 河水浸城墙。庭树巢鹦鹉, 园花隐麝香。忽如江浦上, 忆作捕鱼郎。"本诗作于唐玄宗天宝十三载(754 年), 是岑参第一次赴安西途中经金城临河驿时所作。时间在杜甫作《山寺》之前 6 年。杜甫和小他 5 岁的岑参为因文订交的挚友, 其《奉答岑参补阙见赠》有云: "故人得佳句, 独赠白头翁。""白头翁"是杜甫自谓, 二人在长安之日, 切磋诗文心得, 时有往还。联系到这些实情, 加之金城、秦州风物相近, 即可推断, 杜之"麝香眠石竹, 鹦鹉啄金桃"其实就是从岑参"庭树巢鹦鹉, 园花隐麝香"化出的。岑参描绘的是金城临河驿庭院的景象。临河驿即唐代设在金城关的官道驿站, 涉临黄河, 既是邮驿站点, 也是政府招待所, 和唐朝其他地方的驿站一样, 花木扶疏, 好鸟相鸣。于是岑参有"庭树巢鹦鹉, 园花隐麝香"句。这是针对驿站庭院花园而言的。明乎此, 则麝香是鸟是兽就很好判断了。试想, 如不是专业养植场, 庭院之中能有鹿属的麝吗? 再者, "园花"即园中之花木能隐身材高大的麝吗? 很显然, 岑参诗中的"麝香"是鸟而不是兽。推而及之, 由岑参诗化出的杜甫诗中"麝香眠石竹"的"麝香"也是鸟而不是兽。"麝香眠石竹"即麝香眠于石竹。石竹是石竹属多年生草本, 高约 30 厘米, 茎簇生, 直立, 上部分枝。叶似小竹叶而细窄, 亦有节。花呈鲜红色、白色或粉色。麦积山所在的小陇山林区多有, 生于向阳山坡草地及岩石缝间。因花色较多, 亦被栽于庭院作观赏植物。唐诗不时有咏石竹者, 多和寺僧有关。如顾况《道该上人院石竹花歌》: "道该房前石竹丛, 深浅紫, 深浅红。婵娟灼烁委清露, 小枝小叶飘香风。上人心中如镜中, 永日垂帘欢色空。"杜甫见到的也可能是僧院之物, 作为寺院标志物之一便引入诗中。弄清石竹为何物之后, 试想一下, 身材高大的麝能眠于低矮丛生的石竹中吗? 也可证麝香是鸟而不是兽。再者, 生性机警, 喜深山老林生活的麝也是不会眠于道旁或庭院的。《黄氏补千家诗集注杜工部诗史》引苏注云: "麝香, 鸟名; 石竹, 野花。麝香之鸟骨极小, 石竹之花微弱丛生而纤短, 麝香所以能眠。释者以为麝鹿也, 岂能眠于石竹。或以释者为是。"蔡梦弼《杜工部草堂诗笺》云: "麝香, 小鸟, 陇蜀人谓之麝香鹴,或云鹿也。石竹,绣竹花也。僧舍多种之也。"以上两注可为"麝香"正解。

"鹦鹉"在杜甫秦州诗中凡两见,《山寺》之外,《秦州见敕目……》有"陇俗轻鹦鹉"句。秦陇多产鹦鹉,自古而然,《旧唐书》卷29《音乐志》有云:"鹦鹉,秦陇尤多,亦不知重。"而麦积山所在的小陇山林区古代亦多产鹦鹉,据顺治《秦州志》:"又二十里曰仙岭,其岭有仙坪,其平如掌,多猿猴、鹦鹉。"这里所谓仙岭在今甘肃天水市麦积区利桥乡,距麦积山数十里,鹦鹉本飞翔之物,利桥之仙岭有,说明麦积山亦有,明清时有,唐代当大有。旧注多引弥衡《鹦鹉赋》"命虞人于陇坻"或引《异物志》"鹦鹉三种,交州、巴南尽有之"作注,均不得要领。

关于金桃,据《旧唐书·西戎传》,中亚昭武九姓之一的康国于唐贞观十一年(637年),"又献金桃、银桃,诏令植之于苑囿"。旧注多引这条史料当"鹦鹉啄金桃"之注。其实,康国贡献的金桃,在唐,是金贵之物,只在皇家御苑栽值,唐诗人齐己《寄朱拾遗》有云:"一闻归阙下,几番熟金桃。"其他地方哪有资格栽种? 正如谢弗《唐代的外来文明》所言:"目前还没有记载表明,这种金桃曾传播到长安御园之外的地方,甚至就是在御苑中,七世纪之后也没有金桃的存在。"[24]换言之,杜甫每每以"塞上"称之的秦州山野是不会有康国所贡金桃的。《山寺》所谓"金桃"当是麦积山一带多产的山核桃、山毛桃之类野果。光绪七年(1881年)秋,一个和杜甫游历麦积山相同的季节,秦州进士任其昌等游历麦积山,有《游麦积山记》,文中有言:"饭已,导上牛耳堂,取道寺南转西,路稍平,旁有山桃,食之甘酸。"[25]依此,我们可肯定,《山寺》之"金桃"就是当地土产的山桃。

林继中《杜诗赵次公先后解辑校》集赵注《山寺》有云:"此篇实言山寺之景物耳。石竹,山中绣花竹也。麝香、鹦鹉,言僧家所养者。"[26]《杜诗详注》引赵汸云:"鹦鹉二句,本状寺之荒芜,以秦陇所产禽兽花木言之,语反精丽。"[27]我的看法,正如杜诗言"陇俗轻鹦鹉",麝香、鹦鹉之类大抵不会是僧家所畜,倒是石竹、金桃可能就是佛寺庭院之物。《山寺》引入动植物既不是单纯写景,也不是突出"寺之荒芜",而是要突出一种佛国的境界。正如常建《题破山寺后禅院》:"曲径通幽处,禅房花木深。山光悦鸟性,潭影空人心。"主旨在禅、在佛。

四、《山寺》所咏和麦积山石窟外观

《山寺》所咏述及麦积山石窟外观的有"山园细路高""乱水通人过,悬崖置屋牢""上方重阁晚"数语,试对照言之:一来纠旧注谬误;二来进一步揭示《山寺》所蕴涵之麦积山石窟信息。

第一,"山园细路高"。"园"当是"圆"音同形近而讹。"山园(圆)"不是山上"所以树果也"之果园,而是指寺所依托的麦积山形是"圆"的。事实上,麦积山巅

尖而小,只一隋塔而已,根本不可能有"园"。而"山圆"正合《太平广记》引王仁裕《玉堂闲话》所谓:"望之团团,如民间积麦之状,故有此名。"《说文解字》:"团,圜也""圆,圜全也"。"团团"即圆圆貌。山园(圆)所言正是麦积山外观轮廓形状。"细路高"言麦积山石窟石道和栈道。庾信《秦州天水郡麦积崖佛龛铭并序》有云:"鸟道乍穷,羊肠或断。"[28]"鸟道""羊肠(小道)"和"细路"完全合拍。明甄敬《登麦积岩三首》有云:"鸟道悬青障,龙宫宿紫烟。"亦可证。说明麦积山石窟下"细路"由来已久。

第二,"乱水通人过,悬崖置屋牢"。"乱水",旧注均引《尔雅·释水》曰"正绝曰乱",或引《诗经》"涉渭为乱"。似是注解,实则不知所云。实际情况是,麦积山后有发源于香积山的永川河,北流入谓;麦积山前亦有一永川河的支流。"南北两涧,分流其下,水声阵阵,如鸣珂珮。"[29]因此,到麦积参佛,度"乱水"是必然的。兹引诗文片段数则即可明了。清王际有《登麦积山》有云:"游罢石云携满袖,一湾流水送余归。"清任其昌《至麦积山》有云:"孤峰立当路,流水绕其足……风泉鸣虚籁,锵锵动寒玉。"民国罗家伦《游麦积山》有云:"午余乘兴策倦马,白雪寒云据远峰。暮色转深溪水黯,石磨号铁火星红。"[30]又在寺院留联云:"行经千折水,来看六朝山。"又霍松林《……午后登麦积山……》有云:"绕足千溪水,入眼万壑云。"可见《山寺》所谓"乱水"是麦积附近及山下乱流之溪水,朝山之人必经此千折之水。"乱水通人过"指此。"悬崖置屋"是总言麦积山崖面的窟、龛和崖阁,正是王仁裕《玉堂闲话·麦积山》所言"其青云之半,峭壁之间,镌石成佛,万龛千室"之情状。"牢"和"乱水通人过"的"过"相对,是动词,是"牢固"之意。《杜诗详注》说成是"牢屋",不确。现麦积山距地20—80米崖面有历代洞窟209个,即留存至今的悬崖之"屋"。

第三,"上方重阁晚"。"上方",郭知达《九家集注杜诗》引赵次公注:"上方,言在山上之方境也。"仇兆鳌《杜诗详注》引邵注曰:"上方谓僧之方丈,在山顶也。"《辞源》释"上方"为"地势最高之处"并引"上方重阁晚"为证,或将"上"和"方"拆开,单释"方"曰"并列,并排",并将"重阁"释成"一层一层的栈道。"俱误。我们始终不要忘记《山寺》是写佛寺的。"上方"实指佛寺本身,与此相对,佛寺住持称"上人",杜诗中将他在秦州相逢的故旧赞公和尚称"赞上人"即是。对此,我们引丁福宝《佛学大辞典》"上方"条作解:"上方者,原为称山寺之佛寺,今呼住持之人名上方,因其所居在寺之最深处也。"原来"上方"之本意就"山寺之佛寺"的专称。如不放心,兹举唐诗几例作证,刘商《题山寺》有云:"更有思归意,晴明陟上方。"刘长卿《登思静寺上方题修竹茂松》:"上方幽且暮,台殿隐蒙笼。"孟郊《苏州昆山惠聚寺僧房》:"昨日到上方,片云挂石床。"姚合《谢韬光上人》:"上方清净无因住,唯愿他生得住持。"很清楚,"上方"的确就是"山寺"。"重阁"即错落分布在麦积山崖面的层层崖阁建筑。"重阁"作为石窟的代表物进入诗中,一说明崖阁形制独特,蔚为壮观;同时说明唐代的麦积山崖阁数量颇不少,很是惹眼。崖阁建筑形式是将屋宇建筑(民族的)和佛龛建筑(外来的)完美结合,檐柱在外,龛室其里,可理解为建在悬崖上的特殊礼佛室屋。有些洞窟外面还有木建栈阁。五代之时王仁裕题壁留诗天堂洞(今已不存)就是一处崖阁建筑,其诗有云:"檐前下视众山小,堂上平分落日低。"为清楚起见,再引新编《麦积山石窟志》一段文字加以说明:"洞窟中的崖阁,形式多样,独具特色。所谓崖阁,是指建造于崖壁间的殿堂或屋宇式建筑,主体部分依壁开凿,有的外部还辅以木构部件等。北魏至隋均有开凿。现存庑殿顶崖阁5座,平顶型崖阁2座,廊道式崖阁2座,栈桥式崖阁1座。所有崖阁中,以庑殿顶崖阁最为著名。此种崖阁均为前廊后室,上雕正脊、鸱尾、瓦垄、檐、椽、额枋、斗拱等,下雕檐柱、长廊、窟龛等。其中第4号崖阁(又称'上七佛阁'或'散花楼'),全长30余米,雕刻精美,宏伟壮观,是现存崖阁中的佼佼者。"[31]"晚"是说登阁时间是夕阳西下时分。《山寺》的最后一句"百里见纤毫"之"纤毫"也是佛家常用语,指极其细微之物。杜甫《夏夜收》有云:"虚明见纤毫,羽虫亦飞扬。"百里见纤毫,是用夸张的手法衬托"重阁"之高危。麦积山石窟现存唐人题记六则:分布在第7窟、第108窟、第114窟、第127窟(二则)、第135窟。这些石窟距离地面较高,想必和唐人喜登高有关。按诗意,杜甫定然是登上了麦积山极高处的某一阁,极目远望,于是有"百里见纤毫"之感。

五、结语

麦积山石窟名列中国四大石窟之一,而文献资料向来稀少,但在为数不多的文献资料中,以北周庾信的《秦州天水郡麦积崖佛龛铭并序》、唐杜甫的《山寺》、五代王仁裕《王堂闲话·麦积山》最为重要。大唐盛世,直接描绘麦积景象的资料只杜甫《山寺》一诗,然近年来怀疑之声不断,为正本清源,特著此文指明真相——"山寺"只能是麦积山石窟,同时一并对此诗古今注重新审视,力图还《山寺》佛寺之诗的本来面目。在此基础上,诗史互证,力图全面揭示《山寺》所蕴涵唐代麦积山石窟信息,从而勾画出其轮廓,为麦积山石窟史添一诗证。雪潇同志在《当年杜甫在秦州之十三——麦积山》中说:"好多人怀疑杜甫《山寺》不一定写的就是麦积山,但作为一个天水人,从感情上讲,我真希望学者们能通过更为深入与有力的研究和证明:杜甫的《山寺》写的就是麦积山。"[32]这里,笔者不敢打包票说我的研究和证明就是深入与有力的,但笔者对《山寺》研究和证明是力图拿证据说话的,到底做到了什么程度,没有把握,一股脑儿端出来,请方家指谬。

参考文献

[1]王廷贤.读"陇右诗"志疑[C]//天水师范高等专科学校中文系.杜甫陇右诗研究论文集.兰州:甘肃人民出版社,1995:156-159;张志仁.杜甫陇右诗《山寺》新探[J].兰州学刊,1999(6).

[2]廖仲安.杜诗学[G]//中国杜诗研究会.杜甫研究论集.郑州:中州古籍出版社,1993:306-307.

[3]续修四库全书:第1306册[M].影印本.上海:上海古籍出版社,2003:221.

[4][5]蔡梦弼.杜工部草堂诗笺[M]//黎庶昌.古逸丛书[M].南京:江苏古籍出版社,2002:275.

[6]林继中.杜诗赵次公先后解辑校[M].上海:上海古籍出版社,1994:315.

[7]冯国瑞.麦积山石窟志[M].天水:陇南丛书编印社,1941:34.

[8]四库全书:第1069册[M].影印本.上海:上海古籍出版社,1987:760.

[9]钱谦益.钱注杜诗[M].上海:上海古籍出版社,1979:349.

[10]仇兆鳌.杜诗详注:二册[M].北京:中华书局,1979:603.

[11]杨伦.杜诗镜铨:上[M].上海:上海古籍出版社,1980:254.

[12][13]祝穆.方舆胜览:下[M].北京:中华书局,2003:1210-1211.

[14]张锦秀.麦积山石窟志[M].兰州:甘肃人民出版社,2002:158.

[15]李芳民.唐五代佛寺辑考[M].北京:商务印书馆,2006:255-256.

[16]董玉祥.仙人崖石窟:上[J].敦煌研究,2003(6).

[17]程千帆.杜诗镜铨批抄,程千帆全集(第九卷)[M].石家庄:河北人民出版社,2001:217.

[18]麦积山石窟内容总目[J].文物参考资料,1954(2):29.

[19]张锦秀.麦积山石窟志[M].兰州:甘肃人民出版社,2002:171.

[20]天水地区地震办公室.天水地震史料汇编[M].(内部资料),1982:42.

[21][22]何静珍.麦积山石窟大事记[M]//阎文儒.麦积山石窟.兰州:甘肃人民出版社,1984:208.

[21]蒲起龙.读杜心解(下册)[M].北京:中华书局,2000:394.

[22]廖立注.岑嘉州诗笺注(下册)[M].北京:中华书局,2004:475.

[23]砺波护.隋唐佛教文化[M].韩升,译.上海:上海古籍出版社,2004:70-83.

[24]谢弗.唐代的外来文明[M].王贵玉,译.西安:陕西师范大学出版社,2005:162.

[25]冯国瑞.麦积山石窟志[M].天水:陇南丛书编印社,1941:43.

[26]林继中.杜诗赵次公先后解辑校[M].上海:上海古籍出版社,1994:293.

[427]仇兆鳌.杜诗详注[M].北京:中华书局,1979.

[28]庾信撰,倪璠注、许逸民校点.庾子山集注[M].北京:中华书局,1980:672.

[29]任其昌.麦积山游记[M]//冯国瑞.麦积山石窟志[M].天水:陇南丛书编印社,

1941:44.

[30]刘大有. 诗人罗家伦抗战时期在天水的诗作[M]//天水市政协文史资料委员会.天水文史资料:第五辑.天水:天水市政协文史资料委员会,140.

[31]张锦秀. 麦积山石窟志[M]. 兰州:甘肃人民出版社,2002:15.

[32]雪萧. 当年杜甫在秦州之十三——麦积山[N]. 天水日报,2006 – 03 – 30.

（本文发表于《敦煌学辑刊》2007 年第 3 期）

杜甫与栗亭及其草堂考

刘雁翔[*]

唐肃宗乾元二年(759年),是杜甫一生最为动荡的一年,所谓"一岁四行役"——春天由洛阳回华州为一行;秋天由华州到秦州为二行;冬天由秦州到同谷为三行;再由同谷南下成都为四行。这其中由秦州到同谷就涉及栗亭,其《发秦州》有句"栗亭名更佳";另,由同谷南下成都也涉及栗亭,其《发木皮岭》诗有句"首路栗亭西"。诗人纪行,两咏栗亭,看来缘分不浅。栗亭:北魏置栗亭县,不久废为镇,唐代属成州同谷县。五代后唐复置,元代设栗亭管民司。明代裁撤,不复设立县级建置,隶属徽州,清仍之。地在今甘肃省徽县城西24千米的栗川乡境内。伏镇河、红川河穿流其间。东接银杏,南连大沟,西界成县,北邻伏镇,依山旁水,川原宽阔,物产丰饶,自古为陇南富庶之地。综观诗意,杜甫向往栗亭,也的确曾在栗亭留住。正是因为有了杜甫栗亭留住的故实,后世便建有纪念杜甫的祠宇——杜甫草堂,也称杜公祠、杜少陵祠、杜工部祠,确切地址在今徽县栗川乡杜公行政村山根自然村。现在的问题是,学术界对杜甫的卜居地到底在同谷还是栗亭有异议;还有,提及陇右杜甫草堂不是秦州东柯草堂便是成州同谷草堂,对栗亭草堂因不清楚,其光辉历史几乎忽略不计,没有给予应有的地位。现就以上问题一并讨论并考证之,以为杜诗提供些许资料。

一、杜甫的栗亭缘

乾元二年(759年)冬十月,杜甫在秦州寓居了三个多月之后,因衣食无着,踏上了南下同谷的道路,其《发秦州》题下特意标注"乾元二年自秦州赴同谷县纪行十二首"。[1]诗在说明流寓同谷的原因"无食问乐土,无衣思南州"同时,极力赞美栗亭,"栗亭名更佳,下有良田畴。充肠多薯蓣,崖蜜亦易求。密竹复冬笋,清池可

---

* 作者简介:刘雁翔,1964年生,男,甘肃武山人,天水师范学院,历史文化学院教授,历史学学士,主要从事地域文化和中国古代史研究。

方舟。虽伤旅寓远,庶遂平生游"。但单纯以诗人的赞美为依据,就断定诗人的南下是直奔栗亭而去,那就欠妥了。

细玩诗意,"栗亭名更嘉"之"更"字透露出这样意思——杜甫所问的乐土、所思的南州就是自注"自秦州赴同谷县纪行"的同谷县,请注意"县"字,当时栗亭是同谷县下的一个镇;有名更嘉的栗亭在那儿,这不又多了一种选择。"更嘉"是比较得出的结论,前面比较的对象就是同谷县。"更"字还透露出这样意思——"我"不但对同谷县了解,也对栗亭的山川风物了如指掌。无食之人看到栗亭的"栗",立马神思飞动,这个自然,诗人嘛!结果得到的是"负薪采橡栗自给"悲惨境遇,穷文人的宿命啊!有一个事实,北宋以后同谷东南七里凤凰台下、飞龙峡畔建有杜甫草堂,同谷东五十里的栗亭川里同样建有杜甫草堂。我的基本看法,杜甫寓居同谷、凤凰村、栗亭川都呆过,北宋杜甫诗圣地位确立,于是乎留有遗迹和传说的寓居地就有了草堂。凤凰村、栗亭川两地北宋都建有杜甫草堂,说明北宋人已认定杜甫在此两地都曾寓居。

乾元二年(759 年)冬十月,杜甫还是因为衣食无着,再次流徙,由同谷南下成都,有诗《发同谷县》,题下特意标注:"乾元二年十二月一日自陇右赴剑南纪行十二首。"发同谷之后的第二站便是栗亭,其《木皮岭》诗有句:"首路栗亭西,尚想凤凰村。"这是诗人以自述的方式点出自己的两个寓居之地。我们接着上面的问题讨论,杜甫因经济困难,想着换个地方生活,于是"自秦州赴同谷县",诗中没有说同谷城如何如何,倒把一个栗亭夸个没完,给人感觉,行将寓居栗亭。"自秦州赴同谷县"的过程中,经过积草岭,有诗云"卜居尚百里,休驾投诸彦",这个"百里"如果看成是积草岭至同谷县城的距离就太长了些,因为积草岭在唐上禄、同谷交界,即今西和六巷乡、成县二郎乡交界的薤韭山南麓,此岭至成县距离也就是五十里左右。如果有联系到杜甫《发秦州》极尽赞美之辞的栗亭,这个栗亭在同谷城东面五十里,旧志上有明确记载,《大明一统志》卷 35 巩昌府之古迹说:"在成县东五十里,本后魏兰仓县地,五代唐时置栗亭县,属成州,宋因之。元以县置金洋州,后并废。"两个五十正好凑够"卜居尚百里"之数,给人感觉杜甫真的是直奔栗亭而去。而结果呢?到了凤凰台,他的脚步停了下来。自秦州赴同谷十二首诗整整齐齐,每一首都以所经地名为诗题,依次是:秦州—赤谷—铁堂峡(以上三地在今甘肃省天水市秦州区境)—盐井(在今甘肃省礼县境)—寒峡—法镜寺—青阳峡—龙门镇—石龛(以上五地在今甘肃省西和县境)—积草岭(在今西和县和杜甫成县交界)—泥功山—凤凰台(以上二地在今甘肃省成县境)。据古县域,唐代秦州至同谷县之间,有长道县、上禄县,杜甫《发秦州》提到的"南州"即成州的州治所在上禄县。最后一首是《凤凰台》,可确证他在凤凰台便歇脚了。"尚想凤凰村"的这个凤凰村就在凤凰台下。凤凰台下、凤凰村旁有潭名万丈潭,又叫凤凰潭,而凤凰台就附着在凤凰山上;凤凰台积水成凤凰潭的河水《水经注》名凤溪水。历代方志记载得非常清楚,和凤凰台有关的这些"凤凰"全都在唐同谷今成县东南不远处。

那么,到底是什么原因致使杜甫没有达到原计划的卜居地栗亭,而率先卜居在了凤凰台下的凤凰村呢?是凤凰台周围霞飞雾落、清丽可人的风光吸引?还是《积草岭》提及的"邑有佳主人"之佳主人的热情推荐或挽留?这些我们不得而知。反正诗人同谷寓居的第一站选在了凤凰村。《发同谷》有句"停骖龙潭云,回首虎崖石",其中的"龙潭"即飞龙潭也就是凤凰潭,虎崖即是凤凰村后的山崖,可证"自陇右赴剑南"的始发地即起点还是在凤凰村。《钱注杜诗》注《万丈潭》说:"唐咸通十四载,西康州刺史赵鸿刻万丈潭诗。又《题杜甫同谷茅茨》曰:'工部栖迟后,邻家大半无。青羌迷道路,白社寄盃盂。大雅何人继,全生此地无(孤)。孤云飞鸟什,空勒旧山偶。'鸿曰:'万丈潭在公宅西,洪涛卷石,山径岸壁。'如目见之。"[2]赵鸿当代人言当代事,指认杜甫同谷茅茨,刻《万丈潭》诗于"旧山偶",言之凿凿。都说明杜甫寓居同谷东南的凤凰台下凤凰村里是可信的。

现在我们再拿"首路栗亭西"说事。杜甫"汉源十月交"由秦州出发,仲冬(《法镜寺》有句"仲冬见虹霓")抵达同谷县,"乾元二年十二月一日自陇右赴剑南纪行",怎么着在同谷县寓居也有个二十天。这期间是否还到其他地方去过、寓居过呢?很有可能。因为杜甫骨子里就是一位流浪诗人、理想主义者,秦州寓居期间就曾漫游境内名胜,在同谷期间曾专程去两当访问老朋友吴郁两当江上宅,[3]而去两当必须经过同谷东面25千米的栗川亭。栗亭那可是一个可以和秦州东柯谷相媲美的好地方,也是他梦寐以求的现实桃花源,停留数日或寓居些时日完全有可能。就地理而言,由凤凰村东去,过红川(旧称横川,以酿酒而闻名)越低缓的草坝梁即可达栗亭,地势平缓,交通便利。杜甫对栗亭是那么向往,走起来也很方便,何乐而不为走上一趟呢?寻幽探胜本来就是诗人与生俱来的特质。

二、"杜甫栗亭诗"释疑

在初步论证杜甫曾在栗亭停留之后,我们再来讨论一首唐朝当代诗人写当代事的《栗亭》诗。诗云:"杜甫(公)栗亭诗,诗(时)人多在口。悠悠二甲子,题记今何有。"[4]题下编者注云:"赵鸿刻石同谷曰,工部题栗亭十韵,不复见。"其作者就是前所引《题杜甫同谷茅茨》的作者西康州刺史即成州刺史赵鸿。探讨栗亭和杜甫的关系,这首诗超级重要,需字斟句酌玩味。自注"杜公栗亭十韵"是说杜甫写有一首以栗亭为题的诗,共计"十韵",也就是二十句(诗二句为一韵)。"今不复见"当然就是看不到了。诗之前两句"杜公栗亭诗,时人多在口"大意是说杜甫有以"栗亭"为题的诗,"时人"即时下之人多有传说。抑或可以转述为:据时下之人的传言或说法,杜甫曾写过一首题为"栗亭"的诗。"多在口"好多人都这么说。第三句"悠悠二甲子"这是说从"我"在成州刺史任内了解到杜甫有"栗亭"诗的时间,到上溯至杜甫流寓同谷的时间,其间相差"悠悠二甲子"。一甲子为 60 年,那么二甲子就是 120 年。杜甫流寓同谷的 759 年再加上 120 年,即为 878 年,对应的年号纪年为唐僖宗乾符五年,这个年份和赵鸿任成州刺史的时间咸通十四年(873年)合不上,因此"二甲子"是约数,不必太较真。"题记今何有"显然是指有关杜甫"栗亭"诗的题刻,以"今何有"的口气,显然是"题记"已"今不复见"了。解读赵鸿诗,我们能得到这样的信息,当地不少人传说,杜甫有栗亭诗刻石成碑或题刻摩崖,百年悠悠,题刻已不知沦落何处。由诗意考察,赵鸿似到过栗亭。本文所引二诗之外,赵鸿还有一诗名《泥功山》,和杜甫诗同题,《全唐诗》收赵诗三首,全和杜甫有关,说明赵鸿和大历年间最早收编《杜工部小集》的润州刺史樊晃一样是一位崇杜之人,利用工作之便观俗采风,调查杜甫遗迹逸闻自在情理之中。杜诗两次提及栗亭,赵刺史当然也就关注栗亭,于是就有了"时人多在口"的那些关于杜甫栗亭诗的情况。我们纳闷的是,既然有杜诗题记即题刻存在,为何不足"二甲子"就生生杳无音信了呢?既然都题记了,难道就没有人记忆或记录题记的内容?不就一首诗嘛,按五言十韵计也就是一百个字,硬是没有人记下来?给人的感觉,赵诗所述有当地人投其所好讨刺史欢心"制造"传说的嫌疑。但我们往积极的方面想,"题记"即便不一定有,而杜甫去两当或南下成都必经栗亭是无疑的。那么"时人多在口"传说杜甫在栗亭如何等情也是自然的。无论如何,赵诗可说明杜甫和栗亭真的是有关系。单就杜诗"首路栗亭西"一语,也可明确看出诗人曾在栗亭停留过。

三、栗亭草堂沿革考

俗言"杜甫淹留地,草堂建起来",杜甫路过栗亭并停留,极有可能还宿止,于是就有了关于杜甫的传说,当然也就有了杜少陵祠、杜少陵钓台等古迹。关于杜甫在同谷的遗存,脉络比较清楚,草堂尚在,历代遗碑众多。其始建于著名文学家晁说之做成州知州时的宣和三年(1121 年),由同谷县令郭慥负责创修,晁说之作《濯凤轩记》《发兴阁记》《成州同谷县杜工部祠堂记》记其事。[5] 草堂历经重修,至今尚存。而关于杜甫在栗亭的遗迹,鲜为人知,因为草堂在 1950 年代即被毁坏,兹略做考述。

关于栗亭草堂的创建时间,徽县旧志没有记载,今人根据北宋文学家贺铸(1052—1125 年)《寄题栗亭县名嘉亭》长诗推断为北宋,很有见地。但都忽视了

一条非常重要的创建资料,准确地说是没有发现。《方舆胜览》卷69天水军山水目"东柯谷"条有云:

> 在天水县。杜甫诗:"传道东柯谷,深藏数十家。"又,"瘦地翻宜粟,阳坡可种瓜"。绍圣间,栗亭令王知彰作"祠堂记"云:"工部弃官,寓东柯侄佐之居"。[6]

这条理应是记述栗亭草堂创建的资料一直被后来者张冠李戴,臆断成秦州东柯谷兴建杜甫草堂的首要证据,古人继承,今人援引。如明何景明《雍大记》卷10《考迹》记古迹时说:

> 东柯谷,在秦州旧天水县,有杜甫诗(祠),绍圣间栗亭令王知彰作《祠堂记》云:"工部弃官寓东柯谷,侄佐与之居。"[7]

基本上是《方舆胜览》翻版,而"有杜甫诗(祠)"几个字表明何认为《祠堂记》专记东柯草堂的。今人马银生、高天佑考证东柯草堂始建时间首当其冲引用继承《方舆胜览》的并曲解其意的《雍大记》以为证据,推论东柯草堂"可见,此草堂当始建于宋哲宗(赵煦)绍圣年间(1094—1098年)"。[8]

关于《方舆胜览》所引王知彰的《祠堂记》,明代徽州人郭从道按自己的理解径直扩展为《秦州东柯谷杜少陵祠记》,其所撰嘉靖《徽郡志》卷5《秩官志》说:

> 王知彰,为栗亭令,尝作《秦州东柯谷杜少陵祠记》。

这算是曲解《方舆胜览》的"激进派"。事实上,这种"扩展"大可商榷,经不起推敲。《方舆胜览》引用王知彰《祠堂记》,只是在记述东柯谷时以碑文证明杜甫在此寓居过,所谓"工部弃官寓东柯谷,侄佐与之居",不及其余,怎么能望"东柯谷"条目而生《祠堂记》是《秦州东柯谷杜少陵祠记》之意。简单分析,因为王知彰是成州属下的栗亭县令,人家秦州有了建设工程是一般不会请他去作文的。治下那个地方有了建设,请人撰一篇什么记,那是抬举人的事情,为之者都是当地的父母官,摊不到其他地方去。据《宋川陕大郡守臣易替考》,绍圣间任秦州知州者是吕大忠、游师雄、陆师闵等,[9]这些人可都是文章高手,秦州的文化建设工程,用得着请其他地方的知县撰文吗?显然是王知彰的"祠堂"在记述杜甫的苦难历程时追述到了他在东柯谷的生活情况,故"胜览"的撰者祝穆引之。"祠堂记"是简称,在没有新资料佐证的情况下,很难猜出"记"的全称。如果一定要猜想,推测王知彰的记为《成州栗亭县杜少陵祠堂记》模样或许还有对的可能。因为王知彰既然是栗亭令,辖区内有什么标志性建筑,应士绅之邀作一篇"记"出来,理固宜然。一句话,《祠堂记》应是栗亭草堂的《祠堂记》,非秦州东柯谷草堂的《祠堂记》。《祠堂记》适可证明栗亭草堂始建于北宋哲宗绍圣年间,即1094—1098年。这个时间比同谷草堂的建造时间北宋徽宗宣和三年(1121年)还要早。是为有资料可证的陇右第一草堂。

弄清楚了栗亭草堂的创建时间,现在让我们回过头来再从前面提到的贺铸长诗《寄题栗亭县名嘉亭》中间"寻宝"。关于本诗的缘起,贺铸有序曰:"邑令赵洋更此新亭名,取杜甫《同谷纪行诗》'栗亭名更嘉'之句。因其亲熊希邀求吾诗。癸酉九月,将扶疾东下,感而为赋。"[10]其"癸酉九月"应为宋哲宗元祐八年,即1193年,这个年份刚好在栗亭令王知彰作《祠堂记》之前,似乎可以这样推想,邑令赵洋是一位热心人,任内极力想在杜甫停留过的栗亭留一点纪念物,于是将新建之亭以杜诗句取名"名嘉亭"。正好他的继任者王知彰也是一位热心的杜甫崇拜者,于是继承前任余绪在名嘉亭的基础上创建杜甫草堂,并自撰《祠堂记》记述建祠始末。《寄题栗亭县名嘉亭》有几句是写名嘉亭"现状"的:"环堵久芜没,斯亭名尚传。茂宰怆怀古,增崇殊过前。雕甍揭长帘,下容十客筵。嫩岚隔春丛,清竹鸣夏蝉。风月有高兴,写兹武城弦。"大意是说亭所在原有的建筑年久失修,破败不堪,在任县令补修增筑之,使其焕然一新,规制超前,且园内景色宜人。工作结束后写信介绍情况,托人请求大文豪贺铸给写写、夸夸,作滕子京向范仲淹求记岳阳楼的姿态,于是贺写诗作寄题之。盖单纯从诗句中不好断定名嘉亭所在就是杜甫草堂,但从中可以看出名嘉亭不是孤零零的单体建筑,而是包括亭在内的一组建筑。那名嘉亭到底算不算杜甫草堂的前身?再等新材料吧。

元代栗亭设栗亭管民司,不隶属成州,成为"特区"。元至正年间调整行政区划,栗亭划归徽州管辖,设置栗亭镇。元代无论是栗亭草堂还是名嘉亭,都无史迹可寻,无史籍可查。这大概和元代的文教远逊宋代有关,因为文化遗迹保存很大程度上得借助于有文化的权势地方官。当然也可能和栗亭地位没有宋代重要有关。

明正德年间(1506—521年),按察御史潘仿重新创建。事见嘉靖《徽郡志》卷5《祀典志》庙宇目。"杜少陵祠,在栗亭西,正德中御史潘公仿建。"创建的动机是潘在视察过栗亭时,杜甫托梦,与潘梦中相见,于是"遂就地建祠而祀之"。[11]《徽郡志》卷7《人物志》志"流寓"叙述杜甫流寓情形,谈到杜少陵祠"草堂郁郁,遗像岩岩,望着兴思,谒者增慕"所言正是正德中巡按御史潘仿的重建成果。由于元代之前栗亭草堂荡然无存,所以明清旧志都将潘仿的遗址重建说成是创建。指出一点,《徽郡志》所谓"潘公仿"即潘仿,"公"是尊称,相当于潘先生仿,《巩昌府志·官师》有载。有研究者视"潘公仿"做人名,或以"潘公"为人名,"仿建"为动词,或以"潘公"潘士藻,都是常识性误解。潘士藻(1537—1600 年)是万历十一年(1583 年)才中的进士,如何能在正德年间任巡按御史。

明万历年间(1573—1620 年),徽州知州左之贞主持重修。"万历中,州牧左公慕其芳踪,又为重修,迄今越百余年。"事见清童华祖《重修杜少陵先生祠堂记》。

清康熙五十六年至五十八年(1717—1719 年),经洮岷陇右道童华祖倡议捐资、徽州知州周元良支持捐资,地方名士张思敬主持,对破废的杜少陵祠重修。事见童华祖《重修杜少陵先生祠堂记》。"祠堂记"记述重建之前的少陵祠"风雨飘摇,岁久剥蚀,唯余残壁颓垣。"而对重修后的现状没有记述。

清乾隆六年(1741 年),秦安县令兼摄徽县知县牛远震主持重修杜少陵祠。事见牛远震《杜公祠记》。对重修始末,"记"中有述:"两造堂室,瞻拜遗像,迹其缭绷。置守祠二户,并购田十亩,以供春秋亨祀之事,诚以伸余二十年本服膺子美之素。"关于牛运震在徽县的政绩,嘉庆《徽县志·职官志》有载,"牛运震,字真谷,山东滋阳进士,乾隆六年以秦安知县来摄徽事,专务读书训士,士子皆亲授业,数月间,声誉翕然。修杜公祠,捐置守祀田。于书记文勒石,为士林宝贵,亦以慕其人也……"县志将"修杜公祠"作为政绩之一特意提出来,可见地方人士对其弘扬杜甫文化工程的认可;将"于书记文勒石,为士林宝贵"作为亮点之一特意提出来,可见地方人士对"记文"的认可。牛运震是乾嘉学派的领军人物之一,又是古文大家、杜甫文学的服膺者,"记文"文采灿然,情真意切,确实不同凡响,"为士林宝贵"自在情理之中。此"记文",嘉庆《徽县志》卷 8《艺文志》称《杜公祠记》,乾隆《直隶秦州新志》卷 11《艺文》题为《重修杜少陵祠堂记》。《徽县志》为全录,《直隶秦州新志》为节录,兹据《徽县志》全文点校录之。

　　栗亭川拾遗祠者,明御史潘公创建,以祀唐诗人杜少陵子美者也。

　　昔唐中叶,帝京凌夷,垣臣解散,子美亦不宁厥居,顾乃弃官挈家,蓬行茧步,间关秦陇,崎岖蜀道。今之栗亭川者,实为有唐同谷之故界。子美历秦窜蜀,扰攘艰难风尘之际,盖尝淹处喘憩于兹。短衣山雪,乱发天风,负薪拾橡,号饥呻寒,文士穷愁,莫此为烈。然而悲慨时事,吟咏孤怀,伤中原板荡,盗贼纵横,欲归不得;眷顾宗国,侧恋兄弟,忧在君父,忘身贱贫。国风周京之思,小雅黄鸟之叹,千载同声,其可伤怀永慕者矣。夫古来畸人骚侣,中有不能自己,于人伦世道之隐,于以顿挫四时,激昂风物,既已舒忧写郁矣。后之人览其作,悲其志,因思追表其遗迹,苟其室庐、壤土、树木,犹有什一存者,固将宝重爱惜。高望遐思,溯其所以兴怀,未尝不低徊三致意焉。虽坛社而尸祝之,诚非过也。矧如子美之激骚扬雅,出于忠爱真意之至性,足以兴起百代者哉。

尝试周览斯川之体势,翠岫回环,平田广敞,秋沼双清,沃泉可稻。凡所谓竹木薯蓣之属,靡不繁衍周布其中,唯子美之诗于今可证也。窃意子美有灵,千载后犹乐思此地,将以星月云雾之境,妥彼去国丧家之神。俾世之樵牧,咸知尊礼贤者之旧迹,以与东柯、浣花、瀼水诸草堂标韵流徽,不亦舆壤之胜概,人伦之茂轨乎?然则潘公之为是祠,以存子美于栗亭也,可谓无关世教者哉?

乾隆六年,运震摄符是邑,按部之暇,控骖栗亭。穆然子美之高风,两造堂室,瞻拜遗像,迹其缭垣,置守祠二户,并购田十亩,以供春秋享祀之事。诚以伸余二十年来服膺子美之素,过其旅宇之土,犹将如聆其声欬焉,谨而志之勿忘也。

余终悲夫子美之遗文高节,固不免奔走穷饿老病以死。而余生晚暮,不得陪子美杖履遨游万里,籍以发山水之奇迹。又哀子美当日悲歌山谷,未获有如余者为之东道主人,得以脱其厄而艳其奇。嗟乎!诗卷常留,子美安在?在之箪瓢之供,殁有俎豆之褒。表遗韵于先贤,抚往迹而太息,不可谓非吏有司事也。因勒之于石,以俟后之守土君子得以览焉。

阅而读之,可深切感受到本文立意之高乘,叙事之明晰,不愧大家手笔。而建祠庙,立庙田,也为后世维护草堂树立了典范。

清嘉庆十二年至十四年(1807—1809 年),徽县知县张伯魁倡议,地方名士梁负栋主持重修杜少陵祠。重修主堂、献殿,新建修祠门、耳房,并增设赡庙田十亩。重修之前,"祠宇倾颓,享祀俱废,无人过而问之。余拜祠下,触目兴怀"。事见张伯魁《重修杜少陵祠堂记》。"祠堂记"还追述前任建修情况:"今重修祀堂三间,明州牧左公建也;献殿三楹,国朝观察童公建也;赡田十亩,前令牛公置也,详于碑石,久为民所占,今复归于祠。"张是浙江海盐人,系张元济祖上,在徽县知县任上八年,有政绩。张也是杜甫的忠实崇拜者,任内曾考察杜甫入川线路,所至均有诗作。《谒杜少陵祠》云:

> 栗亭祠下一溪横,心不忘君死亦生。
>
> 伊昔麻鞋见天子,而今麦饭荐名卿。
>
> 青泥岭外崎岖路,白水江边风雨声。
>
> 低首瓣香颡宇拜,草堂樵叶满诗情。[12]

参拜之时,草堂尚未修复,于是只能"低首瓣香颡宇拜"。

清光绪十六年至光绪二十六年(1890—1900 年),栗川主持杜少陵祠祭祀的"会"内同仁及栗川士绅捐款、募捐重修杜少陵祠。这次重修是在经同治、光绪兵火之人祸与光绪年地震之后,原建筑几乎全毁,于是在附近易地重建,其实等同创建。建大殿、献殿,事见《重修杜少陵先生祠堂记》碑。民间募捐创修,经费没有保障,断断续续,以致重修费时达 10 年之久。

1940 年,当地民众等集资重修杜少陵祠,事见《县治西三十杜公祠为创修东楼并历述建祠始末序》。

1953 年,土地改革,少陵祠被分配给一范姓人家,毁塑像,房屋挪作他用。1976 年拆卷棚即过厅,1979 年改拆杜甫享堂,草堂彻底损毁。2008 年笔者带学生在伏家镇中学实习,学校距杜公村大约 10 里地,得暇两次专程探访草堂遗迹,不见昔日祠宇香火,偶见包围于村落之中遗址上的残碑断瓦,心怅怅焉。

杜甫在世时流离失所,想着"安得广厦千万间"让大家住个够;杜甫身后,大家在他流寓过的地方建"草堂"建了个够。这其实是对文化的推崇,对杜甫博爱人格的推崇。现在我们衣食无忧,也该注意注意精神文明,受一受优秀传统文化的教育了。破坏了的栗亭杜甫草堂还是重新恢复的好,因为如前引牛运震《杜公祠记》言:"矧如子美之激骚扬雅,出于忠爱真意之至性,足以兴起百代者哉。"我们需要大爱无疆,也期待草堂再次树立。

四、栗亭草堂之外的其他杜甫遗迹

以事系年,杜少陵祠兴衰基本可见。接下来再说说明清时期民众对杜甫行止栗亭的看法和其他遗迹。嘉靖《徽郡志》卷 7《人物志》流寓说:"唐杜甫。从道曰:'杜甫避禄山关中之乱,入秦州居东柯谷,又徙居栗亭。'或曰'少陵不终于此,何非所寓'。予谓少陵当时徙居栗亭,久而始去。今栗亭有祠,有钓台,其集有'栗亭诗',不何谓之寓可乎?噫!草堂郁郁,遗像岩岩,望者兴思,谒者增慕,不可不谓之寓焉。"从道即郭从道,栗亭人,明代徽州的达官硕儒,对家乡的掌故非常熟悉。人物志流寓一目写杜甫,完全不及杜甫生平经历,只就杜甫是否留寓过栗亭发表

高论,理由很充足地说当地有草堂可瞻拜,有钓台可思古,有这些遗迹在,当然可以论定杜甫曾寓居此地。所谓"钓台"即少陵钓台,传说是杜甫钓鱼的地方,在杜少陵祠南山木皮个岭下的元店峡内,河岸石崖上凿刻"宛在中央,少陵钓台"八字,没有落款,凿刻时间不详。从"从道曰"可知至少在明代栗亭有不少关于杜甫的传说和遗迹。嘉庆《徽县志》卷1《疆域》山川目说:"少陵钓台,元观峡内。唐乾元中甫居同谷,过夏栗亭,垂钓于此。"又,本志《疆域志》坛宇坛墠目杜公祠条也有"唐杜甫居同谷避暑栗亭元店峡"的说法。杜甫仲冬时节抵达同谷,腊月初南下入蜀,何而能在栗亭过夏,元店峡避暑?况且杜甫来同谷、栗亭是流亡,不是找乐子,哪儿还能避什么暑。撰者显然是受了晚唐以来连绵不断越传越多的传说影响,才有了"避暑"说。

客观看待,"首路栗亭西,尚想凤凰村"多才多情多难的诗人杜甫一步一回头,最终还是走了。千古而下,"爱国情最挚,忧民心更慈"的风范永存,诸体皆能"清词丽句必为邻"诗文永存。有祠宇纪念,有遗迹传说最是正常不过了。今天的栗亭川杜少陵祠、少陵钓台遗迹之外,尚有村名杜公村、校名杜公小学、井名杜公井。乾隆《徽县志·人物》之流寓杜甫传说:"杜甫,字子美,关辅饥,弃官客秦州,寓居东柯谷,结草堂居之,中有泉焉,称子美泉。负薪拾橡栗自给,其后往来栗亭、同谷间。今栗亭同谷俱有草堂遗迹……"这个传记将杜甫行迹和遗迹说得头头是道。"其后往来栗亭同谷间"说得很客观,大概这正是杜甫寓居同谷时的生活状态。

参考文献

[1]王洙.宋本杜工部集[M]//黎庶昌.古逸丛书.南京:江苏古籍出版社,2002:149.

[2]钱谦益.钱注杜诗[M].上海:上海古籍出版社,1979:98.

[3]梁晓明.杜甫自秦州入蜀迹补证考[M]//吕兴才.杜甫与徽县.兰州:甘肃人民出版社,1994:74-87;曹雁鹏.杜甫由同谷县赴两当赴吴郁宅的可能性[M]//天水杜甫研究会.杜甫流寓陇右1250周年纪念专刊.天水:天水杜甫研究会,2009.

[4]全唐诗(增订版)卷607[M].北京:中华书局,1999:7066.

[5]晁说之.嵩山文集:卷14)[M]//古典文学资料汇编·杜甫卷·上编.北京:中华书局,2001:153-157.

[6]祝穆.方舆胜览:下[M].北京:中华书局,2003:1210.

[7]何景明撰,吴敏霞等校注.雍大记校注[M].西安:三秦出版社,2010:131.

[8]马银生,高天佑.陇右杜甫草堂考[N].天水师范学院学报,2001,6.

[9]李之亮.宋川陕大郡守臣易替考[M].成都:巴蜀书社,2001:470-471.

［10］傅璇琮. 全宋诗:第 19 册［M］. 北京:北京大学出版社, 12537.

［11］徽县志编纂委员会. 徽县志［M］. 西安:陕西人民出版社,2003:1092 - 1093.

［12］张伯魁. 徽县志:卷 8 艺文志［M］. 嘉庆十四年刻本。

（本文发表于《西北师范大学学报》2013 年第 2 期）

榆林窟第 25 窟《藏汉婚礼图》的再研究

陈于柱　张福慧*

榆林窟第 25 窟"婚礼图"描绘的实是敦煌地区吐蕃裔新郎与汉族裔新娘拜堂成礼的历史画面,其绘制时间当为曹氏归义军时代。在归义军维护政权稳定、吐蕃移民获取地方认同和汉族社群缓解性别比例失衡等多元历史诉求的推动下,伴随吐蕃移民由部落民向乡司百姓的身份提升,敦煌藏、汉族群间的族际通婚最终在曹氏归义军时代实现了公开化与合法化。榆林窟第 25 窟"藏汉婚礼图"即是这一重要历史事实的有力见证,反映了唐宋之际敦煌汉、藏族群认同与融合的最终历史归宿,为研究这一时期西北吐蕃移民婚姻历史提供了极为珍贵的图像资料。

榆林窟第 25 窟《弥勒变》之"婚礼图"位于洞窟北壁,由于图中人物的多民族性,故备受学界关注,成为研究敦煌石窟壁画以及吐蕃史、归义军史、藏汉关系史等重要课题的珍贵一手材料。但客观来讲,学界目前对该"婚礼图"中人物身份与民族属性的辨识仍不够准确,观点尚不统一,尤其已有研究普遍缺少确凿的文献佐证,因此诸多基础性和关键性问题尚需做进一步研究与落实。同时,该"婚礼图"为研究唐宋时代吐蕃移民婚姻历史提供了极为宝贵的图像资料,亦有必要从历史学视角对这一问题加以探讨。

一、《藏汉婚礼图》人物身份与族属新论

榆林窟第 25 窟"婚礼图"的主要场景见下图,为方便表述,笔者将需要讨论的各个图像用具体数字予以指代。

---

* 作者简介:陈于柱,1977 年生,男,江苏邳州人,天水师范学院教授,历史学博士(博士后),主要从事敦煌学研究。

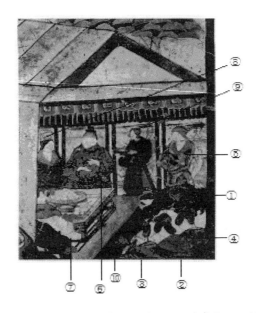

榆林窟第 25 窟《藏汉婚礼图》(采自《敦煌石窟全集·民俗画卷》)

　　敦煌石窟中的婚礼图多达 46 幅,榆林窟第 25 窟"婚礼图"的整体画面与其他同类图像基本一致,尤其和莫高窟第 12 窟南壁晚唐时期嫁娶图的构图模式极为接近,因此榆林窟 25 窟北壁"婚礼图"的性质已是学界共识,并无异议。但图像中的人物身份及民族属性仍有必要逐一考订。

　　图①为一伏地跪拜男性,辫发,头裹红抹额,身着袍服,是典型的吐蕃人形象。由于敦煌石窟"婚礼图"中的新郎、新娘形象多是"男跪女揖",故图①可以确定为吐蕃裔新郎,学界对此认识基本一致。

　　图②,位于图③、④中间,三幅图均是女性形象,背对观者,三人梳高髻,着宽袖襦衣、长裙,不同的是中间女性即图②髻上锦花高耸。对于这三幅人物图像,目前仅谭蝉雪先生注意过,认为其发饰与服饰具有汉风,其身份为三少女或侍女。笔者按:三位女性的发饰与着装风格具有典型的汉族特征,但其身份并非全是侍女,其中图②其实正是整个婚礼图中的主角之一——新娘。敦煌壁画婚礼图中的伴郎与伴娘多为一两人,伴娘也有的多至三人以上。行礼时男女傧相均在新郎、新娘身旁。伴娘主要是持团扇,替新娘遮脸,郭煌写本书仪 P.2646 即记载:"以扇及行障遮女家堂中,令女婿、傧相行礼。……男东坐、女西坐,女以花扇遮面。傧相帐前咏去扇诗三五首。"直至入青庐后,才可由新郎亲自去扇。所以团扇是判定敦煌壁画婚礼图中伴娘与新娘身份和位置的重要标志,莫高窟第 33 窟南壁盛唐时期婚礼图、莫高窟第 12 窟南壁晚唐时期婚礼图、莫高窟第 9 窟东坡晚唐时期婚礼图、榆林窟第 20 窟南壁五代时期婚礼图中均有伴娘手持团扇的画面。仔细观察可以发现，榆林窟第 25 窟"婚礼图"图⑩，即图③左侧位置，存一业已漫漶的长条形图像，图像前端仍清晰地呈现圆形弧线，该弧线的原有图像正是前述各幅婚礼图中伴娘常持的长柄团扇。所以图③的身份应是伴娘，其旁边图②无疑为新娘，图④身份则同样是伴娘。图②新娘的身份还可由其髻上锦花高耸的发饰来进一步确定。《开元礼》卷一二三，三品以上婚节亲迎条云"女各准其夫，服花钗翟衣"。注："一品花钗九树。"又卷一二五，六品以下婚节云"女服花钗大袖之服"。注："庶人服花钗连裳。"《唐六典·礼部》亦称"花钗礼衣，庶人嫁女则服之。"周一良、赵和平先生研究指出花钗即相当于古代的笄，有许多花朵装饰其上，因简称为花。故图②身着"花钗礼衣"的女性，完全是汉族新娘的装扮。此外，图②会不会是吐蕃裔的新娘？笔者认为此种可能性基本可以排除，因为《新五代史》卷七四"四夷附录第三"明确记载高居诲后晋天福年间途径玉门关附近吐蕃界时，"吐蕃男子冠中国帽，妇人辫发，戴瑟瑟珠"。莫高窟第 147 窟西龛保存有吐蕃女性头戴瑟瑟的图像，榆林窟第 25 窟"婚礼图"中的新娘形象与之相距甚远。

图⑤为一站立双手合抱作揖人物图像，亦辫发，头束红抹额，身着束腰翻领左衽袍服，应为吐蕃人。谭蝉雪、沙武田、赵小明、罗世平认为此图像身份为新娘，均误。这一观点最早由谭蝉雪先生提出，此后多承袭此说，其主要依据出自对婚礼图中新郎身旁站立者当为新娘的简单推断。其实敦煌壁画婚礼图中新郎的旁边常是伴郎，只是人数不等而已。图⑤形象应为男性吐蕃人，其发式、着装与莫高窟第 360 窟东壁中唐时期壁画中的吐蕃赞普身前侍者完全一致，所以正确身份当是新郎旁边的伴郎。沙武田先生其实也注意到将图⑤比定成新娘会带来诸多不解之处，"非常有趣的现象是，按照常理，新郎旁边应站立伴郎，在这里却占了三身女傧相，均为唐装，当为伴娘等人"，所以坦承就此幅图像而言仍有不少谜团待解。随着笔者对图②新娘身份、图⑤伴郎身份的重新厘定，上述谜团也就自然释解了。

图⑥为端坐在青庐内男性图像，头戴透额罗软脚幞头，身着圆领袍服，革带束腰，端盏而饮，袍服颜色为唐代后期敦煌壁画中汉族男性服饰常用的红色。谭蝉雪先生将图⑥识作吐蕃人，证据不足。敦煌壁画中尚未发现同类着装的吐蕃男性图像，此类着装完全是汉族风格，莫高窟 103 窟南壁盛唐壁画中的汉族男性服饰即与之相同，且作为专用裹发的"透额罗"主要流行于汉族社会之中，唐元稹《赠刘采春》诗云"新妆巧样画双蛾，谩裹常州透额罗"。所以图⑥实为汉族男性。

图⑦仅存半身，坐于图⑥对面，背对观者，头梳抛家髻，肩披帔巾，身着襦裙，一副汉族贵妇的装扮。

图⑧位处图⑥旁边,头戴朝霞冠,辫发,身穿翻领左衽袍服,与图⑤共同双手向图⑥作揖致礼。谭蝉雪先生将图⑧比定为图⑥之夫人,不确。该图像头冠、服饰与敦煌莫高窟第 360 窟东壁、第 237 窟东壁、第 159 窟东壁壁画中的赞普着装均非常接近,完全是吐蕃男性形象,其身份很可能与图⑤一样,为吐蕃裔新郎的第二位伴郎。前述图⑦倒或许与图⑥是一对夫妇,从新郎、伴郎分别向其行跪拜重礼和作揖礼来看,这对夫妇极有可能就是新郎的汉族裔岳父母。

图⑨头梳双丫髻,身穿圆领长袖束腰缺胯衫,双手捧盘,侍奉在图⑥右侧,当系汉族裔侍者。这一人物图像在榆林窟第 25 窟"婚礼图"中的出现,充分表明其婚礼举行的地点当在汉族家庭,也就是新娘的家中。

至此,榆林窟第 25 窟"婚礼图"中的人物身份及民族属性已基本明确。敦煌壁画中的婚礼图一般包括了新郎亲迎、乐舞助兴、拜堂成礼、奠雁之仪、共入青庐等程序,榆林窟第 25 窟"婚礼图"的主要场景当属"拜堂成礼",敦煌写本书仪 P. 2646 曾提及在新郎出向女家并在女家铺设帐仪和咒愿祝福之后,"撤帐了,以扇及行障遮女家堂中,令女婿、傧相行礼"。榆林窟第 25 窟"婚礼图"表现的即是作为女婿的吐蕃新郎及傧相在汉族女家向岳父母或宾客行礼画面,与 P. 2646 规定的婚礼仪式完全一致。

二、《藏汉婚礼图》创制年代考辨

关于榆林窟 25 窟"婚礼图"的年代学问题,学界争议较大。今枝由郎先生认为其创作年代当在吐蕃统治结束之后的归义军时期,但未能提供有力证据。沙武田先生从洞窟、壁画的整体结构性出发,提出其年代应为吐蕃统治时期。

笔者按:吐蕃在公元 8 世纪末叶,先后控制了青康藏高原、新疆塔里木盆地及部分准噶尔盆地,并进占河西陇右之地。敦煌自 786 年陷落,直至大中二年(848 年)张议潮率众起义,该地区受吐蕃政权管辖长达半个多世纪。期间,随着"大蕃兵马下",大批吐蕃人开始涌入敦煌,对该地区的居民结构与社会婚姻均产生深刻影响。敦煌藏文写卷 P. T. 1083 是反映这一时期敦煌吐蕃移民婚姻状况的重要资料,该卷记载:"亥年春,大论于陇州会上用印发之告牒:二唐人部落头人通禀云:往昔,吐蕃、孙波与尚论长官衙署等,每以婚配为借口,前来抄掠汉地沙州女子。其实,乃佣之为奴。为此,故向上峰陈报,不准如此抢劫已属赞普之臣民,并请按例准许,可如通颊之女子,可以不配予别部,而在部落内部寻择配偶,勿再令无耻之辈持手印前来择偶,并允其自择配偶。告牒如上,用印颁发。"卷中"亥年"当是公元 831 年。据牒文可知,在亥年之前的相当一段时间里,吐蕃政权曾允许移居敦煌的吐蕃人通过一定的法律程序与汉族女性通婚,但此类婚配主要依靠类似

"抄掠"的强迫手段,其实质更多是将汉族女性"佣之为奴",因而引起当地汉人部落的强烈不满。鉴于此,吐蕃政权依照通颊部落的惯例,要求敦煌汉族女性在本部落内部"自择配偶",S. 3287《(公元九世纪前期)肇三部落户口手实》即保存了吐蕃管辖时期敦煌汉族部落主要实行族内婚配的真实记录。榆林窟 25 窟"婚礼图"无论是婚礼举行的地点,还是吐蕃裔新郎与傧相向汉族岳父母或宾客行礼的场景,均不符合这一时期的文献记录。

再则,对于吐蕃统治时期洞窟壁画的判定,目前学界已有两则公认的依据。一是 T 形题字框。所谓 T 形题字框是因为吐蕃时期的藏、汉文书写格式是藏文横写、汉文竖写,进而合璧成"T"字形。诚如今枝由郎先生所观察到的那样,榆林窟 25 窟东壁、南壁和北壁最大的不同是题记框的形状:东壁为 T 字形,而"婚礼图"所在的北壁及南壁则均为竖长方形。两者的差异正是由于不同时代创作所使然,这一点是不容忽视和回避的。二是吐蕃装人物进入敦煌石窟的条件问题。罗世平先生的研究明确指出吐蕃统治时期敦煌石窟中绘出的人物一般多是男着吐蕃装、女着汉装,只是在某些家族窟壁门上方男女皆着唐装,但却是为家族先亡父母绘制的邈真像。这一观点的确是有文献根据的。吐蕃统治使敦煌地区语言习俗发生较大变化,P. 4638《大番故敦煌郡莫高窟阴处士公修功德记》记载当时"熊罴爱子,拆襁褓以文身;鸳鸯夫妻,解鬟钿而辫发"。敦煌写本《敕河西节度兵部尚书张公德政之碑》亦谈到在吐蕃管辖下"由是形遵辫发,体美织皮,左衽束身,垂肱跪膝"。《新唐书·吐蕃传》描写其时沙州社会"州人皆服臣虏,每岁时祀父祖,衣中国之服,号而藏之"。意即只有在祭祀先祖时方能身穿"中国之服",这一记载与敦煌吐蕃时期家族窟只能在壁门上方绘制身着唐装先亡父母邈真像的做法,共同表明了吐蕃政权在沙州推行"辫发易服"的政策是带有权威性和强制性的。榆林窟 25 窟"婚礼图"中身穿汉服的图⑥、图⑦、图⑨三位,很显然并不是窟主的先亡父母,且除图⑦为女性外,图⑥、图⑨均是男性,无论是身份较高的图⑥还是身为侍者的图⑨,均表现得轻松自然,毫无吐蕃统治影响下"居人与蕃丑齐肩、衣着岂忘于左衽"(P. 3451《张淮深变文》)的紧张感。因此,从以上两则判定标准来看,榆林窟 25 窟"婚礼图"的创制年代绝不应是吐蕃管辖时期。

三、《藏汉婚礼图》与归义军时期敦煌吐蕃移民婚姻研究

笔者认为,符合榆林窟 25 窟"婚礼图"中藏、汉和谐通婚场景的时代,只能是归义军时期,确切地说是曹氏归义军时期。

归义军政权建立后仍有大批吐蕃移民留居在敦煌一带,这已是学界共识,但归义军时期的敦煌吐蕃移民婚姻问题,目前尚未有专文探讨。郑炳林先生指出,

归义军政权对留居敦煌的吐蕃移民一方面设立吐谷浑部落和通颊部落对他们进行专门管理,另一方面将他们安置在各个乡,按照编户加以管理,从宏观上总结了归义军政权管理吐蕃移民的两类模式。然通过对敦煌遗书中保存"蕃名"或"汉姓蕃名"之人的各件写卷详细考察,笔者发现,这两类管理模式并非同步实施的,归义军初期对吐蕃移民主要实行的是部落制管理,直至曹氏归义军时期的 10 世纪 30 年代前后,部分吐蕃移民方普遍成为敦煌乡、洪润乡、通颊乡甚至沙州城内修文坊的编户百姓,这应与此时通颊从"部落"向"乡"的提升有关,而归义军前期的退浑部落在这一时期亦极有可能也被提升为"乡"。也就是说留居敦煌的吐蕃移民,经历了由张氏归义军时期的部落民到曹氏归义军时期的编户百姓的身份转变。在 P.3711《唐大顺四年(893 年)正月瓜州营田使武安君牒并判词》中,归义军政权将通颊部落民众明确定性为"卑户",即清晰地表明了吐蕃移民在归义军早期社会地位较低的事实。而唐代法律是明令禁止良贱通婚的,多强调"当色相娶",所以在张氏归义军时期尚是"卑户"身份的吐蕃移民与汉族民众公开、合法通婚的可能性不大,此时当以部落内婚为其主要的婚姻形态。如此,榆林窟 25 窟"婚礼图"藏、汉婚配的历史图景亦不应属于张氏归义军时代。

榆林窟 25 窟"藏汉婚礼图"的创作时代,只能是曹氏归义军时期。9 世纪中叶以来位于蒙古高原的回鹘汗国国内天灾人祸相继,被黠戛斯击溃,其各部四散逃奔,在归义军政权的东西两侧逐渐形成了两支较吐蕃系诸民族更为强悍的部族政权,归义军势力范围逐渐被钳制在瓜、沙二州。因此归义军最主要的外部威胁逐渐由吐蕃变为回鹘,而前者则渐趋成为归义军政权需要求援的对象。P.3633《辛未年(911 年)七月沙州百姓一万人上回鹘大圣天可汗状》记载乾化元年(911)敦煌金山汉国天子张承奉曾遣罗通达向吐蕃求援,以应对甘州回鹘的侵逼。曹氏归义军首领亦需借助周边吐蕃部族势力以保障朝贡路线的畅通,P.4525《归义军节度使曹致书蕃官首领书》即言:"蕃官首领,夏热,想汝好,在部族已□□得安健否,当道今差使人入贡□庭,经过路途,到汝部落界之时,仰准例差遣人力防援,般次□在路,勿至滞留疏失。今赐汝斜褐□段,牦尾叁株,到可领也,不具。归义军节度使曹 委曲俯首领。"在此情形下,曹氏归义军政权出于维护其内部稳定的需要,在 10 世纪 30 年代左右撤销了通颊部落的部落建制,将其提升为"乡",此前属于"卑户"的吐蕃移民亦上升为"乡司百姓"。因此唯有在这一时期,吐蕃移民方具备与汉族百姓通婚的合法身份和可能性。

吐蕃移民随着社会地位的提高,并打破部落制的限制进入敦煌各乡和坊里生活,其婚姻形态自然也就不再仅限于原有的部落内婚。包括敦煌在内的河西在历史上是一个相对独立的区域,汉族势力较强,经常是"大姓雄张"。因此加强与汉族的族际联姻，无疑是吐蕃移民获取敦煌地方认同、融入区域社会的不二选择，犹如敦煌藏文本 IOL Tib J749《占卜书》所表达的那样："与自己联姻者，若地位高，对己有益，获相助，所思事成。"笔者揭出的敦煌藏文写卷 S.6878V《婚嫁占法抄》，是归义军时期敦煌吐蕃移民根据汉文典籍《吕才嫁娶图》摘抄、编译而成。S.6878V《婚嫁占法抄》不仅是该时期吐蕃移民婚姻习俗业已汉化的明证，更是吐蕃移民强调与汉族进行族际通婚具有可行性、合乎地方礼俗的一种文化表达。

而对此时的敦煌汉族社群来说，亦存在借助族际婚媾以平衡性别比例失调的历史需求。晚唐五代的敦煌及周边地区战乱频仍，这对地区男性人口的消耗较大，学界研究表明此时期敦煌人口的特点是男女比例失衡、女性居多。敦煌地区传统以农业为主，归义军时期主要实施"请占田"的土地制度，无主空荒地即可请射，即使有主的土地如果不缴纳官府赋税差科，可也作为请占的对象，这势必要求个体家庭拥有足够的男性劳动力。而对饱受战争摧残的敦煌汉族社群来说，仅在本族群内部婚媾，显然是无法维系其现实需求的，开展族际通婚方能在一定程度上缓解性别比例失衡的压力。吐蕃移民由"卑户"向"乡司百姓"的身份转换，无疑为解决敦煌汉族社群的婚配和劳动力需求提供了重要历史契机。

正是在归义军维护政权稳定、吐蕃移民获取地方认同和汉族社群缓解性别比例失衡等多元历史诉求的推动下，敦煌藏、汉族群间的族际通婚最终在曹氏归义军时代实现了公开化与合法化。S.1285《后唐清泰三年（936 年）百姓杨忽律哺卖舍契》系清泰三年沙州修文坊百姓杨忽律哺将父祖口分舍出卖给他人之记录，文书记载"出卖舍主母阿张"，即其母亲为汉族张氏，那么杨忽律哺父亲当是取用汉族姓氏杨姓的吐蕃后裔，故"杨忽律哺"应为藏、汉通婚之混血。与杨忽律哺相比，P.3753《康汉君状》所载生活在唐大顺二年（891 年）左右、同样是藏汉混血的"悉㐀都"则经历了由敦煌乡百姓到退浑部落民的人生遭际。张氏归义军政权之所以将业已成为编户百姓的悉㐀都裁决给退浑部落，正是基于此时悉㐀都的生父尚属于退浑部落民、违背了良贱不婚的原则。由此可以反推，沙州修文坊"杨忽律哺"能够拥有百姓身份，当主要因为其吐蕃裔父亲社会身份的提升以及与汉族母亲阿张在曹氏归义军时代婚配的合法性。榆林窟 25 窟"藏汉婚礼图"即是对这一历史事实的图像再现。

需要强调的是，曹氏归义军时代敦煌藏、汉族际通婚的历史现象并非孤例，北宋西北缘边诸州藏汉互为婚姻者同样较为普遍，宋王朝曾一度下令加以禁止，宋太宗至道元年（995 年）八月下诏"禁西北缘边诸州民与内属戎人昏娶"。可见北宋汉藏联婚其户数之多，以致引起朝廷的担忧。但无论是传世汉文史籍，还是西藏教法史籍，或因缺轶，或因失载，对当时藏汉通婚尤其是藏汉民间婚姻的具体细节多语焉不详。榆林窟25窟"藏汉婚礼图"不仅为证实10世纪敦煌吐蕃移民与汉族间的族际通婚业已公开化、合法化提供了有力证据,而且为研究唐宋之际西北吐蕃移民婚姻形态、婚姻礼俗、婚姻生活的详细情形以及历史演替提供了极为难得的图像资料。而敦煌吐蕃移民婚姻的演变轨迹,实际是与唐宋时代藏汉民族关系的历史变迁几乎是同步的,因此可以成为理解和认识这一时期汉、藏民族融合的新视角。

参考文献

[1]谭蝉雪.敦煌石窟全集·民俗画卷[M].上海:上海人民出版社,2001.

[2]谭蝉雪.敦煌石窟全集·服饰画卷[M].北京:商务印书馆(香港)有限公司,2005.

[3]法国国家图书馆.法藏敦煌西域文献:第17册[M].上海:上海古籍出版社,2001.

[4]李林甫等撰,陈仲夫点校.唐六典[M].北京:中华书局,1992.

[5]周一良,赵和平.唐五代书仪研究[M].北京:中国社会科学出版社,1995.

[6]欧阳修.新五代史[M].北京:中华书局,1974.

[7]沙武田.关于榆林窟第25窟营建时代的几个问题[M]//四川大学中国藏学研究所.藏学学刊:第5辑.成都:四川大学出版社,2009.

[8]赵小明.敦煌"婚礼图"中的少数民族因素[N].新疆艺术学院学报,2010,3.

[9]罗世平.身份认同:敦煌吐蕃装人物进入洞窟的条件、策略与时间[J].美术研究,2011,4.

[10]今枝由郎著、张长虹译.敦煌莫高窟和榆林窟中的T形题记框[M]//四川大学中国藏学研究所.藏学学刊:第5辑.成都:四川大学出版社,2009.

[11]王尧,陈践.敦煌吐蕃文献选[M].四川:四川民族出版社,1983.

[12]唐耕耦,陆宏基.敦煌社会经济文献真迹释录:第2辑[M].全国图书馆文献缩微复制中心,1990.

[13]谢继胜,黄维忠.榆林窟第25窟壁画藏文题记释读[J].文物,2007(4).

[14]罗世平.身份认同:敦煌吐蕃装人物进入洞窟的条件、策略与时间[J].美术研究,2011(4).

[15]郑炳林.敦煌碑铭赞辑释[M].兰州:甘肃教育出版社,1992.

[16]荣新江.归义军史研究——唐宋时代敦煌历史考索[M].上海:上海古籍出版社,1996.

[17]王重民,等.敦煌变文集(上)[M].北京:人民文学出版社,1957:124.

[18]郑炳林.晚唐五代敦煌地区的吐蕃居民初探[J].中国藏学,2005(2).

[19]荣新江.通颊考.杨富学,杨铭.中国敦煌学百年文库·民族卷[M].甘肃文化出版社,1999.

[20]刘进宝.试谈归义军时期敦煌县乡的建制[J].敦煌研究,1994(3):81.

［21］长孙无忌等撰,刘俊文点校. 唐律疏议［M］. 中华书局,1983.

［23］荣新江. 归义军及其与周边民族的关系初探［J］. 敦煌学辑刊,1986(2).

［23］唐耕耦,陆宏基. 敦煌社会经济文献真迹释录:第 4 辑［M］. 全国图书馆文献缩微复制中心。

［24］陈践践. IOL Tib J749 号占卜文书解读［J］. 中国藏学,2012(1).

［25］陈于柱,张福慧. 敦煌藏文本 S. 6878V《婚嫁占法抄》研究［M］//唐研究:第十八卷. 北京:北京大学出版社,2012.

［26］谭蝉雪. 敦煌婚姻文化［M］. 兰州:甘肃人民出版社,1993;陈丽. 唐代敦煌妇女婚姻生活探微［J］. 敦煌研究,2004(5).

［27］陈国灿. 从归义军受田簿看唐后期的请田制度［M］//陈国灿. 敦煌学史事新证. 兰州:甘肃教育出版社,2002.

［28］陈于柱. 敦煌文书 P. t. 127《人姓归属五音经》与归义军时期敦煌吐蕃移民社会研究［J］. 民族研究,2011(5).

［29］脱脱,等. 宋史(卷五)［M］. 北京:中华书局,1985.

(本文发表于《民族研究》2014 年第 2 期)

北宋时期的秦州(天水)经济与陆上"丝绸之路"

杨小敏[*]

北宋时期的秦州(天水),在宋与辽、夏的对抗冲突中处于重要地位,突出表现在四个方面:一是秦州为北宋战马交易中心;二是秦州为北宋茶叶集散地;三是秦州为北宋丝路外贸集散地和使团遣散地;四是秦州为北宋入中和籴买粮草的重地。这是除传统的农林牧业经济以外秦州经济发展的一个特点,而这一定程度上为宋代陆上丝绸之路东段的繁荣发挥了重要作用。

北宋时期的丝绸之路,是一种"被动性的经营",是北宋国防经略中防御辽朝和西夏战略之一环。也基于此,北宋前期与河西诸政权、龟兹、回鹘交往密切,后期则与于阗来往密切。另外,由于中唐以后经五代十国,经济重心南移速度加快,到北宋时期,对外贸易已逐渐转到以海上丝路为主,陆路为辅的新格局。这些都无疑对汉唐以来传统意义"丝绸之路"上经济的发展,产生了重要的不利影响。但是,北宋时期的秦州却是例外。由于秦州属宋极边之地,在宋与辽、夏的对抗冲突中处于重要地位,其经济得到较大发展。一是,秦州为北宋战马交易中心,二是,秦州为北宋茶叶的集散地,三是,秦州为北宋丝路外贸集散地和使团遣散地,四是,秦州为北宋入中和籴买粮草的重地。这一定程度上为宋代陆上丝绸之路东段的繁荣发挥了极其重要的作用。

北宋建国伊始,就与此前王朝不同,北面和西北面临着强势崛起的辽、西夏等政权的威胁。为了应对战争,北宋需要大量战马,然而,由于历史原因,牧地减少,加之管理不善,养马成效不大。北宋朝廷主要通过市场来解决缺马的问题。长期以来,秦州一直是北宋重要的战马交易中心。咸平元年(998 年),秦州置市马务,以布帛、茶叶交换马匹。咸平五年(1002 年)四月,朝廷派出官员自秦州入蕃界招

---

[*] 作者简介:杨小敏,1966 年生,女,甘肃甘谷人,历史学博士,天水师范学院历史文化学院教授,主要从事中国古代史研究。

马。宝元二年(1039年)五月丙申,群牧司请下秦州增价市马,从之。庆历年间,"沙苑阙马,诏秦州置场以券市之"。宋夏战争爆发以后一段时间,秦州为北宋唯一市马重地。"自西事后,止置场於秦州。"至和二年(1055年),诏陕西转运使司每年以银十万两市马于秦州。嘉祐元年(1056年),诏三司出绢三万,市马于秦州以给河东军。北宋政府鼓励、奖励秦州市马。

秦州马匹交易数额巨大。"嘉祐以前,原、渭、德顺凡三岁市马至万七千一百匹,秦州券马岁至万五千匹。"熙宁年间(1068—1077年),为了应对夏宋战争,在秦州设立了买马务,大量购买或利用茶马贸易获取战马。熙宁七年(1074年)九月壬子,以秦州买马务隶提举熙河路买马司,仍以秦州通判兼提举牧养,岁终计纲拨发。由于蕃部与秦州的地理距离较熙、岷州为远,为了吸引蕃部赴秦州卖马,元丰五年(1082年)二月十八日,郭茂恂奏请增加秦州马价五百文,"所贵稍得均当"。绍圣年间(1094—1097年),哲宗继续进行拓边战争,对战马的需求仍然旺盛。秦州依然是茶马贸易的重镇,且交易额扩大。

秦州的战马交易不仅数额巨大,而且相应带动了当地对粮草刍粟茶叶盐引等需求的增加,吸引更多商人到秦州进行交易活动。

秦州买马往往和卖茶联系一起,即所谓茶马贸易。除此之外,茶叶贸易也是秦州很重要的商业活动。起先,秦州设置有卖茶场。熙宁六年(1073年)六月丁丑,诏徙秦州茶场於熙州。秦州购销的茶叶主要是川茶。北宋政府配置官员管理茶货。熙宁七年,"始遣三司干当公事李杞入蜀经画买茶,于秦凤、熙河博马。"规定,"客人兴贩川茶入秦凤等路货卖者……指定祇得於熙、秦州、通远军及永宁寨茶场中卖入官"。七月八日,十月十四日、十一月二日就川茶在当地置场收买、运输到秦州等地博马一事,经画成都府利州路茶货李杞等多次与朝廷沟通,十一月三日,诏:"李杞、蒲宗闵并专令提举买茶等事……李杞于秦州,蒲宗闵于成都府,踏逐空闲廨宇居住。"后规定川茶只能由官场收买输往秦州等处,不许商贩。熙宁八年(1075年)闰四月,官府所设卖茶场秦州有在城及【清】水县、陇【城】县、百家镇、铁冶镇、伏羌城、甘谷城、三阳寨、安宁寨、弓门寨、鸡川寨、陇城寨、永宁寨。秦州川茶销售收入主要用于购买马匹或者籴买粮草。元丰元年(1078年)四月七日,提举成都府利州秦凤熙河等路茶场公事李稷奏卖茶立额:"……诸博马场所用茶,秦州额熙宁十年支卖茶五千九百二十四驮,今定六千五百驮;……永宁寨熙宁十年支卖并博马共七千九十一驮,今定七千五百驮;……"并从之。对比这一组数据和官府在秦州城及所辖范围设置的卖茶场,很明显,秦州茶场茶叶交易额大。为了便于管理秦州的茶叶销售,元丰二年(1079年)八月己亥,权陕西转运使、都大提举成都府等路茶场李稷乞徙提举茶场司於秦州。

除卖茶场外,秦州还有榷茶司,管理茶叶销售。"自熙、丰以来,始即熙、秦、戎、黎等州置场买马,而川茶通于永兴四路,故成都府、秦州皆有榷茶司。"卖茶场、榷茶司的存在,吸引了众多客商到秦州购买茶叶,自然也促进了秦州工商业经济的发展。

秦州是北宋丝路外贸集散地和使团遣散地。

首先秦州是商旅、货物的集散地和商品交换中心,且交易额巨大。太平兴国三年(978年)二月甲申,宋太宗诏:"西北边内属戎人,多赍货帛,于秦、阶州易换铜钱,出塞销铸为器,自今严禁之。"说明秦州是西北民族进行物品交易,尤其是交换宋朝铜钱的场所。西北民族远道来秦州进行市马贸易,秦州所辖沿途地方提供住宿。仁宗天圣三年(1025年)十月庚申,陕西转运司言,秦州蕃官军主策拉等请於来远寨置佛寺,以馆往来市马人,从之。由于陇蜀道畅通,不论是川秦间的茶马贸易,还是其他贸易活动,蜀商至秦州者颇多。庆历七年(1047年)二月己酉,诏取益州交子三十万於秦州,募人入中粮草。"时议者谓蜀商多至秦"。

熙宁年间,在边境和重要城市设立了市易务,秦州乃其中之一。就秦州而言,此一机构的设立,不仅使西北商人有了与官方进行交易的又一正规场所,而且极大增加了秦州的财政收入。元丰元年二月一日,提举市易司俞充请求于永兴军路置市易务,"借内藏库钱四十万缗为本,候收秦州等市易钱拨还"。此可见秦州市易司之收入。

除市易务外,秦州的私人民间交易活动仍然活跃,政府流失许多商税。元丰二年七月庚辰,经制熙河路边防财用李宪建言采取措施加以禁止。秦州之所以商贸云集,与其便利的交通有关。"盖秦州南通巴蜀,控引诸蕃……蕃部交易为便,故货利凑集"。

其次,秦州作为东向京师开封的要道,贡赐贸易频繁。西北民族和政权向北宋朝贡,除了必需品以外,许多贡品允许在秦州等地交易。元丰元年十二月二十五日,诏:"自今于阗国入贡,唯赍国王表及方物听赴阙……余物解发,止令熙州、秦州安泊,差人主管卖买。"元祐二年(1087年)十月丙申,诏于阗国使以表章至,则间岁听一入贡,余令於熙、秦州贸易。元祐七年(1092年)二月辛巳,朝廷批准了熙河兰岷路经略安抚司请求于阗贡物在熙州、秦州交易的请求。西北民族和政权带来的贡品集中在秦州等地买卖,直接扩大了秦州的商贸活动,无疑促进了秦州城及周边城镇商品经济的繁荣。

再次,秦州是中外使团的遣散地。中外使团来去京师,秦州乃必经之地。于阗国使团入贡或者北宋使团出使于阗,均经过秦州。《宋史》卷490《于阗传》记载了一个叫王贵的澶州守卒五十八岁时出使于阗的事迹。此事虽荒诞,但秦州在中西交流中的中转作用却无疑。秦州还承担遣散护送中外使团的重要职责。大食使者至北宋进贡在改海路之前,亦先至秦州,"先是,其入贡路缢沙州,涉夏国,抵秦州"。天禧元年(1017年)四月,秦州曹玮请"自今甘州进奉人回,止於秦州选牙校同共赍送国信物往彼,不烦朝廷遣使伴送"。从之。龟兹"绍圣三年,使大首领阿连撒罗等三人以表章及玉佛至洮西。熙河经略使以其罕通使,请令于熙、秦州博买,而估所赍物价答赐遣还,从之。"

无论是单纯的马匹、茶叶、茶马交易,亦或贡赐贸易或私人民间贸易,秦州作为不可或缺的重要活动中心,其境内商品交易呈现出一片繁荣景象。

秦州是北宋入中和籴买粮草的重地。秦州地处边地,驻军及职役人数多,政府往往入中粮草部分解决这些人员的军需供应。天禧四年(1020年)正月,屯田员外郎杨峤请於秦州入中商贾刍粮,就川界给见钱。从之。秦州不仅入中粮草,而且所需数量巨大,且关系到秦州驻军的稳定和边境的安全。庆历七年二月己酉,"诏取益州交子三十万,于秦州募人入中粮草。……方秦州乏军储,可使入中以交子给之"。熙宁五年(1072年)九月丙午,权三司使薛向言:延、秦、庆、渭等九州旧皆有折博务,召商人入刍粮、钱帛,偿以解盐,岁收缗钱一百六十六万,而秦州当四十万。元丰六年(1083年)十一月丙辰,知秦州刘瑾言:"本州仓草场人粮、马料仅可支三五月,草支不及半月。转运司收粮价小,无人肯入中,必致有误岁计。"

由于驻军多,秦州也是酒的生产和消费重地。酿酒所需粮食,亦是入中之物。商人入中粮食,政府偿以铁钱或交引换取解盐。秦州酒的销售,是北宋政府一笔可观的收入。秦州酒务共十八务,熙宁十年前酒课旧额为岁三十四万六百六十贯,银五十两,熙宁十年祖额二十一万三千六百九十三贯五百一十文,买扑九千九百七十九贯八十文,银五十两。占秦凤路酒课的五分之一。熙宁年间全国酒课收入达三十万贯以上的地区只有三个,秦州与开封府、杭州并驾齐驱。

另,北宋时期秦州农林牧业也很发达。北宋前期,秦州一带曾是兴建京师最重要的木材采伐地。笔者已有专文论述。

综上所述,秦州属宋极边之地,特殊地理位置使其具有鲜明特点。秦州不仅是北宋西部边境的军事重镇,而且也是非常重要的经济枢纽城市,从而为北宋发挥了军事前哨和发展丝路贸易的重要作用。秦州作为北宋战马交易中心,北宋川茶重要集散地,北宋丝路外贸集散地和使团遣散地,北宋粮草入中重地,都显示出其不可或缺的重要地位。北宋秦州城也在此基础上得到空前的发展和繁荣。北宋时期秦州经济的极大繁荣,很大程度上促成了宋代陆上丝绸之路东段的繁荣和持久,秦州无愧于丝绸之路东段黄金段的一颗明珠。

除此之外,还有以下几点认识:

第一,可以明显感受到,外国使节来中国的目的主要是商品贸易,是为了获取更多的经济实惠,而北宋政府与其交往更多是为了体现其大国气派,追求政治上的地位,同时借外国使节来了解自己的敌对国辽、夏的实情,以提高军事应对能力。北宋需要的主要是马匹,而外国进贡乃至贸易的主要是数量众多的奢侈品,以致北宋政府不得不下令禁止输入,而尝到贸易甜头的西北政权却也是屡禁不止,如于阗国。

第二,秦州地区的商业活动主要为官营贸易,私人间的贸易活动受到限制。如为了防止铜钱外流,太平兴国三年二月甲申,诏:"西北边内属戎人,多赍货帛,于秦、阶州易换铜钱,出塞销铸为器,自今严禁之。"从边防安全角度考虑,对于因贸易而长期居住秦州的西北民族严加管理。

第三,由于秦州属于边郡,又属中西交流之孔道,北宋对于来往途经秦州的中外民族和政权亦有防范之心。如庆历二年(1042 年)三月,因诏于永宁寨以官屋五十间给唃厮啰收贮财物一事韩琦的上奏;徽宗宣和三年十月八日臣僚的上奏。为了保证国家安全,防止国家机密泄露,北宋政府严格限制西北民族与政权的使节、商人的活动范围。

参考文献

[1]李华瑞. 北宋东西陆路交通之经营[J]. 求索,2016(2).

[2]脱脱,等. 宋史[M]. 北京,中华书局,1977.

[3]李焘.续资治通鉴长编[M]. 北京:中华书局,1995.

[4]徐松. 宋会要辑稿·职官四三之六〇[M]. 北京:中华书局,1957.

[5]漆侠. 王安石变法[M]. 石家庄:河北人民出版社,2001:152.

[6]张方平. 乐全先生文集[M]//宋集珍本丛刊:第 6 册.清钞本. 北京:线装书局,2004:11.

[7]苏轼撰,孔凡礼点校. 苏轼文集:卷一三[M]. 北京,中华书局,1986:418.

[8]文彦博. 文潞公文集[M]//宋集珍本丛刊:第 5 册.明嘉靖五年刻本、傅增湘校本,北京:线装书局,2004:345 – 346.

[9]李华瑞. 宋代酒的生产和征榷[M]. 保定:河北大学出版社,2001:77.

[10]杨小敏. 军事地理环境与北宋时期秦州经济的发展特点[J]. 中国农史,2012(2).

(本文发表于《中国史研究》2017 年第 4 期)

宋人对辽朝的畏惧心理和"燕云"情结

杨小敏*

北宋建立及其后来对中原的统一,使宋与辽形成了并峙的格局,从此以后抗辽、御辽成为宋朝的主要对外国策。不同时期,宋辽关系舒紧变化,但对于辽,屈辱和畏惧始终是宋人难以排遣的主要心态,并影响着宋朝的对辽政策。

辽太宗耶律德光在位(926—947年)的时候,由于得到了燕云十六州之地,契丹势力得到很大发展,南方的南唐和北方的晋、汉一度臣属于它,耶律德光甚至有了入主中原的打算。947年,契丹改国号为大辽。960年,北宋建立,宋太祖和太宗雄心勃勃,力图恢复唐朝强盛时期的疆域,制定了先南后北的统一战略,并积极付诸实施。这一举措,必然与北方的契丹发生摩擦和冲突。宋太祖建隆元年(960年)契丹入侵棣州;乾德元年(963年)宋欲城益津关,契丹以兵扰之。开宝二年(969年)太祖亲征北汉,契丹分道来援。尤其是随着北宋对中原的统一,北宋和契丹形成并峙格局,双方之间的关系也骤然紧张。太平兴国四年(979年),宋辽发生高梁河之战,宋军大败,太宗受箭伤。雍熙三年(986年)宋太宗再次发动对辽战争,结果又被辽军大败于岐沟关。这两次战争对北宋震动很大,从此埋下了宋人对辽朝惧恨交加的心理。并且,这种心理随着辽朝一次次强加给宋人的屈辱而与日俱增,最终也导致了宋金"海上之盟"的发生。

一、辽朝的威慑与宋人的屈辱外交

很显然,北宋建立以后,面临着一个和此前中原王朝不同的周边政治环境,这就是它始终感受到北方契丹和以后崛起于西北的西夏对它的威胁。景祐元年

---

* 作者简介:杨小敏,1966年生,女,甘肃甘谷人,天水师范学院历史文化学院教授,历史学博士,主要从事中国古代史研究。

(1034 年),石介写下了著名的《中国论》一文,表面看石介是在排斥佛、道,而实质上则是面对"夷族"的强大威胁所产生的一种强烈的民族主义情结和无奈的心态。"夫天处乎上,地处乎下,居天地之中者曰中国,居天地之偏者曰四夷。四夷外也,中国内也。天地为之乎内外,所以限也。……其俗皆自安也,相易则乱。"[1](p116)然而,中原王朝"天下中国"的地位的确在动摇,北方的契丹,给予了北宋君臣刻骨铭心的屈辱。

除了高梁河之战和岐沟关之战辽朝让宋太宗极其狼狈以外,辽朝直接给与北宋的屈辱。首先是澶渊城下之盟。景德元年(1004 年)闰九月,辽承天太后与其贵臣韩德让奉圣宗率大军南侵,寇准建议宋真宗亲征,在宋军取得胜利的情况下,由于双方都有议和的倾向,十一月遂签订了盟约。议定宋岁遗辽绢二十万匹、银一十万两,宋辽为兄弟之国,二国并不得于缘边开移河道,广浚壕堑,是为"澶渊之盟"。以盟约而言,宋岁遗辽银绢虽为数无多,然于国体则为屈辱。

其次是庆历增辽岁币交涉。仁宗庆历元年(1041 年),辽聚兵幽涿,声言欲入寇。庆历二年(1042 年)三月,辽兴宗遣其臣萧英、刘六符斋国书使宋,索取周世宗所取瓦桥关以南十县之地。[2](卷135,p3229-3230)北宋派富弼携国书赴辽交涉,最终以增岁币十万两、绢十万匹了事。在谈判中,契丹国主先提出在誓书中加一"献"字,富弼坚不同意。又说改为"纳"字,富弼还是断然拒绝,国主便以拥兵南下相威胁。富弼退而指帐前高山与刘六符曰:"此尚可踊,若欲'献'、'纳'二字,则如天不可得而升也。使臣颈可断,此议决不敢诺。""然朝廷竟从晏殊议,许称'纳'字,弼不预也。"[2](卷137,p3292-3293)"献""纳"二字的争执,可见当时契丹的狂傲,而北宋最终认可"纳"字,亦反映出在契丹强势面前的不自信。

再次是熙宁重划地界的交涉。契丹自熙宁五年(1072 年)春在宋辽界河挑起事端,七年(1074 年)春天遣泛使萧禧,以宋人侵入辽界为借口,要求重新划分河东、河北蔚、应、朔三州的地界,于是宋辽之间展开了一轮划界交涉。宋再次对契丹做出退让,熙宁九年(1076 年)十一月,韩缜沿分水岭重划了双方地界。苏辙在元祐元年(1086 年)弹劾韩缜说:"缜昔奉使定契丹地界,举祖宗山河七百余里以资敌国,坐使中华之俗陷没方外。敌得乘高以瞰并、代,朝廷虽有劲兵良卒,无所复施。"[2](卷279,熙宁九年十一月丁丑条注引,P6825)

在宋夏关系中,辽朝从自身利益出发,利用自己的实力因素,时而扮演宋夏调停者的角色,以提高自己的国际"大国"地位;时而又乘宋夏战争之机,出兵或派使节威胁,给北宋施加压力,趁机获取利益。这一切,不仅掣制了北宋彻底解除西北边患的努力,也让其感受到了志向未申的屈辱。由于地缘关系的影响,西夏对北宋的军事威胁程度远远大于辽朝。"盖大辽自景德结好之后,虽有余孽,金帛绵絮他物之赂,而一岁不过七十余万。西边自熙宁犯境以来,虽绝夏人赐予;熙河兰会转输飞挽之费,一岁至四百余万。北边岁赂七十余万,而兵寝士休,累世无犬吠之警。西边岁费四百余万,而羌虏数入,逆执事如雁行,将吏被介胄而卧。"[3](卷十八《边防上》,p655)李纲总结说:"西夏自继迁盗有平凉、灵武、瓜沙、甘肃、银宥之地,百有余载,乍叛乍臣,为边境患。谋画之臣竭智于内,介胄之士用命于外,虚帑藏以给军赋,疲民力以飞刍粟,旷日持久,曾不能歼渠魁,复故境,制其死命。"[4](卷144,《御戎论》)宋神宗于元丰七年十月癸巳给李宪的诏谕说:"然夏国自祖宗以来,为西方巨患,历八十年。朝廷倾天下之力,竭四方财用,以供馈饷,尚日夜惴惴然,惟恐其盗边也。"[2](卷349,p8376)"一言以蔽之,契丹给宋造成亡国威胁远大于西夏,而西夏给宋造成的国防压力则远甚于契丹。"[5](p181)正是由于西夏在战场上屡屡给宋军造成难堪,刺激了宋朝士人的自尊心,以武力制服西夏的论调在北宋中后期颇有市场。然而,辽朝的不时介入、干预宋夏之争,迫使北宋改变其既定的对夏政策。宋真宗初年,当李继迁以攻取西北重镇灵州为目标时,宋廷少数有识之士认识到,夏辽地缘政治的接近将直接影响宋的国防安全。咸平二年(999年)六月,秘书丞何亮上安边书指出:"自环庆至灵武仅千里,西域、北庭剖分为二,故其地隘,其势弱,而不能为中国之大患。如舍灵武,则西域、北庭合而为一,此戎狄之患未可量者二也。"[2](卷44,p947)但当时夏、辽联盟,密切配合,在李继迁开始转攻灵州之时,辽亦不失时机地加紧了进攻北宋的步伐,宋为避免两线作战,集中力量对付来自辽的威胁,不得不置战略重镇灵州于不顾。咸平四年(1001年)九月,灵州终于被李继迁攻破。这从一个侧面说明了辽对北宋制夏政策的巨大影响力。

宋仁宗宝元年间(1038—1040年)年间,元昊向宋陕西发动进攻,宋夏战争爆发。宋廷初欲采用"攻策",辽却于庆历元年(1041年)十二月,在北宋新败于元昊之际,遣萧英、刘六符使宋,向宋索取后周旧割关南十县之地,并以武力相威胁,最后以北宋增加岁币了结,北宋对西夏的政策也被迫转为"守策"。宋神宗熙宁七年(1074年),辽提出割地要求,熙宁九年(1076年)以北宋的妥协而告终,这也不能不影响到宋的制夏政策,自熙宁七年(1074年)熙河之役暂告一段落后,至元丰四年(1081年),宋对夏没有大的举措。契丹对宋作出的强烈反应,在一定程度上延缓了北宋对夏大规模战争的步伐。宋神宗去世后,元祐党人一改此前积极的对夏政策而为妥协退让,以土地换和平。这与宋廷对契丹威胁的担忧有一定关系,哲宗和徽宗开边活动的结束,都与契丹的干预密不可分。[6](p369-382)

二、宋人对辽朝的畏惧心理和防范

在宋与契丹的关系中,北宋对契丹始终怀有一种畏惧心理。从太祖"赎买"山后地之说、赵普《御戎策》直到神宗时都是这样。宋人王辟之《渑水燕谈录》云："太祖讨平诸国,收其府藏贮之别府,曰封桩库,每岁国用之余,皆入焉。尝语近臣曰:'石晋割幽燕诸郡以归契丹,朕悯八州之民久陷夷虏,俟所蓄满五百万缗,遣使北虏,以赎山后诸郡;如不我从,即散府财募战士以图攻取。'会上即位,乃寝。"[7](卷1《帝德》,p3) 李华瑞先生认为:"所谓'赎买之说',那只不过是太祖对契丹怀有畏葸情绪,而又无奈的心境的一种反映。"[5](p63) 赵普《御戎策》明确反对用武力与契丹争锋。他认为,御戎之道有守、和、战上中下三策。对北宋而言,守、战都不可行。"……唯与之通好,或可解纷。"[8](卷342) 从中可见其忧惧契丹和"和戎"的思想。高梁河之战和岐沟关之战的失利,打掉了宋太宗曾有的面对契丹的那份从容和自信,思想上有了恐惧感。

宋真宗作为一代太平天子,没有经历过战场上的血雨腥风和金戈铁马,加之性格怯懦,所以从一开始就对契丹有一种畏惧心理。澶渊之盟的签订,反映出真宗对契丹的惧怕。真宗虽然勉从寇准之议,亲征御敌,而心实怯战。在双方议和过程中,当"(曹)利用之再使契丹也,面请岁赂金帛之数,上曰:'必不得已,虽百万亦可。'利用辞去,寇准召至幄次,语之曰:'虽有敕旨,汝往,所许不得过三十万。过三十万勿来见准,准将斩汝。'利用果以三十万成约而还。入见行宫,上方进食,未即对,使内侍问所赂,利用曰:'此机事,当面奏。'上复使问之,曰:'姑言其略。'利用终不肯言,而以三指加颊,内侍入曰:'三指加颊,岂非三百万乎?'上失声曰:'太多!'既而曰:'姑了事,亦可耳。'……及对,上亟问之,利用再三称罪,……曰:'三十万。'上不觉喜甚。故利用被赏特厚"[2](卷58,景德元年十二月丁亥条,p1292-1293)。这段资料非常传神地反映出宋真宗对契丹的畏惧和用岁币结束争端的心理。真宗此前所谓"朕守祖宗基业,不敢失坠。所言归地事极无名,必若邀求,朕当决战尔!实念河北居人,重有劳扰,傥岁以金帛济其不足,朝廷之体,固亦无伤。……"[2](卷58,景德元年十二月庚辰条,P1288) 这最后一句冠冕堂皇的话,实在是其掩饰胆怯的一个借口。"真宗以全盛之宋,当辽悬师深入之孤军,胜负未决,即亟亟于赂敌以求和,其怯战之情可知。"[9](p107) 仁宗庆历年间的契丹求关南地和最后以增岁币了结,亦反映出北宋对辽的惧怕。庆历二年正月己巳,"边吏言契丹泛使且至,朝廷为之旰食,历选可使敌者,群臣皆惮行"[2](卷135,p3230)。当富弼答应出使时,仁宗竟感动得流涕。可见,北宋君臣惧怕契丹到了何等程度。

神宗作为一代有为之君,对契丹的忧惧比前代君主有过之而无不及。熙宁五年(1072年)九月,神宗说:"呼契丹为叔,契丹邻敌乃呼为皇帝,岂是不畏彼?岁赐与金帛数千万已六七十年,六七十年畏契丹,非但今日。"[2](卷238,p5791) 熙宁七年(1074年),当契丹派人来要求重新画定地界时,神宗很是惶恐,对王安石说:"若遽交兵奈何?"安石曰:"必不至如此。"神宗还是很不放心。冯京以为我理未尝不直。神宗曰:"江南李氏何尝理曲,为太祖所灭。"安石曰:"今地非不广,人非不众,财谷非少,若与柴世宗、太宗同道,即何至为李氏。若独与李氏同忧,即必是计议国事犹有未尽尔,不然,即以今日土地、人民、财力,无畏契丹之理。"[2](卷250,p6084)不管王安石说了多少宽慰的话,但宋神宗对契丹的忧惧心理一点也没有减少。熙宁八年(1075 年)夏四月癸亥,王安石曰:"契丹无足忧者,萧禧来是何细事,而陛下连开天章、召执政,又括配车牛驴骡,广籴河北刍粮,扰扰之形见于江、淮之间,即河北、京东可知,契丹何缘不知?臣却恐契丹有以窥我,要求无已。"上曰:"今中国未有以当契丹,须至如此。"[2](卷262,p6372)可见神宗对契丹的畏惧,这种惧怕心理伴随着北宋君臣直至国亡。

既然契丹对北宋始终造成亡国的威胁,北宋自然也是时时关注契丹的动向而加以防范。这可从河防与文化上的防范表现出来,也可看出契丹对北宋军政影响之深远。

首先是河防的防范。北宋河防除防止灾患的因素外,更为重要的是为了防范契丹,"纵览北宋黄河史,不难发现,北宋治理黄河的政策并不完全出自为防治黄河决溢这一因素,而是更多的与防边紧密相联。'澶渊之盟'订立后,虽然宋辽间基本上维持了一个比较长时间的休战和平局面,但是辽朝的军事威胁仍无时不在地影响着北宋的军政方针和国策,对于北宋治河政策的影响就是一个显例"[10](p136)。庆历八年(1048 年)十二月庚辰,判大名府贾昌朝谈到黄河北流动摇边鄙,请求回河东复故道。"……况国家恃此大河,内固京都,外限敌马。祖宗以来,留意河防,条禁严切者以此。今乃旁流散出,甚有可涉之处,臣窃谓朝廷未之思也。如或思之,则不可不救其弊。臣愚窃救之之术,莫若东复故道,尽塞诸口。"[2](卷165,p3977)元祐二年(1087 年)知枢密院事安焘更明确讲道:"朝廷久议回河,独惮劳费,不顾大患。盖自小吴未决以前,河入海之地虽屡变移,而尽在中国;故京师恃以北限强敌,景德澶渊之事可验也。且河决每西,则河尾每北,河流既益西决,固已北抵境上。若复不止,则南岸遂属辽界,彼必为桥梁,守以州郡;……"[11](卷92,p2289-2290)这必然严重威胁北宋的安全。在宋人看来,最大的边患莫过于来自北方的辽朝。范仲淹说:"国家御戎之计在北为大。"[8](卷324,《河北备策》)苏轼说:"夫西戎北胡,皆为中国之患。而西戎之患小,北胡之患大,此天下之所明知也。"[12](《应诏集卷五·策断二十四》)由于燕云十六州的丧失,北宋在防范契丹南下的威胁方面的确处于无险可守的窘境,所以黄河的防边功能就被看的很重。元祐四年(1089 年)四月戊午,尚书省言"大河东流,为中国之要险。……若河尾直注北界入海,则中国全失险阻之限,不可不为深虑"[11](卷92,p2295-2296)。除了河防以外,宋人还用开挖塘泊、种树的办法防范限制契丹敌骑的南下深入。

其次是文化上的防范。唐代,对于书籍的出口并没有太多的限制。不仅佛教典籍允许出口,甚至一些登不了大雅之堂的所谓秘笈、小说之类也被人带出了国门。但从宋代起,对书籍的流出就有了限制。宋真宗景德三年(1006 年),朝廷就下诏,令边民除了《九经》书疏,不得将书籍带入榷场,违者案罪。[2](卷64,p1425)仁宗天圣五年(1027 年),又因为臣僚撰著文集经由雄州榷场流向北方的辽国,下令重申禁例,命令沿边州军严切禁止,不得将带文字出界。[13](《刑法二之一六》)"初,上封者言契丹通和,河北缘边榷场商人往来,多以本朝臣僚文集传鬻境外,其间载朝廷得失,或经制边事,深为未便。故禁止之。"[2](卷105,p2436)至和二年(1055 年),欧阳修《论雕印文字札子》称:"臣窃见京城近有雕印文集二十卷,名为《宋文》者,多是当今论议时政之言。其首篇是富弼往年让官表,其间陈北虏事宜甚多,详其语言,不可流布。……传入虏中,大于朝廷不便。"[14](p1637)相当严厉地请求朝廷下令禁止雕印这些有关时事的文字。元祐四年(1089 年),苏辙《北使还论北边事札子五道·论北朝所见与朝廷不便事》说:"本朝民间开版印行文字,臣等窃料北界无所不有,……其间臣僚章疏及士子策论,言朝廷得失、军国利害,盖为不少,兼小民愚陋,惟利是视,印行戏亵之语,无所不至,若使尽得流传北界,上则泄露机密,下则取笑边庭,皆极不便。"[15](卷42)第二年,礼部就下达了禁令:"凡议时政得失、边事军机文字,不得写录传布,本朝会要实录,不得雕印,违者徒二年。""诸戏亵之文,不得雕印。"[13](《刑法二之三八》)由此可见,北宋政府对于书籍刊印和流布的限制,主要是关涉到军事机密和风俗教化两方面的内容。前者关系到北宋的边防安全和国家安全,后者则关系到北宋这样一个文明国家在周边"四夷"心目中的形象问题。对高丽使者频繁来访以及索要地图,有人也提醒朝廷要严加防范,担心他们充当契丹间谍,刺探北宋情形。

三、宋人的"燕云"情结和"海上之盟"

由于燕云十六州地理位置的重要和对北宋国防安全的重大影响,加之传统中原王朝的一统观念,从开国之祖赵匡胤开始,对于收复燕云失地,赵宋君臣都是念兹在兹。开宝九年(976 年)二月己亥,群臣请加尊号曰"一统太平"。太祖曰:"燕、晋未复,遽可谓一统太平乎?"不许。[2](卷17,p364)雍熙二年(985 年)春正月丙戌,宋太宗谓宰相曰:"朕览史书,见晋高祖求援于契丹,遂行父事之礼,仍割地以奉之,使数百万黎庶限于契丹。冯道、赵莹,位居宰辅,皆遣令持礼,屈辱之甚也。敌人贪婪,啗之以利可耳,割地甚非良策。朕每思之,不觉叹惋。"[2](卷26,p594-595)高梁河之战和岐沟关之战就是宋太宗为收复失地所做的努力。然而,努力未果,平添了几分屈辱。真宗即位初期,亦不忘失地。咸平四年(1001年)冬十月庚戌,真宗指着一殿庭东壁幽州以北契丹图,曰:"契丹所据地,南北千五百里,东西九百里,封域非广也,而燕蓟沦陷,深可惜耳。"[2](卷49,p1078)澶渊之盟订立后,真宗态度前后有了变化。起初他似乎对盟约十分满意,景德元年(1004年)十二月戊子,对李继隆等曰:"北狄自古为患,傥思平愤患,尽议歼夷,则须日寻干戈,岁有劳费。今得其畏威服义,息战安民,甚慰朕怀,亦卿等之力也。"[2](卷58,p1293)以后更是疏于整饬边防,甚至为了固守盟约,还责备加强边备的武将。如大中祥符元年(1008年)夏四月甲寅,当并、代副部署石普言契丹信使不绝,渐违誓约,潜有侵轶,望令边寨设备的时候,真宗却说:"修好累年,北鄙宁静,不当自为猜虑。普止闻流言,不知国家大体尔。"[2](卷68,p1535)然而,从内心深处而言,澶渊之盟是一纸耻辱的盟约。景德三年(1006年)二月丁酉,王钦若为排挤寇准,进言"城下之盟,虽春秋时小国犹耻之,今以万乘之贵而为澶渊之举,是盟于城下也。其何耻如之!"上愀然不能答。[2](卷62,p1389)可见其郁闷的心情。刘静贞先生说:"澶渊誓书的缔订,虽然确立了宋辽间和平、对等的关系,也解除了长久以来令人紧张的敌对局面,但是这份用岁币换来的和平,终究难让宋人心平。传统中国素来鄙视夷狄,具有文化优越感,视统一帝国及朝贡制度为理想,而以与外族建立平等关系为耻辱;澶渊誓书固然缔造了难得的和平,但是岁币与对等关系所形成的心理障碍又当如何化解呢?"[16](p126)对契丹的恐惧症和耻辱感促使真宗将目光投向天书下降和封禅,这实际上是其发泄郁闷和掩饰内心隐痛的一个突破口。司马光《涑水记闻》记载:"苏子容曰:王冀公(钦若)既以城下之盟短寇莱公于真宗,真宗曰:'然则如何可以洗此耻?'冀公曰:'今国家欲以力服契丹,所未能也。戎狄之性,畏天而信鬼神,今不若盛为符瑞,引天命以自重,戎狄闻之,庶几不敢轻中国。'上疑未决,因幸秘阁,见杜镐,问之曰:'卿博通《坟典》,所谓《河图》《洛书》者,果有之乎?'镐曰:'此盖圣人神道设教耳。'上遂决冀公之策,作天书等事。"[17](卷6,p120)天书、封禅之事,与其说是做给契丹看的,不如说是真宗做给自己看的。

对契丹的畏惧和屈辱感反而一定程度上刺激了北宋君臣收复失地的欲望。庆历增币事件以后,富弼曾向仁宗说:"愿陛下益修武备,无忘国耻。""勿忘国耻"这应该是北宋君臣的集体意识。庆历四年(1044年)富弼在所上河北守御十二策中说,揭露了北宋朝廷的苟且之风和之所以在契丹面前被动的原因。他说,澶渊之盟未为失策,"而所可痛者,当国大臣,论和之后,武备皆废。以边臣用心者,谓之引惹生事,以搢绅虑患者,谓之迂阔背时。……西北二敌,稔知朝廷作事如此之失也,于是阴相交结,乘虚有谋。……蕃使每到朝廷勃慢,则尚曰边鄙之人无礼,是其常事,固不之恤也。但只自谩嚇,佯为包容,其实偷安,不为国家任责,画长久之远经,所以纵其奸谋,养成深患。是致宝元元年,元昊窃发,数载用兵,西人困穷,未有胜算,又至庆历二年,契丹观衅而动,嫚书上闻,中外仓皇,莫知为计。不免益以金帛,苟且一时之安"[2](卷150,p3640)。北宋的苟且和包容,激起了契丹更大的贪欲,自然也给北宋君臣带来更多新的屈辱。尤其是"自契丹侵取燕、蓟以北,拓跋自得灵、夏以西,其间所生豪英,皆为其用。得中国土地,役中国人力,称中国位号,仿中国官属,任中国贤才,读中国书籍,用中国车服,行中国法令,是二敌所为皆与中国等。而又劲兵骁将长于中国,中国所有,彼尽得之,彼之所长,中国不及"[2](卷150,p3640-3641)的时候。熙宁五年(1072年)八月甲申,王安石就对神宗说:"天命陛下为四海神民主,当使四夷即叙。今乃称契丹母为叔祖母,称契丹为叔父。更岁与数十万钱帛,此乃臣之所耻。然陛下所以屈己如此者,量时故也。"[2](卷237,p5762)"四夷"对中原王朝造成的巨大冲击和震撼,中原王朝失去"天下共主"地位的耻辱感,促使北宋像神宗这样欲有所为的皇帝必欲消灭契丹才解心头之恨。神宗说过:"自来契丹要陵蔑中国。"[2](卷236,p5734)这句话看似平淡,但其中包含了神宗对契丹多少的怨恨和愤怒。元丰五年(1082年)五月辛卯,神宗因议陕西兵食,谓执政曰:"康定中,西鄙用兵,契丹乘闲有所要请,仁宗御延和对辅臣,至于感愤涕泣。朕为人子孙,守祖宗神器,每念付托之重,宜如何也?"因改容泣下,群臣震恐莫敢对。[2](卷326,p7847-7848)王铚《默记》说:"神宗初即位,慨然有取山后之志……一日,语及北边事,曰:'太宗自燕京城下军溃,北人追之,仅得脱,凡行在服御宝器尽为所夺,从人宫嫔尽陷没,股上中两箭,岁岁必发。其弃天下,竟以箭疮发云。盖北人乃不共戴天之仇,反捐金缯数十万以事之为叔父。为人子孙,当如是乎?'已而泣下久之。盖已有取北边大志,其后永乐、灵州之败,故郁郁不乐者,尤甚怆圣志之不就也"[18](p43-44)。

种种原因,北宋初期没能用战争手段收复燕云地区,而以后更只能用"赐"岁币、"增赐"岁币,甚至割地的办法求得边境的安宁。北宋不仅失去了中原王朝傲视四夷的那种霸气,而且还和"夷族"平起平坐,称兄道弟。然而边患未泯,北宋王朝始终处于契丹亡国威胁的巨大阴影之下,这种耻辱感是北宋几代君臣所不能释怀的。到宋徽宗时代,辽已衰败,其国内矛盾重重。金人崛起,打起了反辽旗帜;契丹族贵族内部也因天祚帝的荒淫无道而出现分崩离析之势。这给打着"绍述"神宗事业旗号的宋徽宗君臣以极大的诱惑,时燕云十六州陷于契丹近二百年,如能收复,岂非不世功业!此时的宋人似乎终于等到了报仇雪恨的机会,于是积极行动起来与金联盟,希望借金人的力量收复几代人梦寐以求的燕云十六州。经过多次的使节往来和协商,宣和二年(1120年),宋金签订盟约,约定双方联合灭辽,辽亡后,燕、云归宋,宋将原给辽的岁币给金等,史称"海上之盟"。但辽灭亡以后,由于金人在几年的与宋接触中,看透了北宋政治、军政的腐败和军队战斗力的低下,慢慢认识到了北宋的外强中干,所以不仅没有按约定归还燕云失地,而且还发动了对宋战争,终于在灭辽两年以后的1127年灭亡北宋。

虽然宋金"海上之盟"并没有给徽宗君臣带来收复失地、光大祖业的荣耀,相反却因此而遭致了败家丧国,流离异域的无尽耻辱。但从文化心理角度来看,宋徽宗的这种决策还是可以理解的。"徽宗感于历朝之受此压逼,偶闻金崛起于满洲,屡败辽师,认为良机之至,遂欲因其力以收复燕云,除百余年来之大患。"[19](p56)陶晋生说:"北宋朝野对于燕云十六州的恢复一事的关心,可说已经到了着魔的程度。宋徽宗为了贯彻收复失地的主张,冒险采取了联金灭辽的政策,以致一败涂地。尤为甚者,即使在宋钦宗被迫订了城下之盟,割让了河北河东三镇给金人,后来主战派力主'祖宗之地,尺寸不可与人',而反悔盟约,给了金人再度侵宋的大好借口。这样看来,我们甚至可以说宋人是为了维持疆界和收复失地而亡国。"[20](p102)

宋人因收复燕云的失败而对辽朝产生恐惧感,这种恐惧感又导致了长期的屈辱外交。只有收复燕云才可以摆脱这种屈辱感,这也就是宋人的"燕云"情结。

参考文献

[1]石介著,陈植锷点校. 徂徕石先生文集[M]. 北京:中华书局,1984.

[2]李焘. 续资治通鉴长编[M]. 北京:中华书局,1993.

[3]秦观撰,徐培均笺注. 淮海集[M]. 上海:上海古籍出版社,1994.

[4]李纲. 梁溪集[M].文渊阁四库全书本. 北京:商务印书馆,2005.

[5]李华瑞. 宋史论集[M]. 保定:河北大学出版社,2001.

[6]李华瑞. 宋夏关系史[M]. 石家庄:河北人民出版社,1998.

[7]王辟之撰,吕友仁点校. 渑水燕谈录[M]. 北京:中华书局,1981.

[8]黄淮,杨士奇. 历代名臣奏议[M]. 上海:上海古籍出版社,1989.

[9]林瑞翰. 宋代政治史[M]. 台北:大学联合出版委员会,1992.

[10]李华瑞. 宋夏史研究[M]. 天津:天津古籍出版社,2006.

[11]脱脱. 宋史[M]. 北京:中华书局,1977.

[12]苏轼. 苏东坡全集[M]. 北京:北京市中国书店,1986.

[13]徐松. 宋会要辑稿[M]. 北京:中华书局,1957.

[14]欧阳修. 欧阳修全集[M]. 北京:中华书局,2001.

[15]苏辙. 栾城集[M].文渊阁四库全书本. 北京:商务印书馆,2005.

[16]刘静贞. 皇帝和他们的权利:北宋前期[M]. 台北:国立编译馆,1996.

[17]司马光著,邓广铭、张希清点校. 涑水记闻[M]. 北京:中华书局,1989.

［18］王铚. 默记［M］. 北京：中华书局，1991 年.

［19］陈乐素. 宋徽宗谋复燕云之失败［M］//《求是集》第一辑. 广州：广东人民出版社，1986.

［20］陶晋生. 宋辽关系史研究［M］. 台北：联经出版事业公司出版，1984.

（本文发表于《史学集刊》2008 年第 5 期）

从陇右秦墓看秦人与戎人的关系

马格侠　张　琳[*]

秦人很早就与戎人有着密切的关系,早在中潏时期,秦人就开始了与戎人的和睦相处。但是从秦仲开始,西戎消灭了犬丘大骆的部族,开启秦人与戎人了长达 200 多年的征战。虽然在战斗中也有秦戎之间婚姻关系的缔结,但并未改变秦人东进抢占戎人住地的战争形势。虽然到战国时期,秦穆公独霸西戎,但是陇右地区仍然是秦人与戎人、北方草原民族共同居住的家园,而这种多民族杂居状态,使秦人甚至到秦二世时期,其生产方式仍然是亦农亦牧。

秦与戎人的关系,一直是史学界研究的一个热门话题,对于此问题,研究者众多,或者将秦戎关系放入春秋战国时期秦人崛起的大背景下[1],或者将秦戎关系放到秦人历史的兴替之中[2]58-81,或是族群背景下的秦人进行考察[3]。纵观这些成果,是将秦人与戎人的关系放入春秋战国这个大背景下,放入秦统一全国的进程中研究秦戎关系,对秦在陇右西垂与戎人的关系鲜有论及者,本人不揣浅陋,试就此问题求教于方家。

一、文献所记秦人与西戎关系

地处西垂的秦人,很早就与戎人之间有着密切的联系,早在非子居西垂犬丘之前,"申侯乃言孝王曰:'昔我先郦山之女,为戎胥轩妻,生中潏,以亲故归周,保西垂,西垂以其故和睦。今复与大骆妻,生适子成。申骆重婚,西戎皆服,所以为王。王其图之。'于是孝王曰:'昔伯翳为舜主畜,畜多息,故有土,赐姓嬴。今其后

* 作者简介:马格侠,1969 年生,生,陕西省武功县人,天水师范学院历史文化学院副教授,历史学博士,主要从事中国史、敦煌佛教的教学与研究工作。
张琳,1976 年生,女,湖南省临湘人,天水师范学院历史文化学院讲师,主要从事中国史的教学与研究工作。

世亦为朕息马,朕其分土为附庸。'邑之秦,使复续嬴氏祀,号曰秦嬴。亦不废申侯之女子为骆适者,以和西戎。"[4]卷五《秦本纪》,128 可见秦人早就与戎人通婚,在其祖先中潏就曾在为周王守护西垂,和睦西戎,此时秦人与戎人关系和睦,西垂安定。

到秦仲(前845年—前822年在位)时期,由于周厉王无道,诸侯叛乱。西戎趁机反抗周王室,消灭了犬丘大骆的部族。周宣王即位后"乃以秦仲为大夫,诛西戎。西戎杀秦仲。秦仲立二十二年,死于戎"[4]卷五《秦本纪》,128。此时,秦人与西戎关系破裂,双方战争不断。秦仲死后,周宣王继续任用秦仲之子庄公(前821年—前778年在位)兄弟五人,"与兵七千人,使伐西戎,破之。于是复予秦仲后,及其先大骆地犬丘并有之,为西垂大夫"[4]卷五《秦本纪》,128-129。此后秦人与戎人之间战争不断,据《史记》记载:

> 庄公居其故西犬丘,生子三人,其长男世父。世父曰:"戎杀我大父仲,我非杀戎王则不敢入邑。"遂将击戎,让其弟襄公。襄公为太子。庄公立四十四年,卒,太子襄公代立. 襄公元年,以女弟缪嬴为丰王妻,襄公二年,戎围犬丘,世父击之,为戎人所虏。岁余,复归世父。七年春,周幽王用褒姒废太子,立褒姒子为适,数欺诸侯,诸侯叛之。西戎犬戎与申侯伐周,杀幽王郦山下。而秦襄公将兵救周,战甚力,有功。周避犬戎难,东徙雒邑,襄公以兵送周平王。平王封襄公为诸侯,赐之岐以西之地。曰"戎无道,侵夺我岐、丰之地,秦能攻逐戎,即有其地。"与誓,奉爵之。襄公于是始国,与诸侯通使聘享之礼,乃用骝驹、黄牛、羝羊各三,祠上帝西畤。十二年,伐戎而至岐,卒。[4]卷五《秦本纪》,129

从这段记载中可以看出,在秦人居住于西犬丘之时,秦戎之间的战争非常激烈,甚至秦人的祖先世父为了打击戎人,甚至将国君之位让给弟弟秦襄公。但是到秦襄公时,虽然与戎人的战争仍在进行,但秦戎之间的友好关系并未完全破裂,秦襄公甚至将自己的妹妹缪嬴嫁给戎人首领丰王为妻[5]卷四,122。但是,这种政治联姻好像并未挽救已经破裂的秦戎关系。襄公二年,戎人围攻犬丘,世父帅兵抵抗,战败被俘,虽然后来戎人归还了被俘的世父,但秦人与戎人的关系也并未因为这次归还俘虏而好转。当西戎与犬戎与申侯一起围攻周幽王时,秦襄公帅兵救周,与戎人继续战斗,一直到秦襄公十二年时,秦戎之间的战争随着秦人的东迁而从西犬丘东转至岐。但是秦戎之间的战争并未停息,"十六年,文公以兵伐戎,戎败走。于是文公遂收周余民有之,地至岐,岐以东献之周。"[4]卷五《秦本纪》,129

这说明,秦人与戎人的战斗是随着戎人的向西撤退和秦人的东进同步进行的。在秦与戎的屡次战斗中,戎人节节向西败退,而秦人在击败戎人后,占领了过去为戎人居住的犬丘之地、丰、岐之乡,甚至将占领的戎人居住地送给周王室以获得周王室对自己诸侯地位和所占领土的认同。

到秦宁公(前724年—前704年在位)二年,"遣兵伐荡社。三年,与亳战,亳王奔戎,遂灭荡社。"[4]卷五《秦本纪》,131荡社为西戎之君亳王的城邑,位置在雍州三原县。可见秦人的前锋部分已经深入关中三原之地。到十二年,秦人占领了西戎的荡氏封地。秦武公(前697年—前678年在位)元年,"伐彭戏氏,至于华山下,居平阳封宫。",彭戏氏,《史记正义》说"戎号也。盖同州彭衙故城是也"。蒙文通考证,"彭衙故城为今白水县东北六十里彭衙堡,知县郑为彭戏氏地,以秦伐彭戏,至于华山,正当郑封。盖郑之故地,彭戏取之"[6]33。"彭戏氏",西周时被称为"猃狁",春秋时期,彭戏戎侵占了郑国故地彭衙,将活动范围从洛水西岸延伸到华山脚下[7]卷二十·史林五《鬼方昆夷猃狁考》583-606。武公十年,"伐邽、冀戎,初县之。"《汉书地理志》陇西郡有"上邽县",应劭曰"《史记》故邽戎邑也"[8]卷二十八下《地理志下》1290。也就是说,上邽是邽戎、冀戎居住的地方,秦朝开始在这里设置郡县进行管辖。武公十一年,"初县杜、郑。灭小虢"[4]卷五《秦本纪》,131《史记集解》说:"班固曰,西虢在雍州。"《括地志》云:故虢城在岐山陈仓县东四十里。次西十余里又有城,亦名虢城。《舆地志》云,此虢文王母弟虢叔所封,是曰西虢。按:此虢灭时,陕州之虢犹谓之小虢。又云,小虢,羌之别种。[4]卷五《秦本纪》,132可见小虢也是当时羌人的一支。到秦穆公(前659年—前621年在位)元年,"自将伐茅津,胜之"。秦穆公亲自带兵讨伐的茅津也是戎人的一支,居住在今天山西平陆县一带,这与晋国西征骊戎的计划产生了冲突,两国出于战争的边缘。秦穆公派孟明视等帅兵伐晋,大败而归。此时"戎王使由余于秦。由余,其先晋人也,亡入戎,能晋言。闻穆公贤,故使由余观秦"。可见此时戎人对秦穆公之贤能充满了疑问,派来了贤能的由余来探听虚实,秦穆公利用内史廖的计谋,离间了戎王与由余的关系,在由余的帮助下,在"三十七年,秦用由余谋伐戎王,益国十二,开地千里,遂霸西戎"[4]卷五《秦本纪》,138-140。秦与戎人的战争从秦仲开始,到秦穆公结束,前后经历了五代国君,进行了两百多年的战争,才将戎人从其世代居住的骊山以西地区驱赶到了天水以西、山西平陆一带,但是此时的秦人风俗习惯,并未随着部族的东迁而改变其戎人习俗,在东方大国看来,此时的秦人还是戎人的一部分。如管子说:"(桓公)西征,攘白狄之地,遂至于西河。方舟投柎,乘浮济河。至于石沈,县车束马,踰太行。与卑耳之貂,拘秦夏,西服流沙西虞,而秦戎始从。"[9]卷八《小匡》425可见在齐桓公打起尊王攘夷的口号时,秦人在东方大国齐国统治者齐桓公眼中,还是秦戎,为戎人的一部分。

甚至到了秦武公二十年,葬雍城平阳时,"初以人从死,从死者六十六人"[4]卷五《秦本纪》,132。而这种"从死"制度,清人姚继恒认为"从死乃秦戎狄之俗,非关君之贤否也"[10]卷七142。可见直到武公晚年,秦人仍然保持着戎人的丧葬习俗。

秦人戎狄风俗的改变,是从商鞅变法开始的,司马迁说,到秦孝公(前381年—前338年)时,"商君相秦十年,宗室贵戚多怨望者。……商君曰'始秦戎翟之教,父子无别,同室而居。今我更制其教,而为其男女之别,大筑冀阙,营如鲁卫矣,子观我治秦也,孰与五羖大度贤?'"[4]卷第八《商君列传》1767可见秦人戎俗的改变是因商鞅变法。商鞅改变了秦人的戎狄习俗,使其学习东方文明,开始有了男女之别,有了宫阙的修建。秦人这种风俗的改变,也使秦人与戎人的关系彻底分化。

秦人这种风俗的转变,不仅可以从文献记载中获得蛛丝马迹,还可以从秦人早期的在陇右生活时期遗留下来的遗物及西垂陵区遗址、毛家坪遗址、马家塬遗址中得到印证。

二、陇右秦墓所见秦人与戎人关系

从已经公布的礼县大堡子山秦公大墓的研究成果来看,葬在这里的秦公只有两代,多数人认为是襄公与文公[11]88-93。但张天恩研究员认为大堡子山秦公大墓可能有四公,"除了襄公、文公墓,还应有未被确认的静公和尚未发现的宪公墓"[12]76-80。

从2004年3月—4月,由甘肃省文物考古研究所、陕西省考古研究所、国家博物馆、北京大学考古文博学院、西北大学文博学院组成的"早期秦文化研究课题"组,"对西汉水上游东起天水市天水乡、西至礼县江口乡约60余公里的干流两岸及其支流红河、永坪河、燕子河等河流两岸每一个台地逐个踏查"。"在调查发现的98个遗址中,采集了数以千计的文物标本,发现含有西周和东周时代文化遗存的遗址达47处。""包含周秦文化的遗址约38处,包含寺洼文化的遗址22处。"[13]13-20寺洼文化最初发现于甘肃临洮的寺洼山,据夏鼐先生推论其为古代的氐羌族的遗留[14]11-50。张天恩研究员认为:

> 既然以赵坪、大堡子山等周代遗址基本已经肯定属于秦文化,那么,同时居住于西汉水上游地区寺洼文化,应该就是与秦发生过许多纠葛的西戎族的考古学文化无疑。周秦与西戎的种种矛盾纠纷,从考古学方面观察,实际就是存在于周秦文化与寺洼文化之间。[12]76-80

虽然从现在发现的考古资料中还无法判断这里存在的西戎文化是否为大骆犬丘之族所灭，到秦庄公兄弟破戎之前的西戎文化遗存，是否与秦襄公、秦文公战斗的那一支，但从这些文化遗存中可以看出，秦从其祖先大骆开始，就已经在陇右与戎人一起生活，虽然其中有冲突与战争，但不可否认的是，秦人在与戎人共同在陇右生活过程中濡染了戎人的一些文化习俗，从而使其在东方大国看来，是与戎人相似的秦戎，从而使秦人由此也是"西戎"的一支。[15]180-192

1982、1983 年甘肃省文物工作队、北京大学考古学系对位于甘肃省甘谷县盘安乡毛家坪遗址进行了两次发掘。1982 年清理"土坑墓六座，灰坑二个"，1983 年"发掘土坑墓十六座""灰坑三十七个，房基四处、土坑墓十一座、鬲棺葬十二组"。"毛家坪 A 组遗存前段虽然在年代上为西周时期，但文化面貌与西周文化并不完全相同。它虽有西周文化的因素，但有些特点又不见于西周文化而与东周秦文化有某些联系。"毛家坪 B 组遗存物有"B 层遗存的陶片，遗迹有鬲棺葬八组"[16]356-395。有红褐陶鬲和双耳罐、高领罐、双小耳罐和双大耳罐等陶器。发掘报告认为：

> 毛家坪 B 组遗存是在与 A 组遗存后段即东周秦文化共存的情况下发现的，但它并不属于秦文化。(1)这一遗存自身特征十分突出，显然与秦文化不同。(2)该遗存占有相当数量，而且其遗物质遗址中随处可以采集到。(3)居址 4A、4B 层绝不见这一遗存的陶片，可见它不是由 A 组遗存前段发展来的，而是东周时期新出现的。(4)关中地区的秦文化遗存中极少见这种情况，只是在个别墓中见到类似的陶器。天水县董家坪一处时代与毛家坪相当的秦文化遗址中，也不见这种遗存。(5)这一遗存中其他地点曾有发现，如庄浪县的王宫和贺子沟两地出土的一批陶器，与毛家坪 B 组遗存相似。
>
> 见文化特征来说，毛家坪 B 组遗存与以前陕甘青地区已发现的诸文化均不同，应当是一种新的遗存。这种新遗存中甘肃东部有着广泛的分布，如象天水、平凉、庆阳地区许多市、县的文化馆藏有这种遗存的陶器。毛家坪 B 组遗存既然是不同于秦文化的另外一种新遗存，那么为什么在同一时期内和秦文化共存于一地呢？这可能与两种遗存的族属和当时的历史背景有关，我们将另外探讨。[16]356-395

甘肃庄浪县的王宫和贺子沟两地出土的与毛家坪 B 组遗存相似的遗存，丁广学认为是寺洼文化的陶器[17]11-21。如上所述，寺洼文化陶器既然是西戎族的考古学文化，那么毛家坪 B 组遗存的族属应该是西戎族，结合毛家坪 A 组有东周秦文化的特征,我们可以断定,毛家坪遗址存在着秦文化与西戎文化的混合特征,可能是秦人与西戎在这里共同生活过的文化遗存。至于这种共同生活是和睦相处还是战斗不休,我们无从得知。

2006年8月,甘肃省文物考古研究所和张家川县博物馆对马家塬墓地进行抢救性发掘,共清理被盗掘的墓葬3座(M1－M3)。"出土有陶、铜、金、银、铁、骨及玛瑙、绿松石、琉璃灯器物2200余件"。"通过对墓葬形制和大量出土器物的分析,此墓地有着秦文化特征,如茧形壶以及其底部铭文。同时又有着戎人文化特征,如夹砂红陶带堑袋形铲足鬲、夹砂红陶单耳罐等。从车乘上所装饰的金、银箔、铜花片饰,铜动物装饰等看,还有着北方草原文化的特征。从从出土的连珠纹浅蓝色釉陶杯和大量的汉紫、汉蓝串珠等分析,又有着西方文化的特征。足见多种文化因素在墓地中体现,为我们从多角度了解、认识、研究战国时期戎人与秦,北方草原文化,以及东西文化互相间的交流、渗透,有着极其重要的意义。"[18]4－28

另外,在陇右地区反映秦人与戎人的文化遗存,还有在1967年秦安县陇城镇上袁家村发现的秦汉墓。1972年,甘肃省文物工作队对该墓地进行铲探,探出古墓6座。其中M6、M7秦墓可能是夫妇异穴葬。M6墓为女性,墓口"南端坑内附葬车马""在南端车马坑的正中,坑口以下70厘米处,随葬陶器一组,计有灰陶鼎3件,绳纹灰陶罐3件"。车马"坑内原来似附葬车马一套,靠南端殉葬马一匹""在车子位置以北殉葬狗1只""在坑的东壁下,随葬一排牛、马、羊头骨,从北向南计有牛头2只,马头1只,羊头18只,在东南角放置铁锸1件。""椁内东侧随葬各类陶器及兽骨,中部放置铜器、扣器等物。在骨架右手腕处放置玉璜,左侧放置铜镜、铁匕首、印章、半两钱以及散落在人骨架周围的各类佩饰品。"[19]57－77 M7墓为男性,"前室附葬车马",前室口外的墓道中"约二米见方的范围内,殉葬牛头10只,羊头110只,这种葬俗在以往的发掘中不多见"。前"室内随葬1车1马""车轨宽约1.8米。在马后正中1.8米左右的圆形范围内出土盖弓帽及伞饰配件"。"在车子位置的两侧和车下还殉葬完整的羊2只,狗3只。在车子的右后侧出土铁戟、铜戈等兵器。"在墓室内的木椁内,"放置铜灯、铁钺、漆器等随葬物"。在"人架右手旁放置铁剑、铁刀,左手旁放置铜镜,头部以及身旁放置玉璜、玉石片等。棺外东侧随葬漆器较多,但都腐朽,仅能辨认出漆耳杯等"[19]57－77。从这两座墓的随葬品来看,墓内殉葬大量羊、牛、马头以及完整的羊、狗、鸡骨架,并且数量巨大,一方面反映墓主人生前占有大量财富,另一方面也说明当时地处陇山之西的秦安在当时是畜牧业相当发达的地区。对上袁家秦墓的时代,发掘报告判断为"秦统一至二世时期"。从随葬品中既出现大量家畜,又出现铁锸、铜镜、半两钱、铁戟、铜戈、铜灯、铁钺、漆器、铁剑、铁刀等农具、生活用品及武器来看,其墓主可能是既从事畜牧业生产,又从事农业生产,还担任防御任务的军事官员。

三、结语

综上所述,可以看出,从秦人祖先中潏开始就已经与戎人有了密切的交往。这种交往中既有秦人与戎人通婚时期的和睦时期,也有秦人东进与戎人争夺领地的战争时期。在这种和平相处与不断的战争中,秦人与戎人的风俗趋于一致,以致于在东方大国看来,秦人是与戎人一样,是野蛮的秦戎。虽然秦穆公独霸西戎,但是直到战国时期,陇右地区仍然是秦人与戎人和北方草原民族共同居住的家园,直到秦孝公任用商鞅变法,才使秦人的戎翟习气得以改变。但是陇右地区的秦人仍遗留有戎人与草原游牧民族的生活习气,使这里的人民形成了亦农亦牧的生产生活方式。

参考文献

[1]陈探戈.春秋战国时期秦戎关系研究[D].西安:西北大学,2011.

[2]舒振邦.秦之兴替与容帝和胡的关系[J].内蒙古大学学报.1985(4).

[3]史党社.秦关北望——秦与"戎狄"文化的关系研究[J].上海:复旦大学,2008.

[4]司马迁.史记[M].北京:中华书局,1999.

[5]梁玉绳.史记志疑[M].北京:中华书局,1981.

[6]蒙文通.周秦少数民族研究[M].上海:龙门联合书局,1958.

[7]王国维.观堂集林[M].北京:中华书局,1961.

[8]班固.汉书[M].北京:中华书局,1999.

[9]管子著.黎翔凤校注.管子校注[M].北京:中华书局,2004.

[10]姚际恒.诗经通论[M].北京:中华书局,1958.

[11]王辉.也谈礼县大堡子山秦公墓地及其铜器[J].考古与文物,1998(5).

[12]张天恩.甘肃礼县秦文化调查的一些认识[J].考古与文物,2004(6)

[13]早期秦文化联合考古队.西汉水上游周代遗址考古调查简报[J].考古与文物,2004(6).

[14]夏鼐.临洮寺洼山发掘记[C]//夏鼐.考古学论文集.北京:科学出版社,1961.

[15]俞伟超.古代"西戎"和"羌""胡"考古学文化归属问题的探讨[C]//俞伟超.先秦两汉考古学论集.北京:文物出版社,1985.

[16]甘肃省文物工作队.北京大学考古学系.甘肃甘谷毛家坪遗址发掘报告[J].考

古学报,1987(3).

[17]丁广学.甘肃庄浪县出土的寺洼陶器[J].考古与文物,1981(2).

[18]甘肃文物考古研究所.2006年张家川回族自治县马家塬战国墓地发掘简报[J].文物,2008(9).

[19]甘肃省文物考古研究所.甘肃秦安上袁家秦汉墓葬发掘[J].考古学报,1997(1).

（本文发表于《西安财经学院学报》2017年第2期）

秦人从死刍议

马格侠[*]

　　秦人从春秋时代开始流行的从死制度,不仅没有在秦献公发布"禁从死"命令后完全废止,而且还有继续扩大的趋势。秦人从死制流行的原因,不仅是对其从春秋时代开始的殉葬制度的一种继承,也是秦人表达对君主及父母孝心与忠诚的最好方式,甚至成为不舍生前所爱,铲除政治对手的一种有效手段。这种制度的流行,使得从夏商以来的殉葬制度及其残酷性得以延续,也成为历代有识之士不断批评的主要内容。

　　清人孔颖达解释《诗经·黄鸟》说:"《黄鸟》,哀三良也。国人刺穆公以人从死,而作是诗也。"[2]《死雅》解释从死说:"从死,(1)杀人以殉;陪葬。(2)追随已死的某人而死去。"[3]对于秦人从死习俗,学界研究者有张仲立[4]、尚志儒[5]等人。纵观这些学者的研究成果,或以司马迁所记内容为主,或以先秦从死制度为限,都没有对从死习俗在秦人中的流行情况、秦人从死的原因、秦人从死习俗对后世丧葬习俗的影响等方面进行深入探讨,因此本人不揣浅陋,试就这些问题求证于方家。

一、秦人从死之记载

　　根据《死雅》对从死的解释,其内容应该包括两个方面,即杀人以殉及追随已亡者而死。根据这两个方面的内容,查阅史籍所记,秦人从死者不仅是三良从秦穆公而死,早在秦穆公之前[6],秦人就已有了从死风俗。如秦武公时,秦人就"初以人从死,从死者六十六人"。从死秦武公的这六十六人,是为杀人以殉者还是心甘情愿追随秦武公而死者,我们无从而知。但从文献记载来看,从死秦穆公的也

　　* 作者简介:马格侠,1969 年生,女,陕西省武功县人,天水师范学院文史学院副教授,历史学博士,主要从事敦煌学、民俗学的教学与研究。

不仅仅是三良，《史记》记载："三十九年，穆公卒，葬雍。从死者百七十七人，秦之良臣子舆氏三人名曰奄息、仲行、针虎，亦在从死之中。秦人哀之，为作歌黄鸟之诗。"[7]可见从死秦穆公者多达一百七十七人，而奄息、仲行、针虎这三良只是这一百七十七位从死者中最著名的三位。这些从死者是被杀后以殉葬，还是自愿追随秦穆公而死，从文献记载我们无从得知，但秦人的从死之风，并未在秦穆公之后终止。因此文献中才有了秦"献公元年，止从死"[8]的记载。虽然秦国已经下令"止从死"，但从死风俗并未完全从秦人的生活中消失。据《战国策》记载：

> 秦宣太后爱魏丑夫。太后病将死，出令曰：'"为我葬，必以魏子为殉。"魏子患之。庸芮为魏子说太后曰："以死者为有知乎？"太后曰："无知也。"曰："若太后之神灵，明知死者之无知矣，何为空以生所爱葬于无知之死人哉？若死者有知，先王积怒之日久矣，太后救过不赡，何暇乃私魏丑夫乎？"太后曰："善。"乃止。[9]

魏丑夫差点成为秦宣太后死后的殉葬品，可见从死风俗，在秦国下达禁令后依然存在。秦始皇去世后，秦二世命秦始皇后宫非有子者"皆令从死，死者甚众。葬既已下，或言工匠为机，臧皆知之，臧重即泄。大事毕，已臧，闭中羡，下外羡门，尽闭工匠臧者，无复出者"[10]。这些从死者，肯定并非都自愿从死者，而被幽闭于始皇陵中羡、外羡的工匠，肯定都是在毫不知情的情况下，被活埋于其中，否则如此众多的宫人、工匠如何都能自愿抛弃生命，被活埋于秦始皇的陵墓中呢？

当然，也有被迫为秦始皇陪葬的人存在，据《史记》记载：

> 公子高欲奔，恐收族，乃上书曰："先帝无恙时，臣入则赐食，出则乘舆。御府之衣，臣得赐之；中厩之宝马，臣得赐之。臣当从死而不能，为人子不孝，为人臣不忠。不忠者无名以立于世，臣请从死，愿葬郦山之足。唯上幸哀怜之。"书上，胡亥大说，召赵高而示之，曰："此可谓急乎？"赵高曰："人臣当忧死而不暇，何变之得谋。"胡亥可其书，赐钱十万以葬。[11]

从文献记载可以看出，公子高从死秦始皇，是在始皇去世后，本想逃跑，但又担心自己家族被诛而不得已采取的一种缓兵之策。本想利用请求从死以免祸，没想到上书后，被赵高与秦二世所利用，成为被迫为始皇殉葬的牺牲品。从公子高请求从死的奏折中可以看出，秦人直到秦始皇统治时期，仍然把从死，看成是儿子孝敬父亲、大臣效忠皇帝的最好方式。虽然公子高所表忠孝之心被秦二世、赵高所利用,但其从死是得到了当时统治者秦二世的认可的,所以才有了"赐钱十万以葬"的命令。

秦人从武公时"始以人从死"起,到献公"止从死",从死习俗在秦国流行了四百多年,经过了二十多位君主的认可或默许。虽然不能确认所有秦国国君死后都有从死者存在,但秦国大多数国君死后都有殉人存在,是不断被考古发掘所证实的事实。如1994年对甘肃礼县大堡子山秦公大墓的发掘,在"东西长约250米,南北宽约140米"的区域内,南北并列着2座[12]东西向中字形大墓,编号为M2、M3。其南端有从葬的2座东西向瓦刀形车马坑。特别是M2号大墓,据记载:

> 墓室内设二层台。其中,东、北、南三面二层台上殉葬7人,均为直肢葬,都有葬具(有的还是漆棺),多随身葬有小件玉饰。……西墓道长38.2,宽4.5—5.5米,总体也是斜坡状,但有8个沟槽状的台阶。在深1.25米的层面填土中埋葬12个殉人,均为屈肢葬,头向有的朝东,有的朝西。分为生殉和杀殉两种,前者作痛苦挣扎状,后者有的头部有洞,姿势规整。多为青少年。有3个殉人各随葬玉玦1件。填土中还有殉犬一只。[13]

如在甘肃礼县圆顶山98LDM2、2000LDM4春秋秦墓中,也发现了殉人:

> 有殉人7,殉狗1。殉人葬于墓室北、东、南壁的3处弧顶长方形龛内,三壁殉人龛位于同一高度,龛底距墓口5,1米,其中北壁龛殉2人(X1、X2)、东壁龛殉2人(X3、X4)、南壁殉3人(X5、X6、X7),7具殉人均有鬆红漆、平面长方形、大小各异的木棺。[14]

如在陕西凤翔西村战国秦墓的发掘中,也发现了殉人的记载:

> 埋有殉人的墓仅见80M163一座。墓室破坏严重,几乎被盗一空,唯所埋殉人尚有保存。殉人共发现四具,一具葬于头箱(编号:I号),仅见部分肢骨,与陶罐等随葬品放在一起。其余三具分别放在北、西、南墓壁的壁龛内(分别编II、III、IV号)。
>
> 壁龛殉人的骨架基本完好,皆作曲肢葬,然与前述墓主人的曲肢葬有所不同,墓主人的作蹲坐式,而殉人则是上体侧卧,双手交置于腹部,股骨和胫骨向前蜷曲,呈长跪状。殉人的头向,II号和IV号向西,面朝南,III号头向南,面朝西。殉人骨骼规整,当为事先处死后放埋的。[15]

在 1982—1983 年对秦都雍城的考古发掘中,在秦公一号大墓的填土中先后发现人骨二十具:

> 这二十具人骨部分是墓室填土时埋葬的,部分是大墓完成后又重新挖坑埋入的,人骨均置放在一椭圆形或长方形的土坑中,土坑长约 70—80,宽约 50—60 厘米。墓室的三层台及西墓道与墓室接连处清理出殉葬 166 人。根据殉葬的位置和葬具的不同可分为两大类,一类为箱殉,共 72 具,紧布在曲尺形椁室的周围。其葬具长 2.35、宽 1.5、高 1.4 米。以截面边长 21 厘米,长 1.5 或 2.35 米的枋木垒成长方形木箱,内置长 1.6、宽 0.66、高 0.66 米的框架,框架内置放头西向,踡屈特甚的殉葬者尸骨。匣殉者计有 94 具,分布在箱殉以外靠近墓室四壁处。其葬具为长约 2、宽 0.7、高 1.0、壁厚仅 0.04 的薄材。其葬式亦为踡屈特甚。随葬器物由于破坏严重,主副椁中除出土部分随葬器物外,主椁中仅发现被扰动的股骨一根,副椁室中则仅见残碎的头骨一片。其棺具及葬式等均不甚清楚。"[16]

这些殉人是否就是从死者或从葬者? 对此韩伟先生经过研究后认为:

> 战国的早期秦墓中,仍有殉奴与从葬者。称其为"从葬者",是因这类殉葬者与殉奴有较明显的差异。如 77 凤高 M18 有两名殉葬者,一名在椁外的小龛,一名在椁内,所处之地位似有亲疏之分。在小龛之殉葬者,仅有铜带钩、石饰各一件,与殉奴无什么不同;而在椁室内之殉葬者,却有石璜、陶罐、铜带钩、铜襟钩、石饰等随葬品。再如 77 凤高 M10 有一个主棺,三个陪棺。二、三、四号棺有陶围、铜削、铜带钩、陶罐以及玻璃饰件。《战国策》说:"昭襄王时,秦皇太后爱魏醜夫。太后病,将死,出令曰:'为我葬,必以魏子为殉'"。魏子身份绝非奴隶,说明战国时殉葬者身份是很复杂的。因此,将战国时代同处一椁而随葬品又多的殉葬者,暂时称为"从葬者",以与春秋秦的殉奴有所区别。[17]

二、秦人从死之原因

如上所述,秦人从秦武公六年开始"以人从死",到献公元年"止从死",但从死制度并未从秦人的历史上因此而销声匿迹,上述公子高度"从死"和"后宫非有子者"的殉葬,说明从死制度在秦献公之后依然存在。追溯秦人从死或从葬制度的原因,似乎可以归结为以下几个方面。

(一)从死制度是对先秦人殉制度的继承,与秦人的灵魂观念密切相关

程大昌在《考古编》中说:"秦自穆公以至康公,其国俗有愿殉者,因亦不立法禁,故献公既葬出子,知非令典,始以国法绝之。"[18]可见秦人早就有殉葬习俗。"秦伯任好卒,以子车氏之三子奄息、仲行、鍼虎为殉,皆秦之良也。"[19]秦穆公死时,为其从死殉葬者有 177 人,其中有秦国良臣舆氏三人。凤翔秦公一号大墓为秦景公墓,其椁室周围的三层台上共埋有 166 具殉葬者(平民与贵族),填土中又发现有 20 具人牲(奴隶)。这些人殉和人牲的葬式都是典型的蜷屈特甚式的秦人传统屈肢葬。[20]秦献公虽然在其元年废除了从死人殉制度,但在秦始皇死后,秦二世又命令后宫不育的嫔妃全部为始皇殉葬,"死者甚众",并将留在墓室中的工匠封闭于墓中,"无复出者"这些都是对秦人从战国以来殉葬制度的继承。因为秦人认为殉人被殉葬后,可以为死者在阴间提供各种服务和安全保障。

(二)从死制度被认为是对父母尽孝,对君主尽忠的最极致方式

> 古今罪秦穆公以人从死,非也。此自其国俗,尝有愿殉者,而三良亦在愿中耳。田横死,其二臣亦穿冢以从。是时横已失国,岂能强之使殉乎?《诗》曰:'如何赎兮,人百其身'者,伤其自欲从殉,不可救止更代也,恐非穆公遗命使然也。秦献公元年下令止从死者,然则自穆公以至康、共,其国俗既以愿殉为义,国亦不立法禁,故献公既葬出子,知非令典,始以国法绝之。[21]

可见从死制度是秦人旧有的风俗,而三良从死,是因为其原因殉葬,就如同田横死后,其二臣穿冢以从一样,是本人的自愿行为。因此汉人也说"秦穆贵信,而士多从死。"[22]公子高在上书中就说,自己从死秦始皇的原因,是因为从死是其表达自己作为儿子孝心、作为大臣忠心的最好方式,他说:"先帝无恙时,臣入则赐食,出则乘舆。御府之衣,臣得赐之;中厩之宝马,臣得赐之。臣当从死而不能,为人子不孝,为人臣不忠。不忠者无名以立于世,臣请从死,愿葬郦山之足。唯上幸哀怜之。"可见从死被秦汉人认为是对君主尽忠,对父母尽孝的最好方式。

(三)因生前喜爱,死后也希望其能从死者,可以生生死死,永远相伴

秦宣太后打算让魏丑夫为其从死,原因就是因为"爱魏丑夫"[23],而打算在自己死后,让其永远在阴间陪伴自己。而庸芮劝诫宣太后也说:"若太后之神灵,明知死者无知矣,何为空以生所爱,葬于无知之死人哉? 若死者有知,先王积怒之日久矣。太后救过不瞻。何暇乃私魏丑夫乎?"[24]可见因生前喜爱魏丑夫是导致宣太后想让其为自己殉葬的主要原因。应劭曰:"秦穆公与群臣饮酒酣,公曰'生共

此乐,死共此哀'。于是奄息、仲行、鍼虎许诺。及公薨,皆从死。《黄鸟》诗所为作也。[25]"可见秦穆公之所以要用三良从死,是想死生共哀乐。而三良之所以甘愿从死,是因为他们把这看成是对君主尽忠的最好方式。

(四)从死制度是新君主铲除政敌的一种有效手段

始皇去世后,二世与赵高把从死制度作为铲除异己的有效手段加以利用。秦二世"乃更法律,于是群臣诸公子有罪,辄下高,令鞫治之,诛杀大臣蒙毅等。公子十二人戮死咸阳市,十公主磔死于杜,财官入于县官,不可胜数"。因此"公子高欲奔,恐收族,乃上书"[26]。上书后,"胡亥大悦,招赵高而示之曰:'此可谓急乎?'赵高曰:'人臣当忧死而不暇,何变之得谋。'胡亥可其书,赐钱十万以葬。"[27]从秦二世与赵高的谈话中可以看出,他们之所以同意公子高从死的请求,是因为他们认为皇帝去世后"人臣当忧死而不暇,何变之得谋"。也就是说,他们认为所有大臣在老皇帝去世后,都得首先担忧自己的处境都来不及,哪里还有什么时间来策划谋反呢。而公子高的请求从死书,正是对自己处境极为担忧的情况下而献给新皇帝的,新皇帝之所以不仅"可其书",而且还"赐钱十万以葬"的目的,是想让所有的大臣都向公子高学习,都主动上书请求为老皇帝殉葬,这样就可以扫清其就位登基的最后障碍。

(五)请求从死被当时人作为是博取统治者欢心,谋取高位的捷径

如江乙就为楚国安陵君出谋划策,让其"必请从死,以身为殉",并认为这样"必长得重于楚国"[28]。而安陵君依照江乙之谋,在楚王问"寡人万岁千秋之后,谁与此乐矣"时,安陵君则说:"大王万岁千秋之后,愿得以身试黄泉,蓐蝼蚁,又何如得此乐而乐之!"楚王听后大悦,因此"乃封坛为安陵君"[29]。可见安陵君与江乙是把从死楚王,作为自己晋升的捷径来加以利用。

三、秦人从死之影响

(一)从死殉葬制度成为后代学者批评主要内容

《左传》说:"秦穆之不为盟主也,宜哉! 死而弃民。……今纵无法以遗后嗣,而又收其良以死,难以在上矣。君子是以知秦之不复东征也。"[30]司马迁也说:"秦穆公广地益国,东服强晋,西霸戎夷,然不为诸侯盟主,亦宜哉。死而弃民,收其良臣而从死。且先王崩,尚犹遗德垂法,况夺之善人良臣百姓所哀者乎? 是以知秦不能复东征也。"[31]"穆公薨,殉葬以人,从死者百七十人,君子讥之,故不言卒。"[32]"呜呼,俗之弊也久矣! 始皇之葬,后宫皆令从死,工匠生闭墓中,尚何怪哉!"[33]因此秦人以俑人取代了"从死从葬"的妻妾、近臣和侍臣就成了历史的必然。

（二）从死殉葬的厚葬之风成为历代统治者效仿的对象

在秦代以后，从死殉葬之风并未因为学者的批评而废止，不断有统治者进行效仿。汉武帝时，"又多取好女至数千人，以填后宫。及弃天下……又皆以后宫女置于园陵"[34]。这里的"置于园陵"是将其活埋于园陵墓室，或让其居于园陵以奉祀扫。到底是将其活埋还是让其祭扫，晋人张华回答了这个问题，"汉末，关中大乱，有发前汉冢者，宫人犹活，既出，平复如旧"[35]。孙权去世后"命以其爱妾殉葬，复客二百家。孙盛曰：昔三良从穆，秦师以之不征；魏妾既出，杜回以之僵仆。祸福之报，如此之效也。权仗计任术，以生从死，世祚之促，不亦宜乎"[36]。甚至到了明代，用从死殉葬的葬俗仍然存在，据记载"初，太祖崩，宫人多从死者。""历成祖、仁、宣二宗，亦皆用殉。"[37]可见从死殉葬制度作为一种陋俗，在后代的丧葬习俗中仍然存在。

（三）从死从葬的残酷性在后代得以继承

秦代从死者是怎么结束生命的？对这个问题，尚志儒先生认为先秦从死者有的是自杀以从，如孟胜误认为阳成君被楚王杀死，遂不顾反对意见，传钜子于田襄子，然后自杀[4]187-202。但从后代朝鲜历史对明成祖死后，朝鲜美女韩氏从死的记载中可见后代从死制度的残酷性之一斑。

> 帝崩，后宫殉葬者三十余人。当死之日，皆饷之于庭。饷撤，俱引升堂，哭声震殿阁。堂上置大小床，使立其上。挂绳圈于上，以头纳圈中。遂去其床，皆雉颈而死。诸死者之初升堂也，仁宗亲入辞决。韩氏泣，谓仁宗曰："吾母年老，愿归本国。"仁宗许之，丁咛………[38]

从这段记载中可以看出，从葬者在结束生命之前，首先在宫殿里被设宴款待，等她们吃完后，才被领到一间大厅里，被命令站在大床与小床上，然后被人撤去床，她们的脖子被绳圈紧紧勒住，一同被吊死了。先被缢死之后，然后才被安葬在墓主的墓室来从葬。

甚至明英宗的哥哥周王朱有燉死后，"帝赐书有燉曰：'周王在日，尝奏身后务从简约，以省民力。妃夫人以下不必从死。年少有父母者遣归。'既而，妃巩氏、夫人施氏、欧氏、陈氏、韩氏、李氏皆死殉"[39]。关于此事，明人王世祯有详细记载：

> 正统四年六月，周宪王有燉薨，无子，乙酉，上贻书王弟祥符王有爝，令其自妃夫人以下不必从死，年少有父母各遣归其家。又十日乙未，宪王府以王正室巩氏等死殉事闻，赐谥贞烈，赠夫人，施氏、欧氏、韩氏、陈氏、张氏、李氏

俱赐谥贞顺,赠夫人,予祭及葬用一品礼。[40]

　　为什么周王朱有燉给其兄写信,明确要求不要以其嫔妃们殉葬,结果其嫔妃们却被活活殉葬了呢? 王士禛解释说是因为周王府"未及闻上命故也"。这样的解释是可信的,因为明英宗的禁令是写给他的弟弟祥符王朱有爝的,而没有及时传达给周王府,所以周王的嫔妃们被活活处死来殉葬。况且,以活人殉葬不仅是明朝的祖制,更是从先秦以来就沿袭的制度,从朝廷到贵族,谁都不愿违背它,尽管他们生前也曾表示过要"务从俭约,不必从死",但在实际生活中并不能真正执行。

参考文献

[1]孔颖达著,十三经注疏整理委员会整理.毛诗正义[M].北京:北京大学出版社,2000:150.

[2]鲍延毅.死雅[M].北京:中国大百科全书出版社,2007:150.

[3]张仲立.司马迁与秦人"从死"葬俗[M]//西北大学考古学系,西北大学文化遗产与考古学研究中心.西部考古第一辑纪念西北大学考古学专业成立五十周年专刊[M].西安:三秦出版社,2006:284-288.

[4]张仲立.《史记》关于秦"止从死[M]//陕西省司马迁研究会.司马迁与史记论集:第7辑.西安:陕西人民出版社,2006:117-124.

[5]尚志儒.先秦从死从葬制度初探[C]//陕西省文物事业管理局.陕西省文博考古科研成果汇报会论文选集.西安:陕西省文物事业管理局出版社,1981:187-202.

[6]司马迁.史记[M].北京:中华书局,2000:132.

[7]尚志儒.先秦从死从葬制度初探[C]//陕西省文物事业管理局.陕西省文博考古科研成果汇报会论文选集.西安:陕西省文物事业管理局出版社,1981:140.

[8]尚志儒.先秦从死从葬制度初探[C]//陕西省文物事业管理局.陕西省文博考古科研成果汇报会论文选集.西安:陕西省文物事业管理局出版社,1981:144.

[9]缪文远.战国策新校注[M].成都:巴蜀书社,1987:155.

[10]司马迁.史记[M].北京:中华书局,2000:188.

[11]司马迁.史记[M].北京:中华书局,2000:1986-1987.

[12]戴春阳.礼县大堡子山秦公墓地及有关问题[J].文物,2000(5):74-80.

[13]戴春阳.礼县大堡子山秦公墓地及有关问题[J].文物,2000(5):74-80.

[14]甘肃省文物考古研究所礼县博物馆.甘肃礼县圆顶山98LDM2、2000LDM4春秋秦墓[J].文物,2005(2):4-27.

[15]韩伟.略论春秋战国秦墓[J].考古与文物,1981(1):83-93.

[16]李自智,尚志儒.陕西凤翔西村战国秦墓发掘简报[J].考古与文物,1986(1):8-17.

[17]韩伟.略论春秋战国秦墓[J].考古与文物,1981(1):83－93.

[18]程大昌.程氏考古编:程氏续考古编[M].沈阳:辽宁教育出版社,2000:75－76.

[19]左丘明.左传[M].长沙:岳麓书社,1988:99.

[20]黄留珠.周秦汉唐文明[M].西安:陕西人民出版社,1999:910.

[21]滑宇翔,宋杰.秦与三晋战争对中原葬俗文化的影响[M].西安财经学院学报,2013(3).

[22]班固.汉书[M].长沙:岳麓书社,1993:1148.

[23]缪文远.战国策新校注[M].成都:巴蜀书社,1987:155.

[24]缪文远.战国策新校注[M].成都:巴蜀书社,1987:155.

[25]司马迁.史记[M].北京:中华书局,2000:140.

[26]李日刚.中华文汇先秦文汇(下册)[D].台北:台湾中华书局,1957:620.

[27]司马迁.史记[M].北京:中华书局,2000:1986－1987.

[28]缪文远.战国策新校注[M].成都:巴蜀书社,1987:482.

[29]缪文远.战国策新校注[M].成都:巴蜀书社,1987:484.

[30]左丘明:左传[M].长沙:岳麓书社,1988:99.

[31]司马迁.史记[M].北京:中华书局,2000:140.

[32]缪文远.战国策新校注[M].成都:巴蜀书社,1987:458－459.

[33]朱熹.诗经集注[M].世界书局,1937:71.

[34]张华撰,范宁校正.博物志[M].北京:中华书局,1980:1526－1527.

[35]张华撰,范宁校正.博物志[M].北京:中华书局,1980:86.

[36]陈寿.三国志[M].北京:中华书局,2000:953.

[37]张廷玉.明史[M].北京:中华书局,2000:2482.

(本文发表于《西安财经学院学报》2013年第5期)

秦戎关系再议

——以陇右秦墓为例

马格侠*

秦人早在陇右建国之初,就与居住在这里的戎人有着密切的交往。除长达几百年的战争方式之外,还有互相之间的互通婚姻与和睦相处。礼县圆顶山秦墓带有草原文化特色的随葬品的发现,说明此时秦人已经吸收了西戎特别是犬戎文化特点。同时清水刘坪的的绵诸戎或獂戎一支、马家塬墓地的义渠戎也吸收了秦文化特点。正是秦人与西戎诸支的不断互动与文化吸收才造就了以后能够不断东扩和统一中国的秦文化的基础。

陇右自古以来就是华戎杂居之地,秦人僻居西土,久与戎翟为邻。秦与西戎的关系问题,近年来是秦史研究的热点问题之一,有从考古学角度研究秦与西戎关系的,如赵化成[1]、梁云[2]、刘军社[3]、史党社[4]等,有从文化来源研究秦与戎人之间关系的,如滕铭予[5]、陈探戈[6]、马春晖[7]等。秦与西戎之间除了战争导致的互动之外[8],还有没有其他互动方式?陇右秦地发现的西戎之墓应为西戎哪一支的墓地?这些西戎墓的出现说明了什么?本人不揣浅陋试就这些问题求教于方家。

一、陇右秦墓所见之诸戎遗物

大约从商代晚期,秦中潏"在西戎,保西垂"[9]卷五《秦本纪》,126,这里的西垂就是今天甘肃天水西南[10]的秦西县,即今甘肃礼县。其后"非子居犬丘,好马及畜,善养息之。犬丘人言之于周孝王,孝王召使主马于汧、渭之间,马大蕃息。"因此孝王"分土为附庸,邑之秦"[9]卷五《秦本纪》,128。此时非子建邑的"秦"在今天天水东北的清水一带[11]。周宣王时,秦嬴四世孙庄公讨伐西戎,西戎败走,被封为西垂大夫,

* 作者简介:马格侠,1969 年生,女,陕西省武功县人,天水师范学院文史学院副教授,历史学博士,主要从事敦煌学、民俗学的教学与研究。

都西犬丘,成为西周在西北的附庸小国。《诗经·采薇》毛序说:"文王之时,西有昆夷之患,北有猃狁之难。"[12]卷第九(九之一)《鹿鸣之什诂训传第十六》,541 王国维认为猃狁就是秦的匈奴,又名山戎、荤粥、北戎、无终。[13]"居于北蛮,随畜牧而转移。"[9]卷一百十《匈奴列传》,2205 西周末年,周平王东迁时,秦襄公又因护送王室有功被封为诸侯,"赐之岐(今陕西省岐山)以西之地"[9]卷五《秦纪》,129。秦襄公由此列为诸侯,"与诸侯通使聘享之礼"[9]卷五《秦本纪》,129。西周到秦代,与秦有关的戎狄见于文献记载的有犬戎、猃狁、西戎诸种、北狄(主要是白狄)、氐、羌、巴、蜀、百越、滇、夜郎、胡-匈奴等[4]514。"自陇山以东,及乎伊、洛,往往有戎。于是渭首有狄、貘、邽、冀之戎,泾北有义渠之戎,洛川有大荔之戎,渭南有骊戎,伊、洛间有杨拒、泉皋之戎,颖首以西有蛮氏之戎。"[14]卷八十七《西羌传》,1941 如果从商代晚期秦中潏算起,到秦穆公独霸西戎地开千里,秦人在戎狄中共生活了800多年。为了向东方扩张,进一步广大祖先功业,从秦孝公起,经过商鞅变法,秦国就开始一系列兼并戎族和图谋重要的领土扩张活动。战国初期秦的统治范围从今天甘肃东南部、陕西沿渭河两岸及河西地区扩张到"东和魏、韩及大荔之戎接壤,南和楚、蜀交界,西和貘、绵诸、乌氏等戎族交界;北和义渠、朐衍等戎国交界。"[15]在东扩的战争中,秦人曾经与比邻而居的戎族进行了长期的战争。这种秦戎之间的战争,不仅有《诗经·秦风·小戎》有关秦人"小戎俴收,五楘梁辀。游环胁驱,阴靷鋈续。文茵畅毂,驾我骐馵"[16],驾驶着战车与戎族作战的历史记录,更有《诗经·秦风·无衣》中"岂曰无衣?与子同袍。王于兴师,修我戈矛。与子同仇!岂曰无衣?与子同泽。王于兴师,修我戈戟,与子偕作!岂曰无衣?与子同裳。王于兴师,修我甲兵,与子偕行!"[15]140秦人同仇敌忾地与戎族奋战的场景的记录。在与戎族比邻而居的过程中,秦戎之间除了战争冲突之外,肯定还有和睦相处、友好往来的一面。秦人长期起着连接中原文化与陇山周围诸戎的纽带作用,是周王室与诸戎关系的一种稳定剂。周孝王时期秦人在诸戎中具有一定的威望与号召力,当时"申骆重婚,西戎皆服"[9]卷五《秦本纪》,128,那时秦人在诸戎中具有一定的威望与号召力,秦人与诸戎之间的互通婚姻成为促进其和睦共处的重要因素。从申侯的话中可知,秦人与申戎宗室之间至少有两次婚姻,一次是中潏之父戎胥轩,一次是大骆,都为秦人之君娶了申戎之女。当然秦人也将宗室之女嫁到戎族中去,秦"襄公元年,以女弟缪嬴为丰王妻"[9]卷五《秦本纪》,129。这里的丰王清人已经指出其"为戎王之号"[17]。秦人通过与诸戎部族的互相通婚,促进了二者的和平共处。在和平共处时,秦人自觉不自觉地吸收了戎族的文化,在礼县圆顶山 M1 号秦墓中就出土了一件车型器。

通高 52.8 厘米,宽 46 厘米。整体呈椭方形。深子口外敞,长颈束腰,深腹下垂,腹底为最鼓处。高圆足,前后两侧各附两只卧虎为支足。盖为大圆顶覆盘式。双腹耳,结构别致,首首耳套璧形环,兽口衔方折柱高高支起镂空的凤首。兽嘴和凤喙两侧均弯出一对如角的獠牙,含义颇为神秘。盖沿及腹部饰线条疏散的双钩蟠虺纹,颈部饰线条风格与腹饰相同的波带纹,并在盖沿和颈部突饰行虎。[18]

这件车型器的铸造工艺和原有的礼器功能已经完全中国化,但是器物的风格,四轮的车样,仍未摆脱中亚、西亚异域风格的深刻影响,这种风格的车型器在作为秦人王陵的礼县圆顶山出现,就说明当时这件车型器已经成为秦国贵族祖先的随葬礼器之一,也说明其所代表的戎族器物与戎族文化在商鞅变法之前已经深入到"始戎狄之教"[9]卷六十八《商君列传》,1767的秦贵族日常生活中,秦贵族希望其祖先在死后的世界中继续使用这些戎族器物。

二、从陇右诸戎遗物看诸戎的地区分布

随着秦、晋的日趋强大,西北诸戎的处境和居住地发生了巨大变化,不少戎族远离故土而东迁,晋国已形成"戎狄之民实环之"[19]《晋语》二的局面。这与秦国对诸戎采取逼迫追逐的政策,晋国采取和戎政策息息相关。"此时的犬戎可能已分成各有其名的许多支族。渭首的狄、獂、邽、冀诸戎,当属犬戎族系。"[16]154居住在陇山周围,与秦人关系密切的戎族最著名的有十二国,即绵诸、绲戎、翟、獂之戎、义渠、大荔、乌氏、朐衍之戎以及在穆公之前,已被秦人消灭的彭戏氏、邽、冀、茅津戎四国。由于这些戎族,大都是起源于"陕西西部至甘、青地区""祖源相同或相近的畜牧和游牧部落",所以史籍统称其为"西戎"[20]180-192。

这种西戎文化的深入,不仅表现在青铜礼器车型器的发现,更表现在大量西戎所使用的青铜工具、金银器在陇右地区的发现上。

2000年,在甘肃清水刘坪战国墓地中,出土器物有青铜器、金器等共630余件,其中出土了鹤嘴锄、锛、小型刀、削等铜生产工具6件,出土了镞、剑、刀等铜兵器5件,泡、马络饰、马项饰、方策、轴头饰、车軎、牛首形饰、盖弓帽、伞顶帽、管状饰等铜车马器467件,铜牌饰42件,铜装饰品152件,铜镂空牌饰56件,铜环状饰8件;金饰50件,分7型。其中一件虎噬羊纹金饰片现藏于甘肃省博物馆,据介绍:

长8.4—8.5厘米,宽5.5—5.7厘米。工艺技法采用常见的锤鍱法,在薄的金片的背面錾刻虎形,正面隆起,边缘剪切,四角有钉孔。虎呈蹲踞形,眼、

鼻、耳、嘴、齿、爪都十分清晰,虎张嘴,伸钩状前爪抓住一羊。[21]

身饰连环纹。由于采用了先在背面錾刻连环纹后又在正面錾刻一道钩边的方法,使花纹具有很强的立体感。虎尾饰"＜"型纹。四角有钉孔。[22]

鹤嘴锄、锛、小型刀和削等草原民族青铜器工具的出现,说明清水刘坪墓地为西戎墓地,其生活的草原民族特征明显,但刘坪西戎墓地到底是哪支西戎墓地?《史记·匈奴列传》载:

> 秦穆公得由余,西戎八国服于秦,故自陇以西有绵诸、绲戎、翟、獂之戎;岐、梁山、泾、漆之北有义渠、大荔、乌氏、朐衍之戎。而晋北有林胡、楼烦之戎,燕北有东胡、山戎。各分散居溪谷,自有君长,往往而聚者有百余戎,然莫能相一。[9]卷一百十《匈奴传》,2208

其中绵诸,《史记索隐》在注《匈奴传》时说:"《地理志》天水有绵诸道。"《史记正义》引《括地志》说:"绵诸城,秦州秦岭县北五十六里。汉绵诸道,属天水郡。"[9]卷一百十《匈奴传》,2208 《汉书·百官公卿表》说:县"有蛮夷曰道"[23]卷十九《百官公卿表》上,624,可见绵诸道是因为有绵诸戎居住而设置,其位置在今甘肃天水市麦积区社棠镇绵诸村。[24]早在秦武公(前697—前678年在位)时期,秦人"势力东起今甘肃张川、清水,西至甘谷,南到礼县,几乎占有整个天水地区,绵诸地处其中"[25]。在秦武公消灭邦、冀这个戎人国家的时候,绵诸戎与秦人大约保持着良好的关系并臣服于秦,所以秦人能跨过绵诸,占有邦、冀之戎之地。从秦穆公三十七年(前623年)霸西戎,到秦厉公六年(前471年)这一百五十余年间,绵诸戎不仅未被秦所灭,而且与秦保持着友好关系,并臣服于秦。所以秦厉公六年,才"义渠来赂,绵诸乞援"[9]卷十五《六国年表》,542。"乞援"的本身说明秦能左右绵诸戎,绵诸戎臣服于秦的事实。但是这种友好臣服关系不久破裂,秦厉公"二十(年)(前457年),公将师与绵诸战"[9]卷十五《六国年表》,547。从秦厉公六年至十四年,仅仅十四年时间,秦与绵诸戎的友好臣服关系,一下子变为敌对的交战关系,绵诸戎与秦人之间的战争一直持续到秦惠公五年(前395年),史载"秦惠公五年伐绵诸"。可见此时秦人与绵诸戎仍在对峙,从秦惠公讨伐绵诸戎之后,再也看不到有关绵诸戎的记载。也就是说在秦穆公独霸西戎之后,到秦惠公讨伐绵诸戎,绵诸戎在今天水地区居住和战斗了三百多年。由于绵诸戎与翟獂之戎都居住在天水一带。因此清水刘坪所发现的西戎墓地很可能就是绵诸戎或翟獂之戎的一支。

绲戎,绲戎,即犬戎族的一支,很早就由泾水流域进入渭水上游,出现在陇山以西,并南涉西汉水中上游。秦人祖先秦仲一族就是被这支犬戎赶走的[17]158-159。秦仲一族的中心居住地"西"被犬戎占领,后来便有了犬丘(西垂)之名。秦人与犬戎的斗争,集中表现在对西垂的争夺上。犬戎族经过若干世纪的发展,种族不断壮大,又受周、秦文化的影响,其某些分支可能已经逐渐转向相对安定的农牧生活,所以生态环境相对优越,很久以前秦人先祖开发经营的西垂地区就成为犬戎与秦人争夺的焦点。秦人与犬戎对西垂的争夺异常惨烈,秦人付出了大骆主族被灭、庄公长子被俘、秦仲和襄公均死于戎事的代价赢得了西垂地区的控制权。秦襄公后期,陇山以西的戎人气焰得到遏制,都邑西垂已相对安全,与犬戎的战斗已推向了陇山以东。文公继承了襄公的未竟事业,在继位的第四年,就迁都于关中西部的汧邑,在其执政的第十六年,终于彻底打败了犬戎。而前文所介绍的圆顶山秦墓为秦国早期国人墓地[26],由于其随葬品中发现有戎族器物,这些器物很可能与很早就居住于此的犬戎一支绲戎有密切关系。

翟、獂之戎之"翟",又作"狄""獂",又作"獂、貆"诸形,本同音异译。"翟、獂之戎"即狄戎与獂戎。后人不知,常将这两支西戎误认为一支,因此就有了《汉书》颜师古注中绵诸、犬戎、狄獂"皆在天水界,即绵诸道及貆道是也"[23]卷九十四上,《匈奴传上》,2774的误会。《史记·匈奴列传》注释说:

> 《集解》徐广曰:"在天水。音丸。"《索隐》《地理志》天水獂道。应劭以"獂戎邑。音桓。"《正义》《括地志》云"道故城在渭州襄武县东南三十七里。古之獂戎邑。汉獂道,属天水郡。"[9]卷一百十《匈奴列传》,2208

可见獂戎也是居住在天水郡獂道的西戎一支,但在"秦献公(前424年—前362年)初立,欲复穆公之迹,兵临渭首,灭狄獂戎"[13]卷八十七《西羌传》,1943。这里的渭首,是指渭水之北,獂戎居于天水郡的獂道。由于《百官表》曰:县有蛮夷谓之道,公主所食曰邑。应劭曰:反舌左衽,不与华同,须有译言,乃通也。汉陇西郡治,秦昭王二十八年置。应劭曰:有陇坻在其东,故曰陇西也"[27]卷二,《河水》,47。獂道故址在今甘肃省陇西西南,渭水之北。可见在秦献公初年(前424年前后),秦人已经拥有獂道之地。秦封泥中有"獂道丞印"[28],秦"孝公元年,西斩戎之獂王"。也就是说居住在陇西以北的獂戎可能是在秦献公刚继位时(前424前后)被秦人攻灭,而秦孝公元年(公元前381),"西斩戎之獂王。"[9]卷五《秦本纪》,149这里秦孝公所斩杀的戎之獂王,可能就是秦献公所灭的狄獂之獂戎的獂王。因此清水刘坪遗址,可能是绵诸戎或獂戎一支的墓地。

2006年8—12月,甘肃省文物局委派甘肃省文物考古研究所和张家川县博物馆对位于天水市张家川回族自治县木河乡东北的马家塬墓地进行了抢救性发掘，共清理被盗掘的墓葬3座(M1—M3)，其中：

出土有陶、铜、金、银、铁、骨及玛瑙、绿松石、琉璃灯器物2200余件，多为车马器和车马饰，另有一部分饰件还保留在车厢侧板上。[29]

陶器有罐、鬲、甑、釉陶杯等。罐有鼓腹单耳罐和鼓腹双耳罐。铜器有鎏金壶、双耳素面鼎、戈、镞、银杯套以及茧形壶，壶底部铸造有1"鞅"字铭文。

此次发掘中发现数量最多的为各类车饰件及车构件，车饰件有金、银、铜、铁、错金银铁、铅、骨、玛瑙、绿松石、釉陶珠等器物。

金饰件：

金箔条形车饰1件(M1:73-1-3)。条形面锻出连续桃形纹。装饰于车厢侧板边缘，在条形两端还饰有背对的兽首。长13、宽1.5厘米。

金箔鹦鹉(标本M1:13)，残，锻制。顶部为花瓣状。长6.9、高5.3厘米。

包金铜泡(标本M3:66)，用于车厢侧板装饰。直径3.5厘米。

金箔十字形花(标本M3:28)，锻制。十字中心为旋云纹，十字末端为螺旋纹，打有小孔。长、宽均为7.2厘米。

金箔虎，锻制。标本M3:13-1，头前伸，张嘴，下唇圆，毛卷翘由背部延续至头顶，尾前卷于背部，呈行走状。宽7.6、高5.2厘米。标本M3:13-2，头前伸，张嘴，下唇方形，毛卷翘由背部延续至颈部，尾巴前卷于背部。宽7.6、高5厘米。

金箔车轮饰(标本M3:29)，锻制，上有"S"形纹，左右对称，用于车轮外侧装饰。宽11.2、高6.7厘米。

银饰件：

银箔虎(标本M1:73-3)，上部残，锻制。框内虎呈行走状，翘首，张口，尾卷于腹下。身饰螺旋纹，装饰于车厢侧板边缘。宽6.8、残高3.7厘米。

银箔龙(标本M1:78)，上部残，锻制。框内龙体卷曲呈"S"形，双耳、双眼、双足。宽6.1、残高3.5厘米。

银箔大角羊4件。4件纹饰细部略有不同。标本M3:46、47锻制。嘴微张，角外侧呈圆弧形波浪状卷于后背，尾上翘。四蹄及角部有固定用的小孔。长6.9、高7.1厘米。

三角形银箔(标本M3:29-1)，锻制。外围三角形，镂空对称"S"形纹。

底边宽11.4、边长8.2厘米。标本M3:29-2,底边宽8、边长7.3厘米。这2件大、小不等的三角形为1组,构成车辐外装饰。

条形银箔饰(标本M3:29-1),锻制。长条形,中央有镂空对称的"3"形图案2组,为车辐饰件。长10.6、宽4.1厘米。

……

大角羊6件。标本M3:25,行走状,嘴微张,大角弯曲至背部,眼微凹。背面有桥形钮,饰于车厢侧板。宽5.2、高5、厚0.1厘米。

锡饰:

卧羊1件(标本M2:8)。昂首,闭嘴,犄角后卷于耳部。身及颈、唇部残留朱色。通高6、厚1.5厘米。

立羊1件(标本M2:6)。昂首,闭嘴,扭头侧视,腿残。残高3.6、厚1.8厘米。

俑1件(标本M3:75)。站立,侧身,双臂伸直,似为射箭状。头戴护耳尖帽,着交领上衣,系腰带,裹腿长靴。手臂及右脚残。高7.5厘米。

牛2件。标本M3:63,低首、弓背,身前倾作用力状。头顶两侧有圆孔,尾卷翘,腿残。长10、高8、厚2.6厘米。

壶4件。标本M1:12,直颈、球腹、圆底。口径1.6、高4.2厘米。

……

装饰品主要有玛瑙珠,绿松石珠,汉紫、汉蓝珠,金、银帽饰等。其中以玛瑙珠和汉紫、汉蓝珠最多。这些饰品除一些在盗洞中采集,发现最多的地方在墓室车的车轮和车厢侧板边缘。仅在M3墓室西边车軎处就出土有800多枚玛瑙珠,以及一些金、银帽饰,依据出土位置初步推断这些饰品应是车上某部位的帘子。[22]

从马家塬发现的以错金银铁为车厢骨干,以金银花、镂空铜花及髹漆装饰的车乘极为豪华,1部多达800枚玛瑙珠组成的帘子,应非普通人所用。以数量众多的金银车饰装饰的车乘应为戎人贵族或者戎王所用之物。墓葬中出土的素面铜鼎以及底部有汉字"鞅"字铭文的铜茧形壶,反映出了这些墓葬深受秦文化的影响。从出土的单耳鼓腹陶罐、双耳鼓腹陶罐、陶甗、铜鬲、戈、镞以及大量的装饰有大角羊、虎、牛等动物的金银铜铁锡车马饰的出现,说明此墓有着显著的草原文化特征。从双臂伸直,似为射箭状,头戴护耳尖帽,身着交领上衣,腰系腰带,腿裹长靴的立俑形象来看,应为当时戎人武士形象。绿松石珠、汉紫、汉蓝玻璃串珠的发现,白玛瑙珠的发现说明此墓又有着显著的西方文化特征。

马家塬这些深受秦文化影响,又保留有北方草原戎人文化特征和西方文化特点的西戎族,其墓地是战国晚期,"公元前350年左右",生活在天水东北马家塬一代的"西戎诸族的一支"[30]。公元前350年左右,正处于秦国孝公(前381年—前338年)和秦惠文王(前356年—前311年)统治时期,此时"秦僻在雍州,不与中国诸侯之会盟,夷翟遇之"。于是秦孝公"乃出兵东围陕城,西斩戎之獂王"[9]卷五《秦本纪》,145。"秦惠公五年(前395年)伐绵诸獂"[9]卷十五《六国年表》,568-570秦惠王"十一年,县义渠。归魏焦、曲沃。义渠君为臣"[9]卷五《秦本纪》,147。在诸戎之地设县,并非秦惠文王首创。因为早在武公"十年,伐邽、冀戎,初县之"[9]卷五《秦本纪》,131。邽、冀是陇山以西的两个小戎国,邽戎居住在今天水境内,冀戎居住在今甘肃甘谷县境内。秦"初县之"也就是秦人首先在邽戎、冀戎之地设县,对这两个西戎小国来说,具有重要意义,因为:

> 这是秦武公解决西戎问题的一项具有改革性的新措施。往昔,大国征服了小国,或者将其彻底灭掉,变成某个贵族的封邑;或者在被征服国的统治集团表示归附的前提下,让原君主或原君主的后代继续保持权位,而成为征服国的属邦。秦武公对戎族不再那么干,他在被征服地区设"县",将该地区直接纳入国家行政体系之内,由中央政府委派官员去管理当地事务。在那里建立一套政治和军事组织,并征收赋税,征调劳役和军役。[18]159-160

秦孝公斩杀戎之王,秦惠文王以义渠之君为臣,说明了当时秦人已经逐渐完成了对陇山之西獂戎与义渠戎的征服。如前所述,此时在陇右天水地区活动的还有绵诸戎,因此有学者认为,马家塬为绵诸戎首领的墓地[31]。但从其墓地的规模以及戎王安葬的规格来看,应不是在战败后不见于记载的绵诸戎王在仓猝失败之后能够完成的墓地,因此此墓地应该为义渠戎或獂王之墓地。既然獂戎之王被秦孝公所杀,断没有按照戎人习俗以及西北方草原游牧民族习俗安葬之礼,那么此墓只能是此时臣服于秦惠王,向秦称臣的义渠王之墓。因此《史记》注释说:"《索隐》韦昭云:'义渠本西戎国,有王,秦灭之,今在北地郡。'《正义》《括地志》云'宁州、庆州、西戎,即刘拘邑城,时为义渠戎国,秦为北地郡也。"[9]卷一百十《匈奴列传》,2209北地郡,原为义渠地,秦昭襄王时征服此地而设郡。《史记·匈奴列传》记载"秦昭王时……遂起兵伐残义渠。于是秦有陇西、北地、上郡,筑长城以拒胡。"[9]卷一百十《匈奴列传》,2209郡治在义渠县(今甘肃庆阳市的西北县)。秦北地郡下辖六县,即义渠县(故城在今甘肃宁县焦村乡西沟村)、阴密县(故城在今甘肃灵台县西)、安武县(故城在今甘肃镇原县南)、彭阳县(故城在今甘肃省镇原县东)、方渠县(故城在今甘肃省环县南)、泥阳(故城在今甘肃宁县东南)、卤县(故城在今甘肃崇信县)、郁郅(故城在今甘肃庆阳市)。由此可见,义渠戎居住在今天甘肃东北部马莲河流域的庆阳地区和宁夏东南部、天水东北部,以秦昭襄王所修建的秦长城为界的民族。将马家塬墓地与宁夏南部已发现的义渠戎墓地进行比较后发现,他们有共同的葬俗,即盛行以马、牛、羊的头骨和蹄骨来殉葬,也流行偏洞墓,随葬品及车马装饰品所表现的内容也基本相同,再将马家塬墓地随葬品与庆阳春秋战国墓葬的随葬品相比较,发现其无论是铜矛、铜戈还是铜剑都有共通性,因为两地发现的器物与墓葬中,既有草原文化的因素,又有浓厚的秦文化因素,因此马家塬戎人墓地应为义渠戎墓地。

三、结语

综上所述,陇右的礼县圆顶山秦墓具有明显的犬戎文化特征,犬戎在与秦人争夺西犬丘的过程中,将其具有的草原文化传播给当时居住在这里的秦人,因此在圆顶山秦人墓地中出现了具有西戎文化特色的随葬品。而清水刘坪遗址则为居住在这里的绵诸戎或豲戎的一支所建立的墓地。从马家塬遗址的随葬品来看,马家塬戎王墓地并非绵诸戎王之墓,而是居住在这里的义渠戎王的墓地。秦人在陇右与西戎各族有着密切的交往与互动,这种互动除了长达几百年的战争之外,更有相互之间互通婚姻与和睦相处。正是在这种战争与和平的不断交叠过程中,秦人不但吸收了西戎草原文化因素,在其祖先墓地中,出现了具有明显草原特色的随葬品。戎人也受到了秦文化的影响,因此在清水刘坪、张家川马家塬西戎墓地中才出现有秦文化特色,正是这种多元文化的互动与融合,才造就了以后秦人东扩与统一中国的强大文化基础。

参考文献

[1]赵化成. 甘肃东部秦和羌戎文化的考古学探索[D]. 北京:北京大学,1984.

[2]梁云. 考古学上所见秦与西戎的关系[J]. 西部考古. 2016(2):112－146.

[3]刘军社. 从考古遗存看早期周秦文化的关系[J]. 考古与文物. 2000(5):32－38.

[4]史党社. 考古资料所见秦史中的少数民族及其文化[C]//吴永琪,等. 秦汉文化比较研究:秦汉兵马俑比较暨两汉文化研究论文集. 西安:三秦出版社,2002:514－543.

[5]滕铭予. 秦文化的考古学发现与研究[J]. 华夏考古. 1998(4):63－72.

[6]陈探戈. 春秋战国时期秦戎关系研究[D]. 西安:西北大学. 2011:1－37.

[7]马春晖. 从张家川回族自治县马家塬发现战国墓葬群再探西戎[J]. 西北民族大学学报. 2009(4):59－62.

[8]马格侠,张琳. 从陇右秦墓看秦人与戎人的关系[J]. 陕西财经学院学报. 2017(2):

125－128.

[9]司马迁．史记[M]．北京：中华书局,1999.

[10]徐日辉．对秦嬴"西垂"及相关问题的考察[C]//康世荣．西垂文化论集．北京：文物出版社,2005：282－289.

[11]戴春阳．礼县大堡子山秦公墓地及有关问题[J]．文物.2000（5）：74－80.

[12]李学勤．毛诗正义[M]．北京：北京大学出版社,1999.

[13]王国维．鬼方昆夷猃狁考[C]//王国维．观堂集林．北京：中华书局,1981：583－611.

[14]范晔．后汉书[M]．北京：中华书局,1999.

[15]后晓荣．战国政区地理[M]．北京：文物出版社,2013：225.

[16]褚斌杰．诗经全注[M]．北京：人民文学出版社,1999：134.

[17]祝中熹．早期秦史[M]．兰州：敦煌文艺出版社,2003：155.

[18]李永平．甘肃出土新石器时代、先秦时期雕塑品及有关问题[C]//赵逵夫．先秦文学与文化第3辑．上海：上海远东出版社,2013：117－128.

[19]徐元诰撰，王树民、沈长云点校．国语集解[M]．北京：中华书局,2002：288.

[20]俞伟超．古代"西戎"和"羌""胡"考古学文化归属问题的探讨[C]//先秦两汉考古学论集．北京：文物出版社,1985.

[21]俄军．甘肃省博物馆文物精品图集[M]．西安：三秦出版社.2006：94.

[22]李晓青,南宝生．甘肃清水县刘坪近年发现的北方系青铜器及金饰片[J]．文物.2003（7）：4－27.

[23]班固．汉书[M]．北京：中华书局,1999.

[24]朱小丰．中国的起源[M]．上海：上海文物出版社,2014：215.

[25]徐日辉．古代西北民族－绵诸考[J]．西北民族大学学报.1984（1）：121－124.

[26]祝中熹．试论礼县圆顶山秦墓的时代与性质[J]．考古与文物.2008（1）：70－77.

[27]郦道元著，陈桥驿校证．水经注校证[M]．北京：中华书局,2007.

[28]周晓陆．于京新见秦封泥中的地理内容[J]．西北大学学报,2005（4）：116－125.

[29]甘肃省文物考古研究所，张家川回族自治县博物馆.2006年甘肃张家川回族自治县马家塬战国墓地发掘简报[J]．文物.2008（9）：4－28.

[30]甘肃省文物考古研究所．西戎遗珍：马家塬战国墓地出土文物[M]．北京：文物出版社,2014：30.

[31]赵吴成．甘肃马家塬战国墓马车的复原兼谈族属问题[J]．文物,2010（6）：75－83.

（本文发表于《发财经学院学报》2018年第3期）

故氐、故道设治及其治所考

——基于出土文物、文献资料的考察

晏　波[*]

通过出土文物与史料考察,纠正长期以来学界认为秦汉故道因交通设治及水道得名与秦汉在少数族群"蛮夷"地区设立"道"无关的观点。故道因管理故氐族群而设,故道是秦在少数族群地区设道的县级政区名,与交通和水道无涉。此外,本文还对目前学术界对故道治所认知模糊不清问题,结合考古资料,考订了它的具体位置。

一、秦汉故道因故道交通设治、水道得名成说与问题

故道,早在《史记》中就数次被记载。《高祖本纪》载高祖元年(公元前206年)"八月,汉王用韩信之计,从故道还,袭雍王章邯"。刘邦入关中时,曹参作为随从和汉王一起"攻下辨、故道、雍、斄"。裴骃解释两处"故道"为《汉书·地理志》(以下简称《汉志》)所载武都郡属故道,王先谦注释对故道的注释与裴氏相同。可以看出,《史记》记载该两处"故道"指具体政区名。这也表明,秦末故道作为武都郡下的一个县级政区已经存在。但故道作为县级政区,还在秦统一全国之时,甚至更早。

近人马非百在《秦集史》考证秦郡县时将故道列为陇西郡属县,并且举出金文材料证据,但未引起学界重视。近年,周晓陆检索秦封泥"故道丞印",秦代设有故道的证据更加充分。2009年,后晓荣在其《秦代政区地理》一书中,曾采用周说和传世青铜器"故道"量更加有力地证明了秦代陇西郡已有故道设置。汉代的出土文献中,周伟洲先生早已发现汉"故道令印"封泥,亦表明汉代故道的存在。所以《汉志》所载汉成帝元延绥和间的政区中,故道已作为武都郡属县出现。除以上所

---

[*] 作者简介:晏波:1980年生,男,陕西勉县人,历史学博士,天水师范学院历史文化学院副教授,主要从事历史人文地理研究。

列出土文献外,笔者还发现在张家山汉简中也有"复蜀、巴、汉中、下辨、故道"等字样,碑刻资料也反映东汉熹平初年武都太守"开故道铜官"之事,说明东汉故道还未废弃。以上表明,秦汉时期故道一直作为一个县级政区地名而存在。

这些材料之外,故道最早见于秦青铜器铭文,且具有具体的年代。容庚先生在《秦金文续编》一书中,采用的"故""道"二字,即取自秦始皇二十六年故道残诏版。这表明,在公元前221年秦刚统一时,故道作为政区已经存在。青铜铭文与汉简图版如下图所示。

图1　秦始皇二十六年残诏版"故道"　　图2　张家山汉墓竹简
（二四七号墓）"故道"）

既然秦代故道这一政区已经存在且延续至东汉,故道又因什么而得名呢?裴骃并没指明秦代故道就存在,且对故道到底因何设治、得名并无交代。这导致后来学者们多依汉以后史籍推断故道相关问题,认为故道这一政区因交通而得名,和史籍所载"有蛮夷曰道"在少数民族地区设立"道"这样的政区毫不相干,具体如下文所述。

早在1920年代,日本汉学家泷川资言校注《史记》,30年代出版《史记会注考证》一书。该书中,他对刘邦"从故道还"中"故道"解释时,引用中井积德的说法"故道元非地名,盖是处旧有秦蜀相通之道。而栈道张良所烧者为今道,今道已烧残不通,故从故道而往也"。在1960年代初,国内学者任乃强先生注释《华阳国志》。他说"故道,汉旧县,晋存……褒斜阁道未通以前,秦川赴汉中者,由大散关下,循此水(故道水,笔者注)至沮县,转阳平关,入沔汉平原。褒斜既通,此道渐废,故曰故道"。任氏也将故道之名归结为交通。稍后,史念海先生1964年发表《汉中历史地理》一文,在该文中他指出,"故道是秦汉时的县名,故址在现在的凤县附近。县名以故道相称,分明是以前的旧路"。1980年代后期,周振鹤先生认为《汉志》所载有些道名,显然与少数民族无关,如除道、故道。他说"故道之道,亦应解作道路之道,故道之名乃因该县据关中通蜀之故道北端而得名",并将故道排除在《汉志》所载32道之外。而就在近几年,沿袭这种说法,排除除道、故道补正《汉志》道目的还有后晓荣等学者。至此,故道因交通而得名与"蛮夷"族群管理设道无关似乎成为定论。

自上述这些观点发表后,也有对此提出质疑的。因西汉故道在《汉志》中被列为管理少数民族的特殊县级政区30"道"之一,这是反对者们从民族史角度提出质疑的原因。在十年数前,周伟洲先生认为少数民族居住地往往处于边疆交通、关隘之地,无确证之前,对故道不得怀疑,但他也不敢确定。从其利用封泥考证的秦代20道中看,并无"故道",则表明他认为汉代才有故道。此外,如尤中认为《水经注》中"故道县故城"之故道为汉代所置,故道之"道"不应解释为道路,但又说"故道""实自古以来西北氐羌向西南往复流通的通道" ,对故道是否是"有蛮夷曰道"之"道"这种政区不敢肯定。可以看出民族史研究者注意到了少数民族管理的"道"问题,但此说亦和边疆交通有关。此外还有将陈仓道、北栈道混同故道,解释因开通道路为管理道路而设故道这一政区,到后来才管理附近少数民族之说等。

故道得名的另一说法与水道有关。王国维先生认为散氏盘铭文中"自瀗涉以南,至于大沽"中的"沽"有可能是《水经注》中"故道水",且说:"后世故道水,由县得名。汉之故道县,当因沽水得名。"但他也承认:"但地望稍西,未敢遽以为定。"王氏将故道定为汉代,可见他对秦代置故道问题有所忽略。王氏而外,清人吕吴调阳认为故道为今凤县(治所)。他说:"故,同姑,本作姑;道,导也,县南之三道河,东北对嘉陵江;即《水经注疏》之故道水,像女子仰卧,据手拒收,有所导也。"可能是受水道得名说影响,新编方志认为"故名故道,水以县名"。

笔者不敢苟同以上两种说法。上述说法,除史先生认为秦代设故道外,其他都是基于对汉代以后故道的认知,为时过晚;因道路管理设县之后再管辖少数民族之说毫无根据。且这种说法实际上仅仅关注汉代"故道"本身,并没有综合与秦汉带有"道"的县级政区来看。

在众多学者主张故道因交通设县、得名说中,是基于褒斜道与故道之开通早晚,但无直接证据。实际上他们并没有考证褒斜道与故道开通孰早孰晚,此其一。其二,即便是考证出来,依此解释"故道"之意则为"旧路",此说在汉初人们追述秦代历史命名勉强能说得过去，但秦人以旧路之意为县之名则不合常理，有望文生义之嫌。还有王国维之论断，故道水已远在西南，不合地望，这连他自己也怀疑；清人吕吴调阳曲解《水经注》材料，强解"故"为"姑"没有任何可靠的证据，将凤县南故道支流想象成女子指路形象的解释并没有多少科学依据。

二、故道因故氏而设治并得名

笔者以为故道以管理故氏民族而设，所以称"故道"。这需要爬梳有关故氏民族的早期历史以求证。早在先秦时期，氐羌民族就活动在我国的西北、西南一带，《诗经·殷武》中即有"昔有成汤，自彼氐羌，莫敢不来享、莫敢不来王"之句。这表明早在殷商时期，氐羌民族已经和商有着联系。此外《诗经·小戎》也有"其在板屋，乱我心曲"之句。这里的小戎，马长寿先生认为"主要指氐，不指羌"。《汉志》中记载了天水、陇西山多林木，民多居住板屋的状况，马氏以为"天水、陇西二郡，春秋时西羌尚未东迁，在二郡之中，特别是天水以南的武都郡，自古即为氐族的分布所在，所以西戎主要指氐族。因为《西羌传》记载西羌'所居无常，依随水草，地少无谷，以产牧为业'"，和氐人作为定居族群不同。《史记·西南夷列传》载"自冉駹以东北，君长以什数，白马最大，皆氐类也"。马先生认为，西汉水、白龙江流域及涪水上游都是古代氐人原始分布所在，这种分布格局到三国时期仍然没有改变。

《后汉书》里直接说"白马氐者，武帝元鼎六年开，分广汉西部，合以为武都郡"。在《汉志》当中也有元鼎六年置武都郡，故道即为其属县之一的记载。从逻辑上推理，作为武都郡之一的故道极有有可能也和氐族有关，但只是推理，仍需更多的证据来证实。秦代故道的归属问题，马非百等多归于陇西郡下。从当前学者的研究来看，秦时期有以"道"的命名的县多分布在陇西、蜀郡、北地等，陇西7个、蜀郡6个，相对较多。陇西和蜀郡"道"如此之多，并非无因，其设立是因秦管理氐、戎民族而来。

春秋时期，秦人较早就和氐戎有接触。秦人的早期活动中心在西汉水流域和渭水上游，这一点已为学界共识。秦人的分布格局和西戎之氐之分布有很大的重合性，正如《史记》所载商周之际，大费之玄孙"中潏，在西戎，保西垂"。西垂即在西汉水流域的礼县境内。正是如此，因区域资源的争夺和势力之扩张，秦早期历史多和征伐西戎之氐有关。文公初年还"居西垂宫"。但"四年至汧渭之会。十六年，文公以兵伐戎，戎败走。于是文公遂收周余民有之，地至岐。岐以东献之周。十九年得陈宝"。这说明文公已经在今宝鸡一带颇有实力，史载曾筑城邑。以致文公死后，宁公三年(公元前713年)即"徙居平阳(今宝鸡市陈仓区阳平镇)"。

　　秦文公二十七年,文公"伐南山大梓,丰大特"。东晋徐广认为大特即怒特,《史记·集解》引徐广曰"今武都故道县有怒特祠……汉、魏因之"。此怒特祠亦为郦道元所记。结合秦早期历史中和西戎之关系,"伐南山大梓"之"大梓",并非大梓树,而是对氐戎的征伐。这一点,早为日本学者泷川资言所感悟,但他并没有说明任何理由。泷氏将"伐南山大梓,丰大特"断句为"伐南山大梓、丰、大特",并注释说:"大梓、丰、大特,盖戎名。"这一点校和中华书局本的不同,实际上他的点校有误。从音韵史判断,"丰"在上古时候不读轻唇,与今音不同,故意义有别。据侯志义研究,"丰"在上古丰为重唇音,音义同"祓",为祭祀之意。"大特"为"怒特",从徐广等人的解释来看,为牛神,符合"特"之为"牛父"(即公牛)之意。而据马长寿先生认为《魏略》载氐人自称"盇稚"(da-tsl)的论断,笔者认为"大梓"是da-tsl 的音译。所以,泷川氏所谓"丰、大特"为少数民族名称有误。

　　从上述这些分析可以看出,"伐南山大梓,丰大特"一句的意思为征伐南山大梓之氐戎的战后祭祀怒特神之意,中华书局本句读不误。

　　前文分析氐人作为定居之族群,怒特祠又位于故道境内,故此大梓之氐为《魏书》所载故氐之一分支,这表明春秋时期故氐民族已存在。

　　秦汉对戎、羌、氐等少数民族设道管理,故氐也被纳入到行政管理之中。《汉书·百官公卿表》云:"列侯所食县曰国,皇太后、皇后、公主所食曰邑,有蛮夷为道。"《续汉书·百官志》:"凡县主蛮夷曰道。公主所食汤沐曰邑。县万户以上为令,不满为长。侯国为相。皆秦制也。"《汉官仪》:"内郡为县,三边曰道,皇后、太子、公主所食曰邑。"秦代的封泥、金文,张家山汉简等出土文献中许多以"道"命名的县级政区即证明《续汉书》所言道"皆秦制"的说法。周振鹤先生说,"从道的分布范围拉来看,主要在战国末年的秦国境内,这似乎说明道的设置可能是在战国时代"。战国时期秦陇西、蜀郡等氐、羌、戎等的居住地带,一些县名如氐道、羌道、甸氐道、湔氐道、戎邑道的设置,正反映了"蛮夷"地方"道"类县的设置。

　　故道是否也是如此?颜师古在解释张汤开褒斜道是所提及的"故道"时说,"故道属武都,有蛮夷,故曰道,今凤州界也"。颜氏已经提出故道设置与管理蛮夷有关的观点,但因其不在《汉志》中,也没有提出具体为管理何种"蛮夷",他的说法被学界从事秦汉政区研究者们所忽视。

　　《魏书·氐传》为我们提供了这种"蛮夷"为故氐的可靠信息。该传提到"氐者,西夷之别种,号曰白马。三代之际,盖自有君长,而世一朝见,故诗称'自彼氐羌,莫敢不来王'也。秦汉以来,世居岐、陇以南,汉川以西,自立豪帅。武帝以为武都郡,自汧渭抵于巴蜀,种类实繁,或谓之白氐,或谓之故氐,各有王侯,受中国封拜"。这段文字中有"故氐"之说,且言"有王侯,受中国封拜"。这一记载也被

《北史》所因袭。

　　史书所言氏人在三代以前就存在,夏代自然不足信,但自殷商以来就出现西戎之氏类则是可信的,因甲骨文已经有故氏建立之"故"这一方国出现。

　　其实,这种"自立豪帅"的故氏部落王国,早在商代就见于甲骨卜辞中。《甲骨文合集》0945片正面其文有"屮来犬,不其来犬。来马,不其来马,贞囗乎取白马氏"之语。在商周时期,"屮"为"古""故"之初文。"屮"在周早期金文作"屮"。如于省吾先生《盂鼎铭释文》中将下图4于鼎铭文划线右边部分文字释读为"故天翼临子"。洪家义将该句释为"古(故)天异(翼)临子"。这表明,在商周时期,"古"与"故"通。因此,刘兴隆等将即将"　来犬""　来马"等语中的"古"释为少数民族方国名"故"。此前,郭沫若、胡厚宣等在甲骨文分类、释文中已经将"屮"当作方国看待。

　　上古氏、氏同声同韵,且字形相似,以音、形比较,"氏"与"氏"通假。如王文耀等就将氏与氏等同,归类在"(正齿)禅母声符"类。清代的朱骏声也说,"氏实即氏字,后人加一以象地为氏"。如此,则白马氏即为白马氏。

　　结合《魏书》等史籍文献资料所载"三代之际,盖自有君长"等语并非妄言,则故氏及白马氏,由来已久,亦可印证笔者前面推断春秋时期故氏之存在。前注引饶宗颐先生认为白马氏类冉駹在商代一直延续汉代存在的情况,故氏作为白马氏之重要一支,亦当如此。《合集》0945片正面甲骨文为占卜故氏是否献犬、马之事,也证实了《诗经·殷武》中氏羌向商汤朝贡的事实。

　　基于以上分析,"故氏"一支在《魏书》中被特别提出,其部落相当强大,不是秦汉时期代才骤然生成的,早在先秦就存在,故秦代甚至更早就设故道管理故氏。除《魏书》所载而外,其他一些文献的信息也反映出故氏这一少数民在汉代和新莽时候状况。如东汉熹平年间武都郡太守设故道铜官,亦和氏人"山出铜铁"的事实相符。新莽之际,王莽将故道改为善治县,实寓意对故氏"蛮夷"之地管理的美好愿望。

　　基于传世文献和出土文献的综合分析,"故道"的设立是在秦征服故氏之部落之后设立的政区名,故道之设置、得名实来源于此。对此,马长寿先生也认为"故道"为"故氏道"之简文。其实,因少数民族管理的"道"并不一定非得出现"氏""戎"字样在县名中,如管理绵诸戎之称绵诸道,獂戎称獂道等即是此例。

　　故道自秦设立之后延续,秦属陇西郡、汉属武都郡,但随着中央对地方管理的加强,氏人之君长已经没有多大权力。同其他道一样,其长官在秦末汉初之时已经是领食汉朝俸禄的县级官吏。至西汉以后,基本上只是名称差异,和一般县地方现行政治职能毫无二致。

图3　甲骨文合集第945正面　　　　图4　盂鼎铭文部分

　　综上,《汉志》所载故道不应被排除在管理少数民族"道"之外,进而迄今所有学者排除故道增补该志"道目"的观点将失去立论依据。实际上,前文提及的"除道"也不应被排除在道目之外,秦封泥有"方渠除丞",《张家山·二年·秩律》有"方渠除道……秩各六百石"等,周天游等认为《汉志》北地郡点读错误为"方渠、除道""除道"实际上是"方渠除道"。基于以上分析,我们对《汉志》所载"道"均应看作是"蛮夷"地区所设的道一类政区名。由此,自清儒以来误将政区"道"混同交通"道"甚至否定政区"道"而补正汉代道这样的县级政区的作法,均有重新检讨的必要。

三、秦汉故道治所

　　秦汉管理故氏的故道具体位置在哪里?迄今观点纷争不断,这些意见,实际上大多没有经过认真考证。顾祖禹认为在"今凤县"。依现在政区看,此凤县具体地址为今凤县凤州镇。王国维将《水经注》故道水流经的故道城判定为汉代的故道县所在,则位置大致如顾氏所指。王先谦认为在"今阶州成县西八十里",以今天政区看则又在徽县境内。谭其骧先生主编的《中国历史地图集》(以下简称《谭图》)将秦汉故道位置定在今凤县东北140余里,宝鸡市西南40里左右,大散关东南40里附近。在《谭图》释文中认为秦至西晋故道在今宝鸡市西南,清姜河东岸,大散关东南。其他还有任乃强先生认为在今天陕西凤县西,故道水西岸,凤县双石铺附近。史念海先生认为今凤县附近,所指和任氏同。尤中认为故道县在宝鸡市南,大散关东南,原因扞水是宝鸡东部干河。还有将今凤县双石铺龙家坪和张家窑之间的地方定为秦

176

汉故道县治所所在。这是比较具体的地望。此外今两当县境、凤县东北、凤县西北、凤县西北接两当县境等事故道县所在比较模糊的说法。

关于秦汉故道城的位置,在尚无考古发掘的情况下,《水经注》的记载最为可信。但《水经注》中有武都故道县故城、故道城、故道郡城等记载。解决此问题必须清楚故道在秦汉至北魏的迁移过程和相关河道的流路情况,并结合文物考察的某些地点判定来定位。

《水经注》记载:"渭水又与扦水合,水出周道谷。北经武都故道县故城西。王莽更名善治也。"这是武都故道县故城,对两汉地志作注者均作武都郡故道讲,依此则此城为秦汉时期故道城址,笔者也无异议。杨守敬认为,故道当在今凤县东北。对于扦水,他认为:"今有清涧河,出宝鸡县西南煎茶坪,当即扦水。"王国维先生认为即散氏盘中的"**澫**"为水名,为《水经注》之"扦水"。其在《水经注校》中所引为"渭水又与(其)捍水合",扦水即为"捍水"。此以音声相类。"扦""捍"上古中古音同,可同指。但"**澫**"音并不与"扦""捍"两者相同,形更不相似,因亦不是《水经注》所指之扦水。尽管如此,他也未指明地望。

扦水,尤中引《水经注》为"扦水",恐为"扦水"印刷误,但认为扦水为宝鸡市东干河。干、扦古音不同且不说,误将渭水北散关城当作大散关,导致扦水东南入渭河,与《水经注》记载扦水东北入渭和郦道元分析散关城情形不符。"扦水"杨守敬认为是宝鸡西南清姜河,笔者结合考古所指北魏大散关位置并对照今天宝鸡市地图,清姜河即扦水无误。

故道城,《水经注》记载"浊水又东南,两当水注之。水出陈仓县之大散岭,西南流入故道川,谓之故道水。西南迳故道城东,魏征仇池,筑以置戍"。明显,这里为"故道城",为北魏故道城,已非汉代故道城。此两当水发源于陈仓县大散岭附近,向西南流,从今天的河道情况来看,为流经凤县嘉陵江上游无疑。此后又叙述"与马鞍山水合。水东出马鞍山,历谷西流,至故道城东,西入故道水"。熊会贞将马鞍山水释为今天凤县境内的安河,正合今安河流向,则此故道城在今天凤州镇西安河与嘉陵江交汇处。《水经注》还提到了北魏故道郡治,这又在上述嘉陵江之西南境,严耕望分析为今两当县治所在地,此亦确论,不必再究。

这三个有关故道城的地望,唯独武都故道县故城具体地址难以确定。然而《水经注》记载"渭水又与扦水合,水出周道谷。北经武都故道县故城西。王莽更名善治也。又东北历大散关而入渭水也"。分析这段话,我们可以大致确定其方位。首先,扦水为渭水支流,出周道谷。其次,扦水是发源后向北流,并从故道故城西边流过,再向东北后经过大散关入于渭河。由此可以确定,此故道城在大散关西南,且在扦水北流河段东边某一位置。

郦道元对扞水河道流向方位记述如此考究,并不无因。从郦氏紧接着叙述渭水东南流时,"右合南五溪水,夹涧流注之"的溪水流势形象描述,以及扞水之南故道水所经秦冈山"山高入云,远望增状,若岭纡曦轩"和该山悬崖上神女"神像若图,指状妇人之容。其形上赤下白"的记述来看,道元曾亲自游历这些地方。郦道元所说大散关,据宝鸡市文物调查,其遗址目前已经能确指,在今宝鸡市渭滨区西南川陕公路19千米左右的清姜河岸。

从郦氏的记载,大散关西南扞水段的流向分析对确定秦汉故道位之判定十分重要。以今天河流状况分析大散关南的河流情形,清姜河之上源有三条,最长为神沙河,其流向为东南西北向,在今神龙镇观音堂南附近汇合另外两条支流后向北流被称为清姜河。从郦氏记载河流流向来判断,此条河流不是扞水源头。在北魏大散关以南的支流中,向北流者唯今东峪口东北一条小支流,此条河流今天约长10千米,东北向约长2.3千米,向正北流的河段恰在与清姜河交汇处以北0.3公里河段,此段后河流即为清姜河的东北流向段。这一流路符合郦氏记载。扞水这种河流处于崇山峻岭间的山谷,其支流又处上游,河流主要是溯源侵蚀和下切作用,与平原地区下游河流泥沙沉积容易改道不同,因此自秦汉以来千余年流向不会有多少变化。

据以上分析,秦汉故道的位置就可以被锁定在此段支流汇入清姜河至北魏大散关之间的区间内。在此区间里,又可以具体到两河交汇之地的北流段附近。从地理条件来分析,该地区在海拔1000米左右的清姜河岸阶地,地势相对平坦,南沿秦岭低山入嘉陵江可达蜀地,北依清姜河入关中,进退交通条件优越。在周厉王时期,该处附近大散关、大散岭一带则为古散国聚落之所在,文公东迁国灭,亦说明适合建县条件。这种地理条件,也符合东汉应劭所言氐人"乐在山溪"的情形。也正是因为这种与秦人雍地较近的地缘关系和便利的进退交通优势,故氐部落和秦人之间的冲突就不可避免,导致秦文公、缪公等数次讨伐。

若从今天的村镇来看,秦汉故道的地望位于今宝鸡渭滨区西南25公里左右神龙镇大散关西南、清姜河东观音山村附近两河交汇处东附近。

以往关于故道地望的研究,唯谭其骧先生主编的《中国历史地图集》(以下简称《地图集》)所考位置与笔者大致相近,位于秦岭以北清姜河流域。《地图集》虽然指出故道位于清姜河东岸,但却标注在大散关东南40里左右,与《水经注》记载不符。其余一些地望的考辩,或者昧于故道治所变迁,将北魏故道误为秦汉故道,或者忽略秦岭北麓渭河水系和南边嘉陵江水系差异,将渭河水系支流附近清姜河之故道标注在秦岭南嘉陵江东边支流故道水附近,导致秦汉故道县治地望错误。故道位置见文后图5。(底图依据国家文物局主编《中国文物地图集(陕西分册)》

第 166－167 页 1∶150000 宝鸡市金台区、渭滨区文物图)。

四、小结

通过以上的分析可以得出如下的结论:故道之得名非因故道交通而来,乃因管理故氏族群而设,秦汉故道之具体设治地点在今宝鸡市西南神龙镇观音山堂一带。从该个案的探讨我们可以看出,对于秦汉少数族群地区道这一政区的探讨,应当尊重《汉志》的记载,在没有可靠证据的前提下不应对其有所怀疑。一些学者认为少数民族地区"道"这一政区之设立和交通开辟有必然联系并扩大到对整个秦汉道的认识,实际上将少数民族看作不需要和汉地社会往来的边缘群体,似乎他们的出行都与交通无关,这种看法更不足取。我们承认少数民族地区部分道的设置可能和交通有关,但不能忽视秦汉以"道"管理少数族群的县级通行行政制度。

图 5 秦汉故道具体位置示意图

(本文发表于《燕国史学》2014 年第 7 辑)

刘邦赴汉中所过栈道新解

晏　波[*]

号称西楚霸王的项羽,分封诸王时将刘邦置于边远的巴、蜀、汉中,但对汉王刘邦却意义非同小可。刘邦是如何从关中率军赴汉中的,其所经过的栈道具体是子午道还是褒斜道抑或其他,历来争论不休。重读史料新材料和对当时战争形势的背景理解,刘邦和诸侯在戏下罢兵后,正月从杜南出发,沿秦岭北坡向西,经褒斜道过褒中入汉中。

一、刘邦赴汉中栈道不同观点

分封后不久,项羽派的兵士三万以及愿意跟随刘邦的将士数万人向汉中进发。关于刘邦赴汉中所经过的栈道问题一直争论不休,大致有三种说法:子午道、褒斜道、子午道或傥洛道。这一问题的产生在与《史记》记载的模糊有关,以致从历代起就争论不休。

《史记·高祖本纪》:"四月兵罢戏下,诸侯各就国。汉王之国,项王使卒三万人从,楚与诸侯之慕从者数万人,从杜南入蚀中。去辄烧绝栈道以备诸侯盗兵袭之,亦示项羽无东意。"大致是说,刘邦从杜南到了蚀中,途中又走过栈道到达汉中的。同样在《史记留侯世家》中,也记载了相关刘邦入汉中的道路信息:"汉王之国,良送至褒中,遣良归韩。"这似乎又给人暗示:那就是张良送刘邦到了褒中,可能经过了褒斜道,所烧栈道有可能就是褒斜栈道。而《汉书》记载:"汉王之国,从杜南入蚀中,张良辞归韩,汉王送至褒中。因说汉王烧绝栈道以备诸侯盗兵,亦示项羽无东意。"

对此古代学者做过解释。从杜南入蚀中,程大昌《雍录》:以地望求之,关中南面背碍南山,其有微径可达汉中者,惟子午谷在长安正南。其次向西则骆谷,此蚀

---

* 作者简介:晏波,1980 年生,男,陕西勉县人,史学博士,天水师范学院历史文化学院副教授,主要从事历史人文地理研究。

中若非骆谷,即是子午谷。程大昌的解释虽然没有明确说刘邦经过骆谷入汉中还是经过子午谷入汉中,但分析文意暗示倾向于刘邦从子午谷入汉中的意味。

杜南,《史记正义》卷八引韦昭云:杜今陵邑。《括地志》云:杜陵故城在雍州万年县东南十五里,汉杜陵县宣帝陵邑也。北去宣帝陵五里,《庙记》云故杜伯也。

蚀中,《集解》季奇曰:蚀音力,在杜南。如淳曰蚀,入汉中道川谷名。《索引》孟康:音食,王劭按:《说文》作钟器名也。地形似器故名之。《汉书》:"李奇曰:蚀音力,在杜南。如淳曰:蚀,入汉中道川谷名。师古曰:即今梁州之褒县也。"而如淳认为蚀是汉中道川谷(即水流经的山谷)名,彦师古则肯定地说是在褒县(今沔县褒城镇一带)。似乎暗示刘邦是经过褒中到汉中的,那么他应该走的是褒斜道了。

由于他们的注释分歧,成为秦汉史研究的一个疑点,也引起了当代一些学者的关注,先后有史念海、黄盛璋、李之勤、辛德勇等专家学者作过相关的研究和论述。

史先生在《关中的历史军事地理》一文中提到了子午道:子午道是由长安南行,过秦岭,经过洋县通到汉中的通道。古时以北方为子,南方为午。这条通道贯通着南北两方,所以叫作子午道。他在越过秦岭顶端后,本由宁陕县洵阳坝附近,寻直水南行,在溯汉水西上。这段话的最后有小字注引《水经注·沔水注》关于子午道的路程,并说"子午道虽开于王莽之时,当系据旧道开凿的。所谓旧道即刘邦分王汉中时,从杜南入蚀中的旧道"。他认为所烧的栈道也就是这一道路当中的其中一段。对此,李之勤先生又具体做了解释:关于子午道,《汉书·王莽传》曾记王莽"以皇后有子孙瑞,通子午道,从杜陵直绝南山,径汉中"。而西汉时期汉中郡的治所则在今安康市西数里的西城县……子午道的得名当与这条道路基本上呈南北方向有关。秦朝灭亡之后,被项羽封为汉王的刘邦"之国"前往南郑,即今汉中市时,就是选行这条道路。它的具体走向是:从长安南出发沿丰水,越秦岭,沿洵水,经其支流月河,到河池镇后一条延汉江北区汉中,一条走月河趋安康。作者认为子午道得名与其走向大致呈南北走向有关,因为西汉汉中郡治在今安康市西附近,刘邦选择的便是这条道路,即子午道。

几年后,史先生对原来的论证有些修正,认为刘邦虽然没有经过褒斜道,但他从子午道向西南经过洋县龙亭山附近后沿秦岭南坡向西南就取道褒中到了南郑。但是,褒中在褒谷之中,是褒斜道必经之地,这就和其论证不合。

辛德勇先生认为:子午道由南山子午谷越秦岭,为长安与汉中及四川盆地之间最捷近的道路。此道通行的最早记载,是汉高祖元年经此入汉中,时称子午谷为"蚀中"。他的理由有两条,即《史记·高祖本纪》和《金石萃编》卷八《司隶校尉杨孟文颂》。与此同时他就《杨孟文石门颂》关于堂光道提出了自己的见解,在此文中据"高祖受命,□□□□,兴于汉中,道由子午"认为子午道早已有,秦末汉初刘邦就是由子午道入汉中的,不过当时子午道本称作"蚀中"。其余如汉中一些地方史工作者如郭荣章、冯岁平等也都依据刻石材料认为刘邦入汉中选择的也是子午道。

以上便是一些专家学者对于刘邦入汉中道路的选择子午道的解释,此外还有关于刘邦入汉中经过褒斜道的论证。黄盛璋先生认为褒斜道早在先秦已经存在,其开辟当大致在秦惠王时期,证据是《战国策·秦策》"栈道千里,通于蜀汉",以及《史记·货殖列传》:"(巴蜀)四塞,栈道千里,无所不通,唯褒斜绾毂其口。"此外他还联系相关秦国伐蜀的事情,确定了褒斜道开通的时间。作者引用《史记·留侯世家》:"汉王之国,良送至褒中,遣良归韩……烧绝栈道。"刘邦所烧栈道应该是所走过的褒斜栈道,如果烧子午道那么就和记载出入,刘邦应是取道褒斜入汉中了。以上这些说法虽然都有一定的道理,但都是从一个方面去论证,对此笔者认为有再探讨的必要,若从当时的历史背景全面分析就能知道刘邦赴汉中的道路选择。

二、对取道子午的质疑

目前,影响最大的一说是取道子午,笔者认为大有可疑之处。首先取道子午道有以下疑点。如前所说,子午道得名始自王莽时期,此时开通虽是旧道的修整,但不能说明刘邦赴汉中时已经开通,此其一。子午道因为大致呈现南北直线走向,是因为西汉汉中郡治在今安康市附近和西汉长安大致南北对峙,但是刘邦是在南郑(今汉中)建都称王,当是汉中郡治并不在西城,而在南郑,取道子午似乎过于迂远,此其二。从杜南入蚀中,仅仅是后来"子午道"从长安出发的部分道路,不能因此而指代整个子午道,此其三。《杨孟文石门颂》中"高祖受命,兴于汉中,道由子午,出秦入散"。虽然有暗示刘邦从子午道(王莽时名)入汉中的意思,但是此文在东汉建和二年(148 年)篆刻的,距刘邦入汉高祖元年(前 207 年)已经有 350余年。当时因为褒斜道早已废弃,人们以当时沟通汉中的子午道而言高祖出汉中的事情,因此未必可靠,此其四。基于这些认识,取道子午就不足信了。其余对刘邦经过连云栈道的不可能性,前引辛德勇、李之勤等先生诸文已做过缜密分析,此不赘述。

三、取道褒斜的理由

对此问题,笔者以为依据《史记》《汉书》中相关的材料并结合相关史实来说明这一问题,笔者认为:刘邦和诸侯在戏下罢兵后,正月从杜南出发,沿秦岭北坡向西,经褒斜道过褒中入汉中。

刘邦被分封以后,随行三万人中关于蒯成侯周𫄧的记载是这样的:"至霸上,西入蜀汉,还定三秦"。在《史记》中所有随从刘邦入汉中的人物中,唯独蒯成侯记载了汉中这一史实,这从未引起学界的关注,以致于对刘邦入汉中选择道路走向这一问题认识就有了多种分歧。从西入蜀汉,来看刘邦从杜南出发后,并没有直接向南,而是向西走。《史记·高祖本纪》说法是"从杜南入蚀中",杜南容易理解,即今杜陵原南。蚀中一直是一个谜,如淳只是说"汉中道川谷名"。这一"汉中道川谷"是什么呢? 我们可以联系秦末汉初从关中通往汉中的交通道路来考察。

这一时期,可以确定已有的连接关中、汉中的道路有褒斜道、故道等栈道。如蔡泽游说秦昭王时说秦国"栈道千里,通于蜀汉,使天下皆畏秦……"巴蜀"四塞,栈道千里,无所不通",以及刘邦去汉中烧毁栈道等情况,说明了当时连接两地主要是栈道,而栈道当中此时以褒斜最为重要,如说到巴蜀虽然相对封闭,但是通过栈道,尤其是"褒斜绾毂其口"和外地进行商品贸易。这说明秦末汉初时候褒斜道已经是联系秦和蜀汉的重要通道了。此外还有故道,刘邦返回关中时便走的这条道路,即"(汉王元年)八月,汉王用韩信之计,从故道还"。这也表故道(亦称陈仓道)在秦末汉初已经开通并使用了。如淳所说的"汉中川谷道",在秦末汉初,不是褒斜便是故道了,而且"川"应该和河流有关,那有可能就是褒斜道,因为褒指褒水,斜指斜水,褒斜道就是因河流而得名的。为什么不可能是故道呢? 因为如果是取道故道,刘邦来时已经烧毁,就不可能从原路返回关中。

还有一条材料,那就是东汉建武年间,东汉大将冯异等和公孙述麾下将领程馺兵马在陈仓一带激战,史载"大破之,馺退走汉川。异追战于箕谷,复破之"。箕谷,在《三国志》有记载:六年春,(亮)扬声由斜谷道取郿,使赵云邓芝为疑军据箕谷,魏大将军曹真聚众拒之,亮身率诸军攻祁山。此次诸葛亮扬言出褒斜道攻关中郿县,让赵云等在箕谷为疑兵,而自己却率大军巩祁山(在今天水礼县),由此可以得知箕谷在褒斜道中。据此,上文所引汉川则是指褒斜谷道而言。

其余如《史记·留侯世家》:"汉王之国,良送至褒中,遣梁归韩。良因说汉王曰:'王何不烧绝所过栈道,示天下无还心,以固项王意。'乃使良还,行,烧绝栈道。褒中,颜师古解释为唐代梁州褒县县也,褒中说明居褒谷之中。其实汉代就汉中郡就有褒中县,位于褒谷之中。这说明了刘邦是经过褒斜道的,所烧栈道应该是褒斜道。对此《史记集解》《蜀鉴》也认为刘邦所过栈道为褒斜道,只是没有做任何分析与解释。

从以上几条材料入手,我们可以断定如淳所说的"汉中川谷道"当是褒斜道。

所以刘邦是从杜南出发后,沿秦岭北坡向西,沿斜水,走褒斜道经褒中入汉中的。除了直接的证据以外,我们还可以从几个侧面去分析刘邦取道褒斜不经子午道的理由。

其一,刘邦入汉中时候,"烧绝栈道,以备诸侯盗兵袭之",他对项羽还是不放心的,所以希望尽快、安全地到达汉中。取子午道有两个不利条件。其一,道路艰涩,过于迂远。史先生在估算唐代的子午谷长是660里,褒斜道470里。虽是唐代的数据,但是道路的选择随着朝代的发展,应该是趋于更加便捷,那么可想在秦末汉初子午道未能确定是否开通,越过崇山峻岭折安康入汉中的道路是多么艰难遥远。此外,关于子午道的道路艰难,《杨孟文石门颂》有记载。其虽有个别错误,但是反映开通褒斜道的事实是不会错的,而开通褒斜道原因就在于"后以子午,途路艰涩"。其二,刘邦要防止诸侯从背后偷袭,在南郑(汉中)建都立国,应当选择较为便捷的道路最为稳妥,取道子午道(后来道路名)有悖情理。关东、关中分封诸侯多是项羽安插对付刘邦的将士,尤其对刘邦不利,他从杜南向西比直接向南取道东南(安康)再向西(汉中)更为有利。关中虽分封三王,但是刘邦从故道还,首先向雍王章邯进军,并连获两胜,取得雍地,说明雍王章邯实力并不强。刘邦从杜南出发后,过关中平原南缘沿秦岭而西,再入褒斜是明智的选择,因为章邯不会给他构成太大的威胁。

其二,取道褒斜的便捷。褒斜道在秦末战国时期的秦与蜀汉交通道路中十分重要,前文已述及。它的便捷除了《石门颂》所提及以及一些学者论述外,还有一条重要的材料。《三国志·蜀书·魏延传》引《魏略》说魏延请命出关中事情:"令假延精兵五千,负粮五千,直从褒中出,循秦岭而东,当子午而北,不十日可达长安。"意思是从褒中出兵后,越秦岭向东,走子午谷北面,不到十天时间就可以到达长安附近了。这是一招险棋,当时魏国夏侯渊等坐镇长安西南,处事谨慎的诸葛亮并没有答应他的请求。但是说明了一点,那就是从褒中出发,越过秦岭向东经过子午谷北到长安是很便捷的,蜀汉当时军队驻扎在今汉中勉县,从褒中出发越过秦岭道路已经清楚,魏延请求出兵,当走褒斜道入褒中,再关中。这正和刘邦"西入蜀汉""良送至褒中"等透露出来的赴汉中道路吻合,也说明取道褒斜是很便捷的,只是他并没有完全按照褒斜道的路程行军而已。

至于刘邦走的是否是骆谷道,辛德勇先生考证已经很明确,因为骆谷道的开通当在西汉平帝到东汉明帝之间,上文程大昌的怀疑则可以消除了。

(本文发表于《史林》2010年第2期)

农村政策失败与俄罗斯帝国的灭亡

贾迎亮 *

为了跟上资本主义潮流并稳固帝国的统治,沙皇亚历山大二世废除了俄罗斯帝国实行了百年的农奴制,并采取了一系列的新农村政策,但事与愿违,这些政策的失败最终导致了当年俄罗斯帝国的灭亡。

1917 年 3 月 8 日到 13 日,貌似强大的俄罗斯帝国在短短几天之内就土崩瓦解了。俄罗斯帝国在 1917 年覆灭当然由很多因素促成,例如第一次世界大战带来的灾难、首都彼得堡的群众动乱和一些政党乘机发动的革命活动等,但更深层次的原因则是农村政策的失败。

一、大改革动了农民的奶酪

俄罗斯帝国历代农民都有"好沙皇"观念,认为沙皇是上帝派给他们的救星和保护者,甚至亲切地称沙皇为"父亲"。何以到了 1917 年父子反目成仇? 首当其冲的原因就是 1861 年大改革动了农民的奶酪。

1861 年大改革后,俄国农村虽然保留了农民的传统组织——农村公社,却只把农奴主的一半土地留给了村社,另一半土地留给了贵族地主,而占人口 90% 的农民只有 34% 左右的土地,农民缺地现象严重。到了 19 世纪末,农民人口增加了 1 倍,农民份地人均减少了一半,[1]37 结果引起农民的"地荒",这更增加了农民对地主的仇恨。加上 1891—1892 年俄国发生了罕见的饥荒,因此从 19 世纪末起,农民开始在农村不断掀起暴乱,抢夺地主的土地。1905 年革命的爆发最终促使沙皇政权下定了决心废除村社。

为了维持俄罗斯帝国的秩序和稳定,斯托雷平于 1906 年上台后就颁布了废

---

* 作者简介:贾迎亮,1980 年 6 月生,男,河北内丘人,天水师范学院历史文化学院副教授,历史学博士,主要从事世界近现代史研究。

除村社的"1 月 9 日法令",从此就开始了斯托雷平的土地改革。斯托雷平土地改革的最重要特征就是村社土地私有化和土地整理同时进行:俄国村社的土地如同今日中国农村的集体土地一样,每户农民的份地是由分散多处的小块土地(即条田)构成,各户农民的条田呈插花交错状。改革者认为这是一种比有规模的农场经济落后的农业生产方式,根据改革法令,村社农民取得份地私有权后,必须把条田整理到一块,形成小有规模的农民农场,这就是土地整理。

二、农村政策调整遭遇执行难

以土地整理为主要内容的农村新政策本来是为了更好适应俄罗斯资本主义经济的发展,并迅速稳定局势, 但在执行过程中遭遇了种种困难。

新政策没有民众基础。在村社制下,土地以条田形式按农户人口均分给农民,每隔 10 年左右就按农户人口数量的变化进行土地重分。而农民的条田并不仅仅是按面积大小来划定的,如果某块条田比较贫瘠就增加一点面积,某块条田离村庄太远也增加一点面积,某块条田产量过高就缩小一点面积,有的地方甚至还根据需要耕种时间的长短和播种数量来调整条田的大小。[2]178-180 这样,农民份地的分配不但在数量上,而且在质量上都做到了充分的公平。所以多数农民对插花条田制还是比较眷恋的。

但是斯托雷平土地改革要把农户的条田整理到一起形成农场,而且主要是按面积的原则,那么这必然会出现有的农民的农场全是肥沃的或是离村庄近的土地,而有的农民的农场全是贫瘠的或是离村庄远的土地。这样,尽管农民的土地面积没有增减,但是质量却有了差别,所以多数农民对土地整理的政策是很反感的。

新政策引发了农村的不公平。改革法令并没有规定在整理土地过程中,谁更有权占有肥沃的地段,农民之间必然会出现纠纷;改革法令规定农民除了原有份地私有并整理外,还可以购买地主出租的土地,但并没有规定必须卖给原来的租种者。当时俄国农村还没有现代司法系统,有关谁占有或购买某块土地的纠纷是通过村会来解决的。显然,谁在村中的势力大、地位高,谁就有可能得到好处,因为村民都是基于现实的考虑来表态的,如纠纷双方的人品如何,哪家更有权势或更受欢迎,哪家给村会提供了伏特加酒,等等。[2]182 这样,农民占有土地的能力几乎完全取决于其在村中的权势和地位,这当然会引起不能如愿获得土地的农民的愤怒。

少数人甚至一人提出整理份地的要求村社就必须满足的规定,给其他农民带来不少麻烦,因为在插花条田制及轮作制下,把数块条田并成一块必会牵涉众多其他农民的条田。鼓励移民的政策,使许多农民都担心其他农民会离开村庄,而他们留下的土地不得不由自己筹资购买,否则就有可能被外来人占有。

农民之间的纠纷和冲突破坏了村社制下相对和谐的农民社会。政府授予的各种个人权力,在农民看来都是别人打击自己的工具,而原来社员之间的信任关系因改革法令的出台而消失,却代之以人人自危。

新政策与政绩挂钩导致地方官员大冒进。为了推动改革进程,中央政府规定土地整理的成绩和地方官员的政绩挂钩。中央政府虽然期望改革迅速推进,但并不是要盲目地扩大,而是相当重视改革的质量,要求农民在做好充分的准备并能承担必要的开支时才准予整理份地、建立农场。

但地方官员为了升官,不管农民是否具有独立经营农场的能力,就盲目扩大土地整理的农户数量。到了改革后期,在俄国农村大规模地出现了整村农民整理土地建立农场的现象。这些脱离村社的农场中的大多数都经营不善,举步维艰,他们被国家所抛弃,只能依靠自己的力量苦苦挣扎。农民银行也无力资助这么多的农场,1906—1910 年农民银行借货给农民的资金人均只有 78 卢布 76 戈比,连 1 俄亩土地都买不到,更不要说应付大量的生产开支了。在改革期间农民银行还从没有按期还贷的农民手中收回了 54 万公顷土地,使 54000 户农场主破了产。[3]118

三、穿军装的农民迫使沙皇退位

为了废除村社建立农场,俄国付出的代价是农民对政府的敌意、农村和谐的破坏和农民处境的恶化。改革后农场的农业生产力水平不但没有提高,甚至有所倒退。[4]65改革前,村社的农产品很少出售,农户即便有剩余,在连环保制下也都用于替其他村民缴纳赋税或是村内救济等公益事业。而改革后,小农的产品如有剩余就可以拿来出售,不用再替邻居纳税,也没有多少公益事业可以付出。因此商品率的提高只是表明农产品分配关系的改变,而不是产量的提高,农民在很大程度上更加普遍地贫穷了。

改革之后,沙皇政府不但没有解决农民的地荒,满足农民的土地需求,反而因农民缺地发生了农村动乱。尽管脱离村社的农户只有1/4,但却有 10 多万农户600 多万农民卖掉了土地到处谋生,而当时俄国工业化程度不高,不能容纳这么多农民,于是在城市形成了所谓的"边缘阶层",他们是群众运动和革命活动的活跃者。在广大的农村,很多农民失去村社保护,加上此期农业生产力没有发展,而地主和国家却对农民的剥削加剧,无论是村社农民还是脱离村社的农民处境都非常艰难。废除村社时期,农村的社会和谐被打破,整理土地期间的不公正现象使农民人心涣散,人人自危。

　　沙皇政府强加的这场急剧的社会变革及变革带来的负面结果,最终使农民失去了对"父亲"的信任和支持。19世纪90年代以前,农民还在帮助沙皇政权镇压解放他们的民粹派的革命活动,到了1917年二月革命(公历3月)的时候,当沙皇尼古拉二世从前线调动军队镇压革命时,军队却突然反戈一击,直接导致了沙皇尼古拉二世的宣布退位和俄罗斯帝国的灭亡,而这些军人又都是一些穿军装的农民。十月革命中,这些农民又支持答应他们没收地主土地归农民所有的布尔什维克。内战时期,这些农民又帮助布尔什维克镇压了保皇党人的复辟活动。可以说,农村政策的失败决定了俄罗斯帝国灭亡的命运!

参考文献

[1]刘祖熙. 改革和革命——俄国现代化研究[M]. 北京:北京大学出版社,2001.

[2]George Yaney. The Urge to Mobilize, Agrarian Reform in Russia, 1861—1930[M]. University of Illinois Press, 1982.

[3]А. М. Анфимов. *Тень Столыпина над Россией*[J]. История СССР. 1991(4).

[4]И. Д. Ковальченко: *Столыпинская аграрная реформа*[J]. История СССР. 1991(2).

　　(本文发表于《人民论坛》2007年第19期)

水贫困理论的国际研究进展水贫困测量及应用的国际研究进展

何栋材　徐中民　王广玉[*]

水贫困理论导源于一般的贫困理论,该理论确定了人们为了消除贫困必须具备的五种能力。五种基本能力与人们生存发展的五种生计资本以及水贫困的五个维度三者之间存在某种对应关系;水贫困的定义仍然处于争论之中,但是任何人对它的限定至少都包含着生计资本的一个或者多个方面。水贫困的测量也经历了由单个变量到多个变量、由相等权重到不同权重、由简单到复杂的演变过程。水贫困研究结果的分析方法也有五种之多,各有所侧重。近年来,水贫困理论进一步发展为 WWI 和 CVI,显示出水贫困理论的前景。在水贫困理论研究的国际应用方面,最具有代表性的成果是 Caroline Sullivan 博士于 2002 年在测算了各国 WPI 的基础上,对世界上 147 个国家的 WPI 得分进行了排队,结果芬兰以 78.0 的得分高居榜首,海地得分 35.1 分,列 147 位,中国得 51.1 分,居 106 位,并且根据计算数据编制了全球 WPI 地图。在国别研究中,Claudia Heidecke 于 2006 对贝宁全国各地区的 WPI 值进行了计算,经研究,建立了贝宁的 WPI 地理空间数据库。另外,WPI 还可在流域和社区尺度上应用。近年来,水贫困理论进一步发展为 WWI 和 CVI,显示出水贫困理论的前景和发展趋势。

地球是个水的星球,然而淡水很少,不到总水量的3%。更为重要的是,尽管人类影响不了地球上水资源的总量,也可以恢复水的可用性,但是,在水最为重要的用途上目前还找不到替代物。传统上,清洁的、可利用水资源的稀缺性被视为一个地方性的问题,然而关于水资源的国际纠纷不断增加,表明水稀缺也是一个

---

* 作者:何栋材(1966 年 12 月—),男,甘肃省清水县人,天水师范学院资源与环境工程学院教授,地理学博士,主要从事区域发展与生态经济方面的研究。

全球性问题[1]。水问题是全人类共同面临的挑战,追求人水和谐人类共同的目标[2]。近年来,随着全球人口的稳定增长,经济规模的不断扩大,人们对水资源量的需求也日益递增;同时,由于全球变暖、积雪地区雪线上升,森林的锐减、地下水位下降以及水体污染等因素的共同影响,部分国家和地区的水资源供应形势日趋紧张,水资源短缺问题开始引起人们的关注,这就促使人们纷纷寻找评价水资源短缺的理论依据和科学方法。在国际上,研究水资源短缺的视角和方法非常多,有的学者从资源承载力角度研究,有的从水资源管理角度比如建立水市场、水银行等;也有从消费角度切入研究的比如水足迹和虚拟水贸易等。从一般的贫困理论出发,联系到水资源的开发、利用和管理以及人们利用水资源的能力和生计影响就形成了水贫困理论,也成为一个相对独特的研究视角,以期对集成的水资源管理提供理论依据。通过集成管理,达到人与自然和谐共生的目的,而人水和谐则是人与自然和谐的重要内容[3]。

一、水贫困理论的源起

建立 WPI 的目的是形成一个与水资源利用有关的贫困的评价工具。为了这一目标,需要深入某一适当的理论框架,考虑到对贫困理论上的理解,采用了Townsend(1979),Sen(1981,1983,1995)以及 Desai(1995)提出的方法。在这些方法中,贫困被定义为能力的剥夺[4]。建立基本需求的方法最早是由 Pigou(1920)提出来的[5]。Sen 的研究表明,贫困是基本技能缺乏的结果,也是分辨一个社会状况缺乏的结果。贫困是一个相对的概念,贫困的发生不仅依赖于人们的生存状况,而且依赖于个人的能力[6]。

以上观点后来得到进一步的发展。Desai(1995)的研究表明,能力的剥夺能够被清楚地定义,在某种程度上,也可以量化。正如 Desai 所说,就贫困的测量而言,我们的兴趣在于保证人们具有某些能力,即他们以任何可选择的方式拥有必需的资源以便维持和从事他们的活动(Desai,1995)。在某种程度上,这种观点至少减少了对人们所从事的活动可能产生影响的社会文化因素考虑的必要,只需要考虑哪些因素能够使人们拥有一个公平可行的生计选择途径。要有效地维持生计选择,Desai(1995)确定了人们必须具备的五种能力:

·延长生命的能力;

·确保生命繁衍的能力;

·健康生活的能力;

·社会交往的能力;

·拥有知识和自由表达思想的能力。

家庭生活和生产应用能否得到充足的水供应这一现实与上述五种能力有很大的关系。前三种能力与通过更好的水管理直接反映出来,任何社区成员在理解他们自己的资源管理问题时,其参与管理的权力结构都应该包括后面两种能力。WPI 这一概念结构试图将每一种生计能力揉合为几个维度。根据 Desai 的观点,贫困是由于上述能力不足造成的。此观点与 Scoones(1998)提出的可持续生计框架的观点有异曲同工之处。人们生计活动的世代相传和贫困的减少依赖于人们所具有的生计资本[7]。他将生计资本确定为以下五种:

· 自然资本:阳光、清洁的空气、土地、水、森林、矿产等;

· 物质资本:机器、厂房、工具、设备设施等;

· 金融资本:信贷、储蓄、汇款等;

· 人力资本:教育、知识、技能培训、健康状况、迁移支出等

· 社会资本:期望在市场中得到回报的社会关系投资[8]包括财富、权力、声望和社会网络等。

同时 Scoones(1998)认为,以上五种资本类型组合起来为人们提供生产要素和生计支持,为人们福利的持续增长提供机遇,当然不同资本类型之间可以相互补充或者相互替代。一个赤贫的社区正是由于上述五种生计资本中的部分或者全部不足或者短缺的缘故。这样,他的核心观点就与 Sen(1981,1983,1995)以及 Desai(1995)对贫困问题的追因不谋而合。C. A. Sullivan(2002)在五种生计资本与水贫困的五个维度二者之间建立起了对应关系[9],从而为水贫困理论的深入研究建立起一种全新的框架。

二、水贫困的定义

水贫困这一术语在全球科学界提出已经有将近十年的时间了,但是有关它的定义还一直处于争论之中[10],目前仍然没有一个一致的说法,在大多数情形下,人们经常将其与水匮乏、水紧张以及水压力等概念混用,因而其定义也有多种。Salameh(2000)将水贫困定义为,某一地区的人口为了家庭生活和食物生产所需水资源的可获得性(丰富程度或者匮乏程度)[11]。这一定义主要关注水资源的可得性,而没有考虑水资源难以利用的社会原因。Feitelson 和 Chenoweth(2002)将水贫困定义为一个国家或者一个地区的人们在任何时候都负担不起可持续清洁水供应的费用的一种状况[12]。此定义与前者相比,其可取之处就是作者在确定水贫困的内涵时,将向人们提供清洁水供应的成本与国家负担该成本的能力二者之间建立起有机的联系,从而容易引导人们将水贫困与生计资本、生计能力关联起来。2002 年,Fitch 和 Price 在英格兰和威尔士的水价值研究报告中对水贫困也

做了定义,作者认为水贫困是这样一种状况,当一个家庭将其收入的 3% 以上用于水费支出时,那么该家庭就处于水贫困状态[13]。该定义的与众不同之处就是它首次将居民家庭水费支出与家庭收入联系了起来,从可操作性的角度来看,它考虑了家庭对水费开支的支付能力,但是没有涉及与水贫困相关的其他维度。

自从 Sullivan 和 Lawrence 两人于 2002 年发表了有关水贫困的一系列论文和研究报告之后,水贫困问题一度引起了国际学术界的广泛关注。Sulluvan(2002)将水贫困定义为一个社会没有充足而稳定的水供应的状态[14],Peter Lawrence(2002)将水贫困解释为,人们所以会产生水贫困,是因为两方面的原因:一是没法得到水,二是收入贫困[15]。这两种说法将水贫困和水供应与居民收之间的联系凸显了出来。Maggie Black(2003)对水贫困定义如下:(1)那些自然生计基础持续受到严重干旱或者洪水威胁的人们;(2)那些生计依赖于粮食耕作或者采集自然产品,而其水源不可靠或者不足的人们;(3)那些自然生计基础容易受到侵蚀、退化或者被政府没收(例如要建设重要基础设施)而得不到正当补偿的人们;(4)那些生活在远离常年饮用水供水区的人群;(5)那些不得不花费家庭收入很高比例(如大于 5%)用于水的人群;那些不得不支付远高于市场价格购买水的贫民区居民;(6)那些供水已经受到生物和化学污染而无法使用,或者无替代水源的人群;(7)每天要花费数个小时来采集水,因而其安全、教育、生产力和营养状况处于风险之中的妇女和女孩;(8)那些生活在有着高度与水有关疾病地区(血吸虫、几内亚蠕虫、疟疾、结膜炎、霍乱、伤寒等)而缺乏保护手段的人群[16]。这一定义是迄今为止对水贫困做出的最为全面的定义,作者将水贫困的实质、外在表现及对应人群做了界定,但是作为科学学术定义,显得较为烦琐,另外,有些状况与水贫困关系不是十分密切,例如(3)。2004 年,Cullis 和 O. Regan 的定义更是直击要害,他们将水贫困定义为,水贫困即获得水的能力的缺乏或者利用水的权利的缺乏[1517]。这一定义,揭示了造成水贫困的深层原因,水贫困不仅仅是由于资源的短缺的缘故,也不仅仅是用水者能力的不足,它同时还涉及水的管理。由此看来,水贫困应该是一个多维度的综合。

三、水贫困的测量

(一)测量指标的选取

1. Falkenmark index(HWSI)

最早对水资源短缺进行评价的是瑞典水文学家 Falkenmark。他在 1989 年曾提出以人均水资源量作为衡量一个国家或地区水资源供需关系是否紧张的指标,形成了 Hydrological Water Stress Index(也称为 Falkenmark index,HWSI)并在当时得到了较为广泛的应用[1618]。指数的构建是根据人均每年所拥有的水资源数量大于 1700 m3 赋值为 1,表明不缺水;人均每年所拥有的水资源数量在 1000 m³～1700 m³ 就赋值为 2,表明已经定期出现水紧张;人均每年所拥有的水资源数量在 500 m³～1000 m³ 赋值为 3,表明水资源已经限制经济发展、人类健康和人类福利;人均每年所拥有的水资源数量小于 500 m³ 则赋值为 4,这时水的获取已经成为生命支持系统的制约因素。

但是用人均水资源量衡量缺水程度时存在明显不足,如不同地区有不同水资源形势,统计范围不能过大或过小以及外来径流量如何处理;该指标也没有考虑水质问题以及社会各阶层的供水能力问题。人均水资源指标所反映的用水充足或者用水紧张过于笼统,而水资源的利用是多维度、多目标、可选择、竞争性的资源利用过程,1 和 2 的赋值对这几个方面的目标指向不明确,因而其科学意义必然要受到置疑。同样,3 和 4 的赋值中指数并没有包含任何反映经济发展、人类健康和人类福利以及水资源与生命支持系统之间相互关系的相关信息,可见,该指数对水资源短缺的评价存在着较大的主观倾向。

2. Social Water Scarcity Index (SWSI)

为了克服 Falkenmark 的 HWSI 的缺陷,德国学者 Leif Ohlsson 于 1999 年对 HWSI 做了进一步的发展和改进。主导思想是将水资源缺乏对于人类社会系统的影响程度的度量因子纳入评价指标,使得指标与所反映的事实二者之间建立某种内在的有机联系[19]。于是他在 HWSI 的基础上,将人文发展指数(HDI)引入评价指标,建立起 Social Water Scarcity Index (SWSI)以揭示水文学视角的水缺乏对一个国家社会系统所产生的影响。指标构建如下:

$$SWSI = \frac{HWSI}{\dfrac{HDI}{2}}$$

判断标准如下:

SWSI = 5,水资源相对充足;SWSI = 6～10,水资源有压力,开始紧张;SWSI = 11～20,表明水资源缺乏;SWSI > 20,表示已经超越警戒线。

SWSI 比起 HWSI 有显著的改善,因为它在水资源的缺乏与受其影响的人文活动两者之间建立起了联系,人们可以通过 SWSI 来衡量经济发展水平和人类福利。但是人的发展也是多方面的,而 SWSI 中也仅仅包含了 HDI 所能够揭示的诸如出生时的预期寿命、成人识字率、平均受教育程度和人均 GDP 等参量,其余与水资源开发、利用和管理等因素相关的人类活动则无法体现,因此以 SWSI 来判断水资源的盈亏也存在一定的局限性。

3. Water poverty index(WPI)

英国牛津大学地理学院环境中心研究员 Dr. Caroline Sullivan 于 2000、2001、2002 年分别提出建立一个综合的、跨学科的衡量水资源缺乏的指标,这个指标被称为 Water Poverty Index,即 WPI。这一指标的提出、形成和构建,很快在全球范围内引起广泛注意。Dr. Caroline Sullivan 在 2000 年发表了论文 *Constructing a Water Poverty Index：a feasibility study*；2001 年发表了论文 *The development and testing of a water Poverty Index*(2001a)，*The potential for calculating a meaningful Water Poverty Index*(2001b)。2002 年，*Dr. Caroline Sullivan* 连续发表了与 *WPI* 有关的论文三篇，*Calculating a Water Poverty Index*(2002a)，*Developing a Water Poverty Index for Tanzania*(2002b)，*The Water Poverty Index：an International Comparison*(2002c)。这一系列成果的问世,使得 Dr. Caroline Sullivan 成为全球水贫困问题研究的领军人物,她本人所在的牛津大学地理学院环境中心也成为全球水贫困问题研究中心。

WPI 的建立,使人们对于水资源的可获得性、用水安全和人类福利之间的关系有了更好的理解,WPI 是水资源需求优先权决定的机制,是对水部门联合国千年发展目标(MDGs)和工作进展进行监评的指示器。它的设计有助于改善全球 20 多亿水资产严重匮乏的人们的生存状况并提高他们的适应能力。WPI 是集成的水资源管理的分析框架和重要工具,它使得水管理更有效、更透明、更公正和更易于理解。

(二)WPI 的研究尺度与维度分解

WPI 是可以定量评价国家或地区间相对缺水程度的一组综合性指标。该指标不但能反映区域水资源的本底状况,还能反映工程、管理、经济、人类福利与环境情况。它提供了对水资源综合评价的指标,同时也给出了社会因素对水资源的影响。WPI 具体包括潜在水资源状况(Resources)、供水设施状况(Access)、资源利用能力(Capacity)、资源使用效率(Use) 及资源利用对环境状况的影响(Environment) 5 个组成要素,其中潜在水资源状况指可以被利用的地表及地下水资源量及其可靠性或可变性;供水设施状况指自来水及灌溉的普及率等,考虑了农业国家或地区的基本需水和卫生需水,反映了社会大众接近清洁水源的程度以及用水的安全性;利用能力综合考虑基于教育、健康及财政状况等方面的水管理能力,反映了社会经济状况对水行业的影响;使用效率综合反映生活、工业和农业各部门的用水效率;环境状况反映与水资源管理相关的环境情况,包括水质状况及生态环境可能受到的潜在压力等。上述 5 个组成要素分别对应 WPI 的 5 个分指标,每个组成要素又包含一系列变量,对应一系列子指标。在不同的研究尺度上,各组成要素采用的变量有所区别。如在社区尺度上,选择的变量主要基于对家庭水平的统计;在区域尺度上,根据不同来源的数据,可以分析不同地区间或流域间相对缺水程度;在国家尺度上,常通过宏观资料分析各个国家间水资源的相对状况(见表1)。

表1　不同尺度上 WPI 各组成要素所采用的变量

WPI 组成要素	不同尺度采用的变量		
	社区尺度	流域(区域)尺度	国家尺度
潜在水资源状况 R	人均水资源可利用量;水资源的可变性或可靠性	人均水资源可利用量;水资源的可变性或可靠性	人均国内水资源量;人均境外流入水量
供水设施状况 A	有自来水的家庭百分比;社区发生用水纠分的数目;具有卫生设施的人口百分比;家庭中妇女、儿童运载水量的百分比;妇女、儿童运水的时间;根据气候特征调整后的灌溉普及状况等	可获得清洁水源的家庭百分比(公共、私人供水管道);具有卫生设施的人口百分比;根据气候特征调整后的灌溉普及状况等	能获得清洁水的人口百分比;具有卫生设施的人口百分比;相对于人均国内水资源量的耕地灌溉率;
利用能力 C	家庭的收入状况;5 岁以下儿童死亡率;人口受教育程度;用水户协会的成员数;患与水相关疾病的的家庭数;有公共财政或福利保障的家庭数	低于特定收入水平的家庭百分比(如贫困线);5 岁以下儿童死亡率;人口受教育程度;人均水行业投资等;	人均国内生产总值(GDP);人均水行业投资;5 岁以下儿童死亡率;人口受教育程度及收入均衡性(基尼系数)等
使用效率 U	家庭生活用水、农业用水(耕地灌溉率)、家畜用水、工业用水等	人均生活用水(城镇和农村)、农业用水(耕地灌溉率)、及工业用水等	人均生活用水、农业用水及工业用水等
环境状况(影响) E	人们对自然资源的使用状况、近 5 年来粮食受自然灾害损失的数量、土地受风沙侵蚀的面积比例	水质、水环境压力(污染状况)、生物多样性;土地退化指标等	国家环境可持续指标 ESI 中水质、水环境压力;生物多样性;环境调节和管理能力;信息能力等方面

3.3 WPI 的求解及其演化

在 Caroline Sullivan 2002 年的论文 *Calculating a Water Poverty Index* 一文中，WPI 有三种形式，分别为：

$$WPI = w_a A + w_s S + w_t (100 - T) \tag{2}$$

$$WPI = \frac{1}{3}(w_a A + w_s S + w_t (100 - T)) \tag{3}$$

$$WPI = T/1000\text{m}^3 \tag{4}$$

以上三式中，WPI 即为水贫困指数，A 为获得可利用水的季节变化率，S 为得到安全饮用水或者具有卫生设施的人口的比例，T 为收集 1000m³ 水所花费的时间或者代表妇女和儿童占收集水的人数的比例。别代表三个变量的权重，取值在 0~1,，WPI 的值在 0~100。

这种算法，概括了五种因素中的部分变量或者反映了水贫困的主要属性，但是明显有部分因素没有被纳入，如潜在水资源状况（resources）、资源的利用能力（capacity）以及水资源与环境之间的相互影响（environment）等。因此，这种算法在以后的实证研究中很少应用。

在 Peter Lawrence 2002 年的论文 *The Water Poverty Index：an International Comparison* 中，作者用了如下公式：

$$I = \frac{X_i - X_{\min}}{X_{\max} - X_{\min}} \tag{5}$$

$$WPI = \sum_{i=1}^{n} w_i x_i \tag{6}$$

因此，以上两公式适用于不同国家之间 WPI 的计算和比较。

在 Caroline Sullivan（2003）的论文 *The Water Poverty Index：Development and Application at the Community scale* 一文中作者用如下三个公式来求算基于社区的 WPI[1820]：

$$WPI_i = \frac{\sum\limits_{i=1}^{n} w_{x,i} X_i}{\sum\limits_{i=1}^{n} w_{x,i}} \tag{7}$$

$$WPI = \frac{w_r R + w_a A + w_c C + w_u U + w_e E}{w_r + w_a + w_c + w_u + w_e} \tag{8}$$

$$\sum_{i=1}^{n} w_i = 1 \tag{9}$$

Steven D. M. Mlote 在其 2002 年的论文 *A Tool for Integrated Water Management* 一文中指出,如果各指数采用不同的权重,则用下式计算 WPI[1921]:

$$WPI = \sum_{i=1}^{n} w_i subC_i = \sum_{i=1}^{n_0} w_i R_i + \sum_{i=1}^{n_1} w_i A_i + \sum_{i=1}^{n_2} w_i C_i + \sum_{i=1}^{n_3} w_i U_i + \sum_{i=1}^{n_4} w_i E_i$$

(10)

另外,Claudia Heidecke(2006)在对贝宁的研究中,对 WPI 的子指标计算部分(公式5)进行了改进,将各变量数据系列的最高值和最低值分别提高或缩减了5%,这样一方面可以避免 0 和 1 的边界值的问题,另一方面也可以使拥有高值的地区的评价结果获得更大改进。将式(5)改进为

$$\frac{(x_i - (x_{min}/1.05))}{(x_{max} * 1.05) - (x_{min}/1.05)} = x_i^{\ *}$$

(11)

可见,不同的研究性质,或者研究的空间大小有别时,应该选择相恰当的计算公式,这样得出的研究结果更为真实可信。

三、WPI 研究结果的分析方法

归纳起来有五种。(1)二维直角平面坐标:Caroline A. Sullivan(2002);Peter awrence(2002)等。此种表达形式便于对相关国家依照四个指标进行分类,不足之处是最多只能表达 4 个变量。(2)WPI GIS 地图:Claudia Heidecke(2006);Caroline A. Sullivan(2003)等,其优点是对 WPI 的地理分布一览性强,便于进行空间分析。(3)五维雷达图[2022]:Caroline A. Sullivan(2002,2003,2007)。这种形式在所有实证研究中应用最多。它的优点就在于在此种图上,不同国家、流域和社区,五要素的对比直观明了,很容易发现水资源集成管理要素中的短板因素,便于为政策建议提供依据。(4)五色条带图:Steven D. M. Mlote(2002);Peter Lawrence(2002)等。其优点是便于反映 WPI 五种要素的有机构成以及不同国家、流域或者社区之间的比较和排序。(5)直接表格形式:将研究地区的五个一级指标的得分和 WPI 的值共同纳入一个表格内,便于对不同地点各项指标和得分进行比较,但是不够直观和生动。就实际的应用来看,研究人员在表达 WPI 研究成果时更多的情形是将以上五种表达方式进行组合和交叉应用,互相映衬,互补长短,尽量科学生动地呈现研究结果。

四、水贫困理论应用实例

(一)全球尺度的研究应用

2002 年,Peter Lawrence 等利用世界发展报告和世界资源研究所的相关数据对世界范围内的 147 个国家的 WPI 进行了计算,计算结果,芬兰以 78 的 WPI 在全球高居榜首,海地以 35.1 的得分占末席,中国得 51.1 分,居倒数 42 位。此项研究成果建立起了全球 WPI 数据集,英国生态与水文研究中心(Center for Ecology and Hydrology,CEH)据此做出了首幅全球 WPI 地图。

(二)国家间对比研究

Claudia Heidecke 于 2006 对贝宁全国各地区的 WPI 值进行了计算,经研究,建立了贝宁的 WPI 地理空间数据库。另外 Caroline A. Sullivan(2007)在对孟加拉国、柬埔寨、巴拉圭和巴西以国家为单元进行了研究,并对 4 国的 WPI 进行了比较。

(三)一国内的研究

这一层级的研究,可以是以行政区为单元,也可以是以流域为单元,也可以是基于社区的数据。Caroline A. Sullivan(2007)中对尼泊尔、巴基斯坦和印度的三个流域做了研究;同时对南非的 4 个社区、斯里兰卡的 3 个社区分别进行了研究。

五、水贫困理论的发展趋势

CEH 继 WPI 之后又提出 Water Wealth Index(WWI)和 Climate Vulnerability Index(CVI),前者是在 WPI 的基础上增加了对食物、健康和生产力状况的考虑[23],以充分反映水与粮食及贫穷的关系;后者增加了对空间地理信息及自然灾害风险的考虑,如海面升、荒漠化、植被变化、冰川消失等,以反映地区的气候脆弱性[24]。另外,在 WPI 各组成要素及其变量的权重赋予方面,也有学者在进行尝试和研究,如 Lawrence 等在计算国家间 WPI 值时,潜在水资源状况考虑的变量是国内河川径流量和境外来流量,他赋予境外来流量的权重只有国内河川径流量的一半,以反映境外水资源与自身水资源相比,安全性较低,但此方法的合理性还有待进一步探讨。

WPI 还处于演变之中。例如 Phil Adkins 和 Len Dyck et al(2007)在 WPI 的基础上通过对部分指标的调整建立了 Canadian Water Sustainability Index(CWSI),主要用来反映社区尺度水资源的可持续性程度。在 CWSI 中,不仅五个一级指标不尽相同,而且每个指标数据的来源、算法都与 WPI 相差较大[25]。

在西北内陆,由水—土—气—生构成的生态系统中,水资源居于核心地位,水资源危机是干旱区最为重要的自然生态问题之一[26],水是干旱区的生命线和生命源,有水即为绿洲,无水便成荒漠[27]。因此,以水贫困理论为切入点,深刻认识干旱区水资源的社会经济循环规律,对于干旱区社会经济的可持续发展具有重要的现意义。

参考文献(References)

[1]Herrman E. Daly, Joshua Farley. Ecological Economics:Principles and Applications[M]. NW. washington,DC. :Island Press,2004:244 – 245.

[2]ZUO Qi – ting,ZHANG Yun. Quantitative evaluation and control measures of human – water harmony for the Tarim River Basin[J]. AR ID LAND GEOGRAPHY,2007,31(2):164 – 174. [左其亭,张云. 塔里木河流域人水和谐定量评价及调控对策[J]. 干旱区地理,2007,31(2):164 – 174.]

[3]DENG Ming – jiang. Water control thoughts based on man – water harmony at in land river basins in arid areas[J]. AR ID LAND GEOGRAPHY,2007,30(2):163 – 169. [邓铭江. 干旱区人水和. 谐治水思想的探讨[J]. 干旱区地理,2007,30(2):163 – 169.]

[4]Desai M. Poverty, Famine and Economic Development[M]. Edward Elgar, Aldershot,1995:203 – 204.

[5]Pigou Arthur. The Economics ofWelfare[M]. Oxford:Oxford Press. 1920:76 – 77.

[6]Amartya Sen. Mortality as an indicator of economic success and failure Discussion paper[R]. London School of Economics and Political Science,1995:66.

[7]Scoones I. Sustainable Rural Livelihoods:A Framework for Analysis[M]. IDS Working Paper. No. 72. IDS, Brighton,1998:56 – 57.

[8]Nan Lin. Social Capital:A Theory of Social Structure and Action[M]. Cambridge University Press. 2001:18

[9]Sullivan C. A. , Meigh J. R. & Mr Fediw T. S. Derivation and Testing of the Water Poverty Index Phase 1. Final Report[R]. Volume 1 – Overview,2002:17 – 18.

[10]Komnenic. V. , Ahlers. R. et. al. Assessing the usefulness of the water poverty index by applying it to to a special case:Can one be water poor with high levels of access? [J]. Physics and Chemistry of the Earth,2008:345 – 346.

[11]Salameh E. Redefining the water poverty index[J]. Water International ,2000,25 (3),469 – 473.

[12]Feitelson E. , Chenoweth J. Water poverty: towards a meaningful indicator[J]. Water Policy,2002, 4 (3), 263 – 281.

[13]Fitch M. , Price H. Water Poverty in England and Wales:Centre for Utility Consumer Law and Chartered Institute of Environmental Health[R]. 2002:67 – 68.

[14]Sullivan C. A. Calculating a water poverty index[J]. World Development,2002,30 (7): 1195 – 1211.

[15]Lawrence P. , Meigh, J. , Sullivan, C. A. The Water Poverty Index: an International Comparison,Keele Economics Research Papers KERP[R]. 2002, Centre for Economic Research, Keele University, revised March 2003:12 – 13.

[16]Maggie Black. Anti – poverty and integrated water resources management. GWP – China Technical Advisory Committee Context Paper – 8[R]. 2003:8 – 9.

[17]Cullis, J. , O'Regan, D. Targeting the water – poor through water poverty mapping[J]. Water Policy. 2004,6 (5), 397 – 411.

[18]Claudia Heidecke. Development and evaluation of a regional water poverty index for BE-NIN. International Food Policy Research Institute, Environment and Production Technology Division [R]. 2006,34 – 35.

[19]Ohlsson L. Water conflicts and social resource scarcity. Paper prepared for the European Geophysical Society[R]. Den Haag April, 1999:12 – 23.

[20]Sullivan Caroline. The Water Poverty Index:development and application at the community scale. [J]. Natural Resources Forum,2003,27(3), 189 – 199.

[21]Steven D. M. Mlote. Water Poverty Index: a Tool for Integrated Water Management Water Net/Warfsa Symposium Water Demand Management for Sustainable Development[J]. Dares Salaam, 2002:30 – 31

[22]Sullivan Caroline A. ,Jeremy Meigh. Integration of the biophysical and social sciences using an indicator approach: Addressing water problems at different scales[J]. Water Resour Manage ,2007,21:111 – 128

[23]Sullivan C. A. , Charles J, Eric C, et al. Mapping the links between water,poverty and food security[R]. Wallingford,2005,23 – 24.

[24]Meigh J,Sullivan C. Targeting attention on local vulnerabilities using an integrated index approach : the example of the climate vulnerability index [J]. Water Science and Technology, 2005,51(1) : 69 – 78.

[25]Phil Adkins,Len Dyck et al. Canadian Water Sustainability Index(CWSI) Project Report [R]. 2007:1 – 27.

[26]JIA Bao – quan. Some consideration on the ecological research in arid region[J]. Arid

Land Geography,2007,30(1):1-6.[贾宝全.干旱区生态学研究中若干问题的思考[J].干旱区地理,2007,30(1):1-6.]

[27]KOU Jun-Qing,LI Zi-zhen. Optimized exploitation of water resources at agricultural region of arid oasis[J]. Arid land geography,2007,30(3):370-375.[寇俊卿,李自珍.干旱绿洲农业区水资源优化利用研究[J].干旱区地理,2007,30(3):370-375.]

（本文曾发表在《干旱区地理》2009年第32卷第2期）

关中—天水经济区形成基础及空间结构优化

何栋材[*]

关中—天水经济区是国家《西部大开发"十一五"规划》中提出的重点建设的经济区之一,由陕西省的西安、咸阳、渭南、铜川、宝鸡、杨凌五市一区和甘肃省的天水市共同组成。经过两省长期的互补互动,各城市之间相互吸引辐射,空间地域毗邻相连,多种基础设施相通对接,从而形成了相对完整的产业带和经济区。从空间结构理论的角度审视,关中—天水经济区还存在核心不强,区内城市等级体系不完善,地区之间产业趋同、关联度弱等明显制约经济区健康发展的因素,因此需要通过西安、咸阳两地一体化,建立区域副中心和实施大城市发展战略,城市间实施产业的有序转移和扩散等措施,使关中—天水经济区的空间结构进一步得到优化,以产生特有的结构效益。

一、引言

关中—天水经济区范围包括陕西省的西安、咸阳、渭南、铜川、宝鸡、杨凌五市一区和甘肃省天水市,总面积6.96万平方千米。主要依托西安、咸阳、宝鸡、天水等交通枢纽和中心城市,充分发挥资源富集、现有发展基础较好的优势,在城市建设、土地管理、人口及劳动力流动、重大基础设施建设和重要产业布局等方面,加强统筹规划和协调,打破地区封锁和市场分割,优化经济发展空间布局,重点发展高技术、装备制造工业、航空航天工业、现代农业和特色旅游产业,加快建立分工合理、协作配套、优势互补的重点经济区,成为带动和支撑西部大开发的战略高地。经过多年的建设和发展,关中城市群成为西部地区工业化和城镇化水平最高的地区之一。2005年,关中城市群5.5万平方千米的面积,集聚了全省62.6%和

---

* 作者简介:何栋材,1966年生,男,甘肃省清水县人,天水师范学院资源与环境工程学院教授,地理学博士,主要从事区域发展与生态经济方面的研究。

西北地区25%的人口,创造了全省和西北地区的68.5%和26.9%的地区生产总值。这一地区是陕西省和西北地区经济最发达地区,成为《西部大开发"十一五"规划》中提出的"关中—天水重点经济区"中的主体部分,是西部大开发的重点地区。天水市是甘肃省的老工业基地,装备制造业基础良好,旅游资源丰富,特色农业优势明显,区位条件优越,自然生态独特,历史文化资源丰厚,劳动力资源充足,在一核多极经济区中占有非常重要的一极,是连接甘肃和陕西两省经济社会活动的桥梁和纽带。将关中、天水纳入一个经济区共同建设,从地理位置上来说,天水与陕西相邻,又同属渭河流域,具备流域经济区的背景[1]。关中—天水经济区形成的基础是产业带,产业带是在特定经济空间中,由众多相互配合协作密切的产业部门,围绕资源富集区、中心城市或者交通方便的区位(或节点)而集聚,所形成的由线状基础设施束相连结和由若干大小不等的中心共同组成的具有共同内在经济联系的产业集聚区域。经济带是经济空间结构组织的一种条带状形态,其实就是核心—外围结构的一种特殊形式,其核心是由众多沿线状基础设施成串珠状排列的城市组成的产业轴,其外围也由同心圆式的圈层结构异化成与核心产业轴对称排列的条带状结构。

空间结构是一个被广泛应用的概念,表示一种事象的空间排列与组合格局。经济地理学中空间结构是指区域内社会经济各组成部分的相互作用及组合类型的位置关系,和反映这种关系的空间集聚规模和集聚程度。空间结构是区域发展状态的显示器[2],是历史发展的函数[3]。空间相互作用是区域空间结构形成与演化的根本动因。地理学家E.L.乌尔曼(E.L.Ullman)在1950年代中期首次提出空间相互关系的概念[4],认为互补性(complementarities)、通达性(transferability)及介入机会(intervening opportunity)是空间结构形成与演化的基础[5]。三个要素对区域空间结构形成与演化所起的作用各不相同但又互相补充。由生产力发展水平所决定的区域发展阶段差异和产业结构差异是空间互补的前提,网络发展水平决定区域间的通达性,空间竞争与介入机会成正比。

二、关中——天水经济区形成基础

(一)城市间的吸引与辐射是经济区形成的原始动力

城市之间的相互吸引和辐射是经济区形成的根本动力。关中—天水经济区实质上是以超大城市西安为核心,以外围距离西安远近各不相同的咸阳、杨凌、渭南、铜川、宝鸡和天水等为节点而形成的城市经济区。核心城市以其特有的城市场,对周围地区的资金、劳动力、技术、信息等要素产生越来越大的吸引力和辐射力,各要素为追求高收益和寻找更好的发展机会而向极核地区集聚。

重力模型是一种计算空间相互吸引强度和吸引范围的方法。在计算各级中心城市之间的相互吸引力以确定哪些城市可能因具有较强的相互联系而形成经济区,以及利用中心城市对周围地区的吸引强度来确定哪些地区应划归到重点经济区中时,可利用重力模型来界定。该模型的基本原理是:城市间的相互吸引力与城市人口和城市 GDP 的乘积成正比,与两城市之间的距离的平方成反比。表达式如下:

$$T_{ij} = k \frac{P_i P_j}{d^2_{ij}} \tag{1}$$

由于存在某些缺陷,需要对模型进行修改:

$$T_{ij} = k \frac{P_i P_j}{d_{ij}} \tag{2}$$

$$T_{ij} = \frac{\sqrt{p_1 v_1 c_1 \cdot p_2 v_2 c_2}}{d^2_{ij}} \tag{3}$$

以上各式中,T_{ij} 为两城市间的相互引力,k 为引力系数,一般取值为 1;p_i、p_j、v_i、v_j、c_i、c_j 和 d_{ij} 分别代表两城市的人口、国内生产总值、建成区的面积和两者之间的距离。

现以 2002 年西安、宝鸡、咸阳、渭南、铜川、杨凌和天水六市一区的有关数据为基础,计算经济区内各主要城市之间的相互引力。原始数据见表1。

表1 关中—天水经济区城市主要指标

Tab.1 The main index of cities in Guanzhong—Tianshui economic region

	城市市区人口 (万人)	市区国内生产总值 (亿元)	建成区面积 (平方公里)
西 安	252.51	601.53	187
宝 鸡	47.23	100.42	36
咸 阳	45.37	116.88	43
渭 南	22.50	30.21	31
铜 川	30.82	30.62	20
杨 凌	—	—	—
天 水	31.50	42.39	32

数据来源：《2002年中国城市统计年鉴》，中国统计出版社，2003年5月。

以铁路通车里程作为两城市之间的距离，可以计算得到经济区内各城市之间的相互引力，以矩阵形式表示如下（见表2）。

表2　关中—天水经济区主要城市之间的引力强度
Tab. 2 The commercioganic intensity between main cities in Guanzhong—
Tianshui economic region

	西安	铜川	宝鸡	咸阳	渭南	天水
西安	0					
铜川	120.4	0				
宝鸡	113.5	27.67	0			
咸阳	6528.9	125.32	114.8	0		
渭南	1003.2	45.42	44.86	383.14	0	
天水	28.76	10.57	96.34	25.29	14.53	0

结合表1和表2可以看出，在经济区内部，西安作为经济区的极核地位是独一无二的，咸阳、渭南属强紧密层经济体，杨凌、宝鸡、铜川属弱紧密层经济体，而天水则属于外围层经济体，由此形成了核心—外围式空间结构。此结构的形成也符合距离衰减原理：社会经济客体在地理空间中的影响力随距离（空间距离、时间距离、运费距离等）的扩大而减少。

需要强调一点，用同样的方法，可以求得行政上隶属于甘肃省的天水市与其省会城市兰州之间的引力强度为20.82，比其与西安之间的引力强度28.76在数值上小7.96。因此，天水置于西安的引力范围之内是有其客观依据的。

（二）历史基础和空间地域毗连是经济区形成的前提

早在史前，《开山图注》一书就有人文始祖、三皇之首之伏羲氏"徒治陈仓（今陕西宝鸡）"的记载[6]。天水自古就是秦人的发祥地，1986年在甘肃天水放马滩一号秦墓出土了7幅木板地图，据考证其成图于秦始皇八年（公元前239年）。比我国经实测保存至今最早的传世地图——西安碑林中《华夷图》和《禹迹图》早1300多年[7]。关中—天水地区也是我国较早出现城市的地区，城市群联系的形成是3000多年城市系统由单一职能发展到综合，孤立城市到城市组合群体，规模由小到大，长期历史演变的结果。从夏商时代的沣镐（今西安境内），到秦及秦统一中国后的咸阳，又到汉、隋唐的长安城，均为当时全国最大的城市，以此二城市为核心形成与周边城市的联系网络，迄今仍然保留了这一特征[8]。天水还是由西安西出古丝绸之路上的重镇和必经之地。

天水与传统上就早已形成的关中经济区在地理空间上相互毗连,构成两地捆绑发展的区位条件。天水市拥有陕甘两省的共同边界120公里,能够产生空间临近效应。无论哪种经济活动都有节约社会劳动的内在要求,所以,在可能的情况下,就倾向于按就近原则,组织相关的资源和要素去进行生产和经营。同时,由于受空间感知能力的限制,各种经济活动在进行发展决策时能够获取的决策信息常常以周围地区的居多,因此,为了降低决策风险,它们大多倾向于在周围地区采取行动,谋求发展。虽然,随着现代交通条件的改善,各种经济活动到较远的地方去谋求发展已比较方便,但是,受长期形成的经济与社会联系的影响,它们在同等条件下选择发展的地域时仍将以周围地区为主。总之,只要能够基本满足所必需的技术要求、经济效益,各种经济活动都倾向于就近组织资源、要素,也就容易与空间上近邻的相关经济活动或区域发生联系。而且,随着空间距离的增大,各种经济活动采取行动的可能性及产生的影响都将相应地减小[9]。

(三)发达的交通网络成为经济区形成的纽带

在关中地区内部,已经建成了以西安为中心的"米"字型立体交通网络。早在1937年,陇海铁路就贯通了关中平原,60年来,关中地区建设了宝成、候西、西延、西户、南同蒲、宝中等铁路,20世纪80年代建设了西临、西铜高速公路和西安咸阳国际机场,90年代建设了西宝、西蓝、西阎高速公路和西康铁路。到目前为止,关中11个城市全部分布于铁路沿线,其中10个城市有高速公路或一级公路连通。在关中地区所有的县市中,有铁路或高速公路经过市区或县城的数量占75%以上,市区或县城2/3以上处于国道线上,所有重要市镇均有主干公路相连[10]。目前,地处甘肃省的天水,与关中地区之间有陇海铁路宝天复线,宝天高速公路,宝天310国道以及民航天水机场相通,地面与空中相对完善的交通体系构成了相对完整的线状基础设施束,同时天水与关中地区之间的渭河水系、高压输电线路、国际互联网光缆干线等线状地物在某种程度上又强化了交通体系的功能,使两地联结为一体,为人力流、物质流、资金流、技术流和信息流提供了保障和支撑,见图1。

三、关中—天水经济区空间结构现状

社会经济的空间结构是指社会经济客体在空间中的相互作用和相互关系,以及反映这种关系的客体和现象的空间集聚规模和集聚形态,空间结构理论研究空间结构五大要素——流、通道(线或轴)、网络、节点和等级体系——在地域上的组合特征及演变规律。研究的目标是各种客体在空间中的相互作用、相互关系以及反映这种关系的客体和现象的空间集聚规模和集聚程度。

关中—天水经济区是以陕西省会城市西安为极核,以陇海铁路陕西关中段、甘肃天水段以及临潼—西安—宝鸡—天水高速公路为主轴线,以宝鸡、咸阳、渭南、铜川、杨凌和天水六市区为主节点的枢纽经济区(见图1)。经济区主要经济数据如表3。

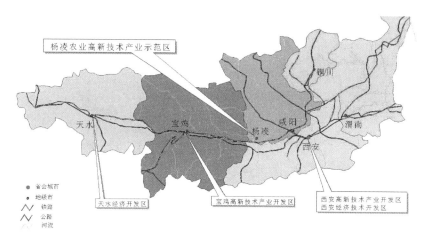

图1 关中—天水经济区示意图

Fig. 1 The sketch map of Guanzhong—Tianshui economic region

表3 关中—天水经济区2004年主要经济指标

Tab. 3 The main index of economy in Guanzhong—Tianshui economic region in 2004

	土地面积 (万 km²)	辖区总人口 (万人)	市区人口 (万人)	二、三产业全部就业人数 (万人)	地区生产总值 (亿元)	地方财政收入 (亿元)	社会消费品零售总额 (亿元)	固定资产投资 (亿元)	三次产业结构 (%)
西安	1.01	725.01	266.51	226.4	1095.9	75.31	503.35	552.58	6:45:49
铜川	0.39	84.33	32.04	17.55	58.90	2.46	19.93	26.55	9:51:40
宝鸡	1.81	369.20	50.26	86.99	320.3	12.58	93.37	154.80	12:53:35
咸阳	1.02	489.75	51.27	89.14	338.6	11.83	90.28	170.24	22:44:34
渭南	1.30	536.75	26.95	69.89	247.7	8.46	66.34	100.77	21:43:36
杨凌	0.01	14.23	3.10	3.45	11.55	0.91	2.35	9.95	11:52:37
天水	1.44	347.78	56.59	61.6	125.5	4.68	42.24	44.1	18:40:42

来源:《陕西省统计年鉴2005》《甘肃省统计年鉴2005》中国统计出版社,2005年。

从空间结构要素来看,流要素应该包括人流、物质流、资金流、技术流和信息流五个方面。表4至表7给出了关中—天水经济区铁路部门的客流和货流数据。六大铁路站点中,就客流来源地而言,西安只有36.8%的铁路旅客来自本经济区内部,63.2%的旅客来自关中—天水经济区以外的更为广阔的域面;同样,在各节点发出铁路旅客中,西安送往经济区内部各地的旅客只占全部发出旅客的30.5%,发往区外的人数占到近70%。在物质流方面,现实更不容乐观,从经济区内各节点到达西安的铁路货运只占西安全部铁路货运量的16.9%,而发出的铁路货运量,西安送往经济区内各节点城市的比例只有4.8%,丝毫体现不出来经济区核心的地位。就各节点城市而言,铁路客流方面,铜川、咸阳和渭南三市与区内各地联系比较密切,从各地到达和发送各地的客流比例都在80%以上,宝鸡和天水两地相比较要弱,两种结构比例都达不到65%。铁路货运方面,情况又有所变化,各地到达的铁路货运结构中,宝鸡和渭南两地比例较高,分别为41%和36.3%,其余各地都要偏低,比如西安为16.9%,咸阳为9.2%,铜川为11.3%,天水为9.1%;各地发出的铁路货流结构中,铜川占的比例很高,达到95.3%,但很不平衡,它只与宝鸡和西安两地有铁路货运联系,与其余各地几乎没有关联。

表4 关中—天水经济区主要城市铁路到达客流来源地结构(%)

Tab. 4 The structure of origins of passenger flows arriving in the railway stations of main cities in Guanzhong – Tianshui economic region

	西 安	宝 鸡	渭 南	咸 阳	铜 川	天 水
西 安	5.0	19.1	59.9	40.2	18.5	25.7
宝 鸡	8.1	14.8	7.2	12.8	0.5	16.8
渭 南	5.7	1.6	0.5	5.1	1.4	0.7
咸 阳	11.8	6.7	12.9	18	68.4	2.3
铜 川	0.1	—	0.2	2.6	10.9	—
天 水	6.1	12.5	2.4	3.3	—	17.7
合 计	36.8	54.7	80.7	82	99.7	63.2

数据来源:刘卫东,樊杰等《中国西部开发重点区域规划前期研究》,北京:商务印书馆,2003年7月第1版。

表5 关中—天水经济区主要城市铁路发出客流到达地结构(%)

Tab. 5 The structure of destinations of passenger flows sending out the
railway stations of main cities in Guanzhong – Tianshui economic region

	西 安	宝 鸡	渭 南	咸 阳	铜 川	天 水	合 计
西 安	5.6	6.8	4.7	6.5	0.1	6.8	30.5
宝 鸡	23.5	13.7	1.5	5.5	—	11.8	56
渭 南	69.3	6.1	0.4	9.2	0.1	2	87.1
咸 阳	55.4	12.4	4.3	12.4	1.6	2.6	88.7
铜 川	15.7	1.5	2.4	70.3	9.9	—	99.8
天 水	25	16.3	0.7	2	—	17.5	61.5

来源:同表4。

表6 关中—天水经济区主要城市铁路到达货流来源地结构(%)

Tab. 6 The structure of origins of good flows arriving in the railway stations
of main cities in Guanzhong – Tianshui economic region

	西 安	宝 鸡	渭 南	咸 阳	铜 川	天 水
西 安	0.5	1.1	—	1.3	1.2	2.1
宝 鸡	3.9	2.2	11.1	4.6	3.2	4.9
渭 南	—	0.1	—	0.1	—	—
咸 阳	6.7	3.8	23.5	1.3	6.8	1.4
铜 川	5.4	32.4	1.7	—	—	—
天 水	0.4	1.4	—	1.9	0.1	0.7
合 计	16.9	41	36.3	9.2	11.3	9.1

来源:同表4。

表7 关中—天水经济区主要城市铁路发出货流到达地结构(%)

Tab. 7 The structure of destinations of good flows sending out the railway stations of
main cities in Guanzhong – Tianshui economic region

	西 安	宝 鸡	渭 南	咸 阳	铜 川	天 水	合 计
西 安	0.8	1.7	—	0.4	0.2	1.7	4.8
宝 鸡	7.6	3.7	2.2	1.7	0.5	4.7	20.4
渭 南	0.5	4.2	—	0.5	—	0.5	5.7

续表

	西 安	宝 鸡	渭 南	咸 阳	铜 川	天 水	合 计
咸 阳	16	8	5.6	0.6	1.4	1.6	33.2
铜 川	15.1	79.7	0.5	—	—	—	95.3
天 水	1.6	4.6	—	1.3	—	1.3	8.8

来源:同表4。

以上分析说明西安不仅仅只是关中—天水经济区的核心,它的吸引和辐射范围远远超出经济区,成为具有大区意义甚至全国意义的经济中心。从经济区各地到达西安的人数比例36.8%与从西安发往经济区各地的人数比例30.5%相比较,到达人数比发出人数多6.3%,证明西安市目前的集聚作用超过扩散作用,处于极化状态。但是西安作为经济区地域空间核心的作用还远远没有发挥出来。它对整个经济区的组织作用、集聚作用、辐射和扩散作用以及传输作用都存在很大的提升空间。经济区内部各节点城市之间的经济联系发展也很不平衡,但是总的特点是,铁路客运强于货运,中心地带强于外围地带。距离衰减规律是区域经济空间结构形成与演化的主要动力和约束力量。

轴线要素除了前述的主轴外,以咸铜、候西铁路为副轴,其他次级发展轴线还有西安—铜川—黄陵轴线;蓝田—西安—彬县—长武一线;陇县—宝鸡—凤县轴线;韩城—西安轴线;天水—甘谷—武山轴线;三级轴线以通县公路及县—县公路组成[11],以上三级轴线构成经济区的骨架,见图1。

点要素中西安为极核,宝鸡、咸阳、渭南、铜川、杨凌和天水六市区为主节点,各县级市和县城为基础支撑点,构成等级体系。

网络要素是指经济地域内各种交通运输线路与通讯信息线路的地域分布体系。网络在空间结构中发挥着特殊的作用,它是联接区域核心与外围地域及城市系统的纽带和桥梁,也是与其他经济地域进行联系的纽带[12]。在关中—天水经济区网络的发育已经比较完善,核心、节点城市、支撑城镇与各种线状基础设施束相互交织,盘根错节,形成网络系统。

四、关中—天水经济区空间结构优化方向

区域空间结构的优化主要是针对由以上流、通道(线或轴)、网络、节点和等级体系五大经济活动要素组成的综合空间系统及各类子系统(集聚体),通过调整和重组它们的密度、空间形态及其空间关系(连接关系、方向、距离关系等)来实现,

促进区域空间结构(区域整体空间形态)从低级向高级方向发展演变[13]。就关中—天水经济区空间结构而言,经过历史时期和现代经济活动的长期积累和缓慢演变,空间结构已由极核发展阶段向集聚—扩散阶段过渡,为了促使其进一步成熟状大,产生优势空间结构特有的结构性效益,关中—天水经济区空间结构调整优化方向如下:

(一)进一步强化西安在经济区中的极核地位

中心城市西安与外比实力不强,与内比则一枝独大(见表3)。作为关中—天水城市群龙头和心脏的中心城市西安市,综合实力不及东部沿海的上海、广州和北京,即使与周边地区的其他大区级中心城市相比也相对较弱。西安市在人口和经济总量规模、经济平均规模和地均规模均滞后于重庆、郑州、武汉、成都等城市[14]。因此,需要进一步提升西安在中国中西部地区中心城市的地位和职能,以发挥它对本经济区的组织、带动、辐射和集聚功能。一是以增长极理论为指导[15],快速推动西安咸阳一体化进程,除了目前已经取得的两地一体化成就(实现了两地电信同网、建成了西咸世纪大道)之外,应该进一步实现两地党政机关,财政金融、城市空间和发展规划和基础设施等更深层次、实质性的融合和对接,形成更具规模、成本低廉和充满活力的区域经济系统内核。只有将西安城市经济继续做大做强,使其成为全经济区乃至西北地区经济的发动机,才能更好地辐射与带动周边地区。二是加快西安城市与周边区县的空间一体化进程。西安市现辖新城、碑林、莲湖、灞桥、未央、雁塔、阎良、临潼、长安9个区和蓝田、周至、户县、高陵4个县,已经形成了完整的圈层城市地域结构。应加快阎良、临潼、长安三区与核心市区的空间融合,通过空间规划和空间管制,使偏远县区共享现代城市基础设施,降低经济单体成本,形成更大规模的集聚经济的同时,促进西安核心的快速增大成长,成为中国中西部地区强势增长极。

(二)培育区域经济副中心,完善经济区城市等级体系

关中城市群与其他城市相比,西安的城市首位度为5.8,明显高于长三角城市群(2.75)和珠三角城市群(3.73)的城市首位度[13]。这是关中—天水经济区城市等级体系不健全的表现。从表3可以看出,在关中—天水经济区,中心城市西安在2004年市区人口已达266.51万,属于超大城市,但是经济区内六市一区中还没有一个市区人口在100万～200万的特大城市,如此现状城市空间结构,使得城市间尤其是西安与周边各市之间各种经济要素等级极化集聚与等级辐射扩散路径严重受阻,严重制约了中心城市西安市对本经济区经济和社会发展的组织带动和中枢传输作用的充分发挥,表4—表7铁路客运和货运数据都在显示和证明着这一事实:节点城市之间的经济联系还比较弱。鉴于此,在本经济区需要着力培育

一至两个市区人口在 100 万左右的副中心城市,以完善区域城市等级体系,发挥副中心连接西安与周边城市及中小城市接力棒的作用,以改善区域经济系统的组织与结构,产生和释放经济区特有的空间结构效益。从现状城市规模来看,本区城市中,宝鸡、咸阳和天水三市的市区人口刚超过 50 万,除了咸阳要逐步合并西安成为内核外,宝鸡和天水要实施大城市发展战略,使其成为经济区的副中心城市。

(三)以产业结构优化为载体优化空间结构

城市密集地区应是城市与乡村联系密切的地区,但是关中—天水城市群区中心城区的辐射范围较为有限,未能达到现在所辖的县(市),反映了中心城区与外围地区的经济关联程度不高。其原因在于,关中城市群尤其是西安市的重工业比重较高,与周边乡村地区的产业无法实现有效地对接,从而使得城乡二元结构得以固化。例如,陕西重汽在方圆 300 千米内的配套还不到 30% ,大部分都在省外。总体来看,关中—天水地区城市工业发展与周边乡村地区工业化之间还未能相互融合,次级城市经济区尚没有形成明确清晰的经济地域分工,产业趋同现象还比较明显。因此,本经济区的空间结构优化还有赖于产业结构的空间转移和优化。例如,西安市依托西安经济技术开发区和西安高新技术产业开发区两个国家级开发区和高等院校密集的优势大力发展高新技术产业和第三产业,而将一般的纺织工业、机械工业、电力工业等传统部门向周边市区转移,以此推动空间结构的优化。

参考文献

[1]邓祖涛,陆玉麒.汉水流域中心城市空间结构演变探讨[J].地域研究与开发,2007,26(1):12－15.

[2]陆大道.人文地理学中区域分析的初步探讨[J].地理学报,1984,39(4):397－407.

[3]陆大道.区域发展与空间结构[M].北京:科学出版社.1995:100－101.

[4]Wiley J &Sons. Economic Geography [M]. New york : John Wely Ltd,1981:67.

[5]Ullman E L. American Commodity Flow[M]. Seattle : University of Washington Press,1957:45－46.

[6]郑本法.关于发展天水旅游业的建议[J].发展,1994,6(4):45－46.

[7]王朝霞.甘肃天水放马滩出土文物价值连城[N].甘肃日报,2002－04－08(2).

[8]薛东前,姚士谋,张红.关中城市区功能联系与结构优化[J].经济地理,2000,20(6):52·60.

[9]李小建,等.经济地理学[M].北京:高等教育出版社,1999:183～184.

[10]姚士谋,陈振光,等.中国城市群[M].合肥:中国科学技术大学出版社,2006:238~240.

[11]陆大道,等.中国区域发展的理论与实践[M].北京:科学出版社,2003:320-321.

[12]崔功豪等.《区域分析与规划》[M].北京:高等教育出版社,1999:78-79.

[13]刘艳.经济地理学——原理、方法与应用[M].北京:科学出版社,2006:135-137.

[14]申兵.西部大开发战略中关中城市群发展路径[N].中国经济时报,2007-4-23(2).

[15]段进军,季春霞.江苏省区域发展空间结构研究[J].地域研究与开发,2007,26(4):27-31.

(本文发表于《地域研究与开发》2009年第28卷第4期)

森林固碳效益的经济核算

——以甘肃小陇山林区为例

何栋材 *

小陇山林区位于甘肃东南部,全林区以锐齿栎、油松、栓皮栎、杨、桦树、落叶松、华山松、云、冷杉以及其他阔叶混交等 8 类林分为建群树种。森林的单木生物量(W)与胸高直径(D)以及与胸径—树高双变量(D^2H)之间均存在着紧密的相关关系。用标准地每木调查数据分别建立了 8 种林分的生物量回归分析模型,并以此计算了 8 种林分的碳储存密度,依各林分面积、生物量与二氧化碳实物量之间的转换系数、二氧化碳与纯碳量之间的折算系数分别计算了全林区乔木层的总生物量为 2.85×10^7t、固定的二氧化碳实物量为 4.65×10^7t,折算的纯碳量 1.27×10^7t。用造林成本法估算了全林区乔木层固碳的经济效益为 2.78×10^9 元人民币。

森林与大气中的物质交换主要是 CO_2 和 O_2 的交换,即森林固定并减少大气中的 CO_2,同时提供并增加大气中的氧气,这对维持地球大气中的 CO_2 和 O_2 的动态平衡,减少温室效应以及提供人类的生存基础来说,有着巨大的不可替代的作用和地位。如何量化森林的生态服务价值,尤其是森林固碳释氧的生态价值,是当今环境经济学研究的一个热点[1],它的应用将会对国家生物资源的管理决策起着重要作用。森林的固碳量以及固碳效益的定量研究常因方法的不同有较大差异,但核心问题是如何准确获得林木生物量的数值,同时还涉及由样地到林分的尺度转换。

一、研究区概况

小陇山林区位于甘肃东南部,林区系渭河、嘉陵江、西汉水上游,是兼有我国南北特点的典型天然次生林区,也是全国天然林保护工程重点实施区。小陇山地

---

* 作者简介:何栋材,1966 年生,男,甘肃省清水县人,天水师范学院资源与环境工程学院教授,地理学博士,主要从事区域发展与生态经济方面的研究。

处秦岭西段,是暖温带向北亚热带过度的地带,东接关中,南控巴蜀,西连青藏,北通黄土高原,被誉为甘肃省的"绿色宝地"。

小陇山林地跨天水市的秦城区、北道区、甘谷、秦安、武山、清水、张家川及陇南地区的徽县、成县、两当、西和、礼县和定西地区的漳县,总面积约为4000万亩,其中林地面积1260万亩。位于东经104°23′~106°43′,北纬33°31′~34°41′,东西长212.5 km,南北宽146.5 km。小陇山林业实验局全境海拔700—3200 m,西秦岭及岷山余脉横贯中部,形成嘉陵江和渭河两流域的分水岭。秦岭南属岭南山地,内有徽成红色丘陵盆地和西礼黄土丘陵盆地。岭北山坡陡峭,沟谷短促,面积窄狭,渭河谷形成宽窄相间地葫芦状谷形,渭北为黄土梁饰沟壑区,关山山地于秦岭纵列垂直。地势西北高东南低,最高点漳县露骨山(3941 m)、最低点徽县虞关(700 m),相对高差3241 m。年平均气温7℃~12℃,极端最高温39.2℃,极端最低温 −23.2℃,≥10℃年积温2444~3825℃,年日照时数1726~2313 h,年太阳辐射量491.1~569.0 KJ/cm²,平均降雨量600~900 mm,相对湿度林区达78%,无霜期130~220 d,干燥度0.89~1.29[2]。西部高山区有喜马拉雅植物区系成分,东南含有华中植物区系成分,东北部多为华北植物区系成分,西北部有蒙新植物区系成分侵入,反映了与周围的连续性。林区地跨长江、黄河两大流域,兼有南北气候特点,属暖温带湿润半湿润大陆性季风气候,气候温和,雨量充沛,自然条件优越,动植物种类繁多。

二、原理与方法

(一)原理

计算植被固定CO_2的价值,可根据植物光合作用方程式,求出每生产1g干物质所需吸收的CO_2的量,并根据森林的蓄积量算出其固定的CO_2量,再计算得到固定CO_2的总量后,再与碳税率[美元/t(CO_2)]或造林成本(元/m³)的替代标准相乘得到。

植物光合作用方程式如下:

CO_2(264 g) + H_2O(108 g)→葡萄糖(180 g) + O_2(192 g)→多糖(162 g) (1)

由(1)式可知,植物每生产162 g干物质可吸收固定264 gCO_2,即植物每生产1 g干物质需要1.63 g CO_2。此处的多糖即是植物干物质,而植物的干物质在生态学上被称之为植物生物量[3]。这样此研究就转换为如何由森林生物量来求算由其吸收并固定的CO_2的数量这一问题。因此,求算森林生物量就成为研究的核心问题。

(二)林区森林生物量估算方法

森林生物量是指单位面积林地上林木有机物质的干重。它是一定时期内,森林生态系统中的绿色植物生产者,利用环境中的 CO_2 和水通过光合作用不断合成的有机物质扣除植物呼吸作用的消耗量后剩余物质蓄积起来的有机物质的数量。在实际工作中,生物量就是现存量,即某一时间断面上所测得的单位面积上生物有机体的总重量。

基于测树学原理,利用树木胸高直径与生物量之间的线性关系或者树木胸高直径和树高双因子与生物量之间的线性关系来计算生物量。模型如下:

$$B = aD^b \tag{2}$$
$$B = a(D^2H)^b \tag{3}$$

在(2)和(3)中,B 为生物量,D 为胸高直径,H 为树高。转化成对数形式则为:

$$\ln B = a' + b\ln D \tag{4}$$
$$\ln B = a' + b\ln(D^2H) \tag{5}$$

以上两式中,$a' = \ln a$,设 $\ln B = Y, \ln D = X, \ln(D^2H) = X'$,则(4)和(5)则转换为标准一元线性回归形式:

$$Y = a' + bX$$
$$Y = a' + bX' \tag{6}$$

这种方法的出发点是:在森林的所有测树学因子中,胸高直径是最容易测得的一个数据,树高的测量相对要困难一些,可以用专用的光学仪器来测,但是也存在一定的困难,特别是在非常密集的林分中难度更大。在这种情况下,可用伐倒的标准木所测得的胸高直径(D)和树高(H)绘制 $D-H$ 曲线,然后在 $D-H$ 曲线图上就可以根据胸高直径的数值直接读出树高的数值。Ogawa(1961);Kira 和 Ogawa(1971)认为[4,5],$D-H$ 曲线是森林群落的最重要的属性,它反映出森林群落地上部分结构的特点,并和它的生物量紧密相关。Ogawa 在 1968 年还证明这个曲线即胸高直径(D)和树高(H)之间的关系,可通过双曲线方程(7)来表示:

$$\frac{1}{H} = \frac{1}{aD^b} + \frac{1}{H} \tag{7}$$

并指出,在阳性树种的林分中,相对生长系数 b 常大于1,但在稳定的耐阴性树种的林分中,相对生长系数趋近于1左右,所以(7)可转换为:

$$\frac{1}{H} = \frac{1}{aD} + \frac{1}{H_{max}} \tag{8}$$

(8)中 H_{max} 是指该林分的树高的最上限的值,利用上述(7)或(8)式来测定林分中各树木的树高就非常方便了。

这样有了胸高直径(D)和树高(H)的数据,又有实测每木生物量数值,通过最小

二乘法求得 a 和 b 的数值后就能够建立起基于测树学原理的森林生物量回归模型。在此模型中,不仅不同气候带的不同森林生态系统有不同的 a 和 b 的数值,就是在同一气候带内不同的林分,不同的树种也有不同的 a 和 b 的数值;更为重要的是,就是同一株树,树叶、树枝、果实、树干、树皮和树根六部分器官也会有不同的 a 和 b 的数值。此种方法所配的回归方程的相关系数(r)都在 0.90 ~ 0.99,这表明按回归方程计算出来的生物量的理论值与实际值相关极为密切,精度很高。

三、小陇山林区各层生物量的计算

（一）各树种乔木生物量计算模型的求解

借助小陇山林区森林资源二类清查小班资料,设置临时标准地 1318 块,收集标准木资料 824 株,拟合出两种形式的树木各器官生物量和树木总生物量回归方程(表 1)。结果表明均有显著水平,8 类林分的生物量(W)与胸径(D)、胸径—树高(D^2H)之间均存在着紧密的相关关系。两种数学回归模型相关系数基本都在 0.9 以上,尤其是两种形式的总生物量回归方程的相关系数均在 0.97 以上,具有极高的实用价值。

表 1　各树种两种形式的单木生物量方程

Tab. 1　Two types of regression equation for single log biomass of

different tree species

林分类型	$\ln B = a' + b\ln D$			$\ln B = a' + b\ln(D^2H)$		
	a'	b	r	a'	b	r
锐齿栎	− 2.5075	2.5444	0.9866	− 3.5423	0.9979	0.9920
油松	− 2.4587	2.3803	0.9927	− 3.5324	0.9655	0.9910
栓皮栎	− 1.2141	2.1159	0.9863	− 2.0060	0.8579	0.9943
杨、桦	− 2.0537	2.4088	0.9894	− 2.8360	0.9222	0.9879
落叶松	− 2.3442	2.4419	0.9968	− 3.3583	0.9552	0.9728
华山松	− 2.2962	2.4119	0.9980	− 2.9132	0.9302	0.9901
云、冷杉	− 2.770	2.3307	0.9955	− 3.2999	0.9501	0.9934
其他阔叶						
混交林木	− 1.2325	2.1468	0.9787	− 2.5700	0.9637	0.9731

（二）森林生物量的计算

根据表 1 中以式 $\ln B = a' + b\ln D$ 和 $\ln B = a' + b\ln(D^2H)$ 拟合的两种形式的单

木生物量方程和标准地每木检尺数据,分别计算出乔木层树干、枝、叶、皮、根的生物量,然后汇总求出总值。以 W_1 为 $\ln B = a' + b\ln D$ 计算结果($t \cdot hm^{-2}$),W_2 为 $\ln B = a' + b\ln(D^2H)$ 计算结果($t \cdot hm^{-2}$)结果,二者的平均值以 M 表示:

表2 两种形式的回归方程计算的各类林分生物量比较

Tab. 2 Comparison of biomass in different stand types with two regression equation

林分类型	$W_1(t \cdot hm^{-2})$	$W_2(t \cdot hm^{-2})$	$M(t \cdot hm^{-2})$	面积（hm^2）	总生物量(t)
锐齿栎	90.11	81.84	85.98	178556.8	15351420.9
油松	60.87	60.70	60.79	46755.8	2842051.3
栓皮栎	81.85	79.80	80.83	16995.9	1373693.6
杨、桦	70.17	75.39	72.78	7082.5	515464.4
落叶松	68.32	67.37	67.85	6241.5	423454.6
华山松	62.76	67.98	65.37	4813.0	314625.8
云、冷杉	92.48	94.37	93.43	444.0	41480.7
其他阔叶混交林	100.44	96.55	98.50	77925.5	7675272.1
合计	627	624	625.5	338815	28537463.4

由表2可见,以 D 为变量和以 (D^2H) 为变量的回归方程计算所得到的林分乔木层生物量结果总体上比较一致。

四、森林固定二氧化碳实物量和价值量的计算

(一)林木所固定的二氧化碳实物量的计算

根据植物每生产 1 g 干物质需要 1.63 g CO_2 的原理,用表2中计算得的各林分总生物量乘以 1.63 就得到该生物量所对应的林木所吸收和固定 CO_2 的实物量。

根据 CO_2 的分子式和分子结构,用 C 的原子量与 CO_2 分子量的比值,即可求得一个 CO_2 分子中碳元素的含量,以此作为转换系数[6],C/ CO_2 = 12/44 = 0.273,可将森林所固定的二氧化碳的数量转化为纯碳量。

(二)森林吸收和固定 CO_2 的价值量的计算

森林固定二氧化碳效益的价值量的计算,目前主要有四种有代表性的货币化转换参数。

第一种是根据人工固定 CO_2 的成本来计算。森林固定 CO_2 的经济价值可以用工艺固定等量 CO_2 的成本来计算,但是成本高昂(IPCC 特别报告,2005)。

第二种是根据造林成本来计算。既然植树造林是为了固定大气中的 CO_2,那么森林固定 CO_2 的货币化转换参数就应该根据造林的费用进行计量。例如,英国林业委员会在 1990 年核算其森林固定 CO_2 的经济价值时,以造林成本 18~30 英镑/公顷作为森林固定 CO_2 量的定价标准((陈莉丽,2005)。

第三种是据碳税标准来计算。欧洲共同体、挪威、丹麦和瑞典等都曾向联合国提议对化石燃料征收碳税,以减缓温室效应,如瑞典政府提议的碳税收额为 0.15 美元/千克,美国的碳税金是 20 美元/吨。因此,有部分学者建议以碳税额作为森林固定 CO_2 经济价值的计算标准。很显然,碳税是在各种生产活动过程中,向大气排放的 CO_2 量超过标准,超过的量要缴纳税金,是控制碳排放的一种手段,它应该小于 CO_2 本身引起的温室效应危害(陈莉丽,2005)。

第四种是根据变化的碳税标准来计算。测量并计算出化石燃料(征收碳税)转化为无碳燃料(不征收碳税)的资金花费,并以此金额作为税金。根据这种方法,1990 年英国的 Anderson 测量并计算出每 m^3 木材固定 CO_2 的经济价值为 43 英镑(陈莉丽,2005)。

按人工固碳成本非常昂贵,人工固碳过程与森林的天然固碳过程截然不同,所耗成本也大不一样,因此,这会对计量评价造成大的偏差,同时我国目前尚未建立起碳税机制,因此,应用碳税标准作为森林固碳效益的货币化转换参数还不够成熟。

综合以上几种情况,以造林成本作为森林吸收和固定 CO_2 的价值量的转换参数应该是比较恰当的。小陇山林区当前 1 m^3 木材的平均生产成本是 150 元(陈莉丽,2005),就以此作为转换参数。在森林生物量为已知的情况下,1 $m^3 \times 0.57$(t/m^3)$\times 2.7 = 1.539$ t,它吸收和固定的 CO_2 的实物量为:$1.539 \times 1.63 = 2.51$(t),折合纯碳量:$2.51 \times 0.273 = 0.685$(t),这样,森林吸收并固碳每一吨纯碳的价值量就为:150 元 $\div 0.685$ t $= 218.98$ 元/t。

以上各部分的计算结果如表3。

表3 小陇山林区森林固定CO_2的实物量和价值量计算结果

Table 3 The accounted result of the practicality and valuation of carbon sequestration in XiaoLong mountain forest region

林分类型	生物量(t)	固定CO2实物量(t)	折合纯碳量(t)	固碳价值量(万元)
锐齿栎	15351420.9	25022816.1	6831228.8	1495902478.0
油松	2842051.3	4632543.6	1264684.4	276940592.0
栓皮栎	1373693.6	2239120.6	611279.9	133858077.5
杨、桦	515464.4	840206.9	229376.5	50228861.8
落叶松	423454.6	690231.0	188433.1	41263068.9
华山松	314625.8	512840.1	140005.4	30658369.2
云、冷杉	41480.7	67613.5	18458.5	4042041.6
其他阔叶混交林	7675272.1	12510693.6	3415419.3	747908527.5
合计	28537463.4	46516065.3	12698885.8	2780802016.0

五、结果与讨论

（一）结果

根据以上计算,甘肃省小陇山林区八种建群树种共蓄积生物量2.85×10^7t,在林木生长过程中吸收和固定二氧化碳4.65×10^7t,折合纯碳量1.27×10^7t,固碳的价值量为2.78×10^9元人民币。

（二）讨论

1. 小陇山林区森林固定二氧化碳的生态服务价值与林区蓄积木材经济价值的比较

由以上计算可知,小陇山林区共蓄积木材2.77×10^7m³,以2007年每方木材1200元[7]的市场价格(http://www. wood168. net/price/)计算,则全林区森林的木材总价值为2.77×10^7m × 1200 = 3.324×10^{10}元人民币,这一数值与固碳的价值量为4.15×10^9元人民币非常接近。森林除了具有固定二氧化碳的生态服务功能外,还具有释放氧气、阻滞灰尘、调节气候、保持水土、防风固沙、生物多样性保护等多重生态功能。另外,本研究只计算了小陇山林区乔木层的碳储量,没有把林下灌木层、草本层和林下枯落物层这三方面的生物量包括在内,由此可以推断,森林的多重生态功能的总价值要远远高于其提供木材的经济价值。

2. 不同树种固碳能力差异的比较

从表2可以看出,在甘肃小陇山338815 hm²的林区内,共分布主要建群树种八种,其中碳元素储存密度最大的树种为阔叶混交林树种,碳密度达到98.50 t·hm⁻²,依次为云、冷杉林93.43 t·hm⁻²,锐齿栎85.98 t·hm⁻²,栓皮栎80.83 t·hm⁻²,杨、桦树72.78 t·hm⁻²,落叶松67.85 t·hm⁻²,华山松65.37 t·hm⁻²,油松的碳储存密度最小,为60.79 t·hm⁻²。从碳密度的角度来看,八种林分中,阔叶树种明显优于针叶树种。但是每种林分或树种整体的固碳能力的确定还需进一步考查不同树种的含碳率和碳的积累速率等因素,另外还要考虑树种的环境适应能力。

3. 生物量计算过程中的尺度转换

生物量的调查总是从每木调查开始,每木调查是在人为选定的标准地上进行的。本研究主要借助小陇山林业实验局2003年森林资源二类清查小班资料,设置标准地1219块,标准地的选择依据立地条件、森林起源、树种组成、林龄和营森措施等方面基本相同的原则,要求林相比较完整而有代表性的森林地段。面积一般为20m×20m或者30m×30m。从而将标准地的面积外推到整个林分,实现尺度转折换。但是尺度转换的结果必然带来计算误差,因为标准地的林木生长状况与整个林分生长于状况存在差异是客观存在的,而这种差异在现有的森林调查技术条件下又是不可避免的。

4. 关于单位系数转换中木材比重的取值

此研究中将木材的比重取平均值为0.57 t/m³[8],但是在甘肃小陇山林区,有乔木树种500余种[9],每个树种都因为其生物学性质、所处的小气候条件如光照、热量、水分、坡度和坡向各不相同,导致不同树种的比重会有差异,有时,这种差异还较大。根据尹思慈(1996)对木材的力学性质的研究,其中几种代表性的林材的比重为:轻木0.244 g/cm³,鸡毛松0.486 g/cm³,陆均松0.581 g/cm³,红桐1.032 g/cm³,子京1.033 g/cm³[10]。平均值非常接近于0.57 g/cm³,但是可以看出,不同树种之间的差异也是十分大,如果计算林分尺度的生物量,用平均值将会产生很大的误差,此时,就只能用具体树种所对应的木材比重值。

参考文献(Reference):

[1]Hu Qinuan. The research ofresources prices[M]. Beijing: Chinese prices Press,1993:78-79. [胡昌暖. 资源价格研究[M]. 北京:中国物价出版社,1993:78-79.]

[2]Chen Lili. Study on valuation and quantization of the forest ecological benefits in Xiaolong-shan forestry experimental bureau[D]. Beijing:Beijing forestry university,2005. [陈莉丽. 小陇山林业实验局森林生态效益计量评价的研究[D]. 北京:北京林业大学,2005.]

[3]Feng zongwei, Wang Xiaoke, WuGang. The biomasses and productivity of forest ecosystem in China[M]. Beijing: science press,1999. 65 – 75. [冯宗炜,王效科,吴刚. 中国森林生态系统的生物量和生产力[M]. 北京:科学出版社,1999:65 – 75.]

[4]Ogawa H. ,K Yoda and T. Kira. Comparative ecological studies on three main types of forest vegetation in Thailand[J]. Plant biomass, Nature Life Southeast Asia(Kyoto), 1961,2(1): 49～80.

[5]Kira T. and H. Ogawa. . Assessment of primary production in tropical and equatorial ecosystems[M]. Paris : UNESCO. 1971:319 – 321,

[6]Song Lidong,Zhang Jiangshan. Evaluation of the value of forestry fixation carbon dioxide in FuJian province[J]. YunNan environment science,2005,(3):24 – 26. [宋离东,张江山. 福建省森林固定 CO_2 价值评估[J]. 云南环境科学,2005,(3):24 – 26.]

[7]Shi Sujun,Li Ghang,Zhang Sanhuan. Valuing the forestry of carbon fixation in Changbai mountain[J]. Journal of Yanbian university(Natural science),2002,28(2):134 – 137. [施溯筠,李光,张三焕. 长白山区森林固定 CO_2 价值的评估[J]. 延边大学学报(自然科学版),2002,28(2):134 – 137.]

[8]http://www. wood168. net/price/

[9]Ma Shangying. forestry situation in GanSu and scientific development[M]. LanZhou: GanSu scientific and technological press,2006:102 – 104. [马尚英. 甘肃林情与科学发展[M]. 兰州:甘肃科学技术出版社,2006:102 – 104.]

[10]Yin Sici. Lumber subject[M]. Beijing: Higher education press,1996:116 – 117. [尹思慈. 木材学[M]. 北京:高等教育出版社,1996:116 – 117.]

（本文曾发表在《干旱区资源与环境》2009 年第 23 卷第 4 期）

气象要素影响下雪冰离子淋溶过程研究

——以乌鲁木齐河源 1 号冰川为例

尤晓妮　　李忠勤　　王莉霞*

为了更好地理解化学离子在雪坑中的迁移和保存,进一步解释冰芯记录,基于乌鲁木齐河源 1 号冰川 4130 m 处的雪冰化学资料,探究了气温和降水与离子淋溶过程的关系。气温与离子浓度呈负相关关系。夏季的雪坑离子浓度波动剧烈,冬季的雪坑离子浓度相对越稳定。离子浓度随正积温的升高呈指数衰减趋势. 当正积温至 0 ℃以上时,离子浓度急剧降低;当正积温升至 60 ℃左右时,离子浓度呈缓慢降低。不同离子的淋溶过程对正积温的响应有所不同,随着正积温的增加,SO_4^{2-}、NO_3^-、Na^+、Cl^-、NH_4^+ 和 Ca^{2+} 的衰减趋势非常显著,指数函数的拟合度较好,而 Mg^{2+} 和 K^+ 则呈现无规律性的变化。淋溶因子指出,融水渗浸作用导致雪坑中大部分离子被淋溶. 不同离子的淋溶因子也有明显差异,Mg^{2+} 淋溶因子最小(0.43),SO_4^{2-} 淋溶因子最大(0.84),说明 Mg^{2+} 最为稳定,SO_4^{2-} 最易淋溶. 降水对雪坑离子浓度的影响较为微弱,主要通过增加表层雪离子浓度而提升整个雪坑的离子浓度。

一、引言

冰芯是古气候和古环境记录重建的有效手段之一[1-2],多取自格陵兰冰盖或南极大陆等冰川融水非常少或几乎没有的地区。在这些地区,环境信息通过干湿沉降较好的保存在雪冰中,成为恢复古气候和古环境的重要依据. 为了探究全球气候的历史变化规律,需要在更广泛的区域内钻取冰芯[3-7],比如低纬度山地区,而这些区域的夏季消融极可能对冰芯记录产生影响,当夏季温度高于阈值时,冰川上层粒雪开始消融,融水携带各种离子与底部粒雪发生混合,导致冰芯记录

---

* 作者简介:尤晓妮,1980 年生,女,甘肃陇南人,天水师范学院资源与环境工程学院副教授,寒区旱区环境与工程研究所博士,主要从事气候变化与冰川研究。

的原始信息被干扰[8]。Koerner 的研究表明,如果一年当中较大比率的雪层被融化,就会导致雪冰中离子信息的季节变化完全消失[9]。因此,为了更好地解释冰芯记录,对冰芯记录中的信息进行有效评估,有必要对淋溶作用影响下的离子浓度变化进行分析。

冰川融水会导致雪冰中可溶和不可溶成分迁移,特别是以冰川融水补给为主的河流和湖泊,雪层消融带来的各种化学离子会对其产生较大影响。因此,较多研究关注雪冰化学的季节变化及其与融水径流之间的关系[10—13],并通过模拟雪层中化学离子的迁移过程,确定离子在雪冰中的传输轨迹[14-16].气温是影响淋溶最为关键的参数,有研究表明,新疆地区气温和同时期降水与积雪变化关系密切,春季迅速升温过程及一定的累积积雪深度可能令融雪型洪水爆发[17]。因此,建立气温与消融过程的关系,可以预测雪冰融水径流的变化趋势[18-19]。温度因子模型常用于消融量的定量分析[20-21]。研究表明气温与消融量之间有较高的相关性,Braithwaite 等 [22]研究发现冰川年消融量和正积温之间的相关系数可达0.96.同样,气温还能很好地演绎能量平衡模型[23],这与气温和影响能量平衡的几个主要成分均有较好的相关性有关[24-27]。然而,受限于长时间序列雪坑离子浓度数据的获取,直接建立气温与离子浓度关系的研究仍相对较少。因气温参数的易获取性及其对淋溶过程的重要影响,本文基于乌鲁木齐河源 1 号冰川 2003 年 2 月至2007 年 10 月的连续取样分析,建立了气温、降水与雪层中离子迁移过程的关系,探究了雪冰化学成分的损失和保存过程,可为冰芯中化学离子记录的修正、气候信息重建乃至雪冰现代过程的模拟提供参考依据,从而科学地认识冰芯记录的环境信息。

二、研究区概况与样品采集

1 号冰川(43°06′N, 86°49′E)属双支冰斗——山谷冰川,位于我国天山中部喀拉乌成山脉主脉北坡乌鲁木齐河源上游,距乌鲁木齐市 120 km。由东、西两支组成,面积 1.79 km²。1 号冰川是夏季补给型冰川,夏季降水量大。早春到夏末(5—9 月)是其主要的降水发生期,集中了全年 90% 左右的降水[28-29],同期亦是 1号冰川温度最高的时期。研究期间,夏季(6—8 月)日平均气温为 0.4℃,最高温平均可达 4.6℃。因此,夏季亦是 1 号冰川消融期。1 号冰川中化学元素的来源有两个方面:一是来自当地岩石的风化作用,即以局地来源为主;二是由大气环流长距离输送所致,并通过干湿沉降的方式降落至冰川表面。

本项研究中观测取样定位场位于 1 号冰川东支海拔 4130 m 处的粒雪盆后壁,处在冰川渗浸冻结带内,坡向朝北。该位置日照时间短,特别是冬季,完全无日照,且风大寒冷[30]。2003 年 2 月至 2007 年 10 月,共开挖了 203 个雪层剖面,采集分析了 4541 个雪坑样品,所有样品均取自同一雪坑。取样前,需用经过预处理的刮刀将取样剖面纵深 10 cm 的雪层除去,以保证所取雪样没有受到太阳辐射、地面风及人为污染的影响。雪坑样品的采集利用干净的聚乙烯样品瓶自上而下以 10 cm 的间隔、垂直插入壁面直接获取,在较为粗硬的粗粒雪层和粒雪冰层则用刮刀刮取。为避免污染,采样结束后将雪坑重新填埋,直至下次取样前再次挖开[31]。

取样过程中,操作人员均穿戴洁净的口罩、帽子、外套和聚乙烯手套,以防止对样品的污染。将采集好的样品密封保存在聚乙烯样品瓶中,并在冷冻状态下运输至中科院冰冻圈科学国家重点实验室进行测试分析。样品分析在 100 级超净工作台进行,应用 Dionex DX – 320 离子色谱仪(CS12A 分离柱)测量主要可溶性离子浓度,检测限为 0.8 ng · g^{-1}[32]。

三、气温与雪坑离子浓度的关系

(一)日平均气温与离子浓度

气温对淋溶过程有良好的指示作用,如果可以建立淋溶过程与气温之间的相关关系,结合气温资料就可以更好地对淋溶过程进行评价。雪坑中离子浓度的变化取决于离子的保存和损失过程。当雪坑中离子浓度减小,说明雪层中保存的离子载量小于损失的离子载量,暗示离子正处于淋溶时期;当雪坑中离子浓度增大,说明雪层中保存的离子载量大于损失的离子载量,暗示离子处于积累时期。图 1 为 2003—2006 年不同离子的浓度、离子总浓度与同期日平均气温的关系。可以看出,雪坑中的离子浓度呈波动性变化,且与日平均气温具有一定的负相关关系。日平均气温较高时期,离子浓度相对较低且波动剧烈,气温较低时期,离子浓度较高且变化相对平缓。以 2005 年离子总浓度为例,2005 年 1—6 月,离子浓度相对稳定,波动范围为 2093 ~ 3016 μg · L^{-1},期间对应的日平均气温为 – 13.0 ℃,最高和最低气温分别为 0 ℃ 和 – 26.2 ℃。随着气温升高,离子浓度急剧减小,至 2005 年 8 月中旬达到最低值 985.4 μg · L^{-1},期间对应的日平均气温为 0.3℃,最高和最低气温分别为 6.1 ℃ 和 – 5.9 ℃。进入 9 月,气温下降,离子浓度回升,10 月初达到 2363.2 μg · L^{-1} 并趋于稳定(大约在 2000 μg · L^{-1} 波动)。相似的变化在 2004 和 2006 年也均有体现。

不同离子的浓度变化及与日平均气温的关系表现出一定的差异性。Na^+,K^+ 和 Mg^{2+} 离子波动的年周期性并不十分显著,与气温的负相关关系也不明显。考虑与其浓度值普遍较低有关,特别是 Mg^{2+} 离子,自 2004 年以来,并未出现较大的变化。而 SO_4^{2-}，NO_3^-，Na^+，Cl^-，NH_4^+ 和 Ca^{2+} 的年周期性波动与离子总浓度相近，高温段和离子浓度的低值段对应较好。

雪坑中离子浓度的变化主要受两个过程影响:一是以降水(湿沉降)和干沉降过程为主的沉积过程,二是以风吹雪、升华和淋溶过程为主的沉积后过程。冬季(12—2月),乌鲁木齐河源1号冰川流域降水稀少、气温较低,雪坑中的离子浓度主要受吹雪、升华、干沉降等影响而发生改变,这一过程导致的离子浓度变化相对较小;春季至夏初(3—6月),气温开始回升、降水有所增加,雪坑中的离子浓度微弱上升,这可能与沙尘活动、冷锋和低压的形成及活动有关。春季,在西风上升气流的作用下,来自沙源地的大量沙尘穿过天山并逐渐向东传输。同时,大量水气在西风影响下向东移动,使得天山东段进入一年中降水较多的季节[33]。直至初夏,雪坑离子总浓度达到最大值。7月,气温迅速升高,雪坑出现消融现象,大量离子随融水流失、离子浓度急剧减小。进入9月,气温开始下降,淋溶过程减弱,离子浓度值有所回升。

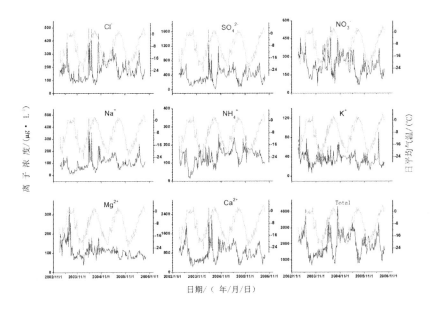

图1 雪坑离子浓度(黑线)与日平均气温(灰线)的变化(Total 表示离子总浓度)

Fig. 1 Comparison of the ionic concentrations in snowpack and in situ diurnal mean temperature(Total means total ionic concentration)

2.2 积温与离子浓度

日平均气温是一日内气温的平均描述,而淋溶过程主要发生在高于零度的气温条件下,因此,为了得到更适合表征离子浓度变化特征的气象要素,本文进一步分析了采样期间周积温、周正积温与雪坑离子浓度的关系,并对照雪层厚度进行对比研究(图2)。雪层厚度的变化亦受制于气温的高低,在一定程度上可以反映消融量的大小[34]。因离子总浓度可代表大部分离子的变化特征,这里用离子总浓度进行说明。

图2为2003年9月至2006年9月雪坑中的离子总浓度与积温、正积温及雪层厚度的变化关系。由图可见,雪层厚度的年际变化,与雪坑离子浓度的年波动相似,春季和夏季分别是雪深最大和最小的季节。然而雪深的最小值与离子浓度的最低值并没有很好的对应,二者没有十分显著的相关性,其相关系数 R^2 仅为0.10。正积温对离子浓度的影响十分显著。当正积温持续出现非零值时,雪坑离子浓度即出现较大波动并迅速减至最小值。其后,尽管正积温依然在大于零的范围内变化,雪坑离子浓度却开始逐渐回升。积温对离子浓度的影响类同于正积温。积温的负值区对应于离子浓度的相对稳定区,积温的正值区则对应于离子浓度的快速减少区。非消融季节积温对离子浓度的影响是不存在的,表现在积温的波动变化并未引起离子浓度相应的改变。

基于离子浓度的变化特征,本文将雪坑离子浓度开始急剧减少至最小值的时期(6月初至8月底)定义为强烈淋溶期。该时期离子浓度变化可看做淋溶程度的指标,浓度越小说明越多的离子被融水淋溶。值得一提的是,淋溶过程可能在强烈淋溶期之前已经发生,因并未显著影响整个雪坑离子浓度的总量,本文不做重点讨论。一般来讲,在消融初期,少量融水携带化学离子向雪层下部迁移[35]。与此同时,整个雪层温度较低,融水可能受到密度较大的雪层阻挡而再次冻结[36-37],这样的迁移过程对整个雪坑来说,没有离子的损耗。随着温度进一步升高,融水达到一定程度时,雪坑离子随着冰面径流流失,雪层中的离子浓度急剧减少。以2004年为例,强烈淋溶期初始(6月),雪坑离子总浓度为最大值(3844.3 $\mu g \cdot L^{-1}$),日平均气温、积温和正积温分别是 -0.5 ℃,-3.2 ℃和1.9 ℃。随着温度持续上升,淋溶过程加剧,雪坑离子浓度在8月下旬降至最低值(940.1 $\mu g \cdot L^{-1}$),相应的日平均气温、积温和正积温分别升高至 -0.2 ℃,-1.4 ℃和6.3 ℃。与此同时,雪层厚度也由247 cm减小至最小值(135 cm)。

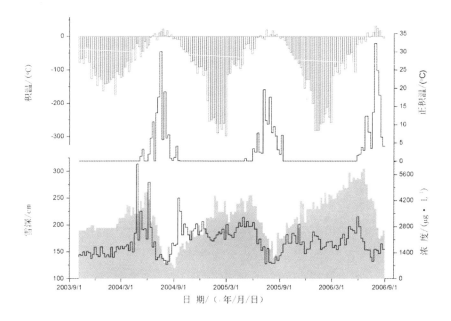

图 2　雪坑离子总浓度与积温、正积温及雪层厚度的变化。

（其中，底部灰色面积图为雪深，折线图为雪坑离子总浓度，

中部折线图为正积温，上部柱状图表示积温。）

Fig. 2 Comparison of the total ionic concentrations in snowpack, accumulated

temperature, positiveaccumulated temperature and snow depth.

　　不同年份离子浓度变化及其对应的气温参数是不同的（见表1）。2004—2006年强烈淋溶开始于6月上、中旬，结束于8月中、下旬。雪坑离子浓度的变化值近似，分别为2904.2 μg · L^{-1}、2318 μg · L^{-1} 和 2397.6 μg · L^{-1}。然而，相应的气温值略有不同，强烈淋溶期开始时日平均气温分别为 -0.5 ℃、-0.6 ℃ 和 -1.2℃，积温分别为 -3.2 ℃、-4.2 ℃ 和 -8.5 ℃，正积温分别为 1.9 ℃、3.4 ℃ 和 1.6℃。由此可见，不同年份强烈淋溶发生和结束的时间及气温并不完全相同。可能的原因是，本研究的采样间隔为一周，雪坑离子浓度变化应为一周内气温变化的结果，故与逐日气温的对应关系并不理想。另外，除了气温这一主要因素外，不同时期的雪层厚度、冰川冷储、降水和风速风向等气象要素都可能不同程度地引起雪坑离子浓度的改变。

表1　2004—2006 年强烈淋溶期离子浓度的最大和最小值及其对应的气温和雪深

Table 1 The maximum and minimum of total ionic concentration
with corresponding air temperature and snow depth

	日期	总浓度 （$\mu g \cdot L^{-1}$）	日均温 （℃）	积 温 （℃）	正积温 （℃）	雪深（cm）
最大值	2004/6/11	3844.3	-0.5	-3.2	1.9	247
	2005/6/6	3303.4	-0.6	-4.2	3.4	235
	2006/6/3	3322.3	-1.2	-8.5	1.6	288
最小值	2004/8/11	940.1	-0.2	-1.4	6.3	135
	2005/8/9	985.4	0.6	3.3	7.8	170
	2006/8/31	924.7	-0.6	-4.6	4.1	190

为了对淋溶过程进行定量化,本文尝试建立强烈淋溶期气温和离子浓度之间的拟合关系. 研究发现,正积温与离子浓度具有较好的相关性。图 3 为 2003—2007 年强烈淋溶期的雪坑离子总浓度与同期正积温变化的拟合曲线,表现为指数函数的关系,拟合公式如下:

$$y = y_0 + Ae^{-x/c} \qquad (1)$$

其中,y_0 是拟合曲线的偏移值,A 代表曲线振幅,c 是衰减指数。拟合函数各项参数的大小可以用于表示淋溶过程和淋溶特征:A 取决于强烈淋溶发生时雪坑离子的浓度初始值;c 表示正积温影响下离子的淋溶强度。不同年份拟合曲线的参数见表 2,其中 R^2 表示曲线拟合度。

很明显,雪坑离子总浓度随正积温的增大表现出指数衰减的规律。这一衰减过程大致可以分为两个阶段:第一阶段,当正积温达到 0℃ 以上时雪坑离子浓度开始急剧减少。相关研究也表明,雪坑中大部分离子是被早期融水淋溶而流失的[11]。这一阶段表现出的离子淋溶特点是,淋溶速度快、离子损失量大;第二阶段,随着气温的进一步升高,当正积温达到 60 ℃ 左右时,雪坑离子浓度的减小趋势逐渐变缓,表现在淋溶曲线呈现出近似水平的变化,并在强烈消融期末达到最小值,暗示强淋溶过程结束。

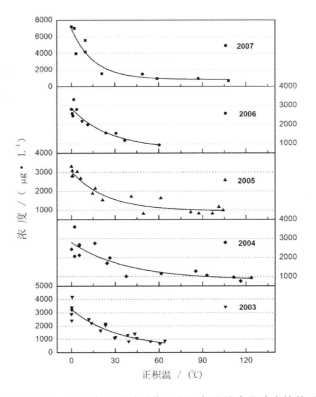

图 3　2003—2007 年强烈消融期正积温与雪坑离子浓度的关系

Fig. 3　Therelationship between positive accumulated temperature and total ion concentration in snowpack during strong ablation periods from 2003 to 2007(Straight lines are exponential fitting curve)

　　不同年份,雪坑离子浓度随正积温的变化呈现出差异性,这可能与当年的温度变化特征、雪层化学组成和冻融过程有关[11,37]。2003—2007 年强烈淋溶期初始,雪坑离子总浓度值分别为 2894 μg·L^{-1},3844 μg·L^{-1},3303 μg·L^{-1},3322 μg·L^{-1} 和 7200 μg·L^{-1};强烈淋溶期末,离子浓度值降至最低分别为 886 μg·L^{-1},940 μg·L^{-1},985 μg·L^{-1},925 μg·L^{-1} 和 787 μg·L^{-1},对应的正积温分别为 63.9 ℃,123.8℃,104.3 ℃,60.3 ℃和 108 ℃。当离子浓度达到最低值时,对应的正积温并非当年的最高值,如 2003 和 2006 年。这说明在强淋溶后期,气温的升高并未导致雪坑融水进一步增加,更加证明了离子淋溶主要发生在雪层融水产生的初期。研究推测,雪坑离子的损失量不可能无限增加,而是存在一个本底值。对于 1 号冰川来说,这个本底值大约在 800 μg·L^{-1}左右。加之 8 月底 9 月初,尽管正积温持续增加,但气温趋于降低且伴随有频繁的降水,这对离子浓度起到了一定的补偿作用。2007 年较为特殊,雪层离子总浓度达到 5 年来的极大值,经过夏季淋溶后变为 5 年来的最小值,而当年的正积温并非 5 年来最高值。事实上,雪坑融水的产生与和能量平衡有关的各个要素有关,而这些要素又随着雪坑条件而发生变化,比如,坡度,白昼时长,温度,太阳辐射和云量等[38]。雪坑离子浓度除了受正积温大小的影响,还与正积温的持续时间,淋溶期的冻融作用等因素有关,其作用机理有待进一步的深入分析。

表 2 2003—2007 年拟合曲线参数

Table 2 Function parameters values of fitting curve.

| year | parameters | | | R^2 |
	y_0	A	c	
2003	317	2937	32	0.83
2004	823	1978	39	0.74
2005	947	2101	24	0.91
2006	703	2160	27	0.86
2007	843	6186	15	0.84

(三)离子淋溶过程差异

图 4 为 2003 年雪坑中主要离子(Na^+,K^+,Ca^{2+},Mg^{2+},NH_4^+,Cl^-,SO_4^{2-} 和 NO_3^-)浓度与正积温的关系。由图可知,尽管离子总浓度在强烈消融期表现出明显的淋溶作用,但不同离子之间的差异性比较显著。从拟合度来说(R^2),SO_4^{2-}、NO_3^-、Na^+、Cl^-、NH_4^+ 和 Ca^{2+} 的拟合度较好,分别为 0.91、0.96、0.85、0.82、0.78 和 0.89。上述离子均经历了强烈淋溶期初期的急剧淋溶和后期的缓慢淋溶两个阶段,暗示这几种离子的淋溶过程是相似的。而 K^+ 和 Mg^{2+} 的拟合度相对较低,分别为 0.41 和 0.24。就衰减指数(c)来说,Cl^-、Na^+、NH_4^+ 和 SO_4^{2-} 有相似的 c 值,分别为 12.7、12.7、12.1 和 13.1;差异较大的为 K^+ 和 Mg^{2+},分别为 49.9 和 -28.1。从正积温影响下的淋溶曲线来看,钾离子浓度随着温度的升高呈近乎直线的衰退,且浓度变化相对均一。镁离子浓度的减少过程与其他离子不同,表现出先慢后快的特点。

研究表明,在融水或物理形变影响下的离子能被多大程度保存在冰晶中,取决于该离子的可溶性、离子存于冰晶中的位置等要素[39]。很明显,SO_4^{2-}、NO_3^-、Na^+、Cl^-、NH_4^+ 和 Ca^{2+} 等离子是较容易被淋溶的。当正积温达到 0℃以上时,大量离子被融水带走,表现为淋溶曲线上第一次和第二次采样间隔期的离子浓度急剧减少。K^+和Mg^{2+}离子与其他离子的差异性在其他研究中亦有体现[40],这与离子在雪坑中较为稳定、可迁移性较小有关。另外,钾离子在雪层中的低含量亦是其变化较小的原因。

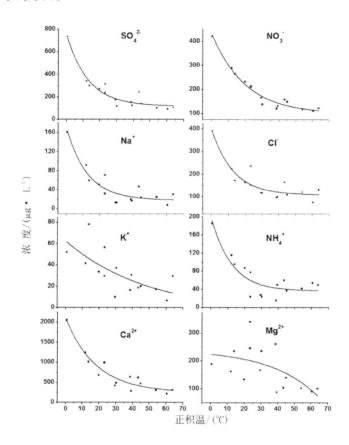

图4　正积温影响下的不同离子的淋溶过程

Fig. 4　The relationship between positive accumulated temperature and each ion species concentration in snowpack during strong ablation period in 2003. Straight lines are exponential fitting curve.

三、雪坑离子的损失率

这里,引入"淋溶因子"(e)的概念,用以表达经过一个消融期后,雪坑中离子的损失率。计算公式如下:

$$e = 1 - \exp(\ln Ct - \ln Cs) \tag{2}$$

其中,C_s 为强烈淋溶初期的离子浓度值,C_t 代表强烈淋溶末期离子浓度值,结果见表 2。

表2 不同年份总离子及不同离子的平均淋溶因子

Table 2 Elution Factor for ion concentrationfrom 2003 to 2007

年份	2003	2004	2005	2006	2007			
e	0.84	0.79	0.75	0.67	0.90			
离子	Cl^-	SO_4^{2-}	NO_3^-	Na^+	K^+	Ca^{2+}	Mg^{2+}	NH_4
e	0.60	0.84	0.76	0.70	0.61	0.74	0.43	0.56

淋溶因子有助于对离子的损失情况进行定量分析。显然,乌鲁木齐河源 1 号冰川的融水渗浸作用导致雪坑中大部分离子被淋溶。在观测期内,平均淋溶因子为 0.79,其中淋溶因子最大值和最小值分别出现在 2007 年(0.90)和 2006(0.67)年。不同离子的淋溶因子也有明显差异,Mg^{2+} 的淋溶因子最小(0.43),SO_4^{2-} 的淋溶因子最大(0.84)。这说明镁离子在融水作用下最为稳定,而硫酸根离子最容易被淋溶。有研究对乌鲁木齐河源 1 号冰川融水径流化学特征进行分析,得到 1 号冰川融水逐日径流中阳离子以 Ca^{2+} 为主,阴离子以 SO_4^{2-} 和 HCO_3^- 为主[41],这与淋溶因子反映的结果是相同的。

不同年份淋溶因子存在差异,可能有三个原因:首先,离子淋溶过程与当年的温度值及其变化特征有关,由离子浓度随正积温增大的指数衰减规律可以看出,温度变化是导致离子淋溶最关键的因素;其次,淋溶作用发生前大气中各化学成分的干湿沉降决定了雪坑中的离子载荷,作为雪坑中化学离子的基数,其对淋溶率也存在一定程度的影响;最后,对乌鲁木齐河源而言,每年的 8—10 月既是消融期又是降水频发期,参与淋溶过程的除了雪坑中的化学离子还有同期降水中的化学成分,因此,降水的强度和频次也会对淋溶因子产生影响。已有研究表明,离子渗浸过程还与消融率,冻融作用,粒雪化过程等要素有关[33,39]。

五、降水与离子浓度

除了气温,降水亦是影响雪坑离子浓度的气象参数。降水作为大气中化学成分最为重要的一种清除方式,是雪坑化学离子的主要来源。由上述研究可知,在强烈淋溶期,降水实际上并未增加雪坑中离子的含量,这与气温高值引起的离子流失有关。因天山地区降水集中出现在春末至夏季,其中 7 月在全年所占比例最大[42],使得一年中由降水带来的大部分化学离子被融水淋溶。为了探究降水对雪坑离子浓度的影响,本文对 2005 年 3 月至 2006 年 3 月间 8 种主要离子的浓度值和同期降水量做了相关散布,如图 5 所示。

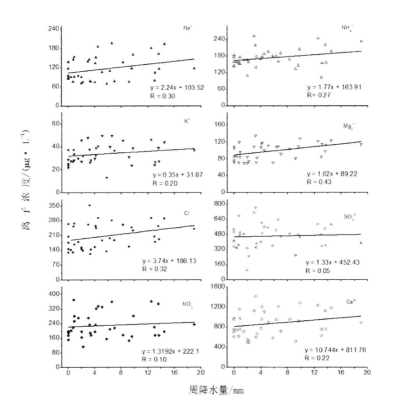

图 5　离子浓度与同期降水量的关系(2005 年 3 月至 2006 年 3 月)

Fig. 5　The comparison between ionic concentration and precipitation from March 2005 to March 2006

线性回归分析仅包括非强烈淋溶期的离子浓度数据和对应的降水量数据。由图 5 可得,非强烈淋溶期,雪坑离子浓度随降水量的增加表现出一定的增大趋势,说明降水量可对雪坑离子浓度产生一定影响。然而这种影响十分微弱,且在不同离子间存在较大差异。其中,SO_4^{2-} 和 NO_3^- 相关系数最低,分别仅为 0.05 和 0.10. Mg^{2+} 的相关系数最高,可达 0.43. 一般来说,降水携带大气中的化学成分降至雪层表面,未受淋溶的表层雪应在一定程度上反应雪坑离子的来源。然而,降水并非表层雪的唯一来源,冬季的吹雪亦在不同程度上影响表层雪浓度。加之蒸发、升华和密实化等其他沉积后过程,使得雪坑离子浓度与同期降水的相关性并不显著。考虑到气温和降水变化的季节性,本文进一步分析了 2005 年 3 月至 2006 年 3 月雪坑和表层雪离子浓度的变化特征,计算二者的比率 r(r 即表层雪和雪坑离子浓度的比值),并与同期降水量进行对比(如图 6)。根据比率(r) 的变化,可将本年度划分为四个时期,分别用 T1、T2、T3 和 T4 表示。

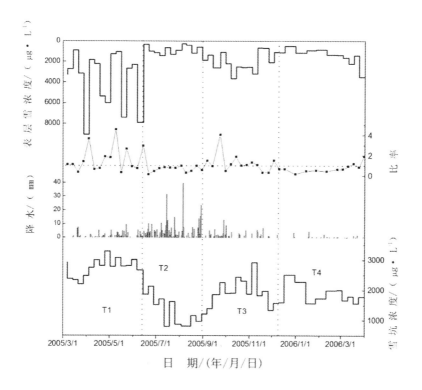

图 6 表层雪和雪坑离子浓度及其比值(r) 与同期降水的关系(虚线表示 r = 1)

Fig. 6 The relationship between the ionic concentration in snowpack and surface snow and their comparison with precipitation

T1 时段内(3 月初至 6 月中旬),雪坑离子浓度逐渐上升至最大值,平均浓度为 2759.1 μg · L^{-1}。表层雪离子浓度亦为最大值并出现剧烈波动,平均浓度为 3788.8 μg · L^{-1}。二者比率在 1 上下大幅波动。同期降水量为 108.7 mm,约占年降水量的 20%。这段时间内降水事件可能导致表层雪离子浓度升高,进而使得雪坑离子浓度呈逐渐升高的态势。T2 时段内(6 月中旬至 9 月初),雪坑离子浓度快速减至最低值,平均浓度为 1305.5 μg · L^{-1},表层雪离子浓度变化较小且浓度较低,平均浓度为 824.6 μg · L^{-1}。该时段集中了全年 60% 左右的降水。尽管降水量大,降水频次高,但表层雪离子浓度并未出现明显波动。原因是同期亦为强烈淋溶期,表层雪和雪坑中的离子均有明显淋溶现象。从二者比率变化(r<1)可看出,该时段表层雪离子浓度始终小于雪坑,暗示其淋溶程度亦强于雪坑。这是由于表层雪受到太阳辐射的直接作用,产生较高的热量平衡,导致淋溶强度较大。尽管 T2 是降水频发期,离子浓度依然减至最低值,说明夏季降水中的大气化学信息并未保存至粒雪冰中。T3 时段内(9 月初至 12 月上旬),雪坑和表层雪的离子浓度均有不同程度回升,平均浓度分别为 1990.6 和 1919.9 $\mu g \cdot L^{-1}$。同期降水量为 99.1mm,约占年降水量的 18%,说明该时段的降水再次对二者离子浓度的增加产生作用。T4 时段(12 月上旬至 06 年 3 月初),表层雪和雪坑离子浓度略微减小,且 r 值始终小于 1。同期降水量为 15.7mm,约占年降水量的 2% 左右。由于降水稀少,温度亦达到一年中的最低值,雪坑和表层雪离子浓度变化均相对稳定。

综上所述,降水对雪坑离子浓度的影响主要在春季到夏季初期(3 月初至 6 月中旬)以及秋季到冬季初期(9 月初至 12 月上旬),通过增加表层雪离子浓度值使得整个雪坑的离子浓度有所增加。而降水量最大的夏季(6 月中旬至 9 月初),降水事件对雪坑离子浓度并不能起到主导作用。

六、结论

基于 2003 年 2 月至 2007 年 10 月乌鲁木齐河源 1 号冰川东支海拔 4130m 处连续的雪坑样品资料,分析了雪坑离子浓度变化及其与气温和降水的关系,结论如下:

(1)雪坑离子浓度的变化与日平均气温呈一定的反相关关系。夏季,日平均气温升高,离子浓度降低,而在气温较低且降水稀少的冬季,雪坑中的离子浓度受气温影响较小。

(2)强烈淋溶期(6 月初至 8 月底)雪坑中的离子浓度随正积温的升高呈指数衰减。衰减过程可分为快速衰减和缓慢衰减两个阶段。当正积温达到 0℃ 以上时雪坑离子浓度急剧减少,离子淋溶速度快、损失量大;当正积温达到 60℃ 左右时,雪坑离子浓度的减小趋势逐渐变缓,离子淋溶速度慢、损失量小。

(3)不同离子对正积温变化的响应具有差异性。SO_4^{2-}、NO_3^-、Na^+、Cl^-、NH_4^+ 和 Ca^{2+} 随正积温增加呈现出的衰减态势与指数函数拟合较好,拟合度分别为 0.91、0.96、0.85、0.82、0.78 和 0.89;Mg^{2+} 和 K^+ 在正积温影响下并未有明显的规律性变化。

(4)淋溶因子显示雪层中最容易淋溶的离子为 SO_4^{2-}(淋溶因子为 0.84),Mg^{2+} 最为稳定(淋溶因子为 0.43)。

(5)强烈淋溶期,降水量对雪坑离子浓度的影响并不明显,非强烈淋溶期,降水量与雪坑离子浓度呈微弱的正相关关系,降水主要通过增加表层雪中的离子浓度使得整个雪坑离子浓度有所增加。

参考文献(Reference):

[1] Thompson L G, Davis M E, Mosley – Thompson E, et al. A 25,000 – year Tropical Climate History from Bolivian Ice Cores[J]. Science,1998,282:1858 – 1864.

[2] De Ji, Yao Tandong, Yao Ping, et al. Characteristics of climate change in warm and cold periods revealed from ice cores and meterological records during the past 100 years on the Tibetan Plateau[J]. Journal of Glaciogogy and Geocryology,2013,35(6):1382 – 1390. [德吉,姚檀栋,姚平,等. 冰芯和气象记录揭示的青藏高原百年来典型冷暖时段气候变化特征[J]. 冰川冻土,2013,35(6):1382 – 1390.]

[3] Duan Keqin, Hong Jianchang. 400 year variation of NO_3^- concentration recorded in the Dasuopu ice core, Himalayas[J]. Journal of Glaciology and Geocryology,2010,27(6):853 – 860. [段克勤,洪健昌. 喜马拉雅山达索普冰芯近400a 来NO^-浓度的变化[J]. 冰川冻土,2010,32(2):231 – 234.]

[4] Kaufmnn P, Fundel F, Fischer H, et al. Ammonium and non – sea salt sulfate in the EPICA ice cores as indicator of biological activity in the Southern Ocean[J]. Quaternary Science Reviews,2010,29(1 – 21):313 – 323.

[5] Laluraj C M, Thamban M, Naik S S, et al. Nitrate records of a shallow ice core from East Antarctica:atmospheric processes preservation and climatic implications[J]. The Holocene,2011,21(2):351 – 356.

[6] Isaksson E, Pohjola V, Jauhiainen T. A new ice – core record from Lomonosovfonna, Svalbard:Viewing the 1920 – 97 data in relation to present climate and environmental conditions[J]. Journal of Glaciology,2001,47(157):335 – 345.

[7] Kotlyakov V M, Arkhipov S M, Henderson K A. Deep drilling of glaciers in Eurasian Arctic as a source of paleoclimate records[J]. Quaternary Environments of the Eurasian North,2004,23(11 – 13):1371 – 1390.

[8] Vandewal R S W, Mulvaney R, Isaksson E. Reconstruction of the historical temperature trend from measurements in a medium length borehole on the Lomonosovfonna Plateau,Svalbard[J]. Annals of Glaciology,2002,35:371 – 378.

[9] Koerner R M. Some comments on climatic reconstructions from ice cores drilled in Areas of high melt[J]. Journal of Glaciology,1997,43(143):90 – 97.

[10] Yin Guan, Ni Shijun, Fan Xiao, et al. Isotopic effec and the deuterium excess

parameter evolution in ice and snow melting process:a case study of isotopes in the water body of Daocheng,Sichuan Province[J]. Acta Geoscientica Sinica,2004,25(2):157 – 160.[尹观,倪师军,范晓,等.冰雪溶融的同位素效应及氘过量参数演化——以四川稻城水体同位素为例[J].地球学报,2004,5(2):157 – 160.]

[11]Johannessen M,Henriksen A. Chemistry of snowmelt water:changes in concentration during melting[J]. Water Resource Research,1978,14:615 – 619.

[12]Davies T D,Briblecombe P,Tranter M. The removal of soluble ions from melting snowpacks[J]. Seasonal Snow covers:Physics, Chemistry, Hydrology, 1987, 211:337 – 392.

[13]Robert H,Bales R C. Modeling ionic solute transport in melting snow[J]. Water Resources Research,1998,34(7):1727 – 1736.

[14]Jeonghoon L,Xiahong F,Eric S P. Modeling of solute transport in snow using conservative tracers and artificial rain – on – snow experiments[J]. Water Resources Research,2008,44(2):W02411.

[15]Torsten M,Frank W. Modeling the elution of organic chemicals from a melting homogeneous snow pack[J]. Water Research,2011,45:3627 – 3637.

[16]Wang Shengjie,Zhang Mingjun,Wang Feiteng,et al. Observed nitrogen containing ion transportation at the firn – ice interface of the Urumqi Glacier No. 1 in Tianshan Mountains[J]. Acta Geoscientica Sinica,2011,32(6):699 – 706.[王圣杰,张明军,王飞腾,等.乌鲁木齐河源1号冰川雪 – 冰界面含氮离子迁移研究[J].地球学报,2011,32(6):699 – 706.]

[17]Chen Chunyan,Li Yi,Li Qihang. Snow cover depth in urumqi region,Xinjiang:evolution and response to climate change[J]. Journal of Glaciogogy and Geocryology,2015,37(3):587 – 594.[陈春艳,李毅,李奇航.新疆乌鲁木齐地区积雪深度演变规律及对气候变化的响应[J].冰川冻土,2015,37(3):587 – 594.]

[18]Yukiyoshi I,Manabu N,Shuichi H. Influence of rain, air temperature, and snow cover on subsequent spring – snowmelt infiltration into thin frozen soil layer in Northern Japan[J]. Journal of Hydrology,2011,401:165 – 176.

[19]Woods R A. Analytical model of seasonal climate impacts on snow hydrology: continuous snowpacks[J]. Advances in Water Resources,2009,32:1465 – 1481.

[20]Franz K J,Hogue T S,Sorooshian S. Operational snow modeling:addressing the challenges of an energy balance model for national weather service forecasts[J]. Journal of Hydrology,2008,360(1 – 4):48 – 66.

[21] Georg J, Moore R D, Russell S. Distributed temperature – index snowmelt modelling for forested catchments[J]. Journal of Hydrology, 2012, 420 – 421:87 – 101.

[22] Braithwaite R J, Olesen O B. Calculation of glacier ablation from air temperature, West Greenland[C]//Glacier Fluctuations and Climatic Change, Glaciology and Quaternary Geology, Dordrecht, 1989:219 – 233.

[23] World Meteorological Organization. Intercomparison of models for snowmelt runoff[M]. Operational Hydrology Report 23, WMO, 1986:646.

[24] Ambach W. Interpretation of the positive – degree – days factor by heat balance characteristics, West Greenland[J]. Nord Hydrology, 1988, 19:217 – 224.

[25] Sato A, Takahash S, Naruse R, Wakahama G. Ablation and heat balance of the Yukikabe snow patch in the Daisetsu mountains[J]. Annals of Glaciology, 1984, 5:122 – 126.

[26] Lang H, Braun L. On the information content of air temperature in the context of snow melt estimation[C]// Hydrology of Mountainous Areas, Proceedings of the Strbske Pleso Symposium. UK: IAHS Press. 1990:347 – 354.

[27] Braithwaite R J, Olesen O B. Response of the energy balance on the margin of the Greenland ice sheet to temperature changes[J]. Journal of Glaciology, 1990, 36(123):217 – 221.

[28] Wang Dehui, Zhang Peiyuan. On the valley climate of Urumqi River ini the Tianshan Mountain[J]. Journal of Glaciogogy and Geocryology, 1985, 7(3):239 – 248. [王德辉,张怀远. 天山乌鲁木齐河谷气候特征[J]. 冰川冻土,1985,7(3):239 – 248.]

[29] Yang Daqing, Jiang Tong, Zhang Yinsheng, et al. Analysis and correction of errors in precipitation measurement at the head of Urumqi River, Tianshan[J]. Journal of Glaciogogy and Geocryology, 1988, 10(4):384 – 399. [杨大庆,姜彤,张寅生,等. 天山乌鲁木齐河源降水观测误差分析及其修正[J]. 冰川冻土,1988,10(4):384 – 399.]

[30] Xie Zichu, Huang Maohuan. A evolution of the snow – firn layer and ice formation in the Glacier No. 1 at the headwaters of the Urumqi River, Tianshan Mountains [C]//A Studies of Glaciology and Hydrology in the Urumqi River, Tianshan Mountains. Beijing: Science Press, 1965:1 – 14. [谢自楚,黄茂恒. 天山乌鲁木齐河源 1 号冰川雪 – 粒雪层的演变及成冰作用[C]//天山乌鲁木齐河冰川与水文研究. 北京:科学出版社,1965:1 – 14.]

[31] You Xiaoni, Li Zhongqin, Wang Feiteng. Study on time scale of snow – ice transformation through snow layer tracing method: take the Glacier No. 1 at the headwaters of Urumqi River as an example[J]. Journal of Glaciology and Geocryology, 2005, 27(6): 853—860. [尤晓妮, 李忠勤, 王飞腾. 2005. 利用雪层层位跟踪法研究暖型成冰作用的年限——以乌鲁木齐河源1号冰川为例[J]. 冰川冻土, 27(6): 853 – 860.]

[32] Zhao Zhongping, Li Zhongqin. Determination of soluble ions in atmospheric aerosol by ion chromatography[J]. Modern Scientific Instruments, 2004, (5): 46 – 49. [赵中平, 李忠勤. 离子色谱法测定大气气溶胶中的可溶性离子[J]. 现代科学仪器, 2004, (5): 46 – 49.]

[33] Li Zhongqin, Ross E, Mosley – Thompson E. Seasonal variability of ionic concentrations in surface snow and elution processes in snow – firn packs at the PGPI Site on Urumqi glacier No. 1, Eastern Tien Shan, China[J]. Annals of Glaciology, 2006, 43: 250 – 256.

[34] Wang Feiteng, Li Zhongqin, You Xiaoni, et al. Observation and study of the now to ice transformation in the accumulation zone of Glacier No. 1 at the headwaters of Urumqi River[J]. Journal of Glaciology and Geocryology, 2006, 28(1): 45 – 53. [王飞腾, 李忠勤, 尤晓妮, 等. 乌鲁木齐河源1号冰川积累区表面雪层演化成冰过程的观测研究[J]. 冰川冻土, 2006, 28(1): 45 – 53.]

[35] Suzuki K. Chemical changes of snow cover by melting[J]. Japanese Journal of Limnology, 1982, 43: 102 – 112.

[36] Zhang Ningning, He Yuanqing, Pang Hongxi, et al. Preliminary study of transformation of snow to ice and ion elution during ablation period at a typical temperate glacier region[J]. Journal of Glaciology and Geocryology, 2010, 32(3): 505 – 513. [张宁宁, 何元庆, 庞洪喜, 等. 典型海洋型冰川区消融期雪坑层位演变及离子沉积后过程初探[J]. 冰川冻土, 2010, 32(3): 505 – 513.]

[37] Bales R C, Sommerfcld R A, Kebler D G. Ionic tracer movement through a wyoming Snowpack[J]. Atmospheric Environment, 1990, 24A (11): 2749 – 2758.

[38] Hock R. Temperature index melt modeling in mountain areas[J]. Journal of Hydrolodgy, 2003, 282: 104 – 115.

[39] Moore J C, Grinsted A, Kekonen T. Separation of melting and environmental signals in an ice corc with seasonal melt[J]. Geophysical Research Letter, 2005, 32 (10): L10501.

[40]You Xiaoni, Li Zhongqin, Wang Lixia. The transport of chemical components in homogeneous snowpacks on Urumqi Glacier No. 1, eastern Tianshan Mountains, Central Asia[J]. Journal of Arid Land, 2015, 7(5):612 – 622.

[41]Feng Fang, Feng Qi, Liu Xiande, et al. A study of hydrochemical characteristics of meltwater runoff of the Urumqi Glacier No. 1, Tianshan Mountains[J]. Journal of Glaciology and Geocryology, 2014, 36(1):184 – 191. [冯芳,冯起,刘贤德,等. 天山乌鲁木齐河源 1 号冰川融水径流水化学特征研究[J]. 冰川冻土,2014,36(1):184 – 191.]

[42]Jiang Yuanan, Liu Jiang, Shao Weilin, et al. Climatic characteristics and historical evolution of precipitation in different time scales in Xinjiang from 1961 to 2013 [J]. Journal of Glaciology and Geocryology, 2014, 36(6):1363 – 1375. [江远安,刘精,邵伟玲,等. 1961 – 2013 年新疆不同时间尺度降水量的气候特征及其历史演变规律[J]. 冰川冻土,2014,36(6):1363 – 1375.]

（本文曾发表于《冰川冻土》2016 年第 2 期）

宁夏农田土壤粉尘释放过程试验研究

南　岭　肖锋军　董治宝*

为揭示农田土壤风蚀引起的粉尘释放特征,以宁夏4种农田土壤为研究对象,通过室内风洞模拟试验的方式,对试验中粉尘释放进入气流的PM_{10}进行实时监测,以PM_{10}浓度和PM_{10}通量为指标分析了风速对粉尘释放的影响,对比了不同土壤的粉尘释放能力。结果表明:农田土壤风蚀中的粉尘释放具有瞬时性特征;各土样的累积最大PM_{10}通量随风速的变化趋势差异较大,土样PL在风速6~9 m/s时引起的最大PM_{10}通量变化最大,土样TX和YC在风速15~18 m/s时引起最大PM_{10}通量变化最大;各土样的累积平均PM_{10}通量随着风速的变化趋势一致,呈二次函数增大;平均粉尘通量和风蚀量之间呈对数函数关系;本研究所选4种宁夏农田土壤中,粉尘释放能力在风速达到9 m/s后表现出一致且明显的差异,从大到小依次为 PL > TX > YC > YN。

土壤风蚀是导致干旱、半干旱地区土地退化和土地荒漠化进程最重要最直接的作用过程之一,也是很多国家面临的严重环境问题和全球环境问题的一个重要组成部分。我国风蚀总面积达195.70万 km^2,占国土总面积的20.6%,且集中分布在北方,其中以旱作农田风蚀最为严重[1]。我国每年因风蚀损失土壤有机质、氮素和磷素达到 5.59×10^7 t,折合化肥约 2.68×10^8 t [2]。此外,农田还是我国北方沙尘暴的重要尘源[3]。

在风蚀过程中,粉尘占总侵蚀量的3%~40%,但搬运的高度最高、距离最远,是沙尘暴的主要构成部分。由于比较细小的土壤颗粒通常含较多的有机质和营

---

* 作者简介:南岭,1983年生,男,甘肃陇南人,天水师范学院资源与环境工程学院讲师,自然地理学博士,主要从事土壤风蚀和土壤环境研究。

养物质,所以粉尘释放造成土壤有机质和植物营养物质的损失。土壤质地、土壤类型、土壤表面特征(植被覆盖、岩石、结皮等)等地表状况对粉尘释放有很大的影响[4,5],这些地表状况控制风蚀的起动和粉尘释放的强度,地表状况通常通过粉尘释放的起动风速在粉尘释放模型中得以反映。由于粉尘颗粒的粒径很小,它们之间存在很强的粒间结合力,使其很难松散的存在于土壤之中。因此,粉尘颗粒的存在形式主要有两种:一种是包裹在粒径较大的土壤颗粒上(如:沙粒)作为外衣的形式存在[6],另一种是聚集在一起形成粒径在大约 20~300 μm 之间的土壤团粒的形式存在[7,8]。在自然界中,粉尘释放主要有三个独特的模式:a. 直接空气动力提升;b. 跃移沙粒冲击地表使粉尘颗粒从土壤团粒中释放出来;c. 土壤团粒在进行跃移运动时,由于冲击作用自身破碎从而释放出粉尘颗粒[7,8]。其中 b,c 两个模式都是由土壤中的跃移颗粒引起的跃移轰击的结果。无论粉尘团粒自身跃移还是被跃移颗粒冲击从而释放出粉尘的过程都被称作沙爆[8]。梅凡民等推断使不同粒度范围粉尘颗粒粘结到一起的结合能随粒度分布的变化规律不一样[5]。在风蚀过程中,不同粒径土壤颗粒的风蚀质量通量随高度的变化表现出不一样的规律,沙粒的通量廓线呈指数函数[9],而粉粒的通量廓线呈现 3 次幂函数的曲线形式[10]。目前针对风蚀的相关研究中,基本上都以发生跃移的沙粒和粉粒等为占主要部分的总风蚀通量为指标,而对风蚀所释放的粉尘的研究还有待深入,特别是对这一过程中粉尘浓度或粉尘通量动态变化的关注远远不够。

本研究针对宁夏北部的平罗、永宁和中部的同心、盐池 4 地的典型农田土壤,利用不同风速下的风洞模拟试验,通过对 PM₁₀ 的监测和分析,研究农田土壤风蚀过程中粉尘释放的规律及其动态变化特征,评价 4 种土壤的粉尘释放能力。

一、材料和方法

(一)研究区概况

宁夏回族自治区深居西北内陆高原,属典型的大陆性半干旱气候,雨季多集中在 6—9 月,具有冬寒长、夏暑短、雨雪稀少、气候干燥、风大沙多的特点。夏季基本没有酷暑;1 月平均气温在 -8℃ 以下,极端低温在 -22℃ 以下。宁夏北部银川平原地势平坦,土层深厚,黄河斜贯其间,引水方便,利于自流灌溉,人们利用其优越的农业生产条件,建成引黄灌区,自古以来是宁夏农业生产的精华地带。宁夏中部干旱带在地形上表现为黄土高原向鄂尔多斯台地过渡。该区地处水蚀风蚀交错区,冬春季多干旱,土壤结构松散,沙粒含量大,植被覆盖度低,土地沙化严重。

(二)试验土样采集

2016 年 1 月 22 日—27 日选择宁夏回族自治区北部银川平原的平罗县、永宁县和中部干旱带的同心县、盐池县的典型性农田采集试验土样(表 1)。采用自制的试验土槽取原状土样,当时土壤处于冻结状态,便于取得原状土样。土样长度 50 cm,宽 20 cm,厚 5 cm。同时在相同位置另外采样利用马尔文激光粒度仪进行粒度分析。采好的原状土样置于样品箱内运回实验室。在室内条件下进行解冻、经一个月后风干后供风洞模拟试验测试。

表 1 试验土样基本特征

编号	位置	采样点经纬度	风干含水量	土样重量(g)	土壤粒级(mm,中国制)和粒度组成(%)				
					<0.002	0.002~0.05	0.05~0.25	0.25~1	1~2
PL	平罗县	38.855214,106.500822	1.1	5199	23.53	49.23	22.74	3.48	1.02
YN	永宁县	38.243181,106.102744	1.9	4012	28.79	45.04	16.21	6.79	3.17
TX	同心县	37.059046,105.832671	0.9	4902	11.05	61.42	25.47	2.06	0
YC	盐池县	37.872235,107.182930	0.9	4279	3.01	32.05	43.17	19.29	2.48

(三)试验设备

1. 风洞

土壤风蚀风洞模拟试验利用陕西师范大学旅游与环境学院环境动力学实验室风洞完成,该风洞为直流闭口吹气式低速风洞,风洞总体体长度为 20 m。试验段横截面积 50 cm(宽)×60 cm(高),长度为 10 m,为铝合金框架嵌套钢化玻璃,便于肉眼观测和仪器观测;风洞试验段的风速为 3~35 m/s 连续可调。

2. 粉尘仪

本研究使用 DUSTTRAK 8533 粉尘仪监测风蚀模拟试验中的粉尘浓度。DUSTTRAK DRX 8533 使用电池供电,自动记录数据资料,光散射激光光度计可以实现实时读取粉尘的质量浓度。DUSTTRAK DRX 8533 使用特有的鞘气系统隔离了气溶胶和光学室,这样保证了光学元件的清洁,延长了其寿命。DUSTTRAK DRX8533 气溶胶监测仪采用的激光光度计可以同时测量 5 个不同粒径段的质量浓度分布,分别对应 PM_1、$PM_{2.5}$、PM_4、PM_{10} 和总 PM(<15μm)。该设备监测的粉

尘浓度范围为 0.001~150 mg/m³,监测时间间隔 1~60 秒可调,采样流量 3.0 L/min。本研究中时间间隔设置为 1s,粉尘通道为选择 PM_{10} 进行分析。

(四)试验方法

本研究风蚀风洞模拟试验 2016 年 2 月 29 日进行,所有试验总共耗时近 8 个小时,在一天内完成。试验风速(试验段 3 m 处 30 cm 高度测得的进场风速)共设置了 3、6、9、12、15、18 m/s 6 组风速,根据从小到大的顺序依次分别对 4 个土样进行吹蚀,每组试验持续吹蚀时间均为 10 min。实验开始前,先将土样连同土槽利用电子秤称重(电子秤量程为 0.01 g~30 kg),然后放入风洞实验段 5 m 处中轴位置;一组实验完成后,将试验土槽整体取出,再一次在电子称上称重,然后放回风洞。粉尘监测点设置于土样下风方向 3 m 处,高度 20 cm,采用取样软管连接至风洞外部的粉尘仪。土样放置到风洞内后先用盖板盖住,在开启风洞后调节风洞风速达到预定风速后,首先开启粉尘监测仪,随后从实验段顶部开口迅速移走土样盖板,使土样暴露于预定风速发生侵蚀和粉尘释放。

二、结果和分析

(一)粉尘释放过程动态特征

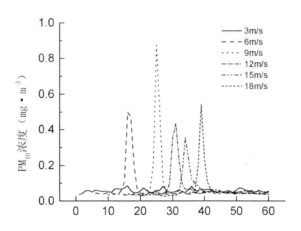

图1 土样 TX 在不同风速下的 PM_{10} 浓度变化曲线

注:图中只显示了试验开始后 1 分钟之内的情况,为了便于观察不同风速下的 PM_{10} 浓度的发生的变化,图中对 PM_{10} 浓度曲线进行了平移,各曲线之间相差 5 s。图中突出曲线从左到右依次为 6 m/s、9 m/s、12 m/s、15 m/s、18 m/s。

在本试验中设定的最低风速(3 m/s),所有被试土样均未发生明显的粉尘释放。在风速更大时（≥6 m/s），开始发生粉尘释放。通过对试验中 PM_{10} 浓度的分析发现，土壤暴露于一定速度以上的气流之后，PM_{10} 浓度即刻升高到明显突出的峰值，之后又迅速降低至接近背景值的水平，随后以一个很小的波动范围保持在这一水平，直到试验结束。以土样 TX 为例（图 1），风速为 3 m/s 时，没有出现明显的突出值；风速增大到 6 m/s 时，PM_{10} 浓度开始出现明显的突出值，但超过 0.1 mg/m³ 的突出值仅维持了 3 s（0.497 mg/m³，0.474 mg/m³，0.2 mg/m³）；9 m/s 时超过 0.1 mg/m³ 的突出值则共维持 4 s；12 m/s 时超过 0.1 mg/m³ 的突出值维持 3 s，风速 15 m/s 时维持 4 s，风速 18 m/s 时维持 4 s。整个试验过程持续 10 min，PM_{10} 浓度的突出值仅仅出现在土壤暴露于气流之后数秒之内，这说明粉尘释放是瞬间完成的。本试验中的其他被试土样（PL，YN，YC），PM_{10} 浓度的变化曲线表现出相同的变化模式，都是迅速上升，接着迅速下降，未出现某一风速时粉尘浓度在较高水平持续一段时间的现象。PM_{10} 浓度的上述变化模式，说明土壤风蚀引起的粉尘释放过程具有瞬时性，并不是一个持续的过程。

粉尘释放的瞬时性特征，应该是由于粉尘释放过程农田土壤表面的粉尘物源有限造成的。当土壤暴露于气流作用下时，能被当前气流移动的粉尘颗粒立刻受力进入气流，土壤表面当前风速下的可释放粉尘迅速枯竭，进而使粉尘浓度下降。但每一级风速的气流又不足以使土壤表面的粉尘全部被侵蚀造成粉尘释放，所以不同风速都会产生粉尘释放，但持续时间都极为短暂。这说明尽管 PM_{10} 的粒径范围很小（≤10 μm），但粉尘颗粒之间的结合强度还有着较大的差异，使其从土壤表面脱离需要不同的气流剪切力，最终表现为不同的试验风速都会有 PM_{10} 释放，而不同结合强度的粉尘颗粒量取决于土壤理化性质。图 1 中不同风速下 PM_{10} 浓度曲线峰值之间的差异正是上述原因在风蚀中作用的结果。

（二）风速对粉尘释放的影响

将试验中粉尘仪监测到的 PM_{10} 浓度与风速相乘得到 PM_{10} 通量。本试验中模拟吹蚀是对同一土样由设定风速从小到大依次吹蚀，所以各风速下的粉尘通量由当前风速得到的 PM_{10} 通量和之前风速的 PM_{10} 通量累加得到。各土样在粉尘释放过程都具有瞬时性的相似特征，但试验过程中的 PM_{10} 通量的平均值、最大值等统计参数存在一定的差异，通过它们可以一定程度上反映不同土壤的粉尘释放特征。

图 2a 为各土样在不同风速下吹蚀得到的累积最大 PM_{10} 通量。于土样 PL 的累积最大 PM_{10} 通量在风速从 6 m/s 增大到 9 m/s 时陡然增大，9 m/s 以上风速随风速平稳增大，且远高于其他土样；土样 TX 产生的累积最大 PM_{10} 通量在 9 m/s 和 18 m/s 时的增量明显大于其他风速；土样 YC 则在 18 m/s 时累积最大 PM_{10} 通量

增量最大,但总体上一直小于土样 PL 和 TX;而土样 YN 随风速的变化最为平缓。图 2b 为各土样在不同风速下得到的累积平均 PM_{10} 通量,不同土样之间差异较小,且整体上表现出一致的趋势:粉尘通量随风速的增大增大,呈二次函数关系($R^2 >$ 0.99)。

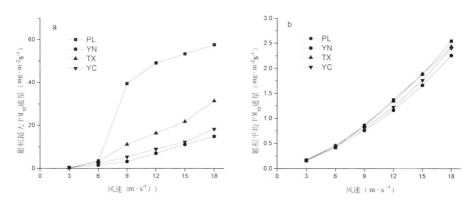

图 2   各土样在不同风速下的累积最大 PM_{10} 通量和累积平均 PM_{10} 通量

最大 PM_{10} 通量反映了土壤表面粉尘颗粒对于气流的敏感性,其值越大,说明粉尘颗粒对于气流抬升作用的响应越明显。而平均 PM_{10} 通量反映了整个试验过程中粉尘释放的情况。风蚀发生时表现出一定的时距效应,即随着风蚀时间的持续,有限沙源地表的可风蚀物减少,风蚀强度降低。对于粉尘释放而言,时距效应尤为明显,随着风蚀的发生,粉尘释放量迅速降低到一个相对较低的水平。因此不同土壤之间的最大 PM_{10} 通量差异较大,但平均 PM_{10} 通量之间差异很小,表现出一致的趋势。

(三)不同土样之间的粉尘释放能力

四个土样在 9 m/s 以上风速时的累积最大 PM_{10} 通量在 9 m/s 以上风速时大小顺序一致,从大到小依次是 PL > TX > YC > YN,在 18 m/s 时分别达到 57.576 mg/(m^2·s)、31.479 mg/(m^2·s)、18.276 mg/(m^2·s)、14.886 mg/(m^2·s);累积平均 PM_{10} 通量顺序在 9 m/s 以上风速与累积最大 PM_{10} 通量一致,在 18 m/s 时的累积平均 PM_{10} 通量分别为 2.437 mg/(m^2·s)、2.547 mg/(m^2·s)、2.262 mg/(m^2·s)、2.406 mg/(m^2·s)。根据以上结果可以判断,4 个土样的粉尘释放能力从大到小依次是 PL > TX > YC > YN。

从 4 种土样的粒度组成看,土样 PL 和 YN 的粘粒含量最高(表 1),但两者在粉尘释放能力上的表现截然相反。可以推断,较高的粘粒含量提供了高粉尘释放能力的可能性,但是否实现这一可能性最终还取决于耕作制度。土样 YN 采自长期实施水旱轮作耕作制度的农田,在较高的粘粒含量的条件下形成大量的团粒结构,使得土壤表面较小独立存在的土壤颗粒,在风蚀发生时便抑制了粉尘的释放。土样 PL 采自灌溉农田,前期的翻耕在田间形成大量的块状结构,在一定前期含水量的条件下经历冻融过程后,土块表面的颗粒剥离成独立的土壤颗粒,在风蚀发生时成为粉尘释放的来源。土样 TX 和 YC 采自宁夏中部干旱带,粘粒含量低,结构松散,因此二者土壤粒度对粉尘释放能力的决定性作用较大,土样 TX 相对于YC 较高的粘粒含量可以一定程度上解释其粉尘释放能力大于 YC 的原因。

土壤湿度是影响土壤粉尘释放能力的一个重要因素,4 个被试土样在风干后土壤湿度之间存在着明显的差异(表1)。但在土样经历风干过程后,这些土壤湿度的差异很可能主要来自下层土样内部土壤湿度的差异,而土样表面的粉尘颗粒部分的含水量会趋于相同。因此各土样之间土壤湿度对粉尘释放的影响在风蚀模拟试验趋于一致,但土壤湿度在冻融过程中是影响土壤结构的最重要因子,土样 YN 可能由于其先期土壤湿度有利于形成良好的团粒结构,进而抑制了粉尘的释放;而土样 PL 则可能由于没有达到形成良好结构的先期湿度,由于其本身较高的粘粒含量,在试验中便表现出最高的粉尘释放能力。

(四)土壤风蚀量与粉尘释放的关系

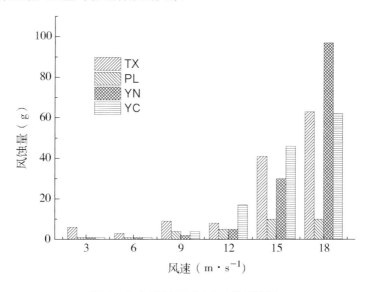

图3　各土样在不同风速时的风蚀量

土壤风蚀量在风速从 3 m/s 增大到 6 m/s 时没有明显的变化,土样 TX 甚至发生减小的情况。在风速增加到 9 m/s 以后,风蚀量开始随着风速增大明显增大

（图3）。通过比较分析风速对风蚀量的影响发现,土样 PL 表现出与其他土样较大的差异。由结果2.3可知,土样 PL 具有最大的粉尘释放能力,但其风蚀量随风速增大的程度远远小于其他3个土样。特别是出现最大粉尘通量峰值的9 m/s 风速,土样 PL 的侵蚀量不到土样 TX 的1/2(4 g)。而土样 YN 粉尘释放能力最小,但在风速增大到18 m/s 后,却产生了最大的风蚀量(97 g)。土样 PL 的特殊是由于其同时具有较多的粘粒和块状结构,块状结构增大地表粗糙度,更好地抑制吧风蚀中跃移的发生,因此产生的风蚀量不大但粉尘释放能力最强。土样 YN 则存在大量的团粒结构,较难产生粉尘,但当风速增大后,大量的团粒结构颗粒开始发生跃移和蠕移,产生较大的风蚀量。这可能是因为土样 YN 中细小颗粒的缺乏,使得蠕移更容易发生。

对试验中所有风速下的侵蚀量和平均 PM_{10} 通量作回归分析,发现平均 PM_{10} 通量和侵蚀量之间呈对数函数关系($y = 0.2395 + 0.1994 * \lg(x)$, $R^2 = 0.6756$)。这说明土壤粉尘释放比风蚀中的跃移和蠕移更容易发生。在较低风速时,首先发生粉尘释放,而土壤颗粒的跃移和蠕移尚未大规模发生。当风速增大后,粉尘的增大程度受到土壤表面粉尘物源的限制,而较大粒径和质量的土壤颗粒在更大风速下移动得更多,引起风蚀量大幅度提高。可以判断,在风速较小时,总侵蚀量中粉尘所占的比例较大;当风速增大时,总侵蚀量中粉尘所占的比例会越来越小。而邢茂[10]等认为,对于给定的土壤地表,不同粒径的粉尘流量和沙粒流量的正比于它们在地表的质量比,比例系数与风速无关。这与本研究的结果矛盾,原因可能是因为其采用的土样是由不同粒径的沙粒和粉粒按不同比例混合而成[10],土壤颗粒之间没有不同程度的粘结力;而本试验的被被土样为原状土,在自然状态下土壤表面的粉尘颗粒之间形成了强弱程度不同的粘结力。

三、讨论

本试验中的土样面积较小(0.01 m^2),相对于野外实际发生风蚀的面积,可以视为点尺度。农田土壤粉尘释放过程的瞬时性在点尺度上有效,这一特征在更大尺度上有何表现,还有待进一步研究。土壤粉尘释放过程的瞬时性特征证明粉尘释放是受粉尘物源限制的一个过程,因此通过确定土壤表面的粉尘总量可以准确评价土壤的最大粉尘释放能力。然而即使在 PM_{10} 相对较小的粒径范围内(< 10 μm),粉尘颗粒之间也存在着不同的粘结强度,使得不同风速下粉尘释放通量有着较大的差异。此外风蚀过程中的引起粉尘释放的悬移和形成风蚀量主要部分的跃移不同步,因此评价土壤风蚀可蚀性时应对粉尘的悬移和土壤颗粒的跃移区别对待,分别对其进行更深入的研究,以期更为透彻地认识风蚀过程机理,更准确

地评价不同土壤的风蚀可蚀性。

土壤粉尘释放能力可以看作是土壤可蚀性针对土壤风蚀引起的粉尘释放的具体应用,即单位侵蚀风力下风蚀产生的粉尘通量。目前为止,如何确定单位侵蚀风力尚未明确,在这一背景下可以将土壤粉尘释放能力定义为特定侵蚀风力下土壤风蚀产生的粉尘通量具有一定的现实意义,否则很难对不同研究得到的土壤粉尘释放能力进行比较,例如本试验中对土壤粉尘释放能力的评价是基于 18 m/s 以下风速模拟试验的结果。特定侵蚀风力具体设定为何值最为合理,也是一个需要探讨的问题,设定得过高会导致高估土壤粉尘释放能力,设定的过低又不足以反映土壤真实的粉尘释放潜力。

目前一般认为,有3类过程可导致粉尘的释放,即湍流应力对粉尘颗粒的直接抬升、跃移冲击引起土壤团粒的溅射、跃移颗粒的冲击导致粉尘团粒的分离和释放[4]。崔梦淳等在利用 PI – SWERL 研究腾格里沙漠和毛乌素沙地的粉尘释放能力时,对比了不同粉尘释放模式的粉尘浓度变化过程[11]。通过与本试验的结果的对比,可以判断本研究中农田土壤的粉尘释放过程为粉尘直接抬升模式。这里由于弱风蚀条件(不发生跃移冲击)下,当以单独颗粒形式存在的粉尘颗粒受到的空气动力大于重力和粘结力时,作为单独颗粒存在的粉尘颗粒被风直接卷入空气中,而附有粉尘颗粒的沙粒和尘团粒颗粒不发生跃移,不产生粉尘释放;在风力增大后,以单独颗粒形式存在的粉尘颗粒消耗怠尽。土壤中的团粒开始发生跃移,但其冲击释放的粉尘有限。所以农田土壤的粉尘释放主要以气流直接抬升作用为主。

四、结论

(1)农田土壤风蚀中的粉尘释放具有瞬时性特征,土壤粉尘释放在土壤暴露于可蚀风速下之后迅速完成,在点尺度上土壤粉尘释放不是一个持续的过程。

(2)累积最大 PM_{10} 通量随风速变化的过程在不同土壤之间表现出较大的差异。土样 PL 在风速从 6 m/s 增大到 9 m/s 时增量远高于其他土样,土样 TX 和 YC 在风速从 15 m/s 增大到 18 m/s 时的增量最大,土样 YN 的变化最为平缓。各土样累积平均 PM_{10} 通量随风速的变化趋势一致,随风速增大呈二次函数增大。

(3)对本研究中的 4 种宁夏农田土壤而言,平均 PM_{10} 通量和风蚀量之间呈对数函数关系。这是因为风速增大引起的粉尘释放量的增量小于风蚀量的增量,粉尘对风蚀量的贡献在弱风蚀条件下较大,在强风蚀条件下较小。

(4)本研究所选的 4 种宁夏农田土壤中,粉尘释放能力从大到小依次为 PL > TX > YC > YN。土壤粒度组成和耕作制度决定农田土壤粉尘释放能力的最重要因素。土样 PL 由于翻耕形成的土块结构能够降低风蚀量,但具有最高的粉尘释放能力;土样 YN 中的团粒结构能够有效降低土壤粉尘释放能力,但对于强风蚀条件下土壤跃移和蠕移的控制作用远弱于粉尘释放;土样 TX 和 YC 结构松散,其粉尘释放能力主要由土壤粒度组成决定。

参考文献

[1]李智广. 中国水土流失现状与动态变化[J]. 中国水利,2009(7):8 – 11.

[2]罗万银,董治宝. 风蚀对土壤养分及碳循环影响的研究进展与展望[J]. 地理科学进展,2005,24(4):75 – 83.

[3]李锋. 沙尘暴物质来源的研究进展综述[J]. 林业资源管理,2009(1):101 – 106.

[4]Shao, Y., Lu, H. A simple expression for wind erosion threshold friction velocity[J]. Journal of Geophysical Research:Atmospheres,2000. 105(D17):22437 – 22443.

[5]梅凡民,张小曳,鹿化煜,等. 若干风蚀粉尘释放模型述评[J]. 中国沙漠, 2004,24(6):791 – 797.

[6]Bullard,J. E.,McTainsh,G. H.,Pudmenzky,C. Aeolian abrasion and modes of fine particle production from natural red dune sands:an experimental study[J]. Sedimentology, 2004, 51(5):1103 – 1125.

[7]Shao,Y. A model for mineral dust emission[J]. Journal of Geophysical Research:Atmospheres, 2001. 106(D17):20239 – 20254.

[8]Shao, Y. Physics and modelling of wind erosion [M]. 2th revised and expanded edition. Dordrecht:Kluwer Academic Publishers, 2008:57 – 68.

[9]Dong,Z., Liu,X.,Wang,H.,et al. The flux profile of a blowing sand cloud:a wind tunnel investigation[J]. Geomorphology,2003,49(3):219 – 230.

[10]邢茂,郭烈锦. 土壤风蚀中粉尘释放规律研究[J]. 中国科学:G 辑,2008,38(8): 984 – 998.

[11]崔梦淳,鹿化煜,冯晗,等. 便携式粉尘观测仪测定腾格里沙漠和毛乌素沙地 PM_{10} 释放通量[J]. 科学通报, 2015,60(17):1621 – 1630.

(本文曾发表于《中国沙漠》在 2017 年第 37 卷第 6 期)

农牧交错带农田土壤风蚀 PM_{10} 释放特征

南　岭　董治宝　肖锋军*

　　粉尘释放是风蚀造成危害的一个重要过程。以农牧交错带沙区和非沙区的农田土壤为研究对象,利用室内风洞模拟实验,实时监测了风蚀过程中释放的 PM_{10},分析了 PM_{10} 的动态变化特征和规律,以深入认识土壤风蚀粉尘释放机理。试验结果表明:非沙区农田土壤风蚀强度远低于沙区农田土壤,与风速呈指数函数关系;非沙区农田土壤的粉尘释放在不同风速下均以气流直接抬升模式为主,平均 PM_{10} 通量与风速呈线性函数关系,最大 PM_{10} 通量与风速呈幂函数关系;沙区农田土壤的粉尘释放在风速增大到一定程度后呈气流直接抬升和砂粒跃移冲击复合模式,最大 PM_{10} 通量增加不明显,但平均 PM_{10} 通量明显高于非沙区农田土壤;对于各农田土壤而言,平均 PM_{10} 通量与风蚀速率呈对数函数关系。

　　土壤风蚀是引起土地退化和荒漠化的主要作用过程之一,也是全球环境问题的一个重要组成部分[1]。强烈的土壤风蚀使土地沙化,降低土壤肥力和作物产量,对农业的持续性与生产力造成严重威胁。中国受土壤风蚀及土地沙化影响的面积占全国总面积的 1/2 以上,主要分布在北方干旱、半干旱地区[2],尤其以旱作农田土壤风蚀最为严重[3]。每年因风蚀损失土壤有机质、氮素和磷素达到 5.59×10^7 t,折合化肥约 2.68×10^8 t[4]。农牧交错带是中国沙漠化土地集中分布区,沙漠化总面积 33 万 km^2,占中国沙漠化土地总面积的 82.9%[5]。数十年来,国内外学者针对不同地区、不同耕作方式对农田土壤风蚀进行了大量研究。这些研究表明,农田风蚀与沙漠风蚀有着明显的区别。农田沙源供应有限,风蚀量随风速增大呈指数规律变化;沙漠地区沙源充足,风蚀量随风速增加呈幂函数变化[6]。

　　粉尘释放是土壤风蚀引起的后果之一。进入大气圈的粉尘对空气质量有着

---

　　* 作者简介:南岭,1983 年生,男,甘肃陇南人,天水师范学院资源与环境工程学院讲师,自然地理学博士,主要从事土壤风蚀和土壤环境研究。

重要且复杂的影响,虽然会增大 $PM_{2.5}$ 和 PM_{10} 的质量浓度,但又能有效降低 SO_2、NO_2 和 CO 等大气污染物的浓度[7]。亚洲中部是全球粉尘的重要源区之一,其年平均释放量约为千万吨级[8]。有研究表明,中国北方干旱半干旱区的粉尘释放量大约是亚洲的一半[9]。中国北方沙漠有 2 个高粉尘释放区:以塔克拉玛干沙漠为中心的西部沙漠 和以巴丹吉林、腾格里沙漠等为主的北部沙漠[10]。Wang, et al.[11]对塔克拉玛干不同地表的风沙活动过程进行了研究认为,塔克拉玛干沙漠地区的 PM_{10} 释放通量范围为 $10^{-2} \sim 10$ kg/(m² · d);其中沙漠边缘的干涸湖盆、退化土、戈壁等地区是潜在的高粉尘释放源区。梅凡民等[12]也认为中国北方粉尘源区主要是在北方的沙漠和沙地,其次是砂砾质戈壁和开垦的农田。崔梦淳等[13]在腾格里沙漠和毛乌素沙地的研究表明破碎结壳地表释放的 PM_{10} 通量是未破碎结壳的几倍甚至几十倍;披覆松散沙粒结壳地面的 PM_{10} 释放通量高出未披覆的 $1 \sim 2$ 个数量级。这些研究使得我们对于沙漠地区的粉尘释放有了深刻的认识,然而也有研究指出农田是中国北方沙尘暴的重要尘源[14],但农田土壤在风蚀过程中的粉尘释放特征和规律还需要进一步深入研究。

本研究利用室内风洞模拟实验,对农牧交错带农田土壤在风蚀过程中释放的 PM_{10} 进行监测,分析了 PM_{10} 的动态变化特征和规律,旨在进一步深化对土壤风蚀粉尘释放机理的认识。

一、材料和方法

(一)土样采集和制备

本研究从农牧交错带西部 4 个不同地点的农田取样,4 个采样点均位于 400 mm 等降水量线以西,采样农田分为沙区农田和非沙区农田。由于对土体结构造成机械破坏是耕作过程的一个主要特征,因此本试验的采取的土样均为扰动土样。

土壤样品带回实验室后,将土样中的土块破碎,经过长时间风干,然后将土壤装填于实验土槽,对土样进行镇压,使土体紧实、土样表面平整,以消除土样表面粗糙度的差异。土样长宽深分别为 0.5m、0.2m、0.03m。土样经 2mm 筛分后采用马尔文 2000 激光粒度仪对进行了粒度分析,确定的 4 个土样的土壤质地(美国制)。表 1 为土壤样品采样点基本情况和粒度分析结果。

表1　测试土样的采样点及粒度组成

Table 1 Sampling points and particle size composition of tested soil samples

土样	行政区	经纬度	作物	土壤质地	粒径范围(μm)						
					<10	10-50	50-100	100-250	250-500	500-1000	>1000
QQ	鄂托克前旗(沙区)	N38.235488,E108.342316	玉米,喷灌	砂土	1.4	1.991	2.879	44.761	41.796	7.173	0
YY	榆阳区(非沙区)	N37.992224,E109.930806	马铃薯旱作	砂质壤土	9.823	26.318	40.916	22.943	0	0	0
GY	固阳县(非沙区)	N41.053675,E110.09163	小麦,旱作	壤质砂土	7.892	17.154	34.359	24.257	10.811	5.526	0
DT	大同县(非沙区)	N39.948268,E113.478764	小麦,旱作	砂质壤土	9.669	25.064	22.392	19.822	9.171	9.524	4.358

（二）试验设备

土壤风蚀风洞模拟试验利用陕西师范大学旅游与环境学院环境动力学实验室风洞完成。风洞是直流闭口吹气式低速风洞,由动力段、整流段、实验段和扩散段4部分组成,风洞总体长度为20 m。试验段横截面积50 cm（宽）×60 cm（高）,长度为10 m。风洞试验段的风速为3~35 m·s^{-1}连续可调。试验设定风速为皮托管(距风洞下底面高20 cm)测定的入场风速。

本研究使用DUSTTRAK 8533粉尘仪监测风蚀模拟试验中的粉尘浓度。该设备监测的粉尘浓度范围为0.001-150 mg/m^3,粒径范围为0.1~15 μm,监测时间间隔1~60s可调。本研究中时间间隔设置为5 s,监测粉尘通道为PM$_{10}$。

（三）试验方法

本研究风蚀风洞模拟试验2015年12月2日—3日进行。试验中依次设置了3、6、9、12、15 m·s^{-1},共5个风速分别对4个土样进行吹蚀,每个风速持续吹蚀20 min。被试土样置于风洞试验段3 m处中轴位置。在每次吹蚀前后对土样称重,用于计算各个风速下的风蚀量与风蚀强度。粉尘监测点设置于风洞试验段末,高度20 cm。由于粉尘监测仪数量的限制,本试验中只在风洞末尾对粉尘进行了监测,未对进场气流中的粉尘进行监测,这会使得试验中得到的粉尘浓度和粉尘通量偏高。本试验在相同的外部环境下进行,所以假定进场气流中的背景粉尘浓度在试验中不发生变化,因而不会对不同土壤和不同风速下粉尘释放的变化趋势产生实质性影响。

土样放置到风洞内后先用盖板盖住,在开启风洞后调节风洞风速,在达到预定风速后,首先开启粉尘监测仪,随后移走土样盖板,使土样暴露于预定风速发生侵蚀和粉尘释放。

二、结果与讨论

(一)风蚀强度

由于本研究中模拟试验是对同一土样由设定风速从小到大依次吹蚀,因此根据累计风蚀量对4种土壤在不同风速下时产生的风蚀强度进行了计算(表2)。结果表明在弱风蚀条件下(3 m·s^{-1}和6 m·s^{-1}),所有土壤的风蚀强度随风速的变化不明显。风速增大到9 m·s^{-1}后,所有土壤的风蚀强度明显增加。风速增大到12 m·s^{-1}后,土样QQ产生的风蚀量远远高出其他值,达到3244g,是其他土样的60倍以上,风蚀量占被试土样质量的70%(使得土槽底在试验未完成时部分暴露,这可能进一步导致其风蚀量和风蚀强度数据偏大),因此未对土壤QQ进行15 m·s^{-1}风速下的试验。通过表2数据可以判断,4个被试土壤的风蚀临界启动风速在6~9 m·s^{-1}之间。已有研究得出的结论为风蚀强度与风速之间呈幂函数或指数函数关系[6]。对本研究中非沙区农田土壤试验得到的风蚀强度和风速进行曲线拟合发现,风蚀强度与风速更符合指数函数关系(表3)。

表2　不同农田土壤在不同风速下的累积风蚀强度(g/m^2·h)

Table2 wind erosion rates of different soils under different wind speeds(g/m^2·h)

土样	风速/(m·s^{-1})				
	3	6	9	12	15
QQ	30	90	540	97860	
YY	90	120	390	1110	2610
GY	60	90	300	1020	3000
DT	60	120	480	2010	6330

表3　非沙区农田土壤风蚀强度与风速之间的相关关系

Table 3 relationship of no – sand zone soils between wind erosion rate and wind speed

土样	函数类型	经验公式	相关系数(R^2)
YY	指数函数	$Q_t = 28.1844e^{0.2986U}$	0.9754
	幂函数	$Q_t = 5.4458\,U^{2.1067}$	0.8713
GY	指数函数	$Q_t = 15.972e^{0.3417U}$	0.9788
	幂函数	$Q_t = 2.4633\,U^{2.405}$	0.8702
DT	指数函数	$Q_t = 14.0436\,e^{0.4045U}$	0.9891
	幂函数	$Q_t = 1.4342\,U^{2.8803}$	0.9001

沙区农田土样QQ在12 m·s^{-1}风速产生极大风蚀强度的原因是该风速下发生了持续大规模的砂粒跃移和蠕移。土壤颗粒组成是决定土壤抗蚀性的重要因素,因此不同土样之间土壤粒度组成的差异在试验中造成土壤风蚀强度的差异。风成沙的风蚀可蚀性随土壤粒度的变化而服从分段函数,粒径为0.09 mm者最易被风蚀。风成沙颗粒按可蚀性可以分为3种类型:粒径 >0.7 mm 和和 <0.05 mm 的为难蚀颗粒,粒径0.7~0.4 mm、0.075~0.05 mm 的为较难蚀颗粒,粒径0.4~0.075 mm 为易蚀颗粒[15],其中粒径为0.08~0.25 mm 的土壤颗粒最易遭受风蚀[16]。土样QQ取自毛乌素沙地内部具有灌溉条件的开垦农田,其实质为风成沙,粉粒和粘粒极度缺乏,仅占3.391%,这使得其风蚀强度远远高于其他土壤。但由于该类农田具备灌溉条件,在耕作过程中通过增加土壤含水量及由其引起的土壤物理结皮可以降低风蚀强度,在实际中未必会发生严重的风蚀,但应该特别注意该类农田休耕或弃耕后的田间管理。非沙区农田土样 GY、DT、YY 中的细粒部分在一定程度上抑制沙粒跃移的发生,降低风蚀强度。Gillette D A, et al. [17,18]的野外观测发现土壤中粘粒份额增大到一定程度后会限制跃移大的起跳运动,导致跃移量减少。邢茂等[19]的研究表明沙床中添加少量粘粒会抑制沙粒的起跳,降低跃移质的质量。本研究得到的结果与上述结论相一致。对于翻耕后松散的农田表层土壤,土壤可蚀性主要取决于粒度组成,本试验中四种农田土壤的不同粒度组成,最终导致它们在风蚀强度的差异。

(二)PM$_{10}$释放过程特征

本研究中所有试验的PM$_{10}$通量变化过程曲线可分为三种类型:1. 微弱释放;2. 瞬时释放;3. 持续强烈释放(图1)。

类型1主要发生在各土样在较低风速时,PM$_{10}$释放量很小,在整个试验过程中PM$_{10}$通量始终维持在一个很小的范围,没有随试验的进行发生变化。本试验中土样QQ和土样YY在3 m·s^{-1}和6 m·s^{-1}风速下表现为该类型,而土样GY和土样DT仅在3 m·s^{-1}风速下表现为该类型。

类型2主要发生在各风速增大到一定程度但又没有发生大规模的土粒跃移时。该类型下,PM$_{10}$通量在试验开始时迅速升高到最大值,接着又迅速降低到很低的水平,然后小幅波动的情况下缓慢释放。土样QQ在9 m·s^{-1}风速下,土样YY在9 m·s^{-1}、12 m·s^{-1}、15 m·s^{-1}风速下表现为该类型,土样GY和土样DT在6 m·s^{-1}、9 m·s^{-1}、12 m·s^{-1}、15 m·s^{-1}风速下均表现为该类型。

类型3发生在风速继续增大以致于引起大规模发生跃移时,与类型2的区别在于,该类型下粉尘通量达到的峰值后下降幅度较小,在随后的试验过程中维持在一个较高的水平且振荡幅度较大。本试验中仅有土样QQ在12 m·s^{-1}风速下表现为该类型。

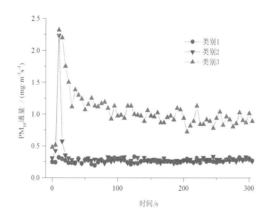

Fig. 1 Three types of PM$_{10}$ temperal variation during wind erosion process

图1 风蚀过程中PM$_{10}$通量变化的三种类型

注:类型1、类型2、类型3分别来自土样QQ在6 m·s^{-1}、9 m·s^{-1}、12 m·s^{-1}风速下,且只选取了前5 min的数据。

Sweeney M R,et al.[20]基于PI–SWERL对不同沉积物的开展的试验监测结果,将粉尘释放模式分为四种模式:a. 有限沙尘源供应条件下的气流直接抬升模式;b. 有限沙尘源供应条件下的沙粒跃移冲击模式;c. 无限沙尘源供应条件下的沙粒跃移冲击模式;d. 气流直接抬升和沙粒跃移冲击共同作用模式。将以上分类模式应用于本研究,可以确定本研究中类型 2 的粉尘释放是由气流直接抬升直接引起的。而类型 3 在起始阶段为气流直接抬升和沙粒跃移冲击共同作用引起粉尘释放,随后转变为无限沙尘源供应条件下的沙粒跃移冲击模式。

随着风蚀时间的持续,有限沙源地表的可风蚀物减少,风蚀强度降低,这一现象称为风蚀的时距效应[21,22]。时距效应在粉尘释放过程中表现为粉尘通量的快速衰减。由于粉尘粒径较小,对气流的响应敏感,粉尘释放的时距效应更为明显。本研究的结果发现,不同土壤不同风速下粉尘释放的时距效应存在着很大差异。此前开展的很多风蚀风洞模拟试验研究中,设置的吹蚀时长随风速增大而缩短,这会使得强风蚀条件下得到的风蚀速率偏高。

(三)风速对 PM_{10} 释放的影响

尽管本研究中所有试验的 PM_{10} 释放过程只有 3 种类型,但不同土样在不同风速下的粉尘释放过程在平均值、最大值和最小值等统计参数上存在差异。图 2 和图 3 分别为各土样在不同风速下是得到的平均 PM_{10} 通量和最大 PM_{10} 通量。

PM_{10} 通量平均值可以反映整个模拟试验全过程的粉尘释放状况。沙区农田土样 QQ 在 12 $m \cdot s^{-1}$ 风速下的的平均 PM_{10} 通量明显高于其他值,这说明土样 QQ 在这一风况下产生了最大的 PM_{10} 释放总量。非沙区农田土样 YY、GY、DT 的平均 PM_{10} 通量基本上随风速增大呈线性增大的趋势,相关系数 R^2 分别为 0.9889、0.9172、0.8452。平均 PM_{10} 通量随风速变化的曲线中,土样 GY 和 DT 相似,在各个风速都低于土样 QQ 和 YY。土壤 GY、DT、YY 中 PM_{10} 的含量相当,但土壤 GY 和 DT 在土壤粒径分布上的共同特征是更接近于正态分布且粒径分布范围更广,不同粒度颗粒配比良好,而土样 YY 中缺乏大颗粒,因此土样 YY 释放出更多的粉尘。土样 QQ 虽然 PM_{10} 含量仅有 1.4%,但易于发生跃移,其粉尘释放过程为无限沙尘源供应条件下的沙粒跃移冲击,因此 PM_{10} 通量平均值在所有试验中最高,达到 0.825mg/($m^2 \cdot s$)。可以推断,土壤中一定比例的大颗粒和小颗粒都能起到抑制粉尘释放的作用,大颗粒的抑制作用通过对细颗粒的保护实现,而细颗粒的抑制作用通过对砂粒跃移运动的抑制实现。

粉尘释放过程中,粉尘通量最大值可以表明土壤中粉尘颗粒对于气流的敏感性,即 PM_{10} 通量对于风速的响应程度,其值越高,说明对于当前风速的响应明显;而粉尘通量平均值是整个试验过程中 PM_{10} 通量的结果,反映粉尘释放能力中的持续性,也可以指粉尘释放的潜力。如在 15 $m \cdot s^{-1}$ 下的所有非沙区农田土壤中,土样 DT 敏感性最高但持续性较弱,土壤 YY 敏感性最弱但持续性最高,使得在试验中 PM$_{10}$释放量最大,平均 PM$_{10}$通量最高。在 12 m·s^{-1}风速下,沙区农田的土样 QQ 具有最高的持续性,但其敏感性最低。对不同土壤各轮试验的最大 PM$_{10}$通量和风速进行分析发现,最大粉尘通量随风速之间呈幂函数增大(表4)。

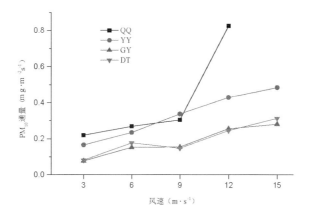

图2　各土样在不同风速下的平均 PM$_{10}$通量

Fig. 2 Average PM$_{10}$ flux of soils under different wind speed

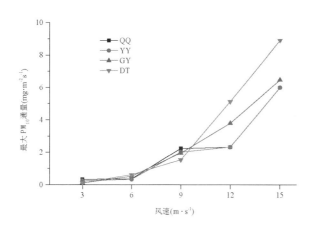

图3　各土样在不同风速下的最大 PM$_{10}$通量

Fig. 3 Maximum PM$_{10}$ flux of soils under different wind speed

表4 各土壤最大 PM$_{10}$ 通量与风速之间的相关关系

Table 4 Relationship of different soils between maximum PM$_{10}$ flux and wind speed

土样	y$_0$	a	b	c	R^2
QQ	0.5088	−0.2994	0.0554	−0.0006	0.9994
YY	0.2358	−0.1716	0.0391	0	0.9993
GY	1.5552	−0.7259	0.0914	−0.0007	0.9941
DT	1.2528	−0.5843	0.0734	0	0.9940

注:拟合函数为 $y = y_0 + ax + bx^2 + cx^3$;$y_0$,a,b,c 为拟合参数;R^2 为相关系数。

来自非沙区农田的 3 个土样的最大 PM$_{10}$ 通量在 9 m·s^{-1} 以下风速时差异不大,在 12 m·s^{-1} 和 15 m·s^{-1} 时 YY 明显小于 GY 和 DT,这与平均 PM$_{10}$ 通量在相同风速下的表现不一致。这说明在产生最大 PM$_{10}$ 通量的风蚀初始阶段,大颗粒对粉尘释放起始阶段的抑制作用并未生效,当粉尘释放一定后,粉尘颗粒减小,大颗粒在土壤表面的相对含量增大,这种情况下才产生对于粉尘释放的抑制作用。

(四)PM$_{10}$ 释放与风蚀速率之间的关系

通过对平均 PM$_{10}$ 通量和风蚀速率之间的相关分析发现,平均 PM$_{10}$ 通量与风蚀速率之间呈对数函数关系(图4)。这说明在弱风蚀条件下,PM$_{10}$ 通量对风速变

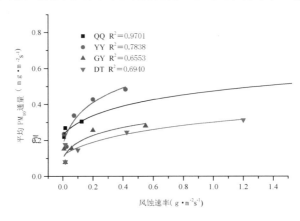

图4 各土壤平均 PM$_{10}$ 通量与风蚀速率的相关关系

Fig. 4 Relationship of different soils between average PM$_{10}$ flux and wind erosion rate

化的响应要强于风蚀速率,在强风蚀条件下风蚀速率对风速变化的响应强于 PM_{10} 通量。这一结论与王仁德等[23]的研究结果相一致,粉尘释放强度是随风速增大而增强的,但其在风蚀物中的含量则随风速增大而降低,说明风蚀物中粒径较粗的跃移颗粒流量随风速的增加而更快。邢茂等[19]认为,对于给定的土壤地表,不同粒径的粉尘通量和沙粒通量的正比于它们在地表的质量比,比例系数与风速无关。上述结论与本研究结果矛盾的原因可能是因为其采用的土样是由不同粒径的沙粒和粉粒按不同比例混合而成,土壤颗粒之间没有不同程度的黏结力。而本试验的试验土样为自然土壤,在自然状态下土壤颗粒之间存在着不同程度的黏结力。

三、结论

沙区农田的风蚀强度远高于非沙区农田,非沙区农田土壤风蚀强度与风速呈指数函数关系。非沙区农田土壤的 PM_{10} 释放过程具有明显的瞬时性,释放模式为气流直接抬升;沙区农田土壤的 PM_{10} 释放过程具有一定的持续性,释放模式为气流直接抬升和砂粒跃移冲击混合模式。沙区农田土壤 QQ 的更容易发生砂粒跃移,发生大规模土壤颗粒跃移时其平均 PM_{10} 释放通量远高于其他未发生大规模土壤颗粒跃移的非沙区农田土壤。三个非沙区农田土壤 YY、GY、DT 中,YY 的平均 PM_{10} 通量明显高于 GY 和 DT,而 GY 和 DT 之间差异不明显,这反映了它们风蚀过程中 PM_{10} 释放的持续性。在较强的风蚀条件下,PM_{10} 的最大 PM_{10} 通量是 DT > GY > YY,这反映了它们风蚀过程 PM_{10} 释放的敏感性。对于各个农田土壤,平均 PM_{10} 通量与风蚀速率成对数函数关系,粉尘释放对整体风蚀的贡献在弱风蚀条件下较大且随着风速增大而减弱,在强侵蚀条件下粉尘释放增量有限但风蚀速率急剧增加。

参考文献

[1] Lal R. Soil erosion and the global carbon budget[J]. Environment international, 2003, 29 (4): 437 – 450.

[2] 董治宝,郑晓静. 中国风沙物理研究 50a(Ⅱ)[J]. 中国沙漠,2005,25(6):795 – 815.

[3] 董治宝,董光荣. 以北方旱作农田为重点开展我国的土壤风蚀研究[J]. 干旱区资源与环境,1996,10(2):31 – 37.

[4] 罗万银,董治宝. 风蚀对土壤养分及碳循环影响的研究进展与展望[J]. 地理科学进展,2005,24(4):75 – 83.

[5]赵哈林,赵学勇,张铜会,等. 北方农牧交错带的地理界定及其生态问题[J]. 地球科学进展,2002,17(5):739-747.

[6]王仁德,肖登攀,常春平,等. 农田风蚀量随风速的变化[J]. 中国沙漠,2015,5:002.

[7]陈杰,赵素平,殷代英,等. 沙尘天气过程对中国北方城市空气质量的影响[J]. 中国沙漠,2015,35(2):423-430.

[8]Xuan,Jie,Sokolik,Irina N. Characterization of sources and emission rates of mineral dust in Northern China[J]. Atmospheric Environment,2002,36(31):4863-4876.

[9]Zhang X Y,Gong S L,Zhao T L,et al. Sources of Asian dust and role of climate change versus desertification in Asian dust emission[J]. Geophysical Research Letters,2003,30(24)

[10]张小曳. 亚洲粉尘的源区分布、释放、输送、沉降与黄土堆积[J]. 第四纪研究,2001,21(1):29-40.

[11]Wang H,Jia X. Field observations of windblown sand and dust in the Takimakan Desert,NW China,and insights into modern dust sources[J]. Land Degradation & Development,2013,24(4):323-333.

[12]梅凡民,张小曳,曹军骥,等. 定量评价中国北方粉尘源区地表覆盖类型对表土风蚀强度的影响[J]. 海洋地质与第四纪地质,2004,24(1):119-124.

[13]崔梦淳,鹿化煜,冯晗,等. 便携式粉尘观测仪测定腾格里沙漠和毛乌素沙地 PM_{10} 释放通量[J]. 科学通报,2015,(17):1621-1630.

[14]李锋. 沙尘暴物质来源的研究进展综述[J]. 林业资源管理,2009,(1):101-106.

[15]董治宝,李振山. 风成沙粒度特征对其风蚀可蚀性的影响[J]. 土壤侵蚀与水土保持学报,1998,(4):1-5

[16]史培军. 中国土壤风蚀研究的现状与展望[J]. 水土保持研究,2002,(5):1-14.

[17]Gillette D A,Chen W N. Particle production and aeolian transport from a "supply - limited" source area in the Chihuahuan desert,New Mexico,United States[J]. Journal of Geophysical Research:Atmospheres,2001,106(D6):5267-5278.

[18]Gillette D A,Herbert G,Stockton P H,et al. Causes of the fetch effect in wind erosion[J]. Earth Surface Processes and Landforms,1996,21(7):641-659.

[19]邢茂,郭烈锦. 土壤风蚀中粉尘释放规律研究[J]. 中国科学:G辑,2008,38(8):984-998.

[20]Sweeney M R,Mason,Joseph A. Mechanisms of dust emission from Pleistocene loess deposits,Nebraska,USA[J]. Journal of Geophysical Research:Earth Surface,2013,118(3):1460-1471.

[21]Liu L Y,Shi P J,Zou X Y,et al. Short - term dynamics of wind erosion of three newly cultivated grassland soils in Northern China[J]. Geoderma,2003,115(1):55-64.

[22]张春来,董光荣,董治宝,等.用风洞实验方法计算土壤风蚀量的时距问题[J].中国沙漠,1996,16(2):200-203.

[23]王仁德,邹学勇,赵婧妍.半湿润地区农田土壤粉尘释放的风洞模拟研究[J].地理科学,2012,32(11):1364-1369.

(本文发表于《水土保持学报》2016年第30卷第5期)

后　记

六十年风雨历程,六十年求索奋进。编辑出版《天水师范学院60周年校庆文库》(以下简称《文库》),是校庆系列活动之"学术华章"的精彩之笔。《文库》的出版,对传承大学之道,弘扬学术精神,展示学校学科建设和科学研究取得的成就,彰显学术传统,砥砺后学奋进等都具有重要意义。

春风化雨育桃李,弦歌不辍谱华章。天水师范学院在60年办学历程中,涌现出了一大批默默无闻、淡泊名利、潜心教学科研的教师,他们奋战在教学科研一线,为社会培养了近10万计的人才,公开发表学术论文10000多篇(其中,SCI、EI、CSSCI源刊论文1000多篇),出版专著600多部,其中不乏经得起历史检验和学术史考量的成果。为此,搭乘60周年校庆的东风,科研管理处根据学校校庆的总体规划,策划出版了这套校庆《文库》。

最初,我们打算策划出版校庆《文库》,主要是面向校内学术成果丰硕、在甘肃省内外乃至国内外有较大影响的学者,将其代表性学术成果以专著的形式呈现。经讨论,我们也初步拟选了10位教师,请其撰写书稿。后因时间紧迫,入选学者也感到在短时期内很难拿出文稿。因此,我们调整了《文库》的编纂思路,由原来出版知名学者论著,改为征集校内教师具有学科代表性和学术影响力的论文分卷结集出版。《文库》之所以仅选定教授或具有博士学位副教授且已发表在SCI、EI或CSSCI源刊的论文(已退休教授入选论文未作发表期刊级别的限制),主要是基于出版篇幅的考虑。如果征集全校教师的论文,可能卷帙浩繁,短时间内难以出版。在此，请论文未被《文库》收录的老师谅解。

原定《文库》的分卷书名为"文学卷""史地卷""政法卷""商学卷""教育卷""体艺卷""生物卷""化学卷""数理卷""工程卷"，后出版社建议，总名称用"天水师范学院60周年校庆文库"，各分卷用反映收录论文内容的卷名。经编委会会议协商论证，分卷分别定为《现代性视域下的中国语言文学研究》《"一带一路"视域下的西北史地研究》《"一带一路"视域下的政治经济研究》《"一带一路"视域下的教师教育研究》《"一带一路"视域下的体育艺术研究》《生态文明视域下的生物学研究》《分子科学视域下的化学前沿问题研究》《现代科学思维视域下的数理问题研究》《新工科视域下的工程基础与应用研究》。由于收录论文来自不同学科领域、不同研究方向、不同作者，这些卷名不一定能准确反映所有论文的核心要义。但为出版策略计，还请相关论文作者体谅。

鉴于作者提交的论文质量较高，我们没有对内容做任何改动。但由于每本文集都有既定篇幅限制，我们对没有以学校为第一署名单位的论文和同一作者提交的多篇论文，在收录数量上做了限制。希望这些论文作者理解。

这套《文库》的出版得到了论文作者的积极响应，得到了学校领导的极大关怀，同时也得到了光明日报出版社的大力支持。在此，我们表示深切的感谢。《文库》论文征集、编校过程中，王弋博、王军、焦成瑾、贾来生、丁恒飞、杨红平、袁焜、刘晓斌、贾迎亮、付乔等老师做了大量的审校工作，以及刘勍、汪玉峰、赵玉祥、施海燕、杨婷、包文娟、吕婉灵等老师付出了大量心血，对他们的辛勤劳动和默默无闻的奉献致以崇高的敬意。

《天水师范学院60周年校庆文库》编委会

2019年8月